E C O N O M E T R I C S

# 계량경제학

## 이론과 실습

이한식 · 이우석 지음

해남

**계량경제학** 이론과 실습

초판1쇄 인쇄 2021년 3월 5일
초판1쇄 발행 2021년 3월 15일

저 자 이한식 · 이우석
발행인 노현철
발행처 도서출판 해남

출판등록 1995. 5. 10 제1-1885호
주 소 서울특별시 마포구 마포대로8길 9 영명빌딩 405호
전 화 739-4822 **팩스** 720-4823
이 메 일 haenamin30@naver.com
홈페이지 www.hpub.co.kr

ISBN 978-89-6238-153-5 93320

# 머리말

이 책은 저자들이 오랫동안 계량경제학을 강의하면서 느낀 경험을 토대로, 학생들이 통계·계량 분석 개념을 쉽게 이해할 수 있도록 준비했다. 이를 고려하여 대학수준의 계량경제학 강의에서 꼭 필요한 내용을 중심으로 강의 노트 형식의 교재를 작성하고자 노력했다. 특히 국내외 대학의 경제학 전공 교과 과정에서 계량경제학은 대부분 한 학기로 개설된다는 점에 맞춰, 가능한 많은 내용을 포함하고자 하는 기존의 교과서들과는 달리 한 학기에 다룰 수 있도록 중요한 개념을 선별해서 정리했다.

이 책을 준비하면서 특별히 다음의 사항에 노력을 기울였다. 첫째, 계량분석의 이론적인 측면과 함께, 실제 경제자료의 분석에 꼭 필요한 실증기법을 직관적으로 이해할 수 있게 설명했다. 이를 위해 실증분석의 예제를 다수 소개했으며, 이러한 실증분석 작업을 통해 계량경제학이 추상적이고 어려운 과목이 아니라 경제학 교과 과정에서 가장 실용적인 지식을 제공한다는 것을 실감할 수 있게 노력했다. 그러나 내용을 정리하는 과정에서 처음 계획과는 달리 한정된 강의 시간에 모두 다룰 수는 없지만 계량분석에 꼭 필요하다고 생각하는 개념들도 포함하여 참고도서의 역할을 할 수 있도록 정리했다. 예를 들어, 행렬을 이용하면 복잡한 수식을 효율적으로 간단하게 나타낼 수 있을 뿐만 아니라 이해도 쉽다는 점을 고려하여, 행렬 대수에 기초 지식이 있는 학생이나 일반 독자들을 위한 참고자료로 다중회귀모형의 기본 개념과 주요 특성에 대한 행렬 연산을 해당 부분의 부록에 간단히 소개했다.

둘째, 경제자료를 이용한 실증분석에 대한 수요 증가에 맞춰, EViews 프로그램 및 R 프로그램을 활용해서 다양한 실습을 시행할 수 있게 컴퓨터 프로그램 사용법에 대해 상세히 설명했다. 이와 함께 컴퓨터 실습에 필요한 통계자료를 EViews 작업파일 및 Excel 파일 형태로 정리하여 출판사 홈페이지에 수록해 놓았다. 또한 STATA 프로그램을 사용하는 대학원생 및 일반 독자를 위해 STATA 실습 파일과 관련 데이터 파일도 출판사 홈페이지에 첨부했다. 특히 경제자료의 기초분석 단계에서 그래프 분석의 중요성을 강조하고, 이 책에서 배운 내용에 관한 예제를 대상으로 프로그램 사용법을 효과적으로 익힐 수 있게 정리했다.

셋째, 최근 계량경제학 분야에서의 가장 큰 변화는 전통적인 계량접근법과 시계열분석 기법이 접목되면서 계량경제학의 내용 및 연구범위가 크게 확장됐다는 것이다. 이를 반영하여 거시경제 지표에 대한 실증분석에서 최근 논의되고 있는 주요 이슈들을 정리하고, 특히 불안정 시계열이 포함된 모형을 다룰 때 고려해야 할 사항을 살펴봤다. 또한 전체 경제에서 금융시장의 중요성이 커짐에 따라 자산 가격의 동향을 분석하기 위한 연구가 활발하게 진행되고 있다. 이에 맞춰 금융시계열 자료의 변동성 분석에 널리 사용되는 ARCH 모형의 분석기법을 간략히 소개했다.

이 교재는 계량경제학의 주요 내용을 한 학기에 다룰 수 있도록 선별해서 4개의 부분으로 구성했다. 제 I 부에서는 경제학의 주요 분야로서 계량경제학의 역할을 논의하고, 기초 확률이론, 표본분포 및 가설검정 등 계량경제학에서 필요한 통계 개념을 간략하게 정리했다. 제Ⅱ부에서는 계량경제학의 기본 분석 도구인 회귀모형의 접근법에 대해 자세히 설명했다. 독립변수가 하나인 단순회귀분석의 기본 가정 및 회귀계수의 통계적 추론에 관한 개념을 소개하고, 이를 기초로 정성적 변수가 포함된 모형 등 다양한 회귀분석 접근법에 대해 논의했다. 제Ⅲ부에서는 고전적 회귀모형의 기본 가정이 충족되지 않을 때의 특징과 문제점, 각 가정의 성립 여부에 대한 검정, 이러한 문제의 해결 방안 등에 대해 살펴봤다. 제Ⅳ부에서는 시간 개념을 도입한 회귀모형을 이용하여 경제변수 사이의 인과관계를 분석하는 방법, 시계열자료가 포함된 회귀모형의 추정에서 고려해야 할 주요 이슈 등에 대해 설명했다. 또한 최근 계량경제학 분야에서 자주 사용되는 시계열분석 기법을 소개했다.

이 책의 연습문제는 대부분 계량경제학을 강의하면서 시험문제나 과제물로 사용하기 위해 직접 준비한 것이다. 물론 이 중 일부는 기존의 계량경제학 책에 있는 문제를 활용한 것도 있는데, 이에 대해 일일이 출처를 밝히지 않은 점에 대해서는 양해를 구한다.

이 책이 완성되기까지 많은 분들의 도움이 큰 힘이 됐다. 저자들의 강의를 수강하면서 강의록을 작성하고 정리하는 데 필요한 정보를 제공해 준 계량경제학 수강생들의 노고가 없었으면 이 책이 세상에 빛을 보지 못했을 것이다. 집필 단계부터 이 책의 준비를 위해 많은 도움을 주신 노현철 대표의 배려에 깊은 감사를 드린다. 또한 실증분석 예제를 위해 유용한 자료를 제공해 준 임슬기 박사와 원고 작성 및 교정에 도움을 준 이상진 박사 과정 학생에게도 감사의 뜻을 전한다.

2021년 2월 5일

이한식 · 이우석

# 차례

## PART Ⅱ 회귀분석

# PART Ⅰ

# 계량분석의 기본 개념

제I부는 이 책의 제II부 이하에서 소개할 다양한 계량분석 기법에 대한 기초 이론 및 개념을 설명한다. 제1장에서는 경제학의 주요 분야로서 계량경제학의 역할을 논의하고, 간단한 실증분석의 예를 이용하여 계량분석 접근법을 사용하는 방법을 소개한다. 또한 실제 통계자료를 이용하여 도출된 계량분석 결과를 토대로 실증분석 보고서를 작성할 때 고려해야 할 사항에 대해 설명한다. 제2장에서는 기초 확률이론, 표본분포 및 가설검정 등 계량경제학에서 사용되는 통계학의 기본 개념을 간략히 요약·정리한다.

CHAPTER

# 1

# 계량경제학이란?

1. 계량경제학의 목적
2. 경제이론과 계량모형
3. 실증분석 결과에 대한 보고서 작성
4. 책의 구성 및 내용

여기에서는 계량경제학이 경제학의 한 분야로서 차지하는 역할을 소개하고, 간단한 실증모형의 예를 이용하여 계량분석 접근법을 활용하는 방법을 설명한다. 또한 실제 통계자료를 이용하여 도출된 계량분석 결과를 정리하고, 이를 토대로 실증분석 보고서를 작성하는 방법에 대해 설명한다.

## 1. 계량경제학의 목적

우리는 항상 다양한 형태의 정보 및 자료를 접하며 살아가고 있다. 국내총생산(GDP), 실업률, 환율 등 여러 가지 경제지표를 비롯하여 각종 선거에서의 후보별 지지율, 대학입시 경쟁률, 야구선수의 타율 등 정치·경제·사회 각 분야에서 통계분석의 접근방법을 토대로 작성된 자료를 이용하고 있다. 이러한 통계자료는 정부의 정책 결정이나 기업의 의사 결정뿐만 아니라 개인의 일상생활에서도 중요한 역할을 한다. 이와 같이 여러 가지 유형의 자료에 대한 정보를 체계적으로 수집·정리하고, 이를 분석하여 합리적인 의사 결정에 활용하는 방법을 연구하는 것이 통계적 접근방법의 궁극적인 목표이다.

통계학은 기술통계학(descriptive statistics) 접근방법과 같이 주어진 자료에 대한 평균이나 분산을 구하고 그래프를 도출하는 것을 비롯해서, 수집된 정보를 기초로 가설검정 등 보다 일반적인 현상을 분석하고자 하는 통계적 추론(statistical inference) 등을 주요 내용으로 하는 학문 분야이다. 계량경제학(econometrics)은 이러한 통계학적 분석기법을 기초로 여러 가지 경제통계자료의 특징을 파악하고, 경제변수들 사이에 나타나는 관계를 분석하여 이를 경제이론의 검정, 경제정책의 효과 추정, 미래 경제에 대한 예측 등에 이용하는 방법을 연구하는 경제학의 한 분야를 말한다.

### 1.1 경제통계자료의 특징 분석

통계자료의 평균, 추세, 계절적 변화 등 경제변수의 여러 특징을 파악함으로써, 다른 경제변수 또는 날씨 같은 외생적인 변동요인이 미치는 영향을 분석하거나 경기변동과 관련된 정보를 추출해 낼 수 있다. 또한 경제변수의 움직임에 대한 연구를 토대로 새로운 경제 현상을 분석하여 새로운 경제학 이론을 개발하고, 경제정책의 방향을 모색하는 데 기여한다. 예를 들어, 실업률과 물가상승률 사이의 관계를 분석한 많은 경제이론은 두 변수의 실증적 관계를 예시한 필립스 곡선이 효시가 되었다. 또 다른 예로 2007~2009년 글로벌 금융위기 이전까지 대부분의 국가에서 중앙은행의 통화정책 목적은 물가안정이었으나, 글로벌 금융위기를 계기로 금융부문과 실물부문 간의 연계가 강화됨에 따라 금융안정이 통화정책의 목표 중 하나로 부각되었다. 특히 주요 선진국의 정책금리가 0%대의 초저금리에 접근하면서 전통적인 통화정책의 유효성이 약해짐에 따라 최근에는 비전통적인 통화정책 수단에 대한 논의가 활발히 진행되고 있다.

## 1.2 경제이론의 검증

경제학이라는 학문의 한 분야로서의 계량경제학의 중요한 역할은 경제학의 각 분야에서 개발된 경제이론이 현실 경제를 설명하는 데 적합한 이론인지를 실제 경제자료를 대상으로 분석하는 것이다. 예를 들어, 경제분석에서 많이 사용되는 소비함수의 경우 케인스(Keynes) 이래 소비에 체계적인 영향을 미치는 것으로 현재 소득 이외의 요인을 고려하는 이론이 개발되었으며, 이를 뒷받침하기 위한 실증분석 연구도 활발하게 진행되고 있다. 이와 같이 보다 현실 적합성이 높은 경제이론 개발을 위해 계량경제학의 분석도구가 사용된다.

## 1.3 경제정책 분석

변수 간의 관계를 규명할 수 있는 계량모형이 도출되면, 이를 이용하여 한 변수의 변화가 다른 경제변수에 어떤 영향을 미치는가를 분석할 수 있다. 예를 들면, 기준금리와 경제변수 사이의 관계를 통하여 '기준금리의 변화가 실업률, 물가상승률, 주택가격 상승률, 경제성장률 등에 어떠한 영향을 미치는가?' 하는 문제와 같이 정부정책의 움직임에 따라 경기가 어떻게 달라질 것인가를 파악하는 경제정책 분석을 할 수 있다. 또는 환율변동이 국제수지에 미치는 영향 등 일반적인 경제 현상에 대한 분석을 시행할 수 있다.

## 1.4 미래 경제에 대한 예측

합리적인 경제활동을 계획하기 위해서는 미래 경제에 대한 올바른 예측을 해야 한다. 예를 들어, 한 가계의 미래 수입을 잘 파악하는 것이 합리적인 소비에 도움이 되며, 기업의 경우 적절한 생산량을 결정하기 위해서는 그 기업의 제품에 대한 수요 예측이 필요하다. 어떤 경제변수의 미래 예측치 추정을 위해서 그 경제변수의 움직임 또는 그 변수와 다른 여러 변수 간의 관계를 규명할 수 있는 계량모형을 이용할 수 있다. 같은 변수에 대한 예측이 서로 다른 경우가 많이 발생하는데, 이는 계량경제학의 접근방법 또는 사용하는 자료에 차이가 나타나기 때문이다. 이 경우 어떤 예측치가 좋은지를 평가하는 방법론에 대한 개발도 계량경제학자의 몫이라 할 수 있다.

### 1.5 실증분석 방법론의 개발

대부분의 계량기법은 통계학의 방법론과 그 맥을 같이한다고 할 수 있지만, 계량경제학의 방법론은 경제학에서의 실증분석을 목적으로 개발된다는 측면에서 통계학과는 다른 접근기법이 필요한 경우가 많다. 예를 들어, 경제 시계열자료의 특징을 분석하기 위해서는 불안정한 시계열모형 등이 필요한데, 공적분(cointegration) 분석 등 이에 대한 방법론의 개발은 경제학의 배경을 갖고 있어야 가능하다. 따라서 체계적인 경제학의 실증연구에 적합한 방법론을 개발하는 것 또한 계량경제학의 주요 연구과제이다.

## 2. 경제이론과 계량모형

경제학에서는 국민경제 전체 또는 가계·기업·정부 등의 경제주체 혹은 경제변수가 어떤 패턴에 따라 어떻게 움직이는가를 분석하고 설명하기 위한 작업의 일환으로 현실 경제의 움직임을 단순화시킨 모형을 이용한다. 가계에서의 소득과 소비의 관계를 나타내는 소비함수, 기업의 생산에 있어 요소투입량과 산출량 사이의 관계를 나타내는 생산함수 등이 경제모형의 간단한 예이다. 이와 같이 모형을 사용하는 방법은 경제학뿐만 아니라 물리학, 공학, 사회학, 통계학 등 현실을 분석하는 많은 학문 분야에서 적용되고 있다. 즉, 매우 복잡하게 얽혀 있는 현실에서 가장 중요하고 본질적인 현상만을 추출하여 현실의 움직임을 설명하기 위한 이론을 개발하기 위해 이러한 모형이 사용된다. 경제학이라는 학문의 한 분야로서의 계량경제학의 중요한 역할은 이와 같이 개발된 경제이론 또는 경제모형이 현실과 적합한지를 실제 경제자료를 대상으로 분석하는 것이다.

경제이론에서 도출되는 경제모형의 현실 적합성을 점검하기 위해서는 ① 이론적 배경에 근거한 적절한 변수 및 이들 변수 사이의 관계를 나타내는 함수 형태의 선정, ② 실증분석에 사용될 자료의 수집·정리, ③ 모형의 추정 및 검정, ④ 추정 결과의 해석, 모형의 평가 및 예측치 추정·예측력 평가 등 실증모형의 활용 방안 등을 고려해야 한다. [그림 1-1]은 이러한

[그림 1-1] 실증분석 접근법

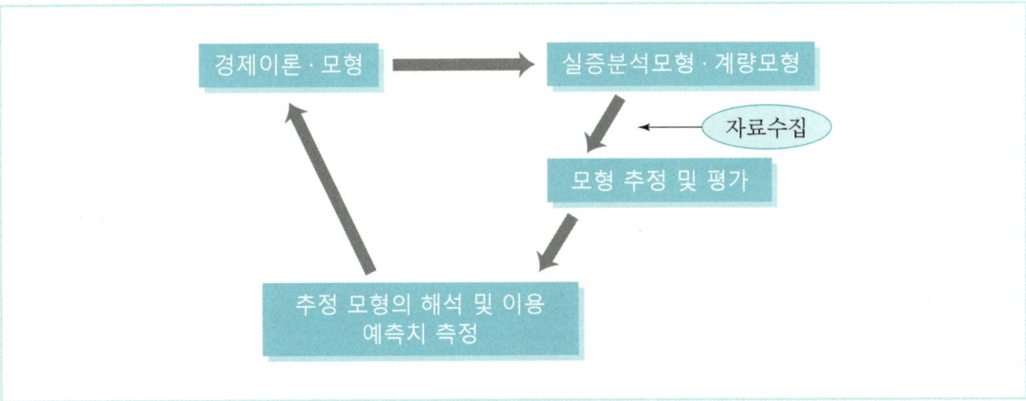


실증분석 접근법을 도표로 나타낸 것으로, 아래에서는 이를 단계별로 설명한다.

## 2.1 모형의 설정

계량접근법을 이용한 실증분석을 위해서는 먼저 분석 대상이 되는 경제이론을 선택하고, 이를 수학적인 함수관계로 표현한 모형을 설정해야 한다. 두 개 이상의 설명변수를 포함하는 모형에 대해서는 제5장에서 다루기로 하고, 여기에서는 간단한 경제모형을 대상으로 실증모형을 선정하는 과정을 설명한다.

예를 들어, 소비와 소득의 관계를 나타내는 소비함수에 대해 실증분석을 하고자 하는 경우, 다음의 함수관계가 실제 경제자료에 대해 성립하는지를 점검한다.

$$C = f(Y) = \alpha + \beta Y \tag{1.1}$$

여기서 $C$는 소비지출, $Y$는 소득을 나타낸다. 위의 함수에서 분석의 대상이 되는 변수를 종속변수(dependent variable)라 하고, 이 변수의 설명에 사용되는 변수를 설명변수(explanatory variable) 또는 독립변수(independent variable)라 한다. 위의 예에서 소비는 종속변수이고, 함수의 우변에 포함된 소득은 독립변수가 된다. 위 함수식에서 $\alpha$, $\beta$는 설명변수와 종속변수 사이의 관계를 나타내는 것으로 모수(parameter) 또는 계수(coefficient)라고 한다.

이러한 모형은 종속변수와 독립변수에 대한 정확한(deterministic) 이론적 관계식을 나타낸다는 의미에서 경제모형(economic model)이라 한다. 즉, 경제변수 사이의 관계를 분석할 때 기본적으로 가정하는 다른 조건이 동일하다는 *ceteris paribus*(other things being equal)의 조건을 만족하는 경우 기대할 수 있는 관계식을 의미한다. 반면에 현실에서는 기호의 차이, 경제여건의 변화 등이 나타나므로 위에서와 같은 이론적 관계가 정확하게 성립하지 않는다.

소비함수의 경우 식 (1.1)에 포함되지 않는 다른 변수의 영향을 고려한 실증분석 모형을 사용해야 한다. 이와 같이 다른 조건이 동일하다는 전제 조건이 성립하지 않는 경우, 식 (1.2)와 같이 다른 변수의 영향을 반영하는 오차항(error 또는 disturbance)을 모형에 포함한다.

$$C = f(Y) = \alpha + \beta Y + \varepsilon \tag{1.2}$$

여기서 오차항은 일정한 확률분포를 갖는 확률변수로서, 이러한 오차항의 등장이 경제이론에서 도출되는 경제모형과 이의 현실 적합성을 분석하기 위한 계량모형(econometric model)과의 차이를 나타낸다. 경제변수를 대상으로 설정된 모형이라는 특징을 고려하지 않으면 식 (1.1)과 (1.2)는 각각 수리적 모형(mathematical model)과 통계적 모형(statistical model)의 차이를 나타낸다.

경제모형과 이에 대응하는 계량모형이 선정되면 주어진 종속변수와 설명변수 사이의 관계를 나타내는 함수의 형태를 결정해야 한다. 회귀분석에서 가장 널리 사용되는 함수 형태는 선형(linear)모형으로, 식 (1.2)는 이러한 선형회귀모형(linear regression model)을 나타낸다. 여기서 실증모형이 이론적 모형과 부합하기 위해서는 $\alpha > 0$, $\beta > 0$의 조건이 성립해야 한다. 이 경우 계수 $\beta$는 설명변수 한 단위 변화에 대한 종속변수의 변화량을 나타낸다.

$$\beta = \frac{dC}{dY}\text{: 한계소비성향} \tag{1.3}$$

위의 소비함수에 포함된 각 변수에 자연대수를 취하여 선형모형으로 나타내면 다음과 같은 더블로그모형(double-log model)이 된다.

$$\log C = \alpha + \beta \log Y + \varepsilon \tag{1.4}$$

여기서 계수 $\beta$ 는 변수 간의 탄력성을 나타낸다.

$$\beta = \frac{d\log C}{d\log Y}\text{: 소비의 소득 탄력성} \tag{1.5}$$

이러한 모형은 탄력성이 소득($Y$)의 변화와 상관없이 일정하다는 가정에 기초한 것으로 고정탄력성 모형(constant elasticity model)이라고도 한다.

이와 같은 더블로그모형은 원래의 이론적 모형에 의해 결정될 수도 있는데, 다음과 같은

콥-더글러스(Cobb-Douglas) 생산함수를 가정하는 경우,

$$Q = f(K, L) = \alpha K^{\beta_1} L^{\beta_2}$$

(여기서 $Q$는 생산량, $K$는 자본사용량, $L$은 노동사용량을 의미함.) (1.6)

이론적 함수관계를 나타내는 식 (1.6)으로부터 다음의 실증모형을 도출할 수 있다.

$$\log Q = \log\alpha + \beta_1 \log K + \beta_2 \log L + \varepsilon \quad (1.7)$$

경제변수 사이의 관계는 여러 가지 함수 형태로 나타날 수 있는데, 선형관계가 이해가 쉽고 다루기 편리하기 때문에 가장 널리 사용되고 있다. 실제로 변수들 간의 관계가 선형이 아닐 때에도 선형모형의 접근법을 사용할 수 있는 경우가 많이 있으며, 또한 선형모형을 근사식으로 이용하여 분석할 수도 있다.

회귀분석은 두 개 이상 변수들 사이의 관계를 통계적 추정에 의해 결정하는 방법으로, 식 (1.2), (1.4)와 같이 한 변수와 다른 한 변수 사이의 함수관계를 추정하는 것을 단순회귀분석이라 하고, 식 (1.7)과 같이 한 개의 종속변수를 두 개 이상의 설명변수와 연결시키는 경우를 다중회귀분석이라 한다.

## 2.2 자료의 수집

실증분석을 위해 설정된 계량모형을 추정하려면 먼저 이러한 모형에 포함된 변수에 대한 통계자료의 수집이 선행돼야 한다. 자료의 수집 및 분석방법은 일반적으로 분석 대상이 되는 경제변수의 특징과 형태에 따라 달라지는데, 자료의 형태는 성격을 구분하는 기준에 따라 다양하게 분류할 수 있다.

### 1) 정량적 자료와 정성적 자료

소득·소비, 시험점수, 체중 등과 같이 숫자로 표시될 수 있는 경우와 성별, 업종, 종교, 취업 여부 등 수치로 직접 측정되지 않는 경우를 구분할 수 있는데, 전자를 수량적 또는 정량적(quantitative) 자료, 후자를 범주적(categorical) 또는 정성적(qualitative) 자료라고 한다.

### 2) 연속적 자료와 이산적 자료

수치로 표시할 수 있는 자료의 경우, 자료의 계수 가능성(countability)에 따라 이산적

(discrete) 또는 연속적(continuous) 자료로 구분할 수 있다. 인구 수, 상품개수같이 숫자를 하나씩 분리하여 셀 수 있는 경우 이산적 자료라고 하고, 연속적인 값으로 나타날 수 있어 계수가 불가능한 경우 연속적 자료라고 한다. 연속적 자료는 체중, 키 등과 같이 일정 실수 구간 내의 어떤 값도 가질 수 있는 경우를 의미하는데, 통상적으로는 측정의 한계로 인해 소수점을 이용하여 분리될 수 있는 특징을 나타낸다.

### 3) 횡단면자료와 시계열자료

계량분석에서 사용되는 경제변수에 대한 자료는 크게 두 가지 방법에 의해서 구할 수 있다. 고정된 시점에서 여러 개체의 같은 특징을 관측하는 경우, 예를 들어 일정한 시기에 특정한 아파트 단지의 가구별 소득·소비 수준에 대한 관측치를 이용하거나, 2015년 세계 각국의 GDP 자료를 이용하는 경우, 이를 횡단면(cross-section)자료라 한다. 이와는 반대로 같은 대상을 여러 개의 다른 시점에서 관측하는 경우, 예를 들어 어떤 특정한 가구의 소득·소비 수준을 매월 관측하거나, 우리나라의 GDP에 대해 1970년부터 2015년까지의 관측치를 이용하는 경우 시계열(time series)자료를 구할 수 있다. 시계열자료는 관측 빈도에 따라 일별(daily)·주별(weekly)·월별(monthly)·분기별(quarterly)·연간(annual) 자료 등으로 구분할 수 있다.

### 4) 패널자료

여러 개체에 대한 자료를 시간의 흐름에 따라 관측하는 경우, 예를 들어 1970년부터 2015년까지 시간의 흐름에 따른 세계 각국의 GDP에 대한 자료를 이용하는 경우 횡단면자료와 시계열자료의 특징이 동시에 나타나는데 이를 패널(panel)자료라고 한다.

이러한 자료를 수집하고 이용할 때 제일 먼저 주의해야 할 점은 실제로 사용 가능한 자료가 분석에 필요한 자료와 일치하는지를 확인해야 한다는 것이다. 예를 들어, 소비함수에서 소득의 지표로 총소득이 적합한지, 아니면 세금을 제외한 가처분소득을 이용할지를 고려해야 한다. 또한 소비에 대해서도 총소비가 소비함수의 의미를 잘 나타내는지, 혹은 비내구재 소비를 분석 대상으로 할 것인지를 결정해야 한다. 따라서 사용 자료에 따라 다른 실증분석 결과가 도출된다는 것을 고려하여 분석목적에 적합한 자료수집을 위해 노력해야 함은 물론, 이러한 자료를 사용할 때의 한계점에 대해서도 주의를 기울여야 한다.

## 2.3 모형의 추정 및 검정

앞에서 설명한 바와 같이 경제모형은 다른 조건이 동일하다는 조건 하에서 선정된 변수들 사이의 관계를 나타내는 것으로, 계량모형에서는 다른 변수의 영향을 반영할 수 있도록 오차항을 모형에 포함시킨다. 예를 들어, 한국인의 소비함수를 분석하고자 하는 경우, 개인 또는 가계의 소비수준은 소득수준이 같은 경우에도 나이·가족 수 등에 따라 일반적으로 다르게 나타난다. 그러나 소득수준이 높을수록 평균적인 소비수준은 높게 나타나게 되는데, 이와 같이 각각의 소득수준($Y$)에 대한 평균적인 소비수준을 나타내는 식을 다음과 같이 표시할 수 있다.

$$E(C) = \alpha + \beta Y \tag{1.8}$$

이를 전체 모집단에 대한 소비와 소득의 관계를 반영하는 모집단 회귀식(population regression function)이라 한다.

실증분석에서는 이러한 모집단 회귀식에 대한 추정을 위하여 일정한 수의 표본을 사용하는데, 이로부터 도출된 소비와 소득의 관계식 (1.9)를 표본회귀식(sample regression function)이라 한다.

$$C = a + bY \tag{1.9}$$

수집된 표본자료를 이용하여 회귀모형을 추정하기 위해서는 최소자승법을 비롯하여 분석 대상이 되는 모형의 특징에 따라 적합한 추정법을 적용하면 되는데, 이에 대해서는 제Ⅱ부 이하에서 자세히 설명한다.

이 경우 표본자료는 모집단의 일부분만을 반영하기 때문에 표본으로부터 도출되는 소비와 소득의 관계는 전체 모집단이 나타내는 관계와 같지 않게 되는 것이 일반적이다. 즉, $a = \alpha$, $b = \beta$의 관계는 일반적으로 성립하지 않는다. 또한 표본 대상이 달라짐에 따라 표본회귀식의 계수추정치 $a$, $b$의 값도 변하게 된다. 이와 같이 확률변수로 도출되는 $a$, $b$에 대한 분포적 특징을 이용하여 모집단 회귀식의 계수 $\alpha$, $\beta$에 대한 가설검정을 시행할 수 있다. 위의 소비함수의 경우 「$\beta = 0$」 또는 「$\beta = 1$」에 대한 가설검정을 통해 소비패턴에 대한 경제이론을 점검할 수 있다. 제2장에서는 기본적인 확률분포 이론을 토대로 가설검정을 시행하는 방법을 소개했으며, 회귀계수에 대한 가설검정 방법은 제4장에서 자세히 설명한다.

### 2.4 추정 결과의 해석·평가 및 이용

실증분석의 마지막 단계는 추정된 모형을 해석하고 이용하는 것으로, 추정 결과가 경제이론과 일치하지 않는 경우에는 기존 이론에 대한 재검토를 요구하는 자료로 이용할 수 있다. 반면 추정된 모형이 이론적 배경과 일치하는 경우 이러한 모형이 의미하는 경제변수 사이의 관계를 정책 결정·예측 등에 활용할 수 있다. 예를 들어, 중앙은행의 경우 기준금리 변동이 다른 경제변수에 미치는 파급효과를 분석하여 경기변동에 따라 적절한 경기안정화 정책을 시행하는 데 이용할 수 있으며, 기업의 경우 상품에 대한 광고가 매출액에 미치는 영향을 파악하여 적절한 광고비를 책정할 수 있을 것이다.

## 3. 실증분석 결과에 대한 보고서 작성

계량경제학이 다른 어떤 경제학 분야보다 흥미를 끌 수 있는 점은 수업과 강의 자료에서 배운 내용을 현실 자료에 적용하여 분석하고, 그 결과를 직접 확인할 수 있다는 것이다. 특히 최근 개인용 컴퓨터의 성능이 비약적으로 발전하면서 통계분석에 쉽게 적용할 수 있는 소프트웨어들이 많이 개발돼 있어 방대한 자료를 대상으로도 간단하게 실증분석을 시행할 수 있다. 이를 통해 다양한 경제학 이론을 실제 자료를 통해 재조명하는 것은 경제학의 한 분야로서 계량경제학이 갖는 핵심적인 역할이라 할 수 있다. 또한 이러한 일반적인 경제학 연구 이외에 강의실에서 배운 내용이나 주변에서 관측한 현상을 실제 자료에 적용하여 직접 분석할 수 있다는 것도 중요한 의미를 갖는다.

경제이론에 대한 실증분석의 예로 미시경제학, 거시경제학, 재무경제학, 국제경제학, 금융경제학, 노동경제학 등의 다양한 경제학 분야에서 다룬 경제이론 또는 주제를 선정하여, 이에 관해 수집한 자료를 대상으로 계량분석 기법을 적용하고, 그 결과를 정리하는 것을 생각할 수 있다. 주변에서 자주 접하는 뉴스로 중앙은행의 기준금리 조정이 우리나라 주가 또는 환율에 어떤 영향을 미치는가, 또는 기업의 상품 광고가 매출액을 얼마나 증가시킬 수 있을까 등에 대해 관련 자료를 분석하는 것도 유용한 계량경제학 실습의 예라 할 수 있다. 여기에서는 계량기법을 적용한 실증분석 결과에 대해 보고서를 작성하는 방법에 관해 설명한다.

## 3.1 주제의 선정

계량분석 보고서를 준비하기 위해 주제를 선정할 때 제일 중요한 것은 왜 이 주제가 흥미를 끄는지, 또는 얼마나 중요한지 등을 이해하고 설명하는 것이다. 그냥 단순하게 경제학 수업에서 배운 기초 이론이나 개념을 실제 자료에 적용하여 분석할 수도 있고, 주변 실생활이나 언론에서 관측했던 경제·사회 현상에 대해 관련 자료를 수집해서 분석을 시도해 볼 수도 있다. 여기서 주제 선정에서 제일 먼저 고려할 점은 분석에 필요한 자료가 수집 가능해야 한다는 것이다. 아무리 관심이 높고 중요한 연구 주제를 선정해도 이에 대한 실제 자료를 구할 수 없으면 계량분석이 불가능하기 때문이다. 또한 실증분석을 위해 사용할 모형의 설정 및 추정 등 계량경제학의 방법에 대한 이해가 선행돼야 한다. 선정된 주제에 대해 관심이 높을수록 더 흥미를 갖고 체계적인 실증분석을 시행할 수 있다는 점도 중요하게 고려할 사항이라 할 수 있다.

## 3.2 보고서의 양식

실증분석 논문의 양식은 다양하게 구성될 수 있으나, 일반적으로 작성되는 전형적인 보고서는 다음의 내용을 포함한다.

① 주제의 선정: 현재 고려하고 있는 주제(topic)를 왜 선택했는지에 대해, 이 주제의 의미 또는 중요성 등을 간결하게 설명한다. 또한 보고서의 다른 부분에서 어떻게 내용을 전개할 것인지를 간략하게 소개한다.

② 기존 연구 조사: 선정한 주제와 관련된 대표적인 기존 연구를 소개하고, 그 주요 내용을 짧게 요약한다. 또한 분석하고자 하는 주제가 기존 연구와 비슷한 점과 다른 점 등을 비교하고, 기존 연구에 비해 추가로 기대하는 점 등에 대해 간략히 서술한다.

③ 경제모형: 실증분석의 주제가 되는 경제이론 또는 모형을 제시하고, 이에 포함되는 주요 변수들 사이의 관계 등에 대해 설명한다. 이와 함께 모형에 포함된 변수의 계수들에 대해 분석하고자 하는 가설 또는 경제이론에 대해 논의한다.

④ 실증분석 모형: 분석 대상의 경제모형을 실제 자료에 적용하여 추정할 수 있는 계량모형을 제시한다. 체계적인 분석을 위해 필요한 함수의 형태와 변수의 선정, 오차항의 분포 등 모형에 적용되는 가정에 대해 구체적으로 설명한다.

⑤ 자료의 분석: 실증분석에 사용하는 자료에 대해, 그 자료의 출처, 변수의 이름과 정의,

측정방법 및 측정 단위 등을 서술한다. 중요 변수의 평균, 표준편차 또는 분산, 변동계수 등의 기초통계량은 변수의 특성 파악에 중요한 정보를 제공한다. 종속변수와 독립변수 사이의 공분산 및 상관계수 등에 대한 자료분석은 회귀모형에서 도출되는 추정치의 크기 및 부호에 대해 중요한 정보를 제공하며, 독립변수들 사이의 상관계수는 다중공선성의 정도를 파악하는 데 유용하다. 또한 시계열자료의 경우, 시간에 따른 자료의 움직임을 나타내는 그래프를 통해 해당 자료에 추세 또는 계절성 등이 얼마나 나타나는지를 쉽게 관측할 수 있다. 이와 함께 독자에게 중요한 참고가 되도록 실증분석에 적용한 컴퓨터 프로그램 정보도 보고서에 간략히 언급한다.

⑥ 계량모형의 추정 및 분석 결과 정리: 본격적인 실증분석에 앞서 먼저 계량분석에 사용되는 추정법을 제시한다. 여기서 필요한 경우, 다른 추정방법과 비교한 유용성, 편의성 등에 대해 설명한다. 회귀모형에 대한 추정이 완료되면, 이로부터 도출된 각 계수추정치의 값을 정리하고, 이의 통계적 유의성 등 주요 결과에 대해 논의한다. 이와 함께 연구 주제에 대한 논의에 필요한 주요 가설검정의 내용 및 절차를 체계적으로 서술한다. 또한 추정치의 크기와 부호가 예상과 일치하는지에 대해 설명하고, 기존 연구와의 차이점 등을 비교한다. 여기서 기존 연구와 다른 추정 결과가 도출된 경우, 계량모형이나 분석자료의 차이 등에 대해 서술하고, 이에 관한 설명을 제시한다. 이 과정에서 경제이론에 대한 실증분석 결과를 설명할 때 중요한 점은 추정 결과에 대한 통계적 해석은 물론 이에 대한 경제학적인 함의를 반드시 논의해야 한다는 것이다.

⑦ 실증분석 보고서의 한계: 현재의 보고서에서 제시한 실증분석 결과의 한계점을 서술하고, 향후 더 개선된 계량분석을 위해 필요한 회귀모형 및 추정방법의 확장, 이 경우 예상되는 분석 결과 등에 대해 논의한다.

⑧ 참고문헌 및 부록: 보고서 작성에 참고한 문헌들을 가나다순과 알파벳순으로 정리하고, 보고서의 논리 전개에는 필요하지 않지만, 참고로 제공할 정보는 부록에 제시한다. 예를 들어, 계수추정치에 관한 가설 설정 등에 필요한 도출 과정은 본문에서 간단히 언급하고 복잡한 수식은 부록에서 다루는 것이 효율적인 보고서 작성방법이라 할 수 있다. 그 밖에 보고서에 제시된 수식, 표, 그래프, 주석 등에 대해서도 보고서 양식에 맞춰 체계적으로 일련번호를 사용하는 것도 보고서 작성에서 주의해야 할 점이다.

## 4. 책의 구성 및 내용

이 책은 경제통계학 또는 학부수준의 수리통계학을 수강한 정도의 통계·계량 분석방법에 관한 기초를 갖춘 독자를 대상으로 구성됐다. 제 I 부의 제1장에서 경제학의 한 분야로서 계량경제학의 역할 및 접근법을 개관한 데 이어, 제2장에서는 기본 통계 및 확률 이론에 대한 정리를 위해, 경제통계학에서 다루는 내용 중에서 계량경제학의 접근방법에 필요한 실증분석의 주요 개념들을 간략히 요약한다.

제Ⅱ부에서는 회귀분석 모형을 소개하고, 실제 경제자료를 대상으로 이러한 회귀모형이 실증분석에 어떻게 사용되는가를 살펴본다. 제3장에서는 회귀분석의 개념과 회귀모형의 추정방법을 소개하고, 제4장에서는 추정된 모형을 대상으로 통계적 추론을 시행하는 방법에 대해 설명한다. 제5장에서는 두 개 이상의 설명변수를 포함하는 다중회귀모형에 대한 추정 및 검정방법에 대해 서술한다. 제6장에서는 이러한 접근법을 토대로 다양한 회귀모형의 형태에 따른 변수들 사이의 관계를 분석하는 방법을 살펴보고, 특히 독립변수 또는 종속변수가 제한적인 값을 갖는 가변수모형을 이용하여 여러 가지 경제 현상을 분석하는 방법 등을 제시한다.

제Ⅲ부에서는 이론적인 회귀모형과는 달리 실증분석을 위한 계량모형을 다룰 때 나타날 수 있는 다양한 문제점들에 대해서 하나씩 체계적으로 다룬다. 제7장에서는 잘못된 실증모형이 사용되는 경우 발생하는 문제점을 분석하고, 이러한 문제를 점검하기 위한 모형설정오류 검정법에 대해 소개한다. 제8장에서는 설명변수 사이에 나타날 수 있는 다중공선성의 문제점과 이에 대한 대책을 서술한다. 제9장과 제10장에서는 회귀모형의 오차항이 고전적 회귀모형의 조건을 충족시키지 못하는 경우 발생하는 문제점에 대해 이분산 및 자기상관의 측면에서 각각 분석하고, 이 경우 사용할 수 있는 추정방법을 논의한다.

제Ⅳ부에서는 기본적인 회귀분석 기법에 시간 개념을 도입하여 다양한 형태의 실증분석을 시행하는 방법을 다룬다. 제11장에서는 시차변수가 포함된 회귀모형을 이용하여 경제변수 사이의 인과관계를 분석하는 방법을 소개한다. 마지막으로 제12장에서는 시계열자료의 현재값과 과거값들 사이의 동태적 관계를 분석하고, 이를 예측치 추정 및 가설검정에 이용하는 시계열분석 기법에 대해 서술한다.

CHAPTER

# 2

# 확률 통계의 기초 이론

최근 컴퓨터의 성능이 비약적으로 발전하고 경제통계자료의 접근성 및 이용 가능성이 증가함에 따라 통계·계량 분석을 위한 컴퓨터 프로그램(program)과 패키지(package)가 다양하게 개발되고 있다. 이 책은 컴퓨터 실습을 통해 계량분석 기법 및 이론을 현실 경제통계자료에 직접 접목시키는 방법을 다루는 것을 목표로 한다. 주어진 자료의 정리나 분석은 컴퓨터가 해결해 줄 수 있지만, 이를 올바로 이해하고 활용하기 위해서는 기본적인 통계·계량 개념에 대한 이해가 필수적이다. 여기에서는 자료의 특징에 관한 확률이론, 표본분포 및 가설검정 등 기초 확률·통계 개념에 대해서 간략히 요약·정리한다.

## 1. 자료의 정리

경제 현상의 기본 원리를 구명(究明)하는 경제이론의 목적은 국민총생산·소비·투자 등 경제활동을 반영하는 주요 경제지표의 움직임이나, 소비함수·생산함수 등 여러 경제변수 사이의 관계를 논리적·수리적으로 분석하는 것이다. 대부분의 경제변수는 통계분석의 접근방법을 토대로 작성된 통계자료로 나타나는데, 계량경제학에서는 분석 대상이 되는 경제변수에 대한 통계자료를 이용하여 이러한 경제이론이 실제의 경제 현상과 얼마나 부합하는가를 분석한다. 실증분석 기법을 적용하여 이론적으로 도출된 개별 경제변수의 특성 또는 경제변수 사이의 함수관계에 대한 현실 적합성을 점검하기 위해서는 분석 대상이 되는 경제변수에 대한 통계자료의 수집이 선행돼야 한다.

통계자료를 수집하고 이용하는 데 있어서 주의해야 할 점은 이러한 자료가 분석에 필요한 자료와 일치하는지를 확인해야 한다는 것이다. 즉, 어떤 자료를 사용하는가에 따라 다른 실증분석 결과가 도출된다는 것을 고려하여 분석목적에 적합한 자료수집을 위해 노력해야 함은 물론, 이러한 자료를 사용할 때의 한계점에 대해서도 주의를 기울여야 한다.

경제변수에 대한 통계자료가 수집되면 실증분석에 앞서 먼저 주어진 자료에 들어 있는 정보를 분석할 필요가 있다. 이를 위해서는 주어진 자료에 대한 평균이나 분산을 구하고 그래프를 도출하는 기술통계학의 접근방법을 사용한다.

### 1.1 중앙집중도

주어진 자료가 갖고 있는 정보를 효율적으로 정리하기 위해 중앙집중도(measure of central

tendency)의 척도를 나타내는 대표값의 개념이 가장 많이 사용된다.

- 평균(mean) $\overline{X}=\frac{1}{n}(X_1+X_2+\cdots+X_n)=\frac{1}{n}\sum_{i=1}^{n}X_i$ (2.1)
- 중간값(median) $X_{me}$ = 자료를 크기에 따라 차례대로 배열했을 때, $n$이 홀수인 경우 $\frac{1}{2}(n+1)$번째 관측치의 값, $n$이 짝수인 경우 $\frac{n}{2}$번째 관측치와 $\frac{1}{2}(n+1)$번째 관측치의 평균을 의미함.
- 최빈값(mode) $X_{mo}$ = $n$개의 자료 중 가장 관측빈도가 높은 관측치의 값

## 1.2 분포도

중앙집중도의 척도는 하나의 값으로 주어진 자료의 특징을 나타낸다는 면에서 주어진 자료가 갖고 있는 정보를 효율적으로 정리하는 데 유용한 개념이지만, 그 자료가 얼마나 다양한 값들을 포함하고 있는가에 대한 정보는 나타내지 못한다. 이러한 특징을 분석하기 위해서는 분포도(measure of dispersion)의 개념을 사용한다.

- 범위(range) $R=X_{max}-X_{min}$ (가장 큰 값과 가장 작은 값의 차이) (2.2)
- 편차(deviation) $d_i=X_i-\overline{X}$ (전체 자료의 중심인 표본평균과 각 관측치의 차이) (2.3)
- 평균 절댓값 편차 $MAD_x=\frac{1}{n}\sum_{i=1}^{n}|d_i|$ (2.4)
- 평균 제곱편차 $MSD_x=\frac{1}{n}\sum_{i=1}^{n}d_i^2$ (2.5)
- 표본분산 $s_x^2=\frac{1}{n-1}\sum_{i=1}^{n}(X_i-\overline{X})^2=\frac{n}{n-1}MSD_x$ (2.6)
- 표준편차 $s_x=\sqrt{s_x^2}$ (2.7)

## 1.3 상관도

평균, 분산 등에 관한 정보는 한 개의 자료에 대한 특징을 분석하는 데 사용되는 것으로, 계량경제학의 분석 대상이라 할 수 있는 두 개 이상의 경제변수에 나타나는 관계에 대한 분석을 위해서는 공분산(covariance), 상관계수(correlation coefficient) 등 상관도(measure of association)의 개념을 사용한다.

• 표본공분산 $s_{xy} = \frac{1}{n-1}\sum_{i=1}^{n}\left(X_i - \overline{X}\right)\left(Y_i - \overline{Y}\right)$ (2.8)

• 표본상관계수 $r_{xy} = \frac{s_{xy}}{s_x s_y} \quad (-1 \le r_{xy} \le 1)$ (2.9)

## 2. 확률변수와 기댓값

실증분석을 목적으로 통계자료를 수집하는 과정은 어떤 통계적 특징이나 현상을 분석하기 위해 동전이나 주사위 던지기 또는 의학실험의 결과를 토대로 필요한 자료를 측정하는 것과 같은 맥락에서 해석할 수 있다. 즉, 어떤 특정한 사람의 키, 한 가계의 소득 또는 소비수준, 기업의 재고 또는 판매량 등에 관한 관측치는 주사위 던지기 결과 얻어진 숫자와 같이 표본대상의 선정이라는 실험 결과에 따라 다른 값을 갖는 특징을 나타낸다. 이와 같이 실험 결과에 따라 그 값이 결정되는 변수를 확률변수(random variable)라 한다.

확률변수의 특징은 그 확률변수가 어떤 특정한 구간의 값을 가질 확률을 나타내는 확률분포에 의해 결정된다. 어떤 확률변수가 동전 던지기 결과 나타나는 앞면의 수, 한 가구 소유의 자동차 대수 등과 같이 특정한 값만 갖게 되는 경우 이산적(discrete) 변수가 되며, 반면 사람의 키, 온도, 전력사용량 등 임의의 실수값을 가질 수 있는 경우 연속적(continuous) 확률변수가 된다. 다양한 값을 갖는 통계자료를 요약·정리하기 위해 평균·분산 등의 개념을 사용하는 것과 같이, 다양한 값을 갖게 될 가능성(확률)이 있는 확률변수에 대해서도 유사한 개념을 이용하여 확률변수의 특징을 나타낸다.

예를 들어, 확률변수 $X$의 확률밀도함수(probability density function)를 $f(x)$라 할 때, 이 확률변수의 기댓값(expected value)은 다음과 같이 정의된다.

$$\begin{aligned} E(X) &= \sum_{i=-\infty}^{\infty} x_i f(x_i) \quad \text{(이산적 확률변수)} \\ &= \int_{-\infty}^{\infty} x f(x)\,dx \quad \text{(연속적 확률변수)} \end{aligned} \qquad (2.10)$$

여기서 확률변수 $X$의 기댓값은 이 변수의 평균과 똑같은 개념으로 $\mu_x$로 나타낸다. 확률변수 $X$의 임의의 함수 $Z = g(X)$에 대한 기댓값은 다음과 같이 정의된다.

$$E[g(X)] = \sum_{i=-\infty}^{\infty} g(x_i) f(x_i) \quad \text{(이산적 확률변수)}$$

$$= \int_{-\infty}^{\infty} g(x) f(x) dx \quad \text{(연속적 확률변수)} \tag{2.11}$$

이를 이용하여 확률변수의 분산을 비롯한 여러 가지 통계적 특징을 분석할 수 있는데, 예를 들어 $Z = g(X) = (X - \mu_x)^2$에 대한 기댓값은 다음의 분산을 의미한다.

$$\sigma_x^2 = V(x) = E\left[(X - \mu_x)^2\right] \tag{2.12}$$

또한 두 개의 확률변수 $X, Y$에 대해서는 이의 확률분포를 나타내는 결합(joint) 확률밀도함수 $f(x, y)$를 이용하여 이들 사이의 관계를 분석할 수 있다. 즉, 두 확률변수 $X, Y$의 임의의 함수를 $g(X, Y)$라 할 때 이의 기댓값은 아래와 같이 정의된다.

$$E[g(X,Y)] = \sum_{i=-\infty}^{\infty} \sum_{j=-\infty}^{\infty} g(x_i, y_j) f(x_i, y_j) \quad \text{(이산적 확률변수)}$$

$$= \int_{-\infty}^{\infty} \int_{-\infty}^{\infty} g(x, y) f(x, y)\, dy\, dx \quad \text{(연속적 확률변수)} \tag{2.13}$$

여기에서 $g(X, Y) = (X - \mu_x)(Y - \mu_y)$인 경우 다음과 같이 공분산을 나타낸다.

$$\sigma_{xy} = Cov(X, Y) = E\left[(X - \mu_x)(Y - \mu_y)\right] \tag{2.14}$$

또한 공분산 개념을 이용하여 $X$와 $Y$의 상관계수를 정의할 수 있다.

$$\rho_{xy} = Corr(X, Y) = \frac{Cov(X, Y)}{\sqrt{V(X)V(Y)}} \tag{2.15}$$

기댓값을 토대로 확률변수의 분포적 특징을 규정하는 이러한 개념은 어떤 변수의 표본 통계자료에 대한 특징을 요약·정리하기 위한 앞의 제1절에서의 개념을 그 변수가 이론적으로 가질 수 있는 모든 값들을 전부 고려하는 경우에 나타나는 모집단의 특징으로 확장시킨 개념이다. 즉, 표본평균 (2.1), 표본분산 (2.6), 표본공분산 (2.8), 표본상관계수 (2.9)는 각각 평균 (2.10), 분산 (2.12), 공분산 (2.14), 상관계수 (2.15) 개념에 대한 표본추정량의 역할을 한다.

## 3. 정규분포 및 관련 분포

여러 가지 유형의 자료에 대한 정보를 이용하여 실증분석을 하기 위해서는 먼저 이러한 자료의 통계적 특징을 파악해야 한다. 여기에서는 경제변수의 특성 또는 이에 대한 자료로부터 도출된 표본통계치의 분포 상태를 묘사하는 데 널리 사용될 뿐만 아니라, 가설검정에 주로 이용되는 주요 확률분포를 간략히 소개한다.

### 3.1 정규분포

정규분포는 연속확률분포의 하나로 기후, 체중, 성적 등 일상생활의 여러 가지 분포 상태를 나타내는 데 자주 사용되고 있다. 또한 이러한 자료로부터 도출된 표본통계치를 이용한 가설검정에 주로 사용되는 $t$-분포, $F$-분포 등 다른 여러 가지 분포이론의 기초가 될 뿐만 아니라, 가설검정·추정을 비롯한 기본적인 통계적 추론에 있어서 통계학의 중심이 되는 중요한 개념이다.

정규분포를 갖는 연속확률변수 $X$의 확률밀도함수는 다음과 같이 표기된다.

$$f(x) = \frac{1}{\sigma\sqrt{2\pi}} e^{-\frac{(x-\mu)^2}{2\sigma^2}} \tag{2.16}$$

여기서 $\mu$는 정규분포의 평균, $\sigma$는 정규분포의 표준편차($\sigma^2$은 분산)를 나타내며, $e=2.71828$, $\pi=3.14159$의 값을 나타내는 기호이다. 이와 같이 평균이 $\mu$, 분산이 $\sigma^2$인 정규분포를 $X \sim N(\mu, \sigma^2)$로 표기한다.

일반적인 정규분포를 갖는 확률변수에 대해 확률을 구하기 위해서는 위의 확률밀도함수를 이용하여 그 적분을 계산해야 한다. 이러한 계산은 매우 어렵기 때문에 정규분포 중에서 평균 $\mu=0$이고, 분산 $\sigma^2=1$인 경우에 대해 확률을 계산해 놓은 표를 사용한다(부록의 [표 B-1] 참조). 이와 같이 평균이 0, 분산이 1인 정규분포를 표준정규분포(standard normal distribution)라 한다. 일반적으로 평균이 $\mu$이고 표준편차가 $\sigma$인 정규분포를 갖는 확률변수 $X$를 다음과 같이 변환시키면 표준정규분포를 갖는 확률변수가 된다.

$$Z = \frac{(x-\mu)}{\sigma} \sim N(0,1) \tag{2.17}$$

이러한 변환을 자료의 표준화(standardization)라고 하며, 측정 단위가 서로 다른 자료를 동일한 크기(scale)에서 비교하기 위한 목적으로 자주 사용된다. 이와 같이 표준정규분포를 갖는 확률변수 $Z$의 확률밀도함수는 다음과 같이 간단하게 표기된다.

$$f(z) = \frac{1}{\sqrt{2\pi}} e^{-\frac{z^2}{2}} \tag{2.18}$$

## 3.2 $\chi^2$-분포

$\chi^2$-분포(chi-square distribution)는 정규분포로부터 파생된 연속확률분포의 하나로, 서로 독립인 표준정규분포를 갖는 확률변수의 제곱의 합으로 정의된다. 즉, 표준정규분포를 갖는 확률변수 $Z_1, Z_2, \cdots, Z_k$가 서로 독립일 때, 다음과 같이 정의된 확률변수 $W$는 자유도가 $k$인 $\chi^2$-분포를 갖는다.

$$W = \sum_{i=1}^{k} {Z_i}^2 \sim \chi^2(k) \tag{2.19}$$

$\chi^2$-분포의 확률밀도함수는 자유도 $k$에 따라 달라지는데, 자유도 $k$가 커질수록 정규분포와 같이 좌우대칭인 확률분포를 갖게 된다. 부록의 [표 B-3]에는 $\chi^2$-분포의 특징을 이용하여 가설검정을 시행할 때 필요한 $\chi^2$-분포의 확률밀도함수의 백분위(percentile)에 대한 값을 제시하였다. 여기서 자유도 $k$는 $\chi^2$-분포를 갖는 확률변수 $W$의 평균을 나타내며, 확률변수 $W$의 분산은 $2k$가 된다.

## 3.3 $t$-분포

회귀모형에 대한 가설검정에서 많이 사용되는 $t$-분포는 앞에서의 $\chi^2$-분포와 마찬가지로 정규분포로부터 파생된 확률분포의 하나로, 다음과 같이 정의된다.

$$t = \frac{Z}{\sqrt{W/k}} \sim t(k) \tag{2.20}$$

여기서 $Z \sim N(0,1)$, $W \sim \chi^2(k)$이고 서로 독립인 확률변수를 나타낸다.

$t$-분포의 확률밀도함수는 식 (2.20)의 분모에 들어 있는 $\chi^2$-분포의 자유도 $k$에 따라 달라지는데, 표준정규분포와 같이 평균 0을 중심으로 좌우대칭인 확률분포를 가지며, $t$-분포의 분산은 $k$가 2보다 큰 경우 $V(t) = \frac{k}{k-2}$로 표준정규분포보다 크다. 부록의 [표 B-2]는 각 자유

도에 따른 $t$-분포의 백분위 값을 나타내고 있는데, 여기서 $t$-분포의 분산은 자유도가 증가함에 따라 작아진다는 것을 알 수 있다. 특히 $k \geq 30$인 경우 분산이 1에 가깝게 되어 표준정규분포에 접근한다.

### 3.4 $F$-분포

$F$-분포 역시 정규분포로부터 파생된 것으로, 다음과 같이 서로 독립인 $\chi^2$-분포의 비율로 정의된다.

$$F = \frac{W_1/k_1}{W_2/k_2} \sim F(k_1, k_2) \tag{2.21}$$

여기서 $W_1$, $W_2$는 서로 독립이며, 자유도가 각각 $k_1$, $k_2$인 $\chi^2$-분포를 갖는 확률변수를 나타낸다. $F$-분포의 확률밀도함수는 분자·분모에 들어 있는 두 개의 $\chi^2$-분포의 자유도 $k_1$, $k_2$에 따라 결정된다. 부록의 [표 B-4]는 분자 및 분모의 자유도에 따른 $F$-분포의 백분위 값을 나타내고 있다. 식 (2.21)과 식 (2.20)을 비교해 보면, $t$-분포를 갖는 확률변수의 제곱은 분자의 자유도가 1인 $F$-분포를 갖게 되어, 다음의 관계가 성립함을 알 수 있다.

$$F(1, k_2) \sim [t(k_2)]^2 \tag{2.22}$$

## 4. 표본통계량의 특징

통계·계량 분석의 기본적인 목적은 실제로 관측할 수 있는 자료를 이용하여 현실 경제·사회 현상에 대한 추론을 하기 위한 것이다. 예를 들면, '기준금리 변동이 환율 및 국제수지에 어떤 영향을 미치는가?' 또는 '남·여 사이의 소득수준 격차가 최근 감소하는 추세에 있는가?' 등에 대한 분석을 시행하기 위해 통계·계량 기법을 실제 자료에 적용한다. 여기서 통계적 추론의 대상이 되는 구성요소의 전체집합을 모집단(population)이라 하고, 이러한 모집단의 특성을 나타내는 평균·분산 등을 모수(parameter)라 부른다. 일반적으로 모집단의 여러 가지 특성에 대해서 알려져 있지 않은 경우, 모집단의 일부, 즉 표본(sample)을 추출하여 이로부터 얻은 정보를 기초로 모집단 전체의 특성에 대한 추론을 한다. 통계적 추론은 크게 추정

(estimation)과 가설검정(hypothesis testing)의 방법으로 구분할 수 있는데, 가설검정은 다음 절에서 다루기로 하고 여기에서는 주어진 자료로부터 모수에 대한 추정량을 도출할 때 고려해야 할 사항에 대해 살펴본다.

모집단으로부터 추출된 자료가 주어져 있을 때 우선적으로 고려해야 할 것은 모집단의 특성을 분석하기 위해 주어진 자료를 가장 효과적·효율적으로 이용하는 방법을 모색해야 한다는 것이다. 즉, 어떤 추정량이 모수에 대한 가장 효율적인 추정치를 구하는 방법인가를 고려해야 한다.[1]

예를 들어, $X_i$가 평균이 $\mu$이고 분산이 $\sigma^2$인 정규분포를 갖는 모집단으로부터 추출된 $n$개의 표본이고, 이를 이용하여 모수 $\mu$와 $\sigma^2$ 등 모집단에 대한 특징을 분석한다고 하자. 이 경우 모수 $\mu$와 $\sigma^2$을 추정하기 위한 통계량으로 각각 표본평균과 표본분산이 가장 많이 사용되고 있다. 표본평균이나 표본분산과 같이 표본의 정보를 요약하는 공식을 표본통계량(sample statistic)이라 한다.

- **표본평균** $$\overline{X} = \frac{1}{n}\sum_{i=1}^{n} X_i \tag{2.23}$$

- **표본분산** $$s_x^2 = \frac{1}{n-1}\sum_{i=1}^{n}(X_i - \overline{X})^2 \tag{2.24}$$

여기서 모수 $\mu$와 $\sigma^2$에 대한 추정량으로 각각 $\overline{X}$와 $s_x^2$를 사용하는 방법은 추출된 표본에 대해서 표본평균과 표본분산이 갖는 의미와 모집단에서 모평균과 모분산이 갖는 의미가 유사하다는 점에서 쉽게 적용할 수 있는 방법이다. 이와 같이 어떤 모수가 그 모집단에서 갖는 특징을 표본에 그대로 적용하여 추정량을 구하는 방법을 유사성 원리(analogy principle)라 한다. 이러한 유사성 원리 이외에 모평균에 대한 추론을 위해 표본평균을 사용하는 이유는 표본평균이 모평균에 대한 다른 추정량보다 통계적으로 더 좋은 특징을 갖고 있기 때문이다. 즉, 표본평균 $\overline{X}$의 값은 임의로 추출된 표본 $X_i$의 값에 따라 변화하게 되므로 그 자체가 일정한 분포를 갖는 확률변수가 되는데, 추정량 $\overline{X}$가 다른 추정량보다 더 정확한 추정치를 구해 줄 가능성이 높기 때문이다. 이를 구체적으로 분석하기 위해 추정 대상이 되는 모수를 $\theta$, 이의 추정량을 $\hat{\theta}$라 할 때, 추정량 $\hat{\theta}$이 갖는 통계적 특징을 나타내는 여러 가지 지표를 소개한다.

---

1 여기서 추정량(estimator)은 모수를 추정하기 위해 주어진 자료를 사용하는 방법 또는 표본자료에 대한 공식을 의미하는 것으로, 또한 추정치(estimate)는 실제 자료의 값을 이러한 공식에 적용하여 도출되는 값을 나타내는 것으로 구별하여 사용하는 것이 일반적이지만 실증분석에서는 흔히 이들 두 개념을 혼용하여 사용하기도 한다.

## 4.1 불편성(unbiasedness)

추정량 $\hat{\theta}$의 기댓값이 추정 대상이 되는 모수 $\theta$와 일치하는 경우, 즉 $E(\hat{\theta}) = \theta$의 조건이 성립하는 경우, $\hat{\theta}$은 $\theta$에 대한 불편추정량(unbiased estimator)이라 한다. 이를 그림으로 나타내면, 추정량 $\hat{\theta}$을 반복해서 구하는 경우 [그림 2-1]과 같이 추정 대상이 되는 모수 $\theta$가 그 분포의 중심이 된다는 것을 의미한다.

[그림 2-1] 추정량의 불편성

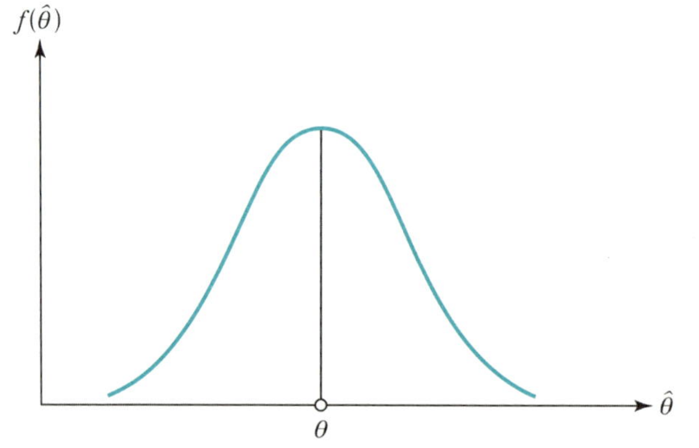


## 4.2 효율성(efficiency)

모수 $\theta$에 대한 두 개의 불편추정량 $\hat{\theta}_1$, $\hat{\theta}_2$에 대해서 $V(\hat{\theta}_1) < V(\hat{\theta}_2)$의 조건이 성립하면, $\hat{\theta}_1$은 $\hat{\theta}_2$보다 더 효율적인 추정량이라 한다. 이 경우 두 추정량의 분산의 비율 $\left[V(\hat{\theta}_1)/V(\hat{\theta}_2)\right]$를 상대적 효율성(relative efficiency)이라 한다.

[그림 2-2]에서 $\theta$에 대한 두 개의 불편추정량 $\hat{\theta}_1$, $\hat{\theta}_2$를 고려해 보면 두 추정량의 분포는 모두 중심이 $\theta$에 위치하므로 불편성을 가지지만, $\hat{\theta}_1$의 분포는 중심에 밀집되어 있는 반면 $\hat{\theta}_2$의 분포는 중심에서 더 멀리 퍼져 있다. 따라서 $\hat{\theta}_1$을 이용하여 구한 추정치의 값은 상대적으로 $\theta$에 가까운 값으로 도출되는 데 반해 $\hat{\theta}_2$를 이용한 추정치는 $\theta$로부터 멀리 떨어진 값이 나올 확률이 높다. 따라서 분산이 작다는 것은 그만큼 추정치의 정확도가 커진다는 것을 의미한다.

[그림 2-2] 추정량의 효율성

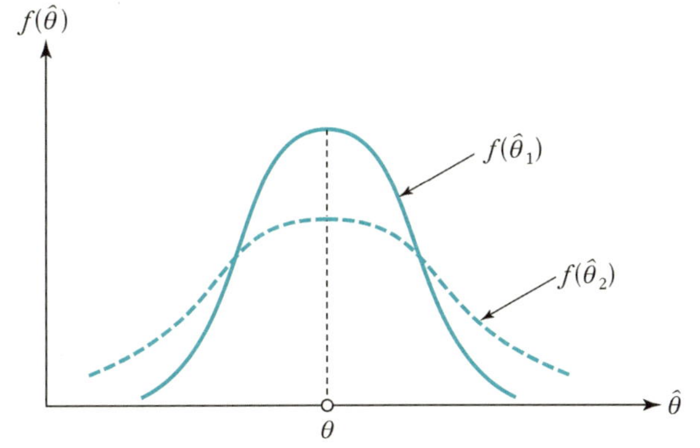


## 4.3 최량선형불편추정량

추정량 $\hat{\theta}$가 모수 $\theta$에 대한 다른 모든 선형불편추정량 중에서 가장 분산이 작은 경우, $\hat{\theta}$을 최소분산선형불편추정량(minimum variance linear unbiased estimator: MVLUE) 또는 최량(最良)선형불편추정량(best linear unbiased estimator: BLUE)이라 한다.

## 4.4 평균자승오차

모수 $\theta$에 대한 추정량 $\hat{\theta}$의 평균자승오차(mean squared error: MSE)는 다음과 같이 정의된다.

$$MSE(\hat{\theta}) = E\left[(\hat{\theta}-\theta)^2\right] \tag{2.25}$$

여기서 두 개의 추정량 $\hat{\theta}_1$, $\hat{\theta}_2$에 대해 $MSE(\hat{\theta}_1) < MSE(\hat{\theta}_2)$의 조건이 성립하면 $\hat{\theta}_1$은 $\hat{\theta}_2$보다 $MSE$ 기준에서 더 효율적인 추정량이라 하는데, 이는 편의가 나타날 수 있는 추정량과 불편추정량을 비교하여 어느 것이 실제 모수와 가까운가를 분석할 때 사용하는 개념이다. 즉, 평균자승오차는 다음과 같이 추정량 $\hat{\theta}$의 분산과 추정량 $\hat{\theta}$의 평균과 모수 사이의 괴리인 편의(bias)의 제곱의 합으로 표시할 수 있다.

$$\begin{aligned} MSE(\hat{\theta}) &= E\left[(\hat{\theta}-\theta)^2\right] = E\left[\{\hat{\theta}-E(\hat{\theta})\}^2\right] + \left[E(\hat{\theta})-\theta\right]^2 \\ &= V(\hat{\theta}) + Bias(\hat{\theta})^2 \end{aligned} \tag{2.26}$$

[그림 2-3] 추정량의 MSE: 편의와 분산

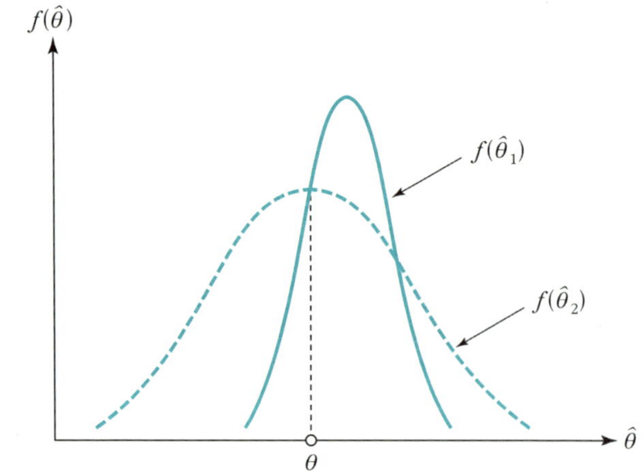


여기서 편의가 발생하더라도 분산이 작으면 실제 모수를 더 정확하게 추정할 수 있다는 의미에서 효율성의 개념을 적용한다. [그림 2-3]에서 $\theta$에 대한 두 개의 추정량 $\hat{\theta}_1$, $\hat{\theta}_2$을 고려해 보면, 추정량 $\hat{\theta}_1$은 편의는 있으나 분산이 작아 모수 근방에 가까이 분포되어 있는 반면 $\hat{\theta}_2$의 경우 그 분포 중심이 $\theta$에 위치하므로 불편성을 가지지만 전체적으로는 분산이 커서 중심에서 멀리 떨어져 있는 분포를 나타낸다. 따라서 이 경우 $\hat{\theta}_1$을 이용하여 구한 추정치의 값이 편의는 있으나 상대적으로 $\theta$에 더 가까운 값으로 도출될 수 있으므로 더 좋은 추정량이라 할 수 있다.

불편성, 효율성, 평균자승오차의 개념은 표본을 추출하는 모집단 자체의 분포를 알 수 있어 표본평균·분산 등 이로부터 도출되는 여러 가지 표본통계량의 유한 분포(exact distribution)를 도출할 수 있을 때 사용할 수 있는 추정량의 특징이다. 그러나 실증분석에서는 표본이 추출된 모집단에 대한 분포를 알지 못하는 경우가 일반적인데, 이와 같이 모집단에 대한 분포를 알 수 없는 경우에는 표본의 수가 큰 경우를 대상으로 도출된 점근 분포(asymptotic distribution)를 적용하여 추정량의 특징을 분석한다.

## 4.5 일치성(consistency)

확률변수 $\hat{\theta}_n$을 $n$개의 자료로부터 도출된 모수 $\theta$에 대한 추정량이라 할 때, 자료의 수 $n$

이 증가함에 따라 추정량 $\hat{\theta}_n$이 모수 $\theta$로부터 벗어날 확률이 점점 작아져서 $\hat{\theta}_n$의 확률극한(probability limit)이 추정 대상이 되는 모수 $\theta$와 일치하는 경우, $\hat{\theta}_n$은 $\theta$에 대한 일치추정량(consistent estimator)이라 한다. 이를 수식으로 $plim(\hat{\theta}_n) = \theta$ 또는 $\hat{\theta}_n \xrightarrow{p} \theta$로 표기하는데, 이는 모든 $\varepsilon > 0$에 대해서 다음의 조건이 성립하는 경우를 나타낸다.

$$\lim_{n \to \infty} P\left(\left|\hat{\theta}_n - \theta\right| > \varepsilon\right) = 0 \tag{2.27}$$

이때 확률변수의 수열 $\{\hat{\theta}_n\}_{n=1}^{\infty}$이 $\theta$에 확률수렴(convergence in probability)한다고 하고, $\theta$를 $\hat{\theta}_n$의 확률극한이라 한다. 추정량의 특징으로서 일치성의 의미는 [그림 2-4]에서 볼 수 있는 것같이 $n$이 커질수록 추정량 $\hat{\theta}_n$의 분포가 $\theta$를 중심으로 집중하므로 더 좋은 추정치를 구할 수 있다는 것을 뜻한다.

[그림 2-4] 추정량의 일치성

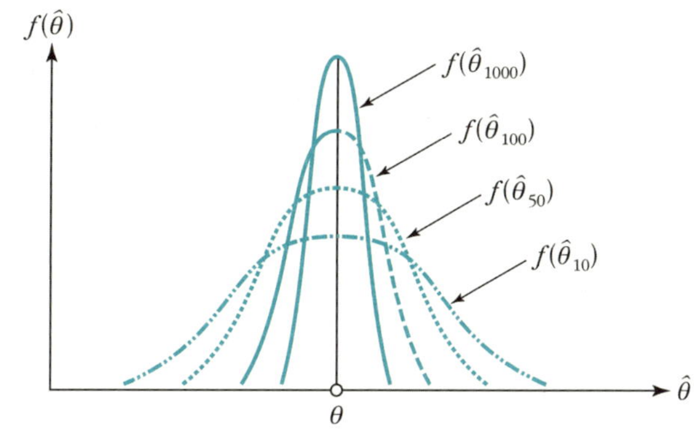


## 4.6 점근적 효율성(asymptotic efficiency)

모수 $\theta$에 대한 두 개의 일치추정량 $\hat{\theta}_{1n}$, $\hat{\theta}_{2n}$에 대해서, $\hat{\theta}_{1n}$의 분산이 0으로 수렴하는 속도가 $\hat{\theta}_{2n}$의 분산이 0으로 수렴하는 속도보다 빨라 $\theta$를 중심으로 집중하는 경향이 높으면 $\hat{\theta}_{1n}$은 $\hat{\theta}_{2n}$보다 점근적으로 효율적인 추정량이라 한다. 이를 수식으로 나타내면 $\lim_{n \to \infty} [V(\hat{\theta}_{1n})/V(\hat{\theta}_{2n})] < 1$의 조건으로 표기한다.

## 5. 표본분포

모집단의 분포를 아는 경우에는 표본에 대한 평균과 분산 이외에 이로부터 도출된 여러 가지 표본분포(sampling distribution)를 쉽게 구할 수 있다. 예를 들어, $X_i$가 평균이 $\mu_x$이고 분산이 $\sigma_x^2$인 정규분포를 갖는 모집단으로부터 추출된 $n$개의 표본이라 하면, $\overline{X}$는 평균이 $\mu_x$이고 분산이 $(\sigma_x^2/n)$인 정규분포를 갖는 확률변수가 된다. 따라서 다음의 통계량은 평균이 0이고 분산이 1인 표준정규분포를 이룬다.

$$Z = \frac{(\overline{X} - \mu_x)}{\sqrt{\sigma_x^2/n}} = \frac{\sqrt{n}(\overline{X} - \mu_x)}{\sigma_x} \tag{2.28}$$

위 식에서 모집단의 분산 $\sigma_x^2$는 알려져 있지 않기 때문에 이에 대한 표본추정치 $s_x^2$을 이용하면 다음의 식을 도출할 수 있다.

$$t = \frac{(\overline{X} - \mu_x)}{\sqrt{s_x^2/n}} = \frac{\sqrt{n}(\overline{X} - \mu_x)}{s_x} \tag{2.29}$$

이 경우 새로운 통계량 $t$는 $Z$와는 달리 정규분포를 갖지 않고, 자유도가 $(n-1)$인 $t$-분포를 갖는 확률변수가 되는데, 이러한 분포를 토대로 모집단의 특징에 대한 가설검정을 시행한다.

위에서와 같이 모집단이 정규분포를 갖는 경우에는 이로부터 도출된 자료에 대한 표본분포를 쉽게 구할 수 있으나, 모집단이 정규분포를 갖지 않으면 표본평균, 표본분산 등 이로부터 도출된 표본통계량의 분포를 도출하는 것은 쉽지 않다. 그러나 모집단이 정규분포를 갖지 않아도 이로부터 추출된 표본의 수가 많은 경우에는 다음의 극한분포이론을 이용하여 표본통계량의 분포적 특징을 구하고, 이를 토대로 가설검정을 시행할 수 있다.

### 5.1 대수의 법칙

대수의 법칙(law of large numbers: LLN)은 표본으로 추출된 자료의 수가 많아지면 표본평균은 모평균과 똑같게 된다는 것을 의미한다. 이를 수식으로 표현하기 위해 $X_1, X_2, \cdots, X_n$이 모두 평균 $\mu_x$, 분산 $\sigma_x^2$인 분포를 갖는 모집단으로부터 도출된 표본을 나타낸다고 하자. 이 경우 표본의 수 $n$이 무한대로 커지면 다음의 관계가 성립한다.

$$\overline{X} \xrightarrow{p} E(X_i) = \mu_x \tag{2.30}$$

이는 표본평균이 모평균에 확률적으로 수렴함을 의미한다. 마찬가지로 표본분산이 모집단의 분산에 확률수렴한다는 것을 보일 수 있다.

$$s_x^2 \xrightarrow{p} V(X_i) = \sigma_x^2 \tag{2.31}$$

### 5.2 중심극한정리

이 관계는 대수의 법칙과 마찬가지로 표본의 수가 많아지는 경우에 성립하는 극한분포이론으로, 모집단이 정규분포가 아닌 경우에도 다음의 확률변수는 점근적 정규분포를 갖게 됨을 의미한다.

$$Z_n = \frac{(\overline{X} - \mu_x)}{\sqrt{\sigma_x^2/n}} = \frac{\sqrt{n}(\overline{X} - \mu_x)}{\sigma_x} \xrightarrow{d} N(0, 1) \tag{2.32}$$

식 (2.32)는 자료의 수 $n$이 증가함에 따라 $Z_n$의 분포가 표준정규분포에 분포수렴(convergence in distribution)함을 나타낸다.[2] 중심극한정리(central limit theorem: CLT)는 모집단의 분포와 관계없이 성립하는 것으로 실증분석에서 검정통계량의 분포를 구하는 데 유용하게 사용된다.

## 6. 가설검정

모집단의 특성을 나타내는 모수에 대한 가정을 설정하고, 표본으로부터 도출된 정보를 이용하여 이러한 가설이 주어진 자료와 부합하는지를 점검하는 통계적 접근법을 통계적 가설검정이라 한다. 이와 같이 주어진 표본자료에 기초한 정보를 토대로 모집단 전체의 특성에 대한 분석이 어느 정도 가능하다는 것이 통계·계량 분석을 시행하는 기본적인 목적이다. 즉, 모집단에 대한 특징(또는 모수의 값)에 대한 귀무가설이 옳은 경우 표본자료로부터 도출되는 특징

2 확률변수 $Z_n$과 $Z$의 분포함수를 각각 $f_n$과 $f$라 할 때, $f$의 모든 연속점에서 $\lim_{n\to\infty} f_n(z) = f(z)$의 조건이 성립하면 확률변수의 수열 $\{Z_n\}_{n=1}^{\infty}$이 $Z$에 분포수렴한다고 한다.

(또는 표본추정치)도 이와 유사하게 나타날 것이므로 검정하고자 하는 가설이 기각되지 않는 결과를 보일 것으로 예상할 수 있다. 이와는 반대로 표본이 제공하는 정보가 모집단에 대한 귀무가설과 다른 경우에는 그 가설이 틀릴 가능성이 높다는 것을 암시한다.

## 6.1 유의수준

그러나 제한된 표본자료를 기초로 모집단 전체의 특성을 분석하는 데는 항상 잘못된 결론을 도출할 가능성을 안고 있다. 즉, 귀무가설이 옳은데도 불구하고 주어진 자료로부터 도출된 검정통계량이 이를 제대로 반영하지 못해서 귀무가설을 기각하는 경우가 발생할 가능성이 있는데, 이와 같이 옳은 귀무가설을 기각하는 오류를 제1종 오류(Type I error)라 한다. 반대로 귀무가설이 틀렸는데도 이를 기각하지 못하는 경우가 발생할 수도 있는데, 이를 제2종 오류(Type II error)라 한다. 귀무가설이 옳은 데에도 이를 기각하는 잘못을 범할 확률을 검정의 규모(size) 또는 유의수준(significance level)이라 한다. 이 확률의 값은 검정하고자 하는 가설의 유형, 제1종 오류 또는 제2종 오류가 발생할 경우에 나타나는 문제점 등에 따라 결정되는데, 흔히 1%, 5%, 10% 정도가 사용된다.

## 6.2 가설검정의 절차

통계적 가설검정은 일반적으로 다음의 순서에 의해 행해진다.

### 1) 가설 설정

가설검정은 일반적으로 모수값에 대하여 서로 상반되는 두 개의 가설 중 하나를 채택하고 다른 하나를 기각하는 방식을 취한다. 이 가운데 검정하려는 가설을 귀무가설(null hypothesis: $H_0$)이라 하고, 이와 상반되는 가설을 대립가설(alternative hypothesis: $H_1$)이라 한다.

$$H_0 : \mu_x = 0 ; \quad H_1 : \mu_x \neq 0 \tag{2.33}$$

### 2) 검정통계량 추정

검정을 위해 사용할 통계치를 추정한다. 위의 예에서 모집단의 평균에 대한 가설검정을 실시할 경우, 주어진 표본으로부터 $t = \dfrac{\sqrt{n}\left(\overline{X} - \mu_x\right)}{s_x}$ 값을 구한다.

### 3) 판정기준 설정

유의수준에 따른 임계치(critical value)와 위 2)에서 도출된 통계량을 비교하여 귀무가설의 기각 또는 채택 여부를 결정한다. 유의수준이 5%로 설정된 경우, 통계치 $t$가 5% 유의수준의 임계치보다 크면 귀무가설을 기각하고 5% 유의수준에서 모집단의 평균은 0이 아니라는 결론을 내린다. 이 경우 [그림 2-5]에 나타난 바와 같이 $|t| > t\,(n-1;\,2.5\%)$의 관계가 되어 검정통계량이 기각역(rejection region 또는 critical region)에 속하게 된다. 이와는 반대로 $|t| < t\,(n-1;\,2.5\%)$이면 검정통계량이 채택역(acceptance region)에 속하게 되어, 주어진 귀무가설은 기각되지 않는다. 여기서는 대립가설 하에서의 모수가 0보다 크거나 작은 것을 모두 포함하는 양측(two-sided)검정을 시행하므로, 유의수준 $\alpha$에서의 임계치로는 $t\left(\frac{\alpha}{2}\right)$가 사용된다.

여기서 귀무가설이 기각된다는 것은 검정통계치의 값이 임계치보다 큰 경우 실제로 귀무가설이 맞을 가능성이 전혀 없다는 것이 아니고, 단지 귀무가설이 옳을 때 그런 결과가 나타날 확률이 유의수준 5%보다 작다는 것을 의미한다. 따라서 이러한 가설검정의 결과는 유의수준에 따라 달라질 수 있다. 일반적인 경우 검정통계량이 도출되는 과정은 주어진 가설의 형태에 따라 각각 다르지만 기본적인 접근방법은 거의 같다고 할 수 있다. 또한 대립가설 하에서의 모수값의 설정 방향에 따라 양측검정과 단측검정으로 구분되는데, 기본적인 가설검정 방법은 제4장 이하에서 다룰 여러 가지 회귀모형의 추정치에 대한 검정에도 똑같이 적용되므로 자세한 내용은 제4장에서 다루기로 한다.

[그림 2-5] 채택역·기각역 및 임계치

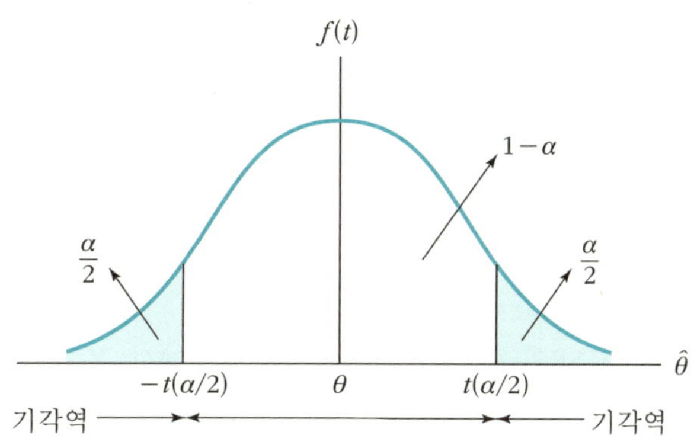

부록 2

# EViews 및 R 프로그램 소개

최근 컴퓨터의 성능이 비약적으로 발전하고 경제통계자료의 접근 및 이용 가능성이 증가함에 따라 통계·계량 분석을 위한 다양한 컴퓨터 프로그램이 개발되고 있다. 이러한 프로그램 중에서 계량경제학의 실증분석을 위해 많이 사용되는 프로그램으로는 EVIEWS, GAUSS, JULIA, MATLAB, PYTHON, R, STATA 등이 있다. 이러한 계량분석 프로그램은 계량경제학의 실증분석 방법 중 특정한 기법의 적용을 목적으로 개발된 것도 있어 각각 장점과 단점을 나타내고 있지만, 대부분 특별한 경우를 제외하면 일반적인 경제자료 분석에 이용할 수 있다. 실증분석에서 컴퓨터 프로그램은 그 자체가 목적이 아니라 단지 하나의 수단이므로, 분석의 목적 등을 고려하여 선택하는 것이 바람직하다. 이 책에서는 경제자료의 실증분석에 대한 이해와 응용을 위해 EViews(Econometric Views) 및 R 프로그램을 이용하는 방법을 중심으로 설명하고, 제Ⅱ부에서부터 사용된 실습파일은 출판사 홈페이지(http://www.hpub.co.kr)에 수록한다. [또한 STATA 프로그램을 사용하는 대학원생 및 일반 독자를 위해 STATA에 대한 실습파일도 출판사 홈페이지에 첨부해 놓았다.]

## 1. EViews 프로그램 소개

### 1.1 Eviews 프로그램의 기본 체계

EViews는 DOS형 MicroTSP의 명령어를 Window 환경에서 직접 시행할 수 있도록 개편한 Window형 계량 통계 프로그램으로, 1994년에 보급되기 시작하여 2020년 10월 기준 Version 11까지 개발됐다. EViews는 기본적인 통계분석 이외에 다양한 계량분석 기법을 간편하게 적용할 수 있는 응용 패키지로서의 기능뿐만 아니라 복잡한 프로그램을 직접 작성할 수 있는 기능을 갖고 있어, 최근 실증분석을 위해 많이 사용되고 있다. 여기서는 국내에 가장 널리 보급돼 있는 윈도우용 Version 10을 중심으로 EViews 프로그램의 기본적인 체계에 대해서 소개한다.

(1) EViews 프로그램은 EViews 홈페이지(http://www.eviews.com/download)에 접속하여 라이선스 비용을 지불한 다음 현재 사용중인 컴퓨터 운영체제(windows 또는 mac)에 맞는 프로그램을 다운로드하여 설치할 수 있다. 참고로 프로그램을 무료로 이용할 수 있는 EViews student version/Lite를 홈페이지에서 제공하고 있다. (Lite 버전의 경우 작업파일(workfile)의 저장 및 프로그램 입력창에 대한 기능이 제한된다. 또한 분석 대상의 변수가 60개 이하로 제한되고, 각 변수의 자료 수도 최대 1,500개로 한정된다는 한계가 있으나, 이 책에서 다루는 일반적인 통계·계량 분석에는 아무 문제 없이 적용될 수 있다.)

(2) 프로그램 설치 후 윈도우상의 바탕화면에 있는 EViews 아이콘을 더블클릭(double-click)하면 EViews가 실행되며, [그림 2-A1]의 초기화면이 나타난다. EViews는 활성창

[그림 2-A1] EViews 초기화면

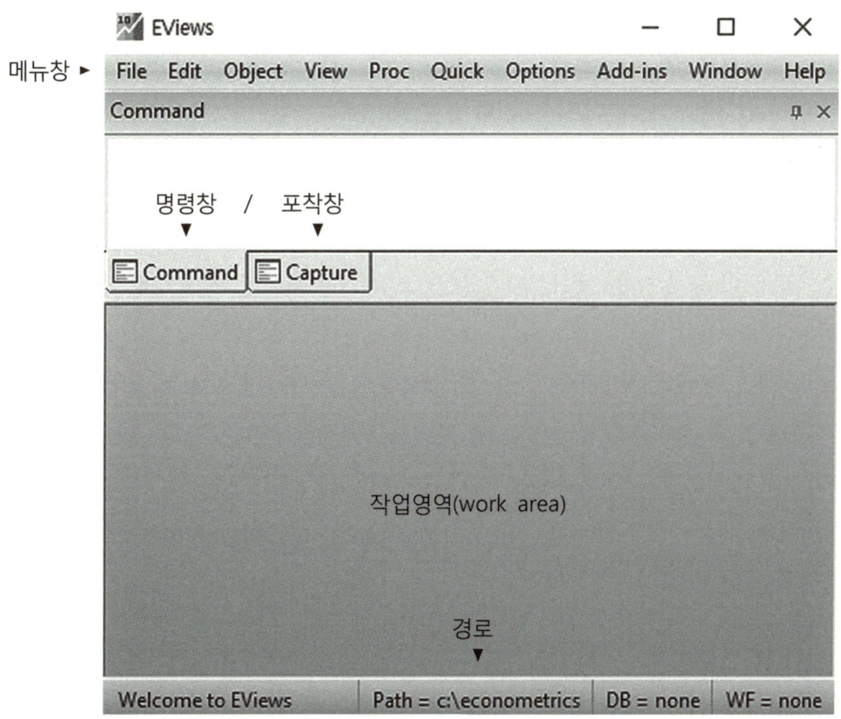

의 상단에 제시된 메뉴창에서 File, Edit 등의 선택항목을 마우스로 선택하거나, 메뉴창 아래에 있는 명령창에서 명령문을 입력하면 해당 작업이 실행된다. 그리고 Command 탭(tab) 바로 옆의 Capture 탭을 클릭하면 포착창으로 전환되며, 포착창에서는 마우스를 이용하여 실행한 작업들에 대한 명령문들이 차례대로 기록된다. 작업영역(work area)은 실제로 작업을 수행하는 공간을 의미하는데, 작업 수행을 위해서는 작업파일이 존재해야 한다. 마지막으로 활성창의 하단에 있는 경로(path)는 EViews에서 자료를 읽거나 작업파일이 저장되는 경로를 나타낸다. 이 경로는 Path 부분을 더블 클릭하여 사용자가 원하는 경로로 변경할 수 있으며, 여기서는 「c:\econometrics」로 경로를 설정했다.

(3) EViews 프로그램에서 계량분석은 객체(object)를 활용하여 수행한다. 이러한 객체의 유형으로는 대표적으로 방정식(equation), 상수(scalar), 벡터(vector), 행렬(matrix), 계열(series), 그룹(group), 표(table) 등이 있다. 예를 들어, 방정식 객체를 이용하여 회귀모형을 추정 및 저장하고, 이 방정식 객체를 활용하여 모형의 계수추정치 및 오차항에 대한 진단(diagnostics), 예측(forecast) 등을 수행할 수 있다. 또한 스칼라 객체를 이용하여 자료의 평균, 중앙값, 분산 등의 통계량 값을 저장할 수 있다. 다음 절에서는 먼저 EViews로 자료를 읽는 방법과 작업파일을 저장하는 방법을 소개하고, 객체의 사용방법은 제2부에서부터 실증분석을 진행하며 설명한다.

## 1.2 자료 읽기 및 저장

경제자료는 통계청 국가통계포털(KOSIS) 또는 마이크로데이터 통합서비스(MDIS), 한국은행 경제통계시스템(ECOS) 등 다양한 출처에서 획득하는데, 대부분의 기관에서는 경제자료를 CSV 또는 엑셀 파일 형태로 제공한다. 이러한 자료를 이용하여 EViews에서 실증분석을 수행하기 위해서는 해당 자료를 불러와야 하는데, EViews에서는 자료를 읽는 방법은 크게 3가지가 있다. 여기서는 제2부에서부터 사용할 「consumption.csv」 파일을 읽는 방법을 설명한다. [엑셀 파일도 유사한 방식으로 이용 가능하며, 엑셀 파일을 CSV 파일로 변환하여 사용해도 된다.]

(1) **메뉴창 File 탭의 Import 기능 이용:** ① EViews 초기화면에서 File / Import ▶ Import from file 을 차례대로 선택한 다음, 「consumption.csv」 파일이 저장된 경로에서 파일을 마우스로 선택하고 열기 버튼을 누른다. ② CSV 파일에 저장된 자료의

[그림 2-A2] CONSUMPTION 작업파일

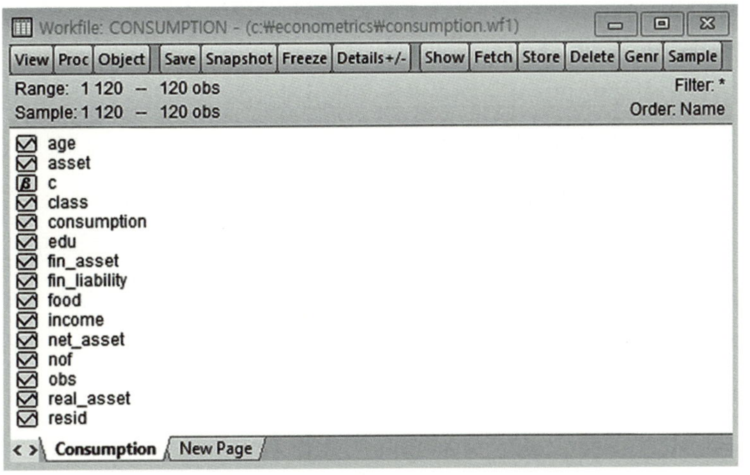


구조 및 유형 등을 설정하는 자료 읽기 활성창이 나타나는데, 여기서는 활성창 오른쪽 하단의 [마침] 버튼을 클릭한다. [이 활성창은 총 5단계로 구성되어 있지만, CSV 파일의 자료가 잘 정리된 경우 5단계까지 진행할 필요 없이 1단계에서 [마침] 버튼을 클릭하면 된다.] ③ EViews의 작업영역에 「Link imported series and alpha object(s) to external source?」라는 안내창이 출력되는데, 여기에서 [No]를 선택하면 [그림 2-A2]의 작업파일이 생성된다. [이 안내창은 CSV 또는 엑셀 파일에 저장된 원자료(raw data)를 수정할 경우, 작업파일에 있는 계열도 자동으로 변경할 것인지를 묻는 창이다.]

(2) **끌어다/놓기 이용:** 「consumption.csv」 파일을 마우스로 끌어서(drag) EViews의 작업영역으로 가져가면 엑셀 형태의 아이콘이 작업영역에 표시되는데, 이때 마우스로 끌어온 파일을 놓으면(drop) 자료 읽기 활성창이 출력된다. 이후의 과정은 (1)의 Import 기능을 이용한 방법에서 설명한 ② 및 ③단계와 동일하며, 해당 과정을 거치면 [그림 2-A2]의 작업파일이 생성된다.

(3) **DATA 명령어 이용:** ① EViews 초기화면에서 [File] / [Import] ▶ [Workfile]을 누르면 [그림 2-A3]의 자료의 성격 및 자료의 수 등을 입력하는 작업파일 생성창이 나타난다. ② 「consumption.csv」에 저장된 자료는 횡단면자료이므로 [workfile structure type] 항

목에서 unstructured/undated 를 선택한다. 관측치 수는 120개이므로 Data range 의 observations 항목에 120을 입력한다. 마지막으로 작업파일명을 지정하기 위해 Workfile names 란에 『CONSUMPTION』을 입력하면 작업파일이 생성된다. ③ 생성된 작업파일에 입력하고자 하는 변수명을 명령창에 data 명령어를 입력 후 한 칸 띄어쓰기를 한 다음 차례대로 입력한다. 여기서는 명령창에 『data age asset class consumption edu fin_asset fin_liability food income net_asset nof real_asset』을 입력 후 Enter↵ 키를 누르면, 작업영역에 결측값을 의미하는 NA(Not available) 값들로 구성된 스프레드시트(spreadsheet)창이 활성화된다. ④ 「consumption.csv」 파일을 열어서 마우스로 관측치가 있는 [B2:M121] 영역을 선택하고 『Ctrl + C』키를 눌러 복사(copy)한다. ⑤ EViews의 작업영역에서 NA로 생성된 스프레드시트창에서 『Ctrl + V』키를 눌러 붙여넣기(paste) 하면 해당 자료가 모두 입력된 것을 확인할 수 있다. [이 방법은 자료의 입력과정을 직접 확인할 수 있는 장점이 있지만, 복사/붙여넣기 하는 과정에서 실수할 가능성이 있으므로 주의할 필요가 있다.]

[그림 2-A3] 작업파일 생성창

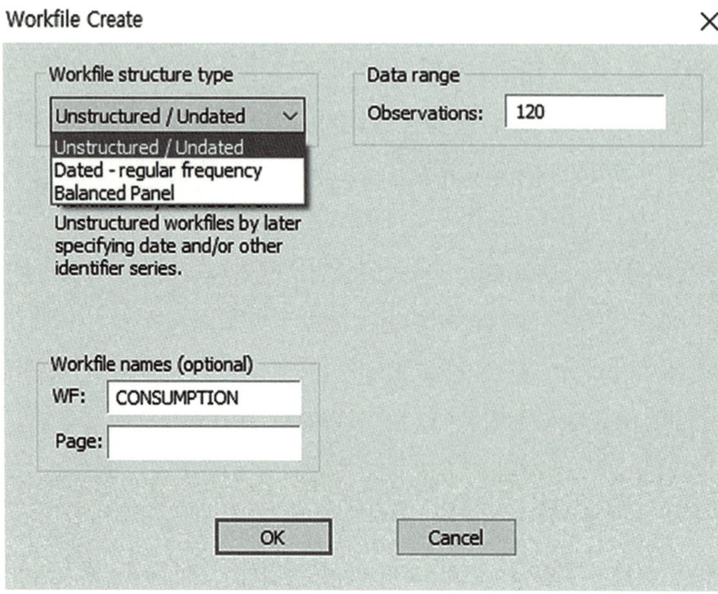

CONSUMPTION 작업파일을 저장(save)할 경우 EViews 메뉴창에서 [File] / [Save]를 차례대로 선택하면 「c:\econometrics」 경로에 저장된다. 또한 이 작업파일을 다시 이용할 경우에는 메뉴창의 [File] / [Open] ▶ [EViews Workfile]을 차례로 누르고 작업파일이 저장된 경로에서 CONSUMPTION 작업파일을 더블클릭하면 파일을 불러올 수 있다. EViews의 작업을 종료할 경우에는 메뉴창의 [File] / [Exit]를 차례대로 선택하거나, 화면의 오른쪽 상단에 있는 ☒를 누르면 프로그램이 종료된다.

**참고** 제1장에서 설명한 바와 같이 시간 개념이 중요한 시계열자료인 경우에는 [그림 2-A3]의 작업파일 생성창의 [Workfile structure type]에서 [Dated-regular frequency]를 선택한다. [Data specification] 항목에서는 자료의 주기(frequency)를 선택한 다음 자료의 시작일과 종료일을 입력하는데, 각각의 자료주기에 해당하는 자료의 입력 예는 다음과 같다.

[표 2-A1] EViews에서 시계열자료의 입력 예

| 엑셀 또는 CSV에 저장된 자료의 유형 | | EViews의 data specification 입력법 | | |
|---|---|---|---|---|
| 자료주기 | 자료기간 | Frequency | Start date | End date |
| 연간자료 | 1990년 ~ 2019년 | Annual | 1990 | 2019 |
| 분기자료 | 1990년 1분기 ~ 2019년 4분기 | Quarterly | 1990/01 | 2019/04 |
| 월별자료 | 1990년 1월 ~ 2019년 12월 | Monthly | 1990/01 | 2019/12 |
| 일별자료 | 1990년 1월 1일 ~ 2019년 12월 31일<br>(비거래일이 누락되지 않은 일별자료) | daily-5 day week | 1990/01/01 | 2019/12/31 |

## 1.3 EViews 프로그램 입력창 이용방법

EViews에서 간단한 분석을 수행할 경우에는 명령창 또는 마우스를 이용하여 결과를 쉽게 도출할 수 있다. 그러나 계량분석 보고서를 작성하거나 복잡한 분석을 수행할 때에는 분석 과정을 프로그램 입력창에 기록할 필요가 있다. 이러한 작업들은 시간이 지나면 어떻게 분석 결과를 도출했는지 정확히 기억하기 어렵기 때문이다. 그리고 기존과 유사한 계량분석을 수행할 경우에는 이미 작성한 명령문들을 재사용할 수 있으며, 자신이 작성한 명령문에 오류 등이 있는지를 점검해 볼 수 있다. 또한 대학원에 진학하여 학위논문 심사나 학술지에 논문 투고 후 기존의 결과에 대한 추가 분석 등의 수정 요청을 받았을 때, 분석 과정을 기록해 두면 기존에 수행했던 작업들을 처음부터 다시 하게 되는 번거로움을 피할 수 있다.

[그림 2-A4] EViews 프로그램 입력창에서 명령문 작성 예

```
Program: UNTITLED
Run | Print | Save | SaveAs | Cut | Copy | Paste | InsertTxt | Find | Replace | Wrap+/- | LineNum+/- | Encrypt
import c:₩econometrics₩consumption.csv colhead=1 'CSV 파일 읽기
wfsave c:₩econometrics₩consumption.wf1           '작업파일 저장
load c:₩econometrics₩consumption.wf1             '작업파일 읽기
```

여기에서는 프로그램 입력창을 이용하여 「consumption.csv」 파일을 읽는 방법과 저장하는 방법 등을 간략히 설명한다. 먼저 EViews 초기화면에서 File / New ▶ Program 을 차례로 누르면 프로그램 입력창이 활성화되며, 입력창에서 명령문을 입력할 수 있다. 주석 처리는 작은따옴표로 하며, 주석 처리된 부분의 글자색은 녹색으로 변경되고 해당 부분은 실행되지 않는다.

[그림 2-A4]에서 첫째 줄의 import는 외부자료를 읽을 때 사용하는 명령어이다. 이 명령어를 입력한 다음 한 칸 띄어쓰기를 하고 CSV 파일이 저장된 경로와 파일명을 입력한다. 그리고 colhead에는 CSV 파일에 변수명이 있는 열의 위치를 입력한다. 둘째 줄의 wfsave는 작업파일을 저장하는 명령어로 파일이 저장될 경로(「c:\econometrics」)와 함께 입력한다. 마지막으로 셋째 줄의 load는 EViews의 작업파일을 읽을 때 사용하는 명령어이다. 작성한 명령문을 실행하기 위해서는 활성창 상단의 Run 버튼을 누르고, 명령문을 저장하기 위해서는 Save 버튼을 누른 후 파일명을 입력한다.

## 2. R 프로그램 소개

R은 1993년 뉴질랜드 오클랜드 대학의 통계학과 이하카(Ross Ihaka)와 젠틀맨(Robert Gentleman) 교수에 의해 개발된 대표적인 개방형(open source) 프로그램이며, 두 개발자의 첫 글자를 따서 R로 명명되었다. 현재 R은 R 코어 팀이 개발하고 있으며, 2020년 10월 기준 4.0.3 version까지 개발됐다. 앞에서 소개한 EViews나 GAUSS, MATLAB, STATA 등의 프로그램으로도 다양한 계량분석을 쉽게 할 수 있는 장점이 있지만, 고가의 프로그램 구입 비용으로 접근성이 쉽지 않은 단점이 있다. 반면, R은 무료로 이용할 수 있으며, 자료의 조작

(manipulation), 계산(calculation), 그래프 표현(graph display) 기능이 통합된 통계 프로그램이다. 특히, 전 세계 다양한 분야의 전문가들이 자발적으로 통계 패키지 개발에 참여하여 확장성이 뛰어나고, 최근 빅데이터를 활용한 경제통계 분석의 수요가 증가함에 따라 앞으로도 이용자가 지속적으로 증가할 것으로 기대된다.

## 2.1 R 프로그램의 기본 체계

여기서는 Version 4.0.2를 중심으로 R 프로그램의 기본적인 체계에 대해 설명한다.

(1) R 프로그램은 R 홈페이지(https://www.r-project.org)에 접속하여 현재 사용중인 컴퓨터 운영체제(linux, mac, windows)에 맞는 프로그램을 다운로드하여 설치할 수 있다. [참고로 R의 통합개발환경(integrated development environment: IDE)을 제공하는 RStudio 프로그램도 있으나, 기본적인 사용법은 R과 동일하여 생략한다. 통합개발환경이란 프로그램 개발 과정에서 코딩(coding), 디버깅(debugging), 컴파일(compile) 등의 작업을 하나의 프로그램 안에서 처리할 수 있는 환경을 의미한다.]

(2) 프로그램 설치 후 윈도우상의 바탕화면에 있는 R 아이콘을 더블클릭하면, R 프로그램이 실행되며 [그림 2-A5]의 초기화면이 나타난다. R은 활성창 상단에 제시된 메뉴창에서 [파일], [편집] 등의 선택항목을 마우스로 선택하면 원하는 기능을 실행시킬 수 있다. 콘솔(console)창은 입력·작성된 명령문이 실제로 실행되는 공간을 나타내며, EViews의 작업영역과 유사한 역할을 수행한다. 콘솔창의 ">" 기호는 R 명령문을 입력하라는 의미이다. 내장된 패키지를 마우스 클릭만으로도 제어할 수 있는 EViews와 달리 R은 명령문을 직접 입력하여 프로그램을 제어하기 때문에 프로그램을 처음 접하는 사용자가 배우기 어려운 단점이 있다. 그러나 무료로 이용할 수 있는 개방형 언어라는 점과 통계분석 기능 및 확장성이 뛰어나다는 장점 등은 이러한 단점을 상쇄하고도 남는다.

(3) R에서 특정 작업을 수행하기 위해서는 명령문을 입력해야 한다. 이러한 명령문은 사용목적에 따라 직접 명령문(direct statement)과 할당 명령문(assign statement)으로 구분되며, 계량분석에서는 직접 명령문보다는 할당 명령문을 사용하는 경우가 많다. 직접 명령문은 R에게 분석자가 원하는 작업을 명령하고 작업의 수행 결과를 즉시 반환하도록

[그림 2-A5] R 초기화면

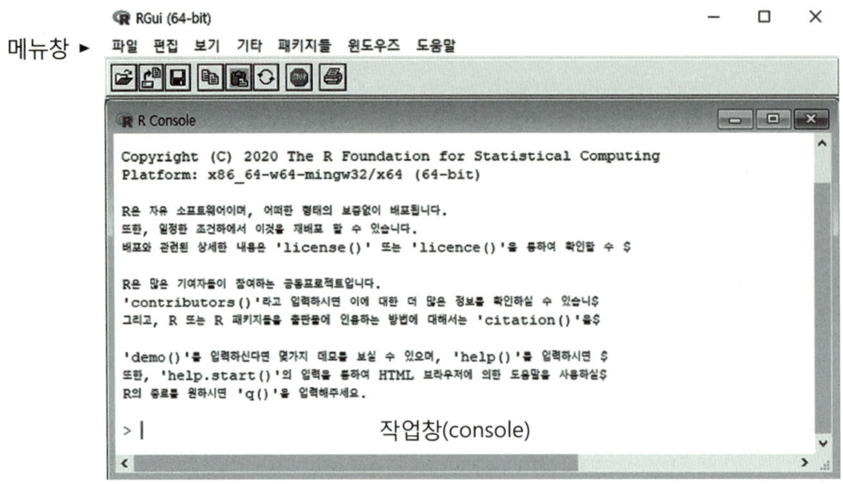


요청하는 명령문을 의미한다. 예를 들어, 직접 명령문을 이용하여 사칙 연산과 같은 간단한 연산을 수행하고 결과를 즉시 작업창에서 확인할 수 있다. 할당 명령문은 특정한 값(들)이나 작업의 수행 결과를 새로운 한 변수에 할당하는 방식으로 정의하는 명령문이며, 작업의 수행 결과를 즉시 반환하지 않는 것이 특징이다. R에서 할당 연산자로 “< −” 또는 “=” 기호를 사용하는데, 이 책에서는 “< −”를 중심으로 설명한다. 또한 R에서 작성된 코드를 설명하는 주석 처리는 “#” 기호로 나타낼 수 있으며, 주석 처리된 부분은 실행되지 않는다.

(4) 콘솔창에서 명령문을 입력하고 Enter↵키를 누르면 해당 작업을 수행할 수 있다. 그러나 콘솔창에서 작업을 직접 수행하기보다는 스크립트(script)창에서 명령문을 작성한 다음 스크립트창의 명령문을 실행하여 콘솔창에 결과를 출력하는 방법을 권장한다. R에서 스크립트창은 메뉴창의 파일 / 새 스크립트 를 마우스로 누르면 활성화된다. [R 스크립트창은 EViews의 프로그램 입력창과 동일한 기능을 수행한다.] 스크립트창에서 명령문을 작성하고 특정 명령문이 있는 줄에서 『Ctrl+R』키를 누르면, 해당 줄의 명령문이 실행된다. 스크립트창의 모든 명령문을 실행할 경우에는 『Ctrl+A』키를 눌러 모든 명령문을 선택한 다음 『Ctrl+R』키를 누르면, 스크립트창의 모든 명령문이 실행되어 콘솔창에 결과가 출력된다. [그림 2-A6]에서는 스크립트창을 이용하여 직접 명령문과 할당 명령문

[그림 2-A6] R 스크립트창에서 명령문 작성 예

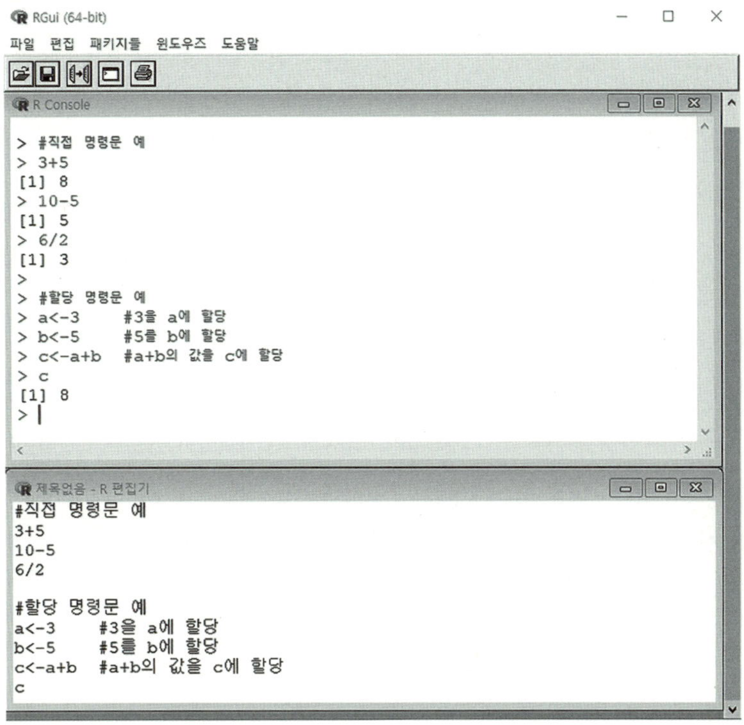


의 예를 제시했다. 직접 명령문의 예에서는 연산 수행의 결과가 즉시 반환되는 반면, 할당 명령문의 예에서는 특정 값이 새로운 변수에 할당되지만 작업의 수행 결과가 즉시 출력되지 않는다. [R은 EViews와 달리 대소문자를 구분하는 특징을 갖고 있다는 점을 유의해야 한다.]

작성된 명령문을 저장할 경우에는 [파일] / [저장하기] 를 선택하고, 저장된 명령문을 불러오기 위해서는 [파일] / [스크립트 열기] 를 누른다.

(5) R 프로그램도 EViews와 유사하게 객체를 활용하여 계량분석을 수행하며, 이러한 객체의 유형으로는 함수(function), 벡터, 행렬, 배열(array), 자료프레임(dataframe) 등이 있다. 예를 들어, 입력을 받아 출력값을 반환하는 함수를 이용하여 자료를 읽고, 계량모형의 추정 및 검정을 수행할 수 있다. 이러한 함수에는 인수(arguments)가 존재하며, 사용하는 함수마다 입력하는 인수의 개수와 방법이 모두 다르다. R에서 함수의 사용방법은

『help(함수명)』를 입력하면 확인할 수 있으며, 다음 절에서부터 함수의 사용법을 소개한다. 그리고 벡터를 이용하여 자료의 기초통계량 값을 저장할 수 있는데, EViews와 달리 R에서 인식하는 자료의 최소 단위는 벡터이다. 즉, [그림 2-A6]에서 『a<-3』 명령문을 실행하면 변수 a에 3이 할당되는데, R은 이를 하나의 상수값이 저장된 벡터로 인식한다. [R에서 함수의 작성 및 프로그래밍 방법은 Venables *et al.* (2020) 또는 관련 전문 서적을 참조.]

(6) 계량분석을 위한 주요 함수가 내장된 EViews 프로그램과 달리, R은 처음 설치할 때 기본 패키지(base package)에 내장된 함수만 사용할 수 있으며, 그 이외의 함수들은 추가로 해당 함수를 제공하는 패키지를 설치해야 한다. 위키피디아에 따르면 2020년 3월 기준 15,400개 이상의 패키지가 존재하며, CRAN(Comprehensive R Archive Network)을 통하여 공유되고 있다. 이 책에서 사용되는 패키지는 「lmtest」, 「psych」, 「stargazer」 등이 있는데, 이러한 패키지의 사용법은 제Ⅱ부에서부터 다룬다.

## 2.2 자료 읽기

여기서는 1.2절에서 사용한 「consumption.csv」 파일을 R 프로그램에서 읽는 방법을 설명한다.

(1) R 프로그램에서 CSV 파일을 읽기 위한 명령문은 다음과 같으며, [그림 2-A7]은 자료 읽기 실행 결과를 나타낸다.

**[표 2-A2]** CONSUMPTION 자료 읽기 명령문

| | | |
|---|---|---|
| setwd("c:/econometrics") | # 작업경로 변경 | (1) |
| Con_data <- read.csv(file="consumption.csv", header=TRUE) | # 자료 읽기 | (2) |
| *# Con_data <- read.csv(file="c:/econometrics/consumption.csv", header=TRUE)* | # (1)줄과 (2)줄 통합 | (3) |
| head(Con_data) | # 자료 확인 | (4) |

(1)번 줄의 setwd( ) 함수는 사용자의 작업경로(working directory)를 변경하는 함수이다. R을 처음 실행하면 작업경로가 윈도우상의 Documents 폴더로 지정되어 있는데, 여기서는 「consumption.csv」 파일이 저장된 「c:\econometrics」로 경로를 변경한다. (2)번 줄의

read.csv( ) 함수는 CSV 파일을 불러오기 위한 함수이며, file 인수에는 불러오고자 하는 CSV 파일의 경로 및 파일명을 입력한다. 그리고 header 인수는 파일의 첫 행을 변수명으로 읽을 것인지를 묻는 논리값으로 TRUE를 입력하면 첫 행을 변수명으로 읽는다. [참고로 (3)번 줄처럼 file 인수에 경로명과 파일명을 함께 입력하여 자료 읽기를 실행할 수 있다.] R로 불러온 자료는 엑셀의 스프레드시트와 개념이 유사한 자료프레임 형식으로 읽는데, 이를 Con_data라는 새로운 변수에 할당했다. 마지막으로 (4)번 줄의 head( ) 함수는 자료의 처음 6행까지의 관측치를 출력하는 함수이며, 여기서는 자료를 제대로 읽었는지 확인하기 위해 사용했다.

[그림 2-A7] 자료 읽기 실행 결과

```
R Console
> setwd("c:/econometrics")                                                  # 작업경로 변경
> Con_data    <- read.csv(file="consumption.csv", header=TRUE)              # 자료 읽기
> # Con_data <- read.csv(file="c:/econometrics/consumption.csv",header=TRUE) # (1)줄과 (2)줄 통합
> head(Con_data)                                                            # 자료확인
  obs age asset class consumption edu fin_asset fin_liability food income net_asset nof real_asset
1   1  42 23190     1        1060   3      2990          6010  360    286     17180   2      20200
2   2  52  1040     1         774   4      1040          1500  240    297      -460   1          0
3   3  69 30610     1        1170   5     10110             0  600    420     30610   2      20500
4   4  76  9670     1         420   0      2170             0  120    491      9670   1       7500
5   5  85  7222     1         396   0       222             0  180    598      7222   1       7000
6   6  79 12026     1         588   0      1026             0  200    688      8126   1      11000
> |
```

# 연습문제

1. 다음의 용어에 대하여 설명하라.

   (1) 확률변수
   (2) 기댓값
   (3) 정규분포
   (4) 불편성과 일치성
   (5) 평균자승오차
   (6) 대수의 법칙과 중심극한정리
   (7) 제1종 오류와 제2종 오류
   (8) 유의수준

2. 아래의 각 문장이 맞는지 틀리는지를 결정하고, 그 이유를 간략히 설명하라.

   (1) 두 확률변수 $X$와 $Y$가 서로 독립이고, 각각 $N(0,2)$인 정규분포를 따른다고 할 때, $\frac{X}{\sqrt{Y^2}}$는 자유도가 1인 $t$-분포를 따르는 확률변수가 된다.

   (2) 두 확률변수 $X$와 $Y$가 서로 독립이고, 각각 $N(0,1)$인 정규분포를 따른다고 할 때, 이로부터 도출된 확률변수 $V = X + Y$와 $W = X - Y$에 대하여 $\frac{V}{\sqrt{W^2}}$는 $t$-분포를 따르는 확률변수가 된다.

   (3) 두 확률변수 $X$와 $Y$가 각각 $X \sim N(3,1)$, $Y \sim N(2,1)$이고, 서로 독립이라 하자. 각각에 대해 $n$개의 표본을 추출하여 구해진 표본평균을 $\overline{X}$, $\overline{Y}$라 할 때, $\sum_{i=1}^{n}(X_i - \overline{X})^2 / \sum_{i=1}^{n}(Y_i - \overline{Y})^2$는 $F$-분포를 따르는 확률변수가 된다.

   (4) 어떤 가설에 대한 검정을 시행할 때 관측치의 수가 증가할수록(자유도가 커질수록) 일반적으로 검정력은 증가한다.

   (5) 귀무가설 $H_0 : \mu = 0$ 및 대립가설 $H_1 : \mu \neq 0$이 주어졌을 때, 유의수준을 크게 할수록 제1종 오류를 범할 확률이 높아지므로 잘못된 검정 결과가 도출될 가능성이 커진다.

3. 어느 대학교의 통계학 시험성적이 평균이 50, 분산이 100인 정규분포를 갖는 것으로 나타났다.

   (1) 30점 이하의 경우 F학점 처리한다면 전체 통계학 수강생 중 몇 %가 F학점을 받겠는가?

(2) 전체 통계학 수강생 중에서 상위 20%에 들면 A학점을 받을 수 있다고 할 때, A학점을 받을 수 있는 최소한의 점수는 얼마인가?

4. 어떤 지역의 가계 지출 중 외식비를 조사한 결과, 남편의 월 외식비 $X$와 부인의 월 외식비 $Y$가 각각 평균 $E(X) = 40$, $E(Y) = 20$, 분산 $V(X) = 325$, $V(Y) = 300$(단위: 만 원)이고 서로 독립인 정규분포를 갖는 결과를 얻었다고 하자.

(1) 이 지역에서 임의로 한 가구를 선택할 때, 부인($Y$)의 외식비 지출이 남편($X$)보다 많을 확률을 구하라.

(2) 이 지역에서 임의로 한 가구를 선택할 때, 부부의 총외식비 지출이 35만 원에서 90만 원 사이가 될 확률을 구하라.

5. 자료의 분포도를 나타내는 다음의 표본통계량에 대해 그 특징을 분석하라.

(1) 전체 자료에 대한 분포도를 측정하기 위한 지표로 식 (2.4)~(2.6)에 제시된 통계량 대신 편차의 합 또는 그 표본평균 $\overline{d} = \frac{1}{n}\sum_{i=1}^{n} d_i = \frac{1}{n}\sum_{i=1}^{n}\left(X_i - \overline{X}\right)$를 사용하면 어떤 문제가 나타나는가?

(2) 확률변수 $X$의 분산 $\sigma_x^2$에 대한 추정량으로 식 (2.5)와 (2.6)의 평균제곱편차 ($MSD_x$)와 표본분산($s_x^2$)이 많이 사용되는데, 이 두 추정량에 대해 불편성, 효율성, 평균자승오차 등의 기준에서 어떤 것이 더 좋은지 비교하라.

6. 평균 $\mu_x$, 분산 $\sigma_x^2$인 정규분포에서 다음과 같은 표본을 추출했다.

16, 16, 17, 17, 17, 18, 18, 19, 20, 22

(1) 5% 유의수준에서 $H_1 : \mu_x < 19$에 대한 $H_0 : \mu_x = 19$의 가설검정을 시행하라.

(2) 5% 유의수준에서 $H_1 : \sigma_x^2 < 4$에 대한 $H_0 : \sigma_x^2 = 4$의 가설검정을 시행하라.

(3) $\sigma_x^2 = s_x^2$임을 알고 있다고 가정하자. (여기서 $s_x^2$은 위 자료로부터 도출된 표본분산을 의미함.) 이러한 가정이 (1)에서의 가설검정에 미치는 영향을 설명하라.

7. 확률변수 $X$와 $Y$가 각각 평균이 $\mu_x$, $\mu_y$이고 분산이 $\sigma_x^2$, $\sigma_y^2$인 정규분포를 갖는다고 할 때, 이로부터 각각 16개의 표본을 추출한 결과 다음과 같은 표본평균 및 표본분산의

값을 구했다.

$$\overline{X} = 173,\ s_x^2 = 36,\ \overline{Y} = 169,\ s_y^2 = 28$$

이를 이용하여 5% 유의수준에서 아래의 가설검정을 시행하라.

(1) 모평균 $\mu_x$ 에 대한 95% 신뢰구간을 구하고, 이를 이용해서 대립가설 $H_1: \mu_x \neq 170$ 에 대하여 귀무가설 $H_0: \mu_x = 170$에 대한 가설검정을 시행하라.

(2) $\sigma_x^2 = \sigma_y^2$ 이라 할 때, $H_0: \mu_x = \mu_y\ vs\ H_1: \mu_x > \mu_y$에 대한 가설검정을 시행하라.

(3) 위 (2)의 가설검정을 대립가설 $H_1: \mu_x \neq \mu_y$에 대하여 양측검정을 하는 경우, 검정 결과는 어떻게 달라지는가?

(4) 모집단의 분산에 관한 $H_0: \sigma_x^2 = \sigma_y^2\ vs\ H_1: \sigma_x^2 > \sigma_y^2$의 가설검정을 시행하고, 이에 대한 검정 결과가 위 (2)의 가설검정에 미치는 영향을 설명하라.

# PART Ⅱ

# 회귀분석

제II부는 계량경제학의 가장 기본적인 분석도구인 회귀모형과 그 개념에 대해 자세히 설명한다. 제3장에서는 계량모형과 이를 토대로 한 모집단 및 표본회귀함수의 개념에 대해 소개하고, 이를 토대로 회귀모형의 추정과 접근방법에 대해 정리한다. 제4장에서는 독립변수가 하나인 단순회귀분석의 기본 가정 및 회귀계수의 통계적 추론에 대해 서술한다. 제5장에서는 제4장의 분석을 확장하여 독립변수가 여럿인 다중회귀분석에 대해 소개하고, 단순회귀모형과의 차이점 등에 대해 논의한다. 제6장에서는 선형모형을 응용한 여러 함수의 형태, 그리고 독립변수 또는 종속변수가 정성적 변수인 가변수모형에 대해 살펴본다.

CHAPTER

# 3

# 계량모형과 회귀분석

경제이론에서 수립된 경제모형을 대상으로 경제변수의 관계를 분석하기 위해서는 주어진 자료를 이용하여 경제변수의 관계를 분석하기 위한 계량모형을 설정해야 한다. 계량모형은 회귀모형으로 통칭되는데, 본 장에서는 회귀모형을 설정하기 위한 모집단 회귀함수의 개념과 이에 필요한 오차항에 대해 설명한다. 이후 표본자료가 주어졌을 경우에 해당하는 표본회귀선의 개념과 회귀모형을 추정하기 위한 최소자승법에 대해 논의한다.

## 1. 경제모형과 계량모형

경제학에서 개발된 경제이론은 다양한 경제변수 사이의 관계를 설정하고, 이를 토대로 한 변수의 움직임이 다른 변수들에 어떤 영향을 미치는지에 대해 분석한다. 대표적인 예로 상품가격의 변화와 수요·공급량 사이의 관계를 다루는 미시경제학의 수요·공급 이론을 들 수 있다. 또한 소비이론에서는 소비지출에 미치는 요인을 분석하기 위해 소득, 물가 등의 변화에 따른 영향을 파악한다. 경제학에서는 상품가격과 수요량, 소득과 소비 등의 여러 경제변수들의 상호작용을 규명하기 위해, 이들 사이의 관계를 함수로 표현한 경제모형을 이용한다. 예를 들어, 자동차 가격과 판매량에 대한 모형으로부터 자동차 가격이 상승할 때 판매량에 미치는 효과를 예측해 볼 수 있으며, 또한 소득과 소비의 관계식으로부터 향후 개인의 월소득이 100만원 증가할 경우, 소비가 얼마나 변화할 것인지 분석할 수 있다.

이 책에서는 경제학에서 중요하게 다뤄지는 소비함수를 중심으로 회귀분석의 기본 개념을 소개한다. 먼저 소비이론에서 소득($X$)과 소비($Y$) 사이에 다음의 간단한 함수식으로 표시할 수 있는 일정한 관계가 존재한다고 하자.

$$Y = f(X) \tag{3.1}$$

여기서 $f(\cdot)$는 일반적인 함수를 표현한 것으로, 이로부터 소득($X$)의 변화가 소비($Y$)에 얼마나 영향을 미치는지 분석할 수는 없다. 경제모형에서는 일반적으로 변수 사이의 관계를 선형으로 가정한 다음 형태의 모형을 사용한다.

$$Y = \beta_1 + \beta_2 X \tag{3.2}$$

이는 상수항 $\beta_1$, 기울기 $\beta_2$의 값을 갖는 선형모형을 나타낸다. 식 (3.2)가 소비함수를 의미한다고 할 때, $\beta_1$은 소득이 없는 경우에 해당하는 기초수준(subsistence level)의 소비를 나타내며, $\beta_2$는 소득 한 단위의 증가에 따른 소비의 변화를 반영하는 한계소비성향을 의미한다.

$$\beta_2 = \frac{dY}{dX} \tag{3.3}$$

다른 예로 변수 $X$를 자동차 가격이라 하고, 변수 $Y$를 자동차 판매량이라 할 때, $\beta_2$는 자동차 가격의 변화가 판매량에 미치는 효과를 나타낸다. 식 (3.1)과 식 (3.2)에서 $Y$(소비 또는 판매량)는 $X$(소득 또는 가격)의 변화에 영향을 받기 때문에 $Y$를 종속변수(dependent variable), $X$를 독립변수(independent variable) 혹은 설명변수(explanatory variable)라 한다.

식 (3.1)과 식 (3.2)로 표현된 경제모형(economic model)은 독립변수와 종속변수 사이에 정확한 관계(deterministic relation)가 성립한다는 것을 의미한다. 그런데 실제 자료에서는 이와 같은 정확한 관계가 관측되지 않는다. 이는 경제이론에서 소비와 소득의 관계를 규정할 때는 이 두 변수 이외의 다른 조건이 동일하다는 가정(*ceteris paribus*)을 전제로 하지만, 현실에서는 그 조건이 성립하지 않기 때문이다. 예를 들어, 소비함수의 관계식에서 두 가구의 연소득이 동일한 경우에도 각 가구주의 나이, 교육수준, 주택 소유 여부, 가족구성원 수와 소비성향 등에 따라 서로 다른 소비지출액을 보일 수 있다.

따라서 실제 자료를 대상으로 소비함수를 분석할 때는 다음과 같이 소득 이외의 요인을 감안한 모형을 설정한다.

$$Y = \beta_1 + \beta_2 X + \varepsilon \tag{3.4}$$

여기서 $(\beta_1 + \beta_2 X)$는 소득에 의해 영향을 받는 소비의 변화를 의미하며, $\varepsilon$은 소득 이외의 다른 변수가 소비에 영향을 미치는 부분을 나타낸다. 이는 개인 또는 가구에 따라 각기 다른 값을 갖게 되므로 확률변수 항으로 표시한다. 여기서 식 (3.4)는 종속변수와 독립변수 사이에 성립하는 확률적 관계(stochastic relation)를 의미하는 것으로, 식 (3.2)의 경제모형에 대응하는 계량모형(econometric model)이 된다. 이와 같이 표현되는 확률적 관계는 계량경제학의 회귀모형 개념을 통해 분석할 수 있다.

## 2. 회귀분석의 기초 개념

회귀분석(regression analysis)이란 협의로는 독립변수의 값에 대응하는 종속변수의 조건부 기댓값(conditional expectation)을 추정 혹은 예측하는 것이다. 이러한 회귀분석의 개념을 설명하기 위한 예로 실제 자료를 이용하여 소득의 변화에 따른 소비의 변화를 분석해 보자. [그림 3-1]은 18,175가구에 대해 2018년의 연간 소득과 소비지출액을 조사한 것으로, 소득을 $X$축에, 소비를 $Y$축에 나타내고, 각 가구의 소득과 소비 자료를 점(○)으로 표시했다.[1] 이와 같이 $X-Y$축에 두 변수의 관계를 보여 주는 그림을 산점도(scatter plot)라 한다. 이 자료를 보면 각 소득수준에 대응하는 소비지출액이 다양한 값으로 관측된 것을 알 수 있는데, 이는 실제 소득과 소비의 관계가 식 (3.2) 형태의 정확한 함수식으로 표현되지 않는다는 것을 의미한다.

[그림 3-1] 소득–소비의 관계

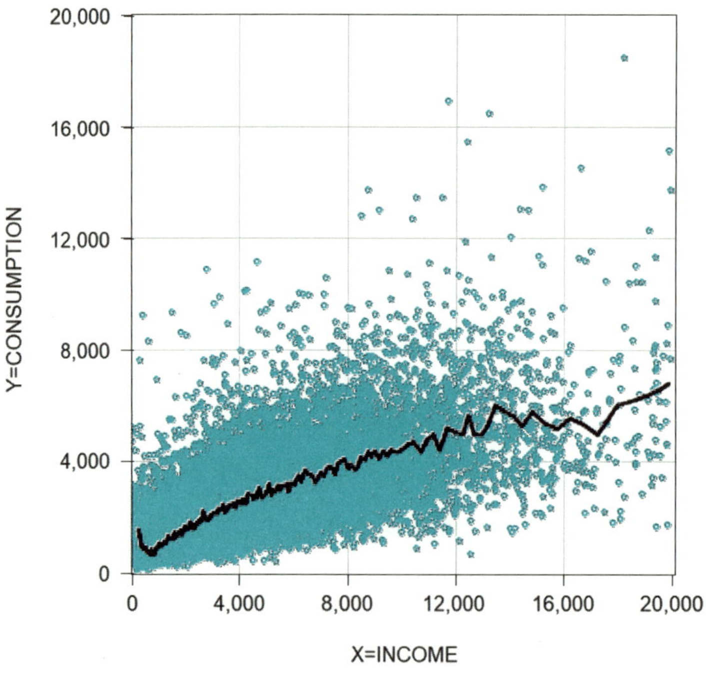


1 참고로 산점도 등 그래프 도출의 편의를 위해 전체 자료에서 처분가능소득이 0원 이하이거나 2억 원 이상인 관측치는 제외한 자료를 대상으로 분석한 결과를 제시한다.

이 자료를 이용하여 연간 처분가능소득이 4,000만 원 정도인 경우에 예상되는 소비지출액을 추정한다고 하자. 실제 자료에서는 비슷한 소득수준에 대응하는 소비지출액 관측치가 크게 다른 값으로 분포되어 있어, 이로부터 전형적인 소비함수의 특징을 분석하는 데는 한계가 있다. 이런 문제를 해결하는 방법으로 각 소득수준에 대응한 평균 소비지출액을 계산해 볼 수 있다. 예를 들어, 연간 처분가능소득이 4,000만 원 정도인 경우, 이 수준에서 예상되는 평균 소비지출을 추정한다고 하자. 이를 위해 4,000만 원 수준의 소득에 대응하는 평균 소비지출을 구하면 2,500만 원으로 도출된다.[2] 이와 같은 방법으로 소득이 5,000만 원 수준인 자료로부터 3,179만 원의 평균 소비액을 구하고, 이를 확장하여 0원에서 2억 원 사이의 각 소득수준에 대해 평균 소비액을 계산할 수 있다. 이렇게 산출된 값들은 주어진 자료의 각 소득수준에 대응하는 평균 소비를 나타낸 것으로 조건부 평균(conditional mean)을 의미한다. 이 평균값들을 연결하면 [그림 3-1]의 선이 도출되는데, 이 선은 해당 자료의 다양한 소득수준에 대응하는 평균 소비를 표시한 것으로 조건부 기대함수(conditional expectation function)를 나타낸다.

회귀분석이란 한 변수가 다른 변수들에 의해 어떻게 영향을 받는가를 분석하는 것으로 식 (3.4)와 같이 변수 간의 관계가 한 방향으로만 성립한다는 암묵적인 가정을 전제로 한다. 따라서 독립변수와 종속변수 사이의 관계를 올바르게 설정하는 것이 중요하다. 실제로 회귀분석에서 제시하는 통계적인 관계가 반드시 인과관계(causal effect)를 의미하지는 않는다는 것을 고려할 필요가 있으며, 적절한 경제이론 또는 선험적인 논리가 뒷받침돼야 계량모형으로서 의미를 가질 수 있다.

## 3. 모집단 회귀식

위의 [그림 3-1]에 제시된 자료는 2019년 가계금융복지조사에서 수집된 것으로 우리나라 전체 가구에 대한 표본자료라고 할 수 있다. 여기에서는 회귀분석의 개념을 설명하기 위해 이 자료를 어느 지역의 전체 가구에 대해 수집된 정보라 가정하고, 이를 이용하여 각 가구의 소득과 소비 사이의 관계를 분석한다고 하자. 여기서 전체 모집단으로 수집된 소득과 소비의 자료를 $(X_1, Y_1)$, $(X_2, Y_2)$, $\cdots$, $(X_N, Y_N)$으로 표기하면, $N$은 모집단의 크기를 의미한다.[3]

---

2 여기에서는 각 소득에 대응하는 소득-소비 자료가 충분하지 않은 경우가 많아 각 소득수준에 해당하는 자료 20~100개를 대상으로 평균 소비를 계산하여 그래프를 도출했다.

[그림 3-1]에서 소득 증가에 따른 평균 소비의 증가분이 모든 소득수준에서 일정한 경우를 가정하면, 조건부 기대함수는 직선으로 도출된다. 직선의 형태를 띠는 선형함수는 일반적으로 $Y$축을 지나는 절편과 기울기에 따라 다른 특징을 갖는다. 여기서 절편을 나타내는 상수항을 $\beta_1$, 기울기를 $\beta_2$로 표기하면 다음의 식으로 표현된다.

$$E(Y|X) = \beta_1 + \beta_2 X \tag{3.5}$$

일반적으로 독립변수 $X$의 움직임에 따른 종속변수 $Y$의 평균적인 변화를 나타내는 관계식 $E(Y|X)$를 모집단 회귀함수(population regression function)라고 한다. 이런 관계를 선형함수로 표현하면, 식 (3.5) 형태의 모집단 회귀선(population regression line)이 된다. 아래의 [그림 3-2]는 $X-Y$축에 제시된 [그림 3-1]의 자료에 대해 선형관계를 가정한 가상적 모집단 회귀선을 표시한 것이다.

[그림 3-2] 모집단 회귀선

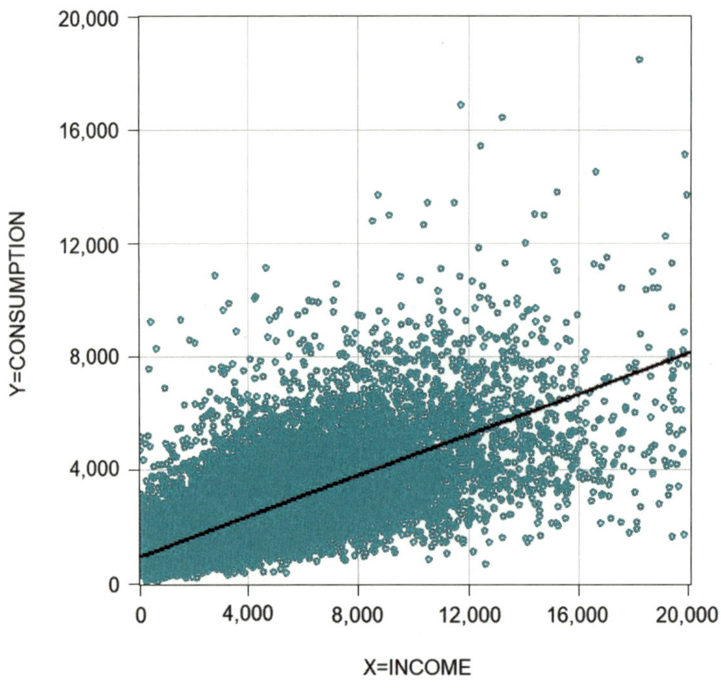


3 일반적으로 횡단면자료의 경우 $(X_i, Y_i)$로 나타내고, 시계열자료의 경우 $(X_t, Y_t)$로 표현한다.

이 경우 모집단 회귀선은 각 소득수준에 대응하는 평균 소비를 나타내는 것이며, 실제 관측된 자료에서는 일정한 소득수준에 대응하는 소비지출액 관측치가 모집단 회귀선에 위치하지 않는다. 이와 같이 소득이 같은 경우에도 소비지출액이 동일하지 않고 모집단 회귀선 주위에 널리 퍼져서 분포하는 모습을 보이는 이유는 가구의 소비가 소득 이외에도 가구주의 나이와 교육수준, 총자산, 가족구성원 수 등 다양한 특성들에 따라 다르게 결정되기 때문이다. 이렇게 관측치에 따라 소득 이외의 다른 변수가 소비에 영향을 미치는 부분을 반영하여 확률변수 $\varepsilon$를 포함한 회귀식을 사용한다.

이에 따라 개별 가구에 대해 소득의 변화에 따른 평균 소비의 변화분을 나타내는 $E(Y_i \mid X_i)$와 소득 이외의 변수들이 설명하는 소비부분($\varepsilon_i$)을 합치면 가구의 소비($Y_i$)가 도출된다. 이로부터 다음과 같이 각 가구의 소비를 소득의 함수로 표현할 수 있다.

$$Y_i = E(Y_i \mid X_i) + \varepsilon_i = \beta_1 + \beta_2 X_i + \varepsilon_i \tag{3.6}$$

이 식에서 $(\beta_1 + \beta_2 X_i)$는 종속변수 $Y_i$의 값 중에서 독립변수 $X_i$가 설명하는 체계적인 부분(systematic part)을 의미하며, 여기서 $\beta_1$과 $\beta_2$는 각각 모집단 회귀선의 상수항과 기울기를 나타내는 회귀계수(regression coefficient)라 한다. 한편, $\varepsilon_i$는 독립변수에 의해 설명되지 못하는 종속변수의 비체계적인 부분(non-systematic part)을 나타내는 것으로, 오차항(error term) 혹은 교란항(disturbance term)이라 한다.

식 (3.5)에서 $\beta_1$과 $\beta_2$의 값을 알면 어떤 특정 가구의 소득($X$)에 대한 자료가 주어졌을 때 소득 변화로 설명 가능한 소비부분을 파악할 수 있다. 또한 이 자료에 포함되지 않은 어떤 가구의 소득에 대해서도 해당 가구의 소득이 설명하는 소비에 대한 예측(forecasting)도 가능하다. 따라서 일반적으로 모집단 회귀식의 특징을 파악하는 것은 두 변수의 구체적인 관계를 설정하는 회귀계수 $\beta_1$, $\beta_2$의 값을 모색하는 것이다. 회귀분석에서는 특히 독립변수의 변화에 대응하는 종속변수의 평균적인 변화분을 나타내는 한계효과(marginal effect)를 의미하는 계수 $\beta_2$의 특징에 초점을 맞춰 회귀분석을 시행한다.

## 4. 회귀모형의 오차항

식 (3.6)에서 모집단 회귀식의 특징은 주로 회귀계수 $\beta_1$, $\beta_2$의 값에 의해 결정된다. 그러나 이는 독립변수의 변화에 따라 대응하는 종속변수의 평균적인 반응을 나타내는 것으로, 이로부터 독립변수 이외의 영향을 직접 분석할 수는 없다. 이렇게 독립변수에 의해 설명되지 못하는 종속변수의 변동부분은 다음과 같이 표현되는 오차항에 반영된다.

$$\varepsilon_i = Y_i - (\beta_1 + \beta_2 X_i) \tag{3.7}$$

[그림 3-3]에서 각 오차항의 값은 주어진 독립변수 $X_i$값에 대응하는 종속변수 $Y_i$값과 모집단 회귀선 사이의 차이로 표시된다. 이 관측치가 회귀선 위에 위치하면 양수, 회귀선 아래에 위치하면 음수의 값을 갖는다. 또한 회귀선에서 멀리 있는 관측치에 대한 오차항은 큰 값을 가지며, 회귀선에 가까울수록 작은 오차항을 나타내는 것을 볼 수 있다. 또한 관측된 자료가 회귀선에 위치하는 경우, 오차항은 0의 값을 갖는다. 실제로 양수의 값과 음수의 값이 서로 상쇄되며, 이들 오차항의 평균도 0이 된다. 이는 회귀선이 종속변수 $Y$의 조건부 기댓값과 일치한다는 의미를 갖는다. 그 밖에 회귀모형의 오차항에는 다음의 요인이 반영된다.

[그림 3-3] 모집단 회귀선과 오차항

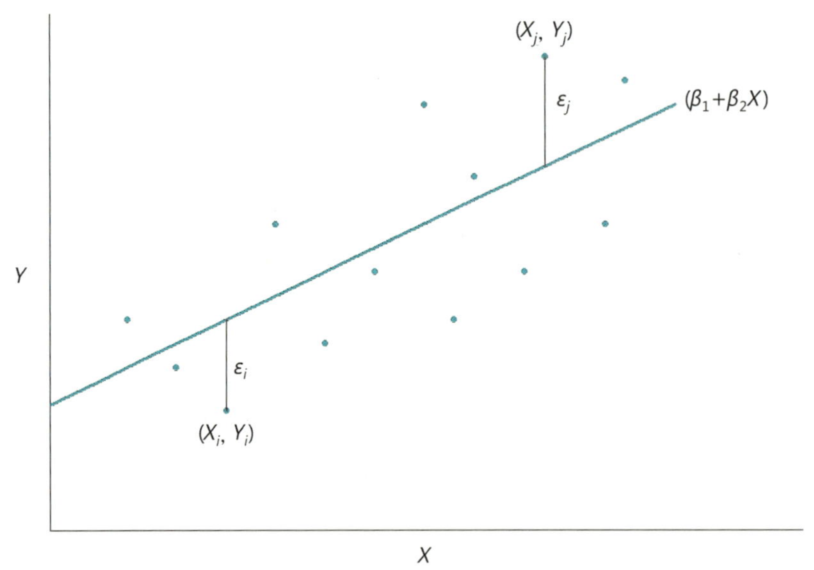

① 모형설정오류(specification error): 독립변수 $X$와 종속변수 $Y$ 사이에 관측되는 관계를 잘못 설정하는 경우, 이에 따라 발생하는 괴리가 오차항으로 나타난다. 예를 들어, 두 변수 사이에 비선형관계(nonlinear relationship)가 존재하는데, 이를 선형모형으로 추정하는 경우 비선형관계와 선형관계의 차이가 오차항으로 반영된다. 구체적인 예로 모집단 회귀식은 $Y_i = \beta_1 + \beta_2 X_i^2 + u_i$로 비선형관계를 갖는데, 이에 대해 선형모형 $Y_i = \beta_1 + \beta_2 X_i + \varepsilon_i$을 적용하면 오차항은 $\varepsilon_i = u_i + \beta_2(X_i^2 - X_i)$과 같이 비선형변수의 영향을 받는다. 이와 같이 회귀모형을 잘못 설정하는 경우, 올바른 회귀분석을 시행할 수 없게 된다. 이에 따라 회귀모형에 대한 통계적 추론에 오류가 발생하는데, 이에 대해서는 제7장에서 자세히 다룬다.

② 누락변수(omitted variables)의 영향: 종속변수 $Y$에 체계적인 영향을 미치는 또 다른 변수 $Z$가 있다고 하자. 이 경우 적합한 회귀식은 $Y_i = \beta_1 + \beta_2 X_i + \beta_3 Z_i + u_i$이 되는데, 여기서 변수 독립변수 $Z$를 누락하여 $Y_i = \beta_1 + \beta_2 X_i + \varepsilon_i$를 회귀모형으로 잘못 설정하면, 이 회귀식에 포함된 오차항은 $\varepsilon_i = u_i + \beta_3 Z_i$가 되어 누락된 변수 $Z$의 영향을 반영하게 되어 ①의 모형설정오류와 비슷한 현상을 나타낸다. 앞에서 다룬 소비함수에서 소득 이외에 소비에 영향을 미치는 요인으로 가구주의 나이 및 교육수준, 가족구성원 수, 주택 소유의 형태(자가 혹은 전·월세) 등을 누락변수의 예로 들 수 있다.

③ 측정오차(measurement error): 이는 회귀모형에 포함된 변수에 대한 자료를 수집하는 과정에서 발생하는 오차를 의미한다. 예를 들어, 개인의 소득($Y$)은 그의 능력($Z$)에 따라 결정된다고 할 때, 현실적으로 개인의 능력을 정확하게 측정할 수 있는 자료가 없어서 이에 대한 관측자료로 지능지수($X$)를 사용한다고 하자. 이 경우 실제로 사용한 모형은 $Y_i = \beta_1 + \beta_2 X_i + \varepsilon_i$로 적합한 회귀식 $Y_i = \beta_1 + \beta_2 Z_i + u_i$과 달라 오차항에 $\varepsilon_i = u_i + \beta_2(Z_i - X_i)$ 형태의 측정오차($\xi_i = Z_i - X_i$)가 포함되어 모형설정오류와 유사한 현상이 발생한다.

④ 예측 불가능한 요인(unpredictable error): 아무리 정교하게 계량모형을 설정하더라도 변수들 사이에 영향을 미치는 모든 요인을 정확하게 파악하는 것은 불가능하다. 특히 급격한 기후 변화나 천재지변같이 예측 불가능한 상황이 발생하는 경우 이를 미리 회귀모형에 포착하기 어려운데, 이런 요인들이 오차항에 반영된다.

좋은 계량모형을 설정한다는 것은 위에서 언급한 체계적인 부분에 대한 오류는 제거하고

비체계적인 부분은 최소화하는 것을 뜻한다. 따라서 회귀모형이 적합하게 설정된 경우, 오차항이 종속변수에 미치는 평균적인 영향은 없어야 하는데, 이는 다음과 같이 식 (3.6)의 양변에 기댓값 연산자(expectation operator)를 적용할 때, $E(\varepsilon_i \mid X_i) = 0$이 성립한다는 것을 의미한다.

$$E(Y_i \mid X_i) = \beta_1 + \beta_2 X_i + E(\varepsilon_i \mid X_i) \quad (3.8)$$

여기서 $E(\varepsilon_i \mid X_i) = 0$인 경우, 식 (3.8)은 식 (3.5)와 같아지며, 회귀선이 $Y$의 조건부 기댓값과 일치한다는 의미를 갖는다.

## 5. 표본회귀선

제3절에서 소개한 모집단 회귀선은 관심 있는 분석 대상 모집단 전체에 대한 자료를 모두 이용하는 경우 도출할 수 있는 회귀선이다. 그러나 모집단에 대한 전수조사를 통해 자료를 수집하는 것은 시간적 제약과 비용 문제 때문에 현실적으로 불가능한 경우가 많다. 예를 들어, 선거 결과를 예측하기 위해 유권자 성향을 조사한다고 할 때, 전체 유권자를 대상으로 후보별 지지도를 파악하기에는 너무 많은 예산과 기간이 소요된다. 이 경우 유권자의 일부를 표본으로 추출하여 여론조사를 시행하는 방법을 사용한다. 일반적인 계량분석에서도 설문조사 등을 통해 모집단의 일부 자료를 추출하고, 이로부터 모집단 회귀식의 특성을 유추하는 방법을 사용한다. 이와 같이 추출된 표본자료의 정보를 토대로 모집단의 특성을 분석하는 것을 통계적 추론(statistical inference)이라 한다.

여기서 $N$개의 모집단으로부터 추출한 $n$개의 표본자료 $(X_1, Y_1)$, $(X_2, Y_2)$, $\cdots$, $(X_n, Y_n)$를 이용해서 도출된 회귀선을 표본회귀선(sample regression line)이라 한다. 이 경우 표본회귀선은 모집단의 일부인 표본자료($n < N$)로부터 구한 회귀선이기 때문에 일반적으로 모집단 회귀선과 일치하지 않는다. 또한 추출된 표본자료의 크기와 특성에 따라 다른 표본회귀선이 구해지는데, 모집단의 특성을 잘 반영하도록 충분히 큰 확률표본(random sample)을 추출하면 이 표본자료로부터 도출된 회귀선의 정보를 토대로 모집단 회귀선에 대해 더 정확한 분석을 시행할 수 있다.

표본자료를 이용해서 모집단 회귀선에 대한 통계적 추론을 시행할 때, 분석의 핵심은 모집

[그림 3-4] 표본회귀선과 잔차항

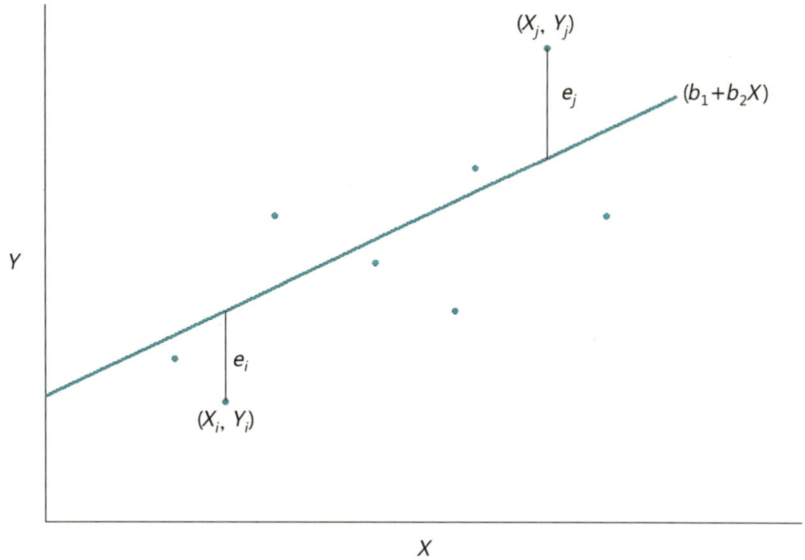


단 회귀선의 $\beta_1$, $\beta_2$에 대한 계수추정량 $b_1$, $b_2$를 구하는 것으로, 이를 설명하기 위해 모집단 회귀식 (3.6)을 표본에 대한 독립변수와 종속변수의 관계에 적용하면 다음의 식으로 표현된다.

$$Y_i = b_1 + b_2 X_i + e_i \tag{3.9}$$

여기서 $b_1$, $b_2$는 각각 표본회귀선의 상수항, 기울기를 나타내며, $(b_1 + b_2 X_i)$는 표본자료에서 독립변수 $X$가 종속변수 $Y$에 미치는 체계적인 영향을 의미한다. [그림 3-4]에서 실제 종속변수의 값과 표본회귀선이 설명하는 종속변수의 값과의 차이를 나타내는 비체계적인 부분은 식 (3.9)로부터 다음과 같이 도출된다.

$$e_i = Y_i - (b_1 + b_2 X_i) \tag{3.10}$$

이런 관계를 살펴보기 위해 각 독립변수가 설명하는 종속변수의 값을 $\widehat{Y}_i = b_1 + b_2 X_i$로 표기하면 다음의 관계식이 도출된다.

$$Y_i = b_1 + b_2 X_i + e_i = \widehat{Y}_i + e_i \tag{3.11}$$

이를 모집단 회귀식 (3.6)과 비교해 보면, $b_1$, $b_2$는 각각 모집단 회귀선의 상수항 $\beta_1$과 기

울기 $\beta_2$의 추정량(estimator)을 의미한다. 또한 $\hat{Y}_i$는 표본자료에서 독립변수 $X$의 변화에 따른 종속변수 $Y$의 체계적인 변동부분을 나타내는 것으로 모집단에서의 $E(Y_i|X_i)$에 대한 추정량(fitted value)에 해당한다. 여기서 $e_i$는 종속변수의 변동 중에서 독립변수 또는 표본회귀선으로 설명되는 부분을 제외하고 남은 부분을 나타내는 잔차(residual)로 모집단의 오차항($\varepsilon_i$)에 대한 추정량의 역할을 한다.

## 6. 회귀모형의 추정

표본자료로부터 도출된 정보를 이용해서 모집단의 특징을 분석하는 것을 통계적 추론이라 하는데, 이는 추정(estimation)과 가설검정(hypothesis testing) 과정으로 구성된다. 여기에서는 먼저 표본회귀선의 추정방법에 대해 소개하고, 회귀계수 등 회귀모형에 대한 가설검정은 제4장에서 다룬다.

표본자료로부터 회귀선을 추정한다는 것은 모집단 회귀식의 $\beta_1$, $\beta_2$에 대한 추정량 $b_1$, $b_2$를 구하는 것이다. 그럼 표본자료를 어떻게 이용하면 모집단 회귀식의 특징을 체계적으로 잘 분석할 수 있을까? 모집단 회귀식이 독립변수의 변화에 따르는 종속변수의 기댓값을 나타낸다는 것을 고려할 때, 표본회귀선은 각 독립변수에 대응하는 종속변수의 평균값으로 도출해 볼 수 있다. 이는 주어진 자료를 가장 가깝게 지나는 직선으로 구할 수 있는데, 여기에서는 계량분석에서 가장 많이 사용되는 최소자승추정량(least squares estimator)에 대해 논의한다.

최소자승법은 다음 식 (3.12)와 같이 독립변수 $X$가 설명하지 못하는 종속변수 $Y$의 변동부분을 나타내는 잔차항의 제곱합을 최소화하는 방법이다.

$$\min_{(b_1, b_2)} \sum_{i=1}^{n} e_i^2 = \sum_{i=1}^{n} (Y_i - b_1 - b_2 X_i)^2 \qquad (3.12)$$

최소자승법의 이해를 위해 [그림 3-5]에는 4개의 표본자료 $(X_1, Y_1)$, $\cdots$, $(X_4, Y_4)$가 있는 경우를 제시했다. 여기서 주어진 표본자료를 가장 잘 설명하는 회귀선은 각 종속변수의 값에서 회귀선까지의 거리를 가능한 작게 만들어서 이들 자료와 가장 가까이 있는 직선을 의미한다. 이 경우 각각의 자료와 직선과의 거리에 대한 척도로 직각거리, 수직거리, 수평거리 등을 고려할 수 있는데, 식 (3.12)의 최소자승법은 각 자료에서 독립변수가 설명하지 못하는

[그림 3-5] 최소자승추정법과 표본회귀선

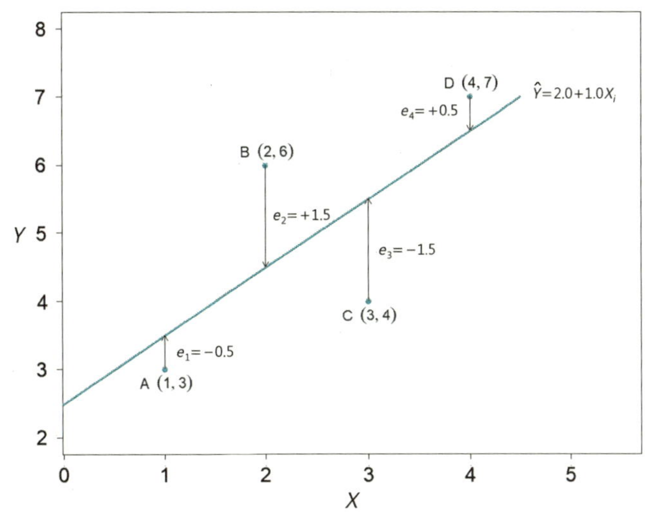


종속변수의 변동부분, 즉 각 종속변수의 값에서 회귀선까지의 수직거리인 잔차들을 작게 하는 방법이다.

잔차를 작게 하는 방법으로 단순히 잔차의 합($\sum e_i$)을 최소화하는 방법을 고려해 볼 수 있다. 그러나 이 방법은 (예 3.1)의 [그림 3.6]에서 볼 수 있듯이 각 자료가 회귀선으로부터 멀리 떨어져 있는 경우에도 이들 잔차가 서로 다른 부호의 값을 나타내면 (+)와 (−)의 값들이 서로 상쇄되어 그 합이 0이 될 수 있기 때문에 다른 회귀모형과 비교에 적합하지 않다. 따라서 이와 같이 상쇄되는 현상을 방지하기 위해 잔차의 제곱합 $\sum e_i^2$을 최소화하는 조건을 적용한다.[4] 이 경우 회귀선에서 멀리 떨어져 있는 잔차의 값([그림 3-5]에서 $e_2, e_3$)이 회귀선에서 가까운 자료의 잔차($e_1, e_4$) 값에 비해 더 큰 비중을 차지하게 되어 주어진 자료에 더 가까운 회귀선을 구할 수 있다. 또한 이 방법으로부터 도출되는 추정치는 다음 장에서 다루는 바람직한 통계적 특성을 갖는다.

---

4 부호가 다른 잔차항 사이의 상쇄효과를 방지하는 방법으로 절댓값의 합($\sum_{i=1}^{n} |e_i|$)을 적용하는 최소절댓값편차(least absolute deviations: LAD) 추정법도 종종 사용되고 있다. 또한 각 자료와 직선과의 직각거리를 최소화하는 직교회귀식(orthogonal regression) 접근법도 개발됐으나 이들 추정법의 통계적 특징에 대한 분석은 이 책의 범위를 벗어나므로 여기에서는 다루지 않는다.

## 예 3.1

[그림 3–5]에 제시된 회귀선은 4개의 표본자료를 대상으로 최소자승추정법을 적용하여 도출한 것으로 분석 대상 자료들을 가장 잘 설명하는 표본회귀식이다. 한편, [그림 3–6]은 잔차의 합이 0이 되는 조건을 만족하는 4개의 표본회귀선을 나타낸다. 각각의 예에서 (+)값을 갖는 잔차와 (−)값을 갖는 잔차들을 모두 더하면 그 합이 0이 된다. 그 밖에 이 조건을 만족하는 다수의 표본회귀선이 존재하는데, 이러한 문제점은 최소자승추정법으로 해결할 수 있다.

[그림 3–6] 잔차의 합이 0이 되는 표본회귀선

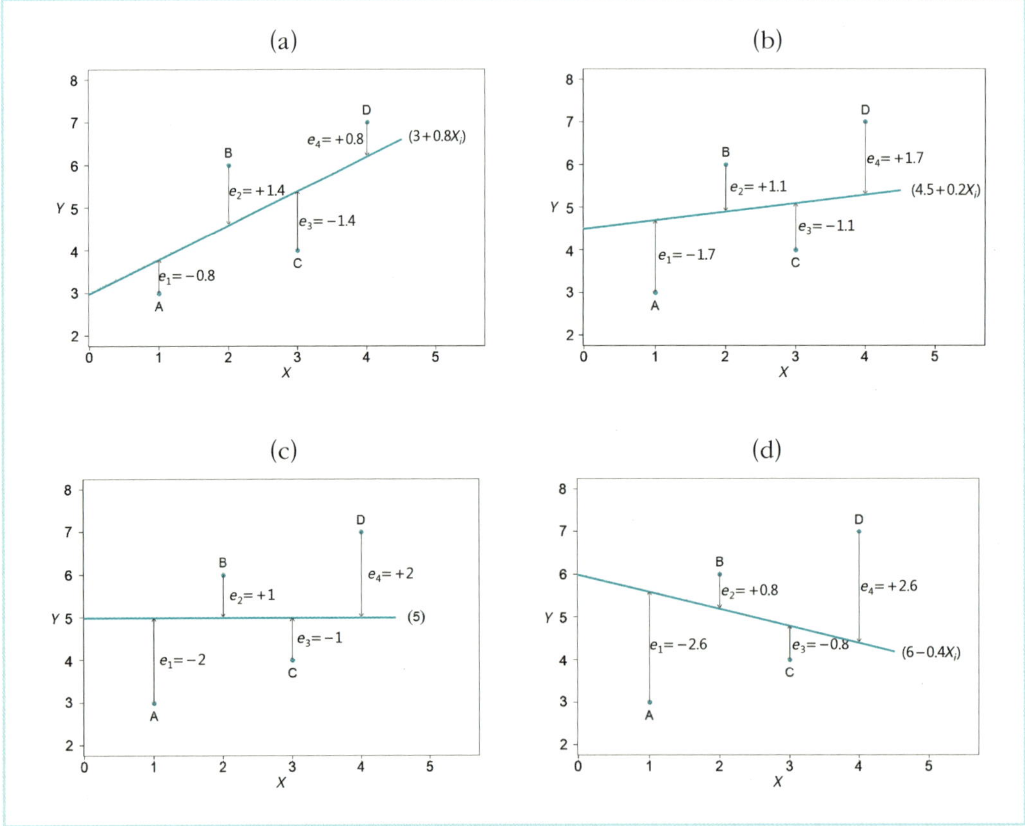


잔차의 제곱합을 최소화하는 값을 구하기 위해 식 (3.12)를 $b_1$과 $b_2$에 대해 각각 편미분(partial differentiation)하면, 다음의 식을 구할 수 있다.

$$\frac{\partial\left(\sum_{i=1}^{n} e_i^2\right)}{\partial b_1} = -2\sum_{i=1}^{n}(Y_i - b_1 - b_2 X_i) = -2\sum_{i=1}^{n} e_i = 0 \tag{3.13}$$

$$\frac{\partial\left(\sum_{i=1}^{n} e_i^2\right)}{\partial b_2} = -2\sum_{i=1}^{n}(Y_i - b_1 - b_2 X_i)X_i = -2\sum_{i=1}^{n} e_i X_i = 0 \tag{3.14}$$

**참고** 식 (3.13)과 (3.14)는 최소화를 위한 1계 조건(first-order condition)으로, 최소화 달성 여부를 판단하기 위해서는 2차 편도함수(second partial derivative)를 확인해야 한다. [그림 3-7]은 R 프로그램에서 $b_1$과 $b_2$의 값을 조금씩 변화시키면서 이에 해당하는 잔차의 제곱합($\sum e_i^2$)을 3차원으로 제시한 것이다. 계수추정치 $b_1$과 $b_2$의 값에 의존하는 잔차 제곱합은 다음과 같이 네트 형태의 모양을 나타내는데, 여기서 잔차의 제곱합을 최소화하는 점은 아래가 볼록한 네트의 맨 아래에 존재한다. 이는 식 (3.13)과 (3.14)의 편도함수들이 0이 되는 파란색 점에 해당한다.

[그림 3-7] 잔차 제곱합 함수와 최소자승추정치

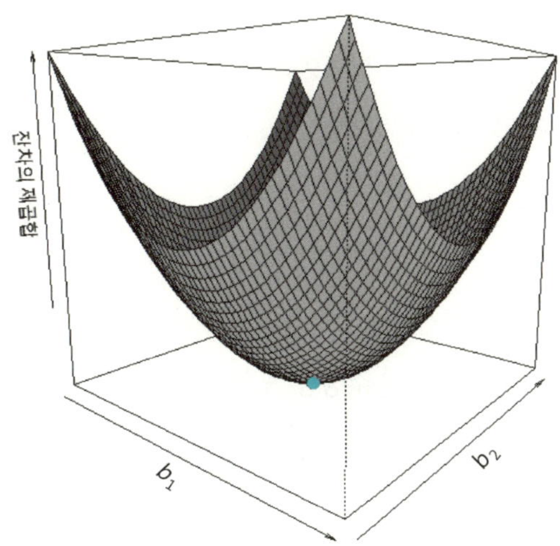


식 (3.13)과 (3.14)를 다시 정리하면, 식 (3.12)에 대한 최소화의 조건을 규정하는 다음의 관계식이 도출된다.

$$\sum_{i=1}^{n} e_i = \sum_{i=1}^{n} (Y_i - b_1 - b_2 X_i) = 0 \tag{3.15}$$

$$\sum_{i=1}^{n} X_i e_i = \sum_{i=1}^{n} X_i (Y_i - b_1 - b_2 X_i) = 0 \tag{3.16}$$

식 (3.15) 및 (3.16)은 최소자승추정량의 기본 조건을 의미하는데, 이를 정규방정식(normal equation) 또는 잔차항과 설명변수 사이의 직교성(perpendicularity)을 나타낸다는 의미에서 직교방정식이라 한다.

식 (3.15)와 (3.16)을 $b_1$과 $b_2$에 대한 연립방정식으로 놓고 이를 풀면 다음의 최소자승추정량을 구할 수 있다.

$$b_1 = \overline{Y} - b_2 \overline{X} \tag{3.17}$$

$$b_2 = \frac{S_{xy}}{S_{xx}} = \frac{\sum_{i=1}^{n} (X_i - \overline{X})(Y_i - \overline{Y})}{\sum_{i=1}^{n} (X_i - \overline{X})^2} \tag{3.18}$$

여기서 $\overline{X} = \frac{1}{n}\sum_{i=1}^{n} X_i$, $\overline{Y} = \frac{1}{n}\sum_{i=1}^{n} Y_i$로 각각 독립변수 $X$와 종속변수 $Y$의 표본평균을 의미하며, $S_{xx}$와 $S_{xy}$는 각각 식 (3.18)의 분모와 분자를 간략히 표기하기 위해 사용한 것으로 $X$와 $Y$의 관측치로부터 도출되는 2차 적률(second moment)을 나타낸다.

## 수식의 도출

### 1. 식 (3.17)과 식 (3.18)의 최소자승추정량 도출

직교방정식의 첫째 식 (3.15)를 항목별로 전개하면 아래의 관계식이 도출된다.

$$\sum_{i=1}^{n} e_i = \sum_{i=1}^{n} (Y_i - b_1 - b_2 X_i) = 0$$

$$\Rightarrow \sum_{i=1}^{n} (Y_i - n b_1 - b_2 \sum_{i=1}^{n} X_i) = 0 \tag{3.19}$$

$$\Rightarrow \overline{Y} - b_1 - b_2 \overline{X} = 0$$

이로부터 상수항의 추정식 (3.17)을 구할 수 있다. 마찬가지로 직교방정식의 둘째 식 (3.16)을 전개하면 다음의 식이 된다.

$$\sum_{i=1}^{n} X_i (Y_i - b_1 - b_2 X_i) = 0 \tag{3.20}$$

식 (3.20)에 식 (3.17)의 $b_1$에 대한 추정식($b_1 = \overline{Y} - b_2 \overline{X}$)을 대입하고, 아래와 같이 계수 $b_2$에 대한 식으로 정리하면 식 (3.21)을 도출할 수 있다. 여기서 모든 자료에 대한 편차의 합은 항상 0이 된다는 특징을 이용하여 식 (3.21)과 식 (3.18)은 항상 같은 값을 갖는다는 것을 보일 수 있다. (제2장 연습문제 5번 참조.)

$$\sum_{i=1}^{n} X_i [(Y_i - \overline{Y}) + b_2 \overline{X} - b_2 X_i)] = 0$$

$$\Rightarrow b_2 = \frac{\sum_{i=1}^{n} X_i (Y_i - \overline{Y})}{\sum_{i=1}^{n} (X_i - \overline{X}) X_i} \tag{3.21}$$

## 예 3.2

다음은 CONSUMPTION 파일의 CONSUMPTION($Y$)과 INCOME($X$) 변수를 이용하여 구한 통계치이다.

$$\sum_{i=1}^{120} X_i = 658{,}882 \qquad \sum_{i=1}^{120} Y_i = 334{,}365$$

$$\sum_{i=1}^{120} X_i^2 = 5{,}400{,}498{,}528 \qquad \sum_{i=1}^{120} Y_i^2 = 1{,}228{,}229{,}239$$

$$\sum_{i=1}^{120} X_i Y_i = 2{,}338{,}331{,}901 \qquad (n = 120)$$

위의 통계자료로부터 표본평균 $\overline{X} = (658{,}882/120) = 5{,}490.68$과 $\overline{Y} = (334{,}365/120) = 2{,}786.37$을 구할 수 있다.

이와 함께 회귀계수 추정식 (3.18)에 직접 적용하기 위해 다음의 통계치를 산출한다.

$$\sum_{i=1}^{120}(X_i - \overline{X})^2 = 1{,}782{,}786{,}111.97 \qquad \sum_{i=1}^{120}(Y_i - \overline{Y})^2 = 296{,}562{,}962.13$$

$$\sum_{i=1}^{120}(X_i - \overline{X})(Y_i - \overline{Y}) = 502{,}439{,}568.25$$

이 결과를 식 (3.18)에 대입하여 기울기 $b_2$의 추정치를 구하고, 이를 다시 (3.17)에 대입하면 상수항 $b_1$의 추정치가 도출된다.

$$b_2 = 502{,}439{,}568.25/1{,}782{,}786{,}111.97 = 0.282$$
$$b_1 = 2{,}786.37 - 0.282 \times 5{,}490.68 \qquad = 1{,}238.945$$

따라서 120개의 표본자료로부터 구해진 표본회귀선은 $\hat{Y}_i = 1{,}238.945 + 0.282X_i$이 된다.[5] 여기서 $b_2 = 0.282$는 처분가능소득 $X$의 한 단위(만 원) 증가에 따르는 소비지출 $Y$의 평균적인 변화분을 나타내는데, 이는 가구의 소득이 1(만 원)만큼 증가할 때 소비지출액이 평균 0.282(만 원) 정도 증가한다는 것을 의미한다. (즉, 1,000원의 소득 증가에 따라 평균적으로 282원의 소비 증가가 나타난다.)

---

여기서 회귀계수에 대한 추정량(estimator)은 식 (3.17) 및 (3.18)과 같이 표본자료로부터 모집단의 모수 $\beta_1, \beta_2$에 대한 추정치를 도출하는 산출식을 의미하며, 추정치(estimate)는 추정량의 산출식에 실제 표본자료 값을 대입해서 구한 값, $b_1 = 1{,}238.945$, $b_2 = 0.282$를 지칭한다.

한편, [그림 3-8]에는 (예 3.2)의 표본자료로부터 구한 표본회귀선과 [그림 3-2]의 모집단 회귀선을 함께 제시했는데, 이를 보면 표본회귀선이 소득 4,000만 원 미만인 경우 모집단 회귀선을 과대추정(overestimate)하고, 소득 4,000만 원 이상에 대해서는 과소추정(underestimate)하는 것으로 나타났다. 이러한 결과는 표본추출 변동성(sampling variation)에 기인한 것으로, 모집단에서 또 따른 표본을 추출하여 최소자승추정치를 구하면 각각 다른 표본회귀선이 구해진다. 그렇다면 하나의 표본에서 구한 추정치 $b_1$, $b_2$는 모수 $\beta_1$, $\beta_2$의 특징을 얼마나 정확하게 분석할 수 있을까? 이 질문에 답하기 위해서는 최소자승추정량의 통계적 특성을 확인해야 한다. 예를 들어, 최소자승추정치가 불편추정량인 경우, 무작위 추출을 무수히 많이 반복 시행하여 도출된 다수의 표본추정치 $b_1$, $b_2$의 평균을 구하면 모집단의 모수 $\beta_1$, $\beta_2$에 근접하게

5 여기에서 수식으로부터 도출된 추정치 값과 뒤의 EViews 및 R 프로그램 추정 결과에서 나타나는 차이는 반올림에 따른 사소한 차이임을 밝힌다.

된다. 표본추정량의 주요 통계적 특성에 대해서는 다음 장에서 자세히 다루기로 한다.

[그림 3-8] 소비를 소득에 대해 회귀분석한 표본회귀선

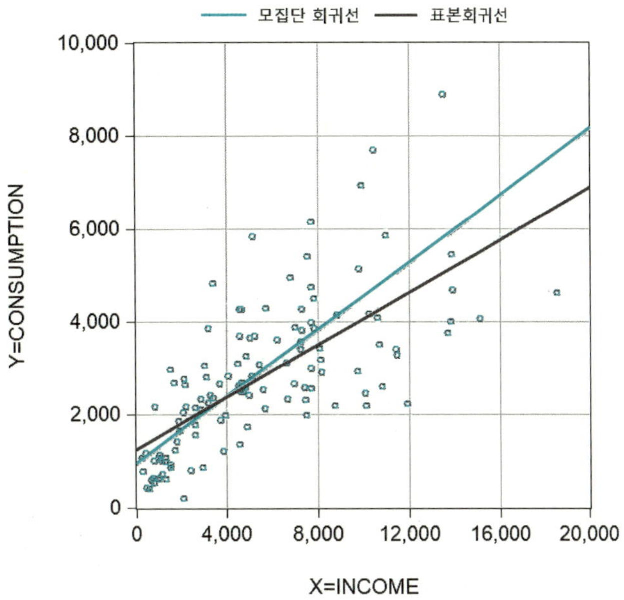

부록 3.1

# EViews 명령문 및 추정 결과

여기에서는 EViews 프로그램을 이용하여 계량분석을 수행하기 위한 기초 작업으로 경제변수의 기본적인 특징이나 변수 사이의 관계를 분석하기 위한 자료분석 및 그래프 작성방법을 설명한다. 특히 그래프는 자료의 특징을 시각화하여 보여 주기 때문에 분석 대상 자료의 특징을 하나의 숫자로 나타내는 기초통계량에서는 파악할 수 없는 추가적인 정보를 제공한다. 또한 본격적인 계량분석에 앞서 주요 변수들의 관계를 그래프로 제시하면 보고서 또는 논문의 전달력을 높이는 데 효과적이다. 여기에서는 홈페이지에 첨부한 CONSUMPTION 파일(EViews 파일이름: Consumption.wf1)의 소득(INCOME)과 소비(CONSUMPTION) 변수를 중심으로 설명한다.

## 1. 기초자료 분석 및 자료 변환

(1) 소득과 소비 변수의 기초통계량은 다음과 같이 도출한다. ① EViews 프로그램을 실행한 후 메뉴창에서 [File] / [Open] ▶ [Workfile]을 차례로 선택하여 CONSUMPTION 작업파일을 불러온다. ② 메뉴창의 [Quick] / [Group Statistics] ▶ [Descriptive Statistics] ▶ [Common Sample]을 선택한다. ③ 활성화된 계열 목록(series list)창에 『INCOME CONSUMPTION』을 입력하고, [OK] 버튼을 누르면 다음과 같이 소득과 소비의 기초통계량이 제시된다.

[그림 3-A1]을 보면 자료의 평균, 중간값, 표준편차 이외에 대칭도를 나타내는 Skewness, 첨도(尖度)를 나타내는 Kurtosis, 정규분포 여부를 검정하는 Jarque-Bera 통계량 및 이에 대한 유의확률(Probability)이 제시되어 있다.

[그림 3-A1] 소득과 소비의 기초통계량

| | INCOME | CONSUMPTION |
|---|---|---|
| Mean | 5,490.683 | 2,786.375 |
| Median | 4,768.000 | 2,601.500 |
| Maximum | 18,579.00 | 8,880.000 |
| Minimum | 286.0000 | 202.0000 |
| Std. Dev. | 3,870.581 | 1,578.647 |
| Skewness | 0.791051 | 0.892053 |
| Kurtosis | 3.189364 | 4.420860 |
| | | |
| Jarque-Bera | 12.69453 | 26.00939 |
| Probability | 0.001752 | 0.000002 |
| | | |
| Sum | 658,882.0 | 334,365.0 |
| Sum Sq. Dev. | 1.78E+09 | 2.97E+08 |
| | | |
| Observations | 120 | 120 |

**참고** 명령문으로 변수들을 결합하기 위해서는 명령창에 『GROUP EX1 INCOME CONSUMPTION』를 입력한다. 이 경우 작업파일에 EX1으로 명명된 그룹 객체가 생성되는데, 새로 도출되는 객체의 이름은 나중에 식별하기 쉽도록 임의로 배정하면 된다. 이 객체를 더블클릭하면 두 변수가 결합된 스프레드시트창이 활성화되며, 도구창의 [View] 버튼을 누르면 두 변수의 기초통계분석, 상관분석, 그래프 분석 등을 시행할 수 있다. 또한 활성창에 제시된 메뉴를 이용하여 자료를 수정하거나 프린터를 통해 인쇄할 수 있다. 예를 들어, 자료의 수정을 위해서는 [Edit+/−]를, 자료 인쇄를 위해서는 [Print]를 누른다.

(2) 기초통계량이 제시된 활성창에서 [View] / [Covariance Analysis]를 선택하면 변수들 사이의 상관도를 분석하기 위한 활성창이 제시된다. 여기서 correlation을 선택하고 [OK]를 누르면 다음과 같은 변수 간의 상관계수 행렬이 제시된다.

[그림 3-A2] 소득과 소비의 상관계수 행렬

| | INCOME | CONSUMPTION |
|---|---|---|
| INCOME | 1.000000 | 0.690996 |
| CONSUMPTION | 0.690996 | 1.000000 |

(3) EViews 프로그램에서는 자료분석을 위한 광범위한 통계함수 및 수학함수를 내장하고 있다. 따라서 자료분석에서 자주 적용되는 함수를 이용해서 효율적인 분석을 시행할 수 있다. 예를 들어, CONSUMPTION 변수의 자료 수 등 기초적인 분석은 다음의 함수를 이용한다.

- 자료 수 SCALAR CON_OBS = @OBS(CONSUMPTION)
- 모든 원소의 합 SCALAR CON_SUM = @SUM(CONSUMPTION)
- 최댓값 SCALAR CON_MAX = @MAX(CONSUMPTION)
- 최솟값 SCALAR CON_MIN = @MIN(CONSUMPTION)

EViews 프로그램에서는 대소문자의 구별이 없는데, 여기서 SCALAR는 새로운 한 개의 값인 상수를 정의하기 위한 명령어이며, CON_OBS 등과 같이 새로이 생성되는 자료의 이름은 나중에 식별하기 쉽도록 임의로 배정하면 된다.

(4) CONSUMPTION 변수의 표본평균 등 기초통계량을 구하고자 할 경우, 다음의 함수를 이용한다.

- 표본평균 SCALAR CON_BAR = @MEAN(CONSUMPTION)
- 중간값 SCALAR CON_MED = @MEDIAN(CONSUMPTION)
- 분산 SCALAR CON_VAR = @VAR(CONSUMPTION)
- 표준편차 SCALAR CON_SD = @STDEV(CONSUMPTION)

(5) INCOME과 CONSUMPTION의 상관도 분석을 위해서는 다음의 공분산 및 상관계수를 구하면 된다.

- 표본공분산 SCALAR R_COV = @COV(INCOME, CONSUMPTION)

• 표본상관계수 SCALAR R_COR = @COR(INCOME, CONSUMPTION)

(6) 그 밖에 자료분석에서 많이 사용되는 변수의 변환을 위한 EViews의 명령어는 다음과 같다.

- 변수제곱 GENR CON_SQ = CONSUMPTION^2
- 로그 변환 GENR CON_LOG = LOG(CONSUMPTION)
- 제곱근 GENR CON_SQR = SQR(CONSUMPTION)
- 절댓값 GENR CON_ABS = ABS(CONSUMPTION)

새로운 변수를 생성하기 위해서는 GENR 명령어를 이용한다. 여기서 로그 변환은 주어진 자료의 변동폭이 달라지는 것을 조절하거나, 회귀분석에서 탄력성을 도출할 때 주로 사용된다. 이에 대한 설명은 제6장 회귀분석의 응용에서 다룬다.

(7) 이러한 자료 변환 이외에 EViews의 내장함수를 이용하여, (예 3.2)의 표본회귀선에 대한 추정치 $b_1$,$b_2$를 다음과 같이 계산할 수 있다.

- $b_2$ ⇨ SCALAR B2=@COV(INCOME, CONSUMPTION)/@VAR(INCOME)
- $b_1$ ⇨ SCALAR B1=@MEAN(CONSUMPTION)−B2*@MEAN(INCOME)

## 2. 그래프 작성

(1) 소득과 소비의 관계를 나타내는 산점도와 표본회귀선은 다음과 같이 도출한다. ① 소득과 소비의 상관관계가 제시된 활성창이나 두 변수가 결합된 EX1 객체를 더블클릭하여 스프레드시트창을 활성화한 다음 도구창에서 [View] / [Graph] 를 선택한다. 또는 메뉴창의 [Quick] / [Graph] 를 선택한 다음 계열의 목록을 입력하는 활성창에서 『INCOME CONSUMPTION』을 입력한다. ② 활성화된 [그림 3-A3]의 선택창에서 그래프 유형을 세분화한 [Specific] 항목에서 [Scatter] 를 선택한다. ③ 표본회귀선을 함께 제시하기 위해서는 [Fit lines] 항목에서 [Regression Line] 을 선택 후 [OK] 를 누르면 소득-소비 산점도와 표본회귀선이 함께 제시된 그래프가 활성화된다. [그래프의 축, 격자, 범례, 글자 크기, 서식 등도 그래프 선택창에서 변경할 수 있다.]

[그림 3-A3] 그래프 선택창

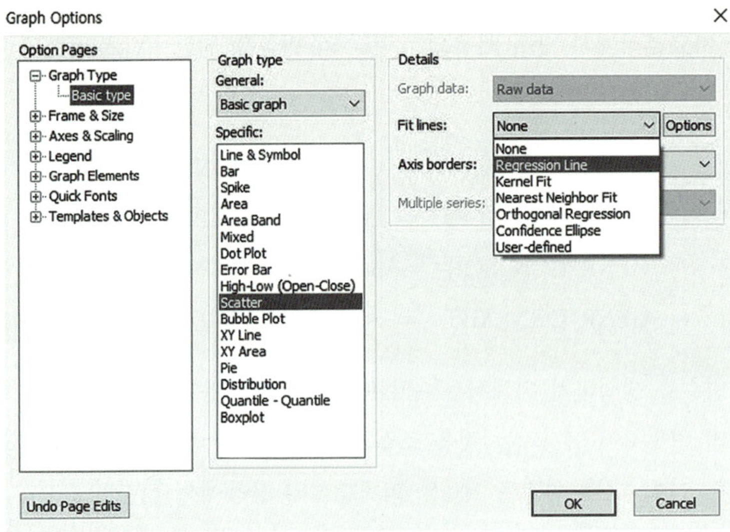


(2) 활성화된 그래프의 도구창 선택항목에서 [Freeze]를 선택하면, 화면에 보이는 그대로 그래프를 저장할 수 있으며, 저장하기 전에 [AddText]를 차례로 선택하여 그래프의 적절한 위치에 글자를 삽입할 수 있다. 또한 [Print]를 누르면 화면의 그림을 프린터로 출력할 수 있다. 이외에도 '한글' 또는 'MS Word'와 같은 문서 작성 프로그램을 이용하여 그림을 문서 file에 삽입하고자 하는 경우 그래프 활성창에서 항목 [Proc] / [Copy to clipboard]를 차례대로 선택한 뒤 문서 작성 프로그램에서 붙여넣기 『[Ctrl]+V』 누르면 된다.

(3) 자료의 분포적 특성을 보기 위해 [그림 3-A3]의 선택창 중 [Specific] 항목에서 [Distribution]을 선택하면 히스토그램, [Boxplot]을 선택하면 상자그림이 출력된다. 그 밖에 시계열자료에 대한 그래프를 제시하기 위해서는 [Line & Symbol]을 선택한다.

부록 3.2

# R 명령문 및 추정 결과

여기에서는 R 프로그램을 이용하여 소득과 소비의 기초자료 분석 및 그래프 작성방법을 소개한다.

## 1. 기초자료 분석 및 자료 변환

(1) 「consumption.csv」 파일에서 소득과 소비를 분석하기 위해서는 R로 불러온 자료프레임에 접근해야 하며, 접근은 $ 또는 [ ] 연산자로 수행한다. $ 연산자를 이용할 경우에는 자료프레임에 존재하는 열 이름(colname)을 $연산자 뒤에 입력하여 접근한다. [ ] 연산자를 이용하기 위해서는 해당 자료가 있는 열의 위치를 알고 있어야 하는데, 예를 들어 $j$번째 열에 접근하려면 [ , $j$]를 입력한다. 그리고 $i$번째 행에 접근할 경우에는 [$i$, ], $(i,j)$의 원소값에 접근할 경우 [$i$, $j$]를 입력한다. [참고로 -기호를 사용하면 해당 열 또는 행을 제외한 나머지를 모두를 선택한다. 예를 들어, [ ,$-j$]를 입력하면, $j$번째 열을 제외한 모든 열에 접근한다.] 다음은 자료프레임의 consumption과 income 자료에 접근하고, 이 자료들을 새로운 변수를 생성하여 할당하는 방법을 제시한다.

[표 3-A1] 변수 접근 명령문

| 명령문 | 설명 | 번호 |
|---|---|---|
| setwd("C:/econometrics") | # 작업경로 변경 | (1) |
| Con_data <- read.csv(file="consumption.csv", header=TRUE) | # 자료 읽기 | (2) |
| income <- Con_data$income | # income 변수 | (3) |
| *# income <- Con_data[,10]* | # 10번째 열 접근 | (4) |
| consumption <- Con_data$consumption | # consumption 변수 | (5) |
| *# consumption <- Con_data[, 5]* | # 5번째 열 접근 | (6) |

(3)번 줄은 Con_data로 명명한 자료프레임의 income 자료에 접근하여 이 자료를 income이라는 새로운 변수에 할당하는 명령문이고, [ ] 연산자를 이용할 경우에는 (4)번 줄과 같이 입력한다. (5)~(6)번 줄은 각각 $ 연산자 및 [ ] 연산자를 이용하여 consumption 자료에 접근하고, 해당 자료를 consumption으로 명명된 새로운 변수에 할당하는 명령문이다.

(2) 소득과 소비의 기초통계량을 계산하기 위해서 summary( ) 함수를 이용한다. 그러나 R의 기본 패키지에 내장된 summary( ) 함수는 자료의 중앙집중도와 퍼짐 정도를 간략하게 요약하여 출력하는 함수이며, 분포의 대칭성 등 기초통계량을 자세하게 분석하기 위해서는 이러한 통계량들을 제공하는 함수의 패키지를 설치해야 한다. 여기에서는 「psych」 패키지에서 제공하는 describe( ) 함수를 이용한다. 다음은 summary( ) 함수와 describe( ) 함수를 이용하여 기초통계량을 제시하는 명령문이다.

**[표 3-A2]** 기초통계 관련 명령문

```
EX1 < -cbind(income, consumption)       # 자료결합           (7)
summary(EX1)                            # 기초통계량-1       (8)

install.packages("psych")               # 패키지 설치        (9)
library(psych)                          # 패키지 불러오기    (10)
describe(EX1)                           # 기초통계량-2       (11)
```

(7)번 줄의 cbind( ) 함수는 자료들을 열기준으로 결합할 때 사용하는 명령어로 EViews 프로그램의 GROUP 명령어와 유사한 기능을 수행한다. cbind( ) 함수를 이용하기 위해서는 결합하고자 하는 두 자료의 관측치 수가 동일해야 하며, 여기서는 소득과 소비 자료를 결합하여 EX1이라는 새로운 변수에 할당했다. (8)번 줄은 summary( ) 함수를 이용하여 소득과 소비 자료의 기초통계량을 출력하는 명령문이다. (9)번 줄은 install.packages( ) 함수를 이용하여, 「psych」 패키지를 설치하는 명령문이다. 이 명령문을 실행하면 CRAN 미러를 선택하라는 안내창이 제시되는데, 여기서는 "Korea (Seoul1)"를 선택한다. [미러의 경우 아무 곳이나 지정해도 무방하다.] (10)번 줄은 library( ) 함수를 이용하여 설치된 패키지를 R 프로그램으로 불러오는 명령문이고, (11)번 줄은 「psych」 패키지의 describe( ) 함수로 기초통계량을 제시하는 명령문이다. (8)번과 (11)번 줄의 실행 결과는 다음과 같다.

[그림 3-A4] 소득과 소비의 기초통계량

```
> summary(EX1)                                   # 기초통계량-1                  (8)
  income                   consumption
 Min.     :   286    Min.     :  202
 1st Qu.  :  2206    1st Qu.  : 1757
 Median   :  4768    Median   : 2602
 Mean     :  5491    Mean     : 2786
 3rd Qu.  :  7727    3rd Qu.  : 3695
 Max.     : 18579    Max.     : 8880
> describe(EX1)                                  # 기초통계량-2                  (11)
            vars   n    mean      sd  median  trimmed     mad  min   max range skew  kurtosis     se
income         1 120 5490.68 3870.58    4768   5121.7 4161.66  286 18579 18293 0.78      0.14 353.33
consumption    2 120 2786.38 1578.65  2601.5  2664.51 1538.94  202  8880  8678 0.88      1.35 144.11
```

(3) R 프로그램도 자료분석을 위한 다양한 통계함수 및 수학함수를 내장하고 있는데, consumption 변수의 기본적인 자료분석을 위해서는 다음의 함수를 이용한다.

```
con_obs   <- length(consumption)          # 자료 수            (12)
con_sum   <- sum(consumption)             # 모든 원소의 합      (13)
con_max   <- max(consumption)             # 최댓값             (14)
con_min   <- min(consumption)             # 최솟값             (15)
```

(4) consumption 변수의 표본평균, 중간값, 분산, 표준편차 등 기초통계량을 구하고자 할 경우, 다음의 함수를 이용한다.

```
con_bar   <- mean(consumption)            # 표본평균           (16)
con_med   <- median(consumption)          # 중간값             (17)
con_var   <- var(consumption)             # 분산               (18)
con_sd    <- sd(consumption)              # 표준편차           (19)
```

(5) 두 변수의 상관도 분석을 위해서는 다음과 같이 cov( ) 함수를 이용하여 공분산을 구하거나, cor( ) 함수를 이용하여 상관계수를 도출한다.

```
R_cov     <- cov(consumption, income)     # 공분산             (20)
R_cor     <- cor(consumption, income)     # 상관계수           (21)
```

(6) 그 밖에 실증분석에서 주로 사용되는 변환을 위한 R 함수는 다음과 같은 것들이 있다.

```
con_sq     <- consumption^2        # 변수제곱     (22)
con_log    <- log(consumption)     # 로그변환     (23)
con_sqrt   <- sqrt(consumption)    # 제곱근       (24)
con_abs    <- abs(consumption)     # 절댓값       (25)
```

(7) 마지막으로 (예 3.2)의 표본회귀선 추정치 $b_1$과 $b_2$는 다음과 같이 계산할 수 있다.

```
b2 <- cov(income, consumption)/var(income)       # b2 계산                (26)
b1 <- mean(consumption) - b2*mean(income)        # b1 계산                (27)
cbind(b1, b2)                                    # 자료를 결합하여 제시   (28)
```

## 2. 그래프 작성

(1) R에서 두 변수의 산점도는 plot( ) 함수, 표본회귀선은 abline( ) 함수를 이용하여 추가할 수 있으며 이에 대한 명령문은 다음과 같다.

[표 3-A3] 소득-소비 그래프 작성 명령문

```
plot(income, consumption, xlab="X=INCOME",       # 소득-소비 산점도                      (29)
    ylab="Y=CONSUMPTION", xlim=c(0, 20000),
    ylim=c(0, 10000), col="blue")
grid( )                                          # 격자추가                              (30)
abline(a=b1, b=b2, col="red")                    # 표본회귀선 (a=절편, b=기울기)         (31)
```

(29)번 줄의 plot( ) 함수에는 독립변수, 종속변수 순서로 변수를 입력한다. plot( ) 함수의 인수 xlab과 ylab은 각각 x축과 y축의 변수명을 제시하는 인수이며, xlim과 ylim은 각각 x축과 y축의 최솟값과 최댓값을 설정하는 인수이다. 그리고 col은 산점도의 색을 설정하는 인수다. (30)번 줄의 grid( )는 그래프에 격자를 추가하는 함수이다. 마지막으로 (31)번 줄의 abline( ) 함수는 임의의 직선을 도출할 때 사용하는 명령문으로, 여기서는 (26)~(27)번 줄에서 계산한 $b_1$과 $b_2$를 각각 입력했다. 명령문을 실행하면 [그림 3-A5]의 그래프가 활성화된다.

[그림 3-A5] 소득-소비 산점도 및 표본회귀선

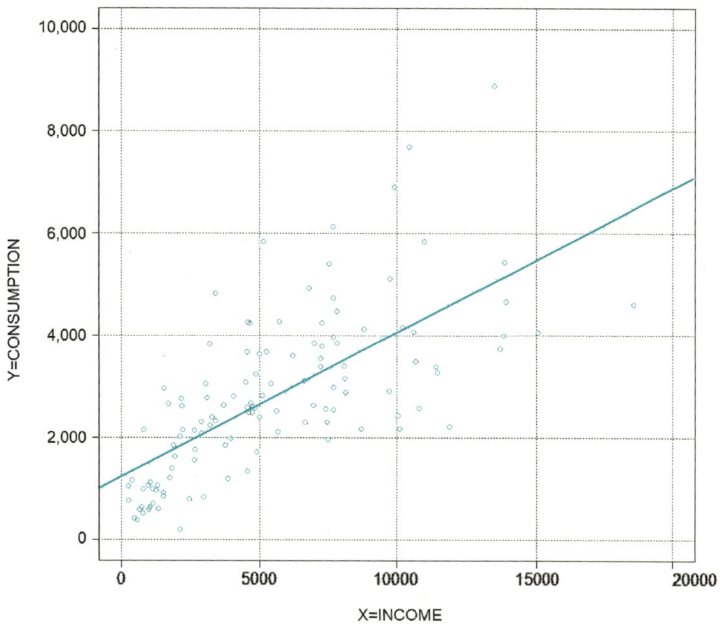


(2) 자료의 히스토그램을 작성하기 위해서는 hist( ) 함수, 상자그림은 boxplot( ) 함수로 작성할 수 있으며, 이들 함수의 사용법은 콘솔창에 help(hist), help(boxplot)을 입력하면 확인할 수 있다.

# 연습문제

1. 다음의 용어에 대하여 설명하라.

(1) 경제모형과 계량모형
(2) 독립변수와 종속변수
(3) 모형설정오류
(4) 모집단 회귀함수와 표본회귀선
(5) 최소자승추정법
(6) 추정량과 추정치

2. 아래의 각 문장이 맞는지 틀리는지를 결정하고, 그 이유를 간략히 설명하라.

(1) 최소자승추정법으로 도출된 표본회귀선은 항상 두 변수의 표본평균 $(\overline{X}, \overline{Y})$ 점을 지난다.

(2) 선형회귀모형에서 상수항 포함 여부와 상관없이 최소자승추정법에 의한 잔차항의 합은 0이다.

(3) 독립변수 $X$와 종속변수 $Y$의 표본공분산이 0이면 최소자승법에 의한 회귀선의 기울기는 0이다.

(4) 상수항이 포함된 선형회귀모형을 최소자승법으로 추정할 때, 항상 $\sum_{i=1}^{n}(\hat{Y}_i - \overline{Y})e_i = 0$ 이 성립한다.

(5) 상수항이 포함된 선형회귀모형을 최소자승법으로 추정할 때, 독립변수 $X$가 설명하는 종속변수 $Y$의 변동부분 $\hat{Y}_i$에 대해 다음의 관계가 성립한다.

$$\sum_{i=1}^{n}(\hat{Y}_i - \overline{\hat{Y}})(Y_i - \overline{Y}) = \sum_{i=1}^{n}(\hat{Y}_i - \overline{\hat{Y}})^2 = \sum_{i=1}^{n}(\hat{Y}_i - \overline{\hat{Y}})Y_i$$

3. 회귀모형 $Y_i = \beta_1 + \beta_2 X_i + \varepsilon_i$에 대해 종속변수와 독립변수를 각각 $Y_i^* = \dfrac{Y_i - \overline{Y}}{s_y}$, $X_i^* = \dfrac{X_i - \overline{X}}{s_x}$로 치환하여 표준화된 회귀모형(standardized regression model) $Y_i^* = \beta_1^* + \beta_2^* X_i^* + \varepsilon_i^*$를 추정하는 경우 상수항 $\beta_1^*$의 추정치 $b_1^*$의 값을 구하라.

4. 다음은 시험성적과 학습시간 사이의 관계를 분석하기 위해 30명의 학생을 대상으로 계량경제학 과목 시험성적($Y$)과 계량경제학 학습시간($X$)에 대하여 구한 자료를 요약한

것이다.

$$\sum_{i=1}^{30} X_i = 450 \qquad \sum_{i=1}^{30} Y_i = 2{,}400$$

$$\sum_{i=1}^{30} (X_i - \overline{X})^2 = 900 \qquad \sum_{i=1}^{30} (X_i - \overline{X})(Y_i - \overline{Y}) = 3{,}600$$

(1) 회귀계수 $\beta_1$, $\beta_2$에 대한 최소자승추정치 $b_1$, $b_2$를 구하라.

(2) 시험성적과 학습시간의 관계를 $Y_i = \beta_1 + \beta_2 X_i + \varepsilon_i$라 할 때, 오차항 $\varepsilon_i$에 반영될 수 있는 누락변수 요인으로 고려할 만한 변수에 대해 논의하라.

5. 일반적인 회귀모형 $Y_i = \beta_1 + \beta_2 X_i + \varepsilon_i$과는 반대로 $Y$를 설명변수로 하고 $X$를 종속변수로 설정한 모형 (E) $X_i = \delta_1 + \delta_2 Y_i + v_i$를 최소자승법으로 추정한다고 하자. 동일한 자료에 대해 이와 같이 회귀분석의 방향을 바꿔서 추정하는 경우, 아래의 각 질문에 답하라.

(1) 이 경우 "회귀분석의 방향을 바꿔서 추정한 모형 (E)에 대해서는 직교방정식(normal equation)의 조건 (3.15)가 성립하지 않기 때문에 잔차의 합이 0이 되지 않는다"는 주장에 대해 평가하라.

(2) 동일한 자료에 대해 이와 같이 회귀분석의 방향을 바꿔서 추정하는 경우에도 모형 (E)의 기울기 $\delta_2$에 대한 추정치 $d_2$가 원모형의 기울기 추정치 $b_2$와 같은 부호를 갖는가?

(3) 원모형과 회귀모형 (E)에서의 기울기에 대한 추정치 $b_2$와 $d_2$에 대해 항상 $|b_2 \cdot d_2| \le 1$의 관계가 성립하는지 확인하라.

(4) (예 3.2)에 제시된 자료를 대상으로 회귀모형 (E)를 추정하라. 위 (3)의 결과를 이용해서 여기서 도출된 표본회귀선 $X = d_1 + d_2 Y$과 원모형에 대한 표본회귀선 $Y = b_1 + b_2 X$이 어떤 관계를 갖는지를 비교하라.

6. 학생 (A)는 소득($X$)의 변화가 소비($Y$)에 미치는 효과를 분석하기 위해 소비함수를 추정한 반면, 학생 (B)는 소득($X$)의 변화가 저축($W$)에 미치는 효과를 분석하기 위해 저축함수를 추정했다. 다음 두 회귀모형에서 사용된 자료는 동일한 $n$개의 가구에 대한 관측치로 다음의 관계가 항상 성립한다고 하자.

$$[\,X_i(\text{가처분소득}) \equiv Y_i(\text{소비}) + W_i(\text{저축})\,]$$

(A) $Y_i = \beta_1 + \beta_2 X_i + \varepsilon_i$, (B) $W_i = \delta_1 + \delta_2 X_i + \varepsilon_i$

모두 최소자승추정법을 적용한다고 할 때, 아래 관계식이 성립함을 증명하라.

(1) 위 모형 (A), (B)에서 $X$의 계수에 대한 추정치를 각각 $b_2, d_2$라 하고, 상수항에 대한 추정치를 각각 $b_1, d_1$이라 할 때, $b_2 + d_2 = 1$, $b_1 + d_1 = 0$의 관계가 성립한다.

(2) 위 모형 (A), (B)에서 도출된 $n$개의 잔차 제곱합을 각각 $RSS_A$, $RSS_B$라 할 때, $RSS_A = RSS_B$의 관계가 성립한다.

(3) 위 모형 (A), (B) 대신 상수항이 빠진 모형 (A)* $Y_i = \beta X_i + \varepsilon_i^*$, (B)* $W_i = \delta X_i + \varepsilon_i^*$를 추정하는 경우에도 위 (1)에서와 같이 $X$의 계수에 대한 추정치 $b, d$에 대해 $b + d = 1$의 관계가 항상 성립한다.

(4) 위 (3)의 모형 (A)*, (B)*에서 도출된 $n$개의 OLS 잔차를 각각 $e_i^*$, $\xi_i^*$ $(i = 1,\cdots,n)$라 할 때, 이 잔차의 합에 대해 $\sum_{i=1}^{n}(e_i^* + \xi_i^*) = 0$이 항상 성립한다.

CHAPTER

4

# 단순회귀분석

제4장에서는 회귀분석의 입문으로 종속변수를 설명하는 독립변수가 하나인 단순회귀모형을 소개하고, 일반적인 회귀모형은 제5장 이후에 자세히 논의한다. 이를 위해 먼저 단순회귀분석에 필요한 모형의 기본 가정에 대해 살펴보고, 이러한 가정 하에서 최소자승추정량의 통계적인 특성을 검토한다. 이를 기초로 회귀계수에 대한 가설검정을 시행하고, 회귀계수의 신뢰구간을 산출하는 통계적 추론방법에 대해 설명한다. 또한 회귀모형의 적합성을 평가하는 결정계수의 개념과 분석자료의 측정 단위 변화가 추정 결과에 미치는 영향에 대해 살펴보고, 추정된 표본회귀식을 활용해서 새로운 독립변수의 값에 대응하는 종속변수의 값을 예측하는 방법에 대해 서술한다.

## 1. 단순회귀분석의 기본 가정

계량분석의 목적은 표본자료에 들어 있는 정보를 활용해서 모집단의 특징을 추론하는 것으로, 여기에서는 회귀계수 추정치 $b_1$, $b_2$의 통계적 특징을 이용하여 모집단 회귀식의 모수 $\beta_1$, $\beta_2$에 대한 가설검정을 시행하는 방법을 공부한다. 제3장에서 소개한 최소자승법을 적용해서 표본추정치 $b_1$, $b_2$가 구해지면, 이 추정 결과가 적합한지를 평가하고, 이 정보를 이용하여 모집단 회귀선에 대한 특징을 분석할 필요가 있다. 이와 같이 회귀분석을 토대로 모집단에 대한 통계적 추론을 시행하기 위해서는 다음과 같은 기본적인 가정이 필요하다.

**가정 1 선형회귀모형**

회귀모형은 다음과 같이 회귀계수에 대해 선형인 구조를 갖는다.

$$Y_i = \beta_1 + \beta_2 X_i + \varepsilon_i \tag{4.1}$$

이 가정은 독립변수와 종속변수의 관계를 규정하는 것으로, 여기서 선형모형은 반드시 설명변수 $X$에 대해 선형인 모형(linear in variables)을 의미하는 것은 아니며, 회귀계수 $\beta_1$과 $\beta_2$에 대해 선형인 모형(linear in parameters)을 설정하는 것이다. 즉, 회귀모형의 계수 $\beta_1$, $\beta_2$에 대한 1차 미분이 계수 $\beta_1$, $\beta_2$의 함수가 아닌 일정한 상수가 된다는 것을 뜻한다. 예를 들어,

$Y_i = \beta_1 + \beta_2 X_i^2 + \varepsilon_i$는 계수에 대해 선형인 모형이지만 $Y_i = \beta_1 + \sqrt{\beta_2}\, X_i + \varepsilon_i$는 비선형 모형(nonlinear model)이 된다.

여기서 $Y_i = \beta_1 + \beta_2 X_i^2 + \varepsilon_i$와 같이 계수에 대해서는 선형이지만 변수에 대해서 비선형인 모형은 일반 선형모형의 범주에서 다룰 수 있다. 이 경우 $Z_i = X_i^2$으로 표기하면, 이 모형은 $Y_i = \beta_1 + \beta_2 Z_i + \varepsilon_i$로 표현되어 식 (4.1)과 동일한 구조를 갖기 때문에 모형의 분석이나 추정에서 아무 차이가 없다.

**가정 2 독립변수의 비확률성**

독립변수 $X$는 비확률(nonstochastic) 변수이다. 여기서 독립변수의 비확률성은 독립변수와 오차항 간의 공분산이 0임을 의미한다.

$$Cov(X_i, \varepsilon_i) = E(X_i \varepsilon_i) - E(X_i)E(\varepsilon_i) = E(X_i)\varepsilon_i - X_i E(\varepsilon_i) = 0 \tag{4.2}$$

이 가정은 제3장의 예에서 $X$를 소득, $Y$를 소비라 할 때, 소득을 4,000만 원으로 정한 후에 소득이 4,000만 원에 해당되는 가구의 소비자료를 추출하고, 그 다음 소득을 5,000만 원으로 고정하고 이 소득에 해당되는 가구의 소비자료를 추출하는 것을 의미한다. 따라서 이 경우 독립변수인 소득은 확률변수가 아닌 상수로 취급할 수 있다. 그러나 경제변수에 대해 수집되는 실제 통계자료에서는 독립변수가 비확률성을 갖는다는 것이 성립하지 않을 수 있다. 예를 들어, 모집단으로부터 표본자료를 수집할 때는 대부분 표본가구를 먼저 선정하고 그 가구에 대해 (소득, 소비)에 대한 관측치를 추출하는 방법을 사용한다. 이 경우 특정 소득수준을 정한 후에 그 소득에 해당되는 가구의 소비자료를 추출하지 않기 때문에 독립변수가 확률성을 갖게 될 수 있다.

이와 같이 독립변수가 확률변수인 경우, [가정 2]에 언급된 $Cov(X_i, \varepsilon_i) = 0$의 조건은 성립하지 않아 최소자승추정량의 불편성은 성립하지 않는다. 따라서 이 경우 추정치의 통계적 특성에 영향을 미치기는 하지만, 전체적인 분석에는 큰 차이가 없다. 따라서 여기에서는 설명을 단순하게 유지하기 위해 독립변수의 비확률성을 가정한 경우를 중심으로 논의한다.

**가정 3 식별성(identification)**

전체 표본에서 독립변수 $X$에 대한 관측치는 적어도 서로 다른 두 개 이상의 값을 갖는다.

$$s_x^2 = \frac{1}{n-1}\sum_{i=1}^{n}(X_i - \overline{X})^2 \neq 0 \quad (4.3)$$

이 가정이 성립하지 않는 경우는 모든 관측치의 독립변수 값이 하나의 동일한 값을 갖고 있어 $X_i = c$, 즉 $X_i - \overline{X} = 0$이 되는 상황을 의미한다. 이 경우 제3장의 식 (3.18)에서 분자와 분모가 모두 0이 되어 표본회귀선의 기울기 $b_2$를 구할 수 없다. 따라서 [가정 3]은 표본회귀선의 기울기를 구하기 위한 기본 조건이 된다.

**가정 4 오차항의 평균**

모든 관측치에 대해 오차항의 평균은 0이다.

$$E(\varepsilon_i) = 0 \quad (\text{모든 } i = 1, 2, \cdots, n\text{에 대해}) \quad (4.4)$$

이 가정은 종속변수의 체계적인 변동은 독립변수에 모두 포착되어 오차항은 비체계적인 부분만을 반영한다는 것을 의미한다. 즉, 식 (4.1)에서 각 독립변수의 관측치 $X_i$에 대응하는 종속변수의 평균이 $E(Y_i) = \beta_1 + \beta_2 X_i$이 된다는 것이다. 이는 [그림 3-2]에서 보듯이 회귀선 위에 위치하여 오차항이 (+)가 되는 관측치와 회귀선 아래에 위치하여 오차항이 (−) 값을 갖는 관측치가 서로 상쇄한다는 것을 나타낸다.

**가정 5 오차항의 분산**

모든 관측치에 대해 오차항은 일정한 분산을 갖는다.

$$V(\varepsilon_i) = E[\{\varepsilon_i - E(\varepsilon_i)\}^2] = E(\varepsilon_i^2) = \sigma^2 \quad (\text{모든 } i = 1, 2, \cdots, n\text{에 대해}) \quad (4.5)$$

이는 각 독립변수 $X_i$의 값에 대해 종속변수 $Y_i$가 그 평균 $E(Y_i)$를 중심으로 퍼져 있는 정도가 같다는 것을 뜻한다. 이 조건을 충족하는 경우 오차항은 동분산(homoscedasticity)을 갖는다고 한다. 이 가정을 [가정 2]와 결합하면 $V(Y_i) = E[\{Y_i - E(Y_i)\}^2] = \sigma^2$을 의미한다. 참고로 이 가정이 성립하지 않는 이분산(heteroscedasticity)의 경우는 제9장에서 다룬다.

**가정 6 오차항의 상관성**

서로 다른 관측치의 오차항 사이에 상관관계가 없다.

$$\begin{aligned} Cov(\varepsilon_i, \varepsilon_j) &= E[\{\varepsilon_i - E(\varepsilon_i)\}\{\varepsilon_j - E(\varepsilon_j)\}] \\ &= E[\varepsilon_i \varepsilon_j] = 0 \quad (\text{모든 } i \neq j \text{에 대해}) \end{aligned} \tag{4.6}$$

이 가정은 오차항의 변화가 체계적인 패턴을 보이지 않아 서로 다른 오차항 사이에 아무 영향을 미치지 않는다는 것을 나타내는데, 이를 [가정 2]와 결합하면 $Cov(Y_i, Y_j) = 0\ (i \neq j)$의 관계를 의미한다. 이 가정이 성립하지 않는 경우, 오차항 사이에 일정한 관계를 나타내는 자기상관(autocorrelation)이 존재한다. 대부분의 시계열자료에서는 이웃하는 기간의 오차항에 일정한 패턴이 관측되는 경우가 있는데, 이에 대해서는 제10장에서 따로 논의한다.

[가정 1]~[가정 6]의 조건을 모두 충족하는 모형을 고전적 회귀모형(classical regression model)이라 하는데, 이 조건을 다시 정리하면 다음과 같다.

**고전적 회귀모형의 기본 가정**

가정 1: $Y_i = \beta_1 + \beta_2 X_i + \varepsilon_i$

가정 2: 독립변수는 비확률(nonstochastic) 변수이다.

가정 3: 전체 표본에서 독립변수에 대한 관측치는 적어도 서로 다른 두 개 이상의 값을 갖는다.

가정 4: $E(\varepsilon_i) = 0 \quad (i = 1, 2, \cdots, n)$

가정 5: $V(\varepsilon_i) = E(\varepsilon_i^2) = \sigma^2 \quad (i = 1, 2, \cdots, n)$

가정 6: $Cov(\varepsilon_i, \varepsilon_j) = 0 \quad (\forall i \neq j)$

## 2. 최소자승추정량의 통계적 특성

위의 제1절에서 주어진 [가정 1]~[가정 6]이 모두 성립할 때, 제3장에서 소개한 최소자승추정량은 다음과 같은 통계적 특성을 갖는다. 여기에서는 회귀분석에서 관심의 초점이 되는 회귀계수 $\beta_2$의 추정량 $b_2$를 중심으로 그 통계적 특징을 분석한다. 모집단 회귀선의 상수항 $\beta_1$의 추정량 $b_1$에 대해서도 마찬가지의 논리를 전개할 수 있다.

### 2.1 선형추정량

제3장에서 다룬 최소자승추정량 $b_1$, $b_2$는 종속변수 $Y_i$의 선형결합 형태로 표현되는 선형추정량(linear estimator)이라 할 수 있다. 이를 살펴보기 위해 식 (3.18)의 분자를 풀어서 다음의 식으로 정리하자.

$$b_2 = \frac{\sum_{i=1}^{n}(X_i - \overline{X})(Y_i - \overline{Y})}{\sum_{i=1}^{n}(X_i - \overline{X})^2} = \frac{\sum_{i=1}^{n}(X_i - \overline{X})Y_i}{\sum_{i=1}^{n}(X_i - \overline{X})^2} \tag{4.7}$$

이는 식 (3.18)의 분자에서 항상 $\sum_{i=1}^{n}(X_i - \overline{X})\overline{Y} = 0$이 성립하기 때문이다. 여기서 다음과 같이 $w_i$를 각 관측치에 대한 가중치로 표기하자.

$$w_i = \frac{(X_i - \overline{X})}{\sum_{i=1}^{n}(X_i - \overline{X})^2} \tag{4.8}$$

이를 식 (4.7)에 적용하면 $b_2$는 다음과 같이 $w_i$를 가중치로 하는 $Y_i$의 선형결합으로 표현된다.

$$b_2 = \sum_{i=1}^{n} w_i Y_i \tag{4.9}$$

마찬가지 방법으로 $b_1$에 대해서도 다음의 선형결합 형태를 도출할 수 있다.

$$b_1 = \overline{Y} - b_2\overline{X} = \sum_{i=1}^{n}\left(\frac{1}{n} - w_i\overline{X}\right)Y_i = \sum_{i=1}^{n} v_i Y_i \tag{4.10}$$

여기서 $v_i$는 $b_1$에 대한 $Y_i$의 선형결합의 가중치를 나타낸다. 따라서 최소자승추정량 $b_1$, $b_2$는 모두 선형추정량임을 알 수 있다.

## 2.2 불편성

단순회귀모형의 가정 중에서 [가정 1]~[가정 4]가 성립하면 최소자승추정량은 다음과 같이 불편성(unbiasedness)을 충족한다.

$$E(b_1) = \beta_1 \tag{4.11}$$

$$E(b_2) = \beta_2 \tag{4.12}$$

불편성은 통계량이 갖추어야 할 대표적인 특성으로 사용된다. 그러나 이러한 불편성의 특징이 표본회귀선의 추정치와 모집단의 모수가 동일하다는 것을 뜻하지는 않는다. 실제 일정한 모집단으로부터 여러 번 반복하여 표본을 추출할 때 각 표본으로부터 도출된 최소자승추정치는 서로 다른 값을 나타낼 뿐만 아니라 모집단의 모수와도 다른 값($b_1 \neq \beta_1$, $b_2 \neq \beta_2$)을 갖는다. 여기서 불편성은 제2장의 [그림 2-1]에서 보듯이 일정한 모집단으로부터 여러 번 반복하여 추출한 표본으로부터 구한 추정치 $b_2$의 분포 중심이 $\beta_2$와 일치한다는 것으로, 표본에 따라 다르게 도출되는 최소자승추정치들의 평균이 추정 대상의 모수와 같아진다는 것을 의미한다.

## 2.3 최소자승추정량의 분산

[가정 1]~[가정 6] 하에서 최소자승추정량은 다음의 분산과 공분산을 갖는다.

$$V(b_1) = \sigma_{b_1}^2 = \sigma^2 \left[ \frac{1}{n} + \frac{\overline{X}^2}{\sum_{i=1}^{n} (X_i - \overline{X})^2} \right] = \sigma^2 \left[ \frac{\sum_{i=1}^{n} X_i^2}{n \sum_{i=1}^{n} (X_i - \overline{X})^2} \right] \tag{4.13}$$

$$V(b_2) = \sigma_{b_2}^2 = \frac{\sigma^2}{\sum_{i=1}^{n} (X_i - \overline{X})^2} \tag{4.14}$$

$$Cov(b_1, b_2) = \sigma_{b_1 b_2} = \sigma^2 \left[ \frac{-\overline{X}}{\sum_{i=1}^{n} (X_i - \overline{X})^2} \right] \tag{4.15}$$

분산은 확률변수인 $b_2$와 그의 평균값과의 거리를 측정하는 지표이다. 분산이 작다는 것은 표본으로부터 구한 $b_2$의 값이 그 평균 $E(b_2)$ 부근에 가까이 분포하고 있다는 것을 뜻한다. 식 (4.11), (4.12)와 같이 불편성의 조건을 충족하면, 표본추정치 $b_2$가 모수인 $\beta_2$와 가까우며, 따라서 추정치의 정확성이 높다는 것을 의미한다. 식 (4.13), (4.14)에서 최소자승추정량의 분산은 다음의 영향을 받는다는 것을 알 수 있다.

① 오차항의 분산 $\sigma^2$값이 커짐에 따라 최소자승추정량의 분산은 커진다. 오차항의 분산이 크다는 것은 종속변수 $Y$가 평균을 중심으로 널리 퍼져 있는 것으로, 이 경우에는 오차항에 의한 불확실성이 높으므로 최소자승추정량의 정확성은 낮아진다.

② 독립변수 $X$의 값이 넓게 퍼져서 $\sum_{i=1}^{n}(X_i - \overline{X})^2$가 클수록 최소자승추정량의 분산은 작아진다. 독립변수의 값이 넓게 퍼져 있으면 독립변수의 변화에 따른 종속변수의 변화를 더 잘 포착할 수 있기 때문이다.

③ 표본의 수($n$)가 증가할수록 $\sum_{i=1}^{n}(X_i - \overline{X})^2$의 값이 커지면서 최소자승추정량의 분산과 공분산은 작아진다. 표본의 수가 증가하면 전체 모집단의 수에 표본의 수가 점차 근접하게 되므로 모집단의 모수에 대한 정보를 더 정확히 구할 수 있다는 의미를 나타낸다.

④ 식 (4.15)에서 최소자승회귀선의 상수항 $b_1$과 기울기 $b_2$의 공분산은 독립변수의 평균 $\overline{X}$와 반대의 부호를 갖는다. 즉, $\overline{X} > 0$인 경우, 공분산은 (−) 값을 갖게 되어 평균은 달라지지 않고 표본자료에 따라 기울기 $b_2$가 크게 도출되면 상수항 $b_1$의 값은 작아지게 된다.

## 수식의 도출

### 1. 최소자승추정량의 불편성: 식 (4.12)의 도출

식 (4.8)에 제시된 가중치 $w_i$에 대해 다음의 식이 성립한다.

$$\sum_{i=1}^{n} w_i = \frac{\sum_{i=1}^{n}(X_i - \overline{X})}{\sum_{i=1}^{n}(X_i - \overline{X})^2} = 0 \tag{4.16}$$

$$\sum_{i=1}^{n} w_i X_i = \frac{\sum_{i=1}^{n}(X_i - \overline{X})X_i}{\sum_{i=1}^{n}(X_i - \overline{X})^2} = 1 \tag{4.17}$$

따라서 식 (4.12)는 다음과 같이 도출된다.

$$\begin{aligned} E(b_2) &= E\left(\sum_{i=1}^{n} w_i Y_i\right) \\ &= \sum_{i=1}^{n} w_i E(Y_i) \quad \Leftarrow \text{[가정 2]에 따라 } w_i\text{는 비확률변수} \\ &= \sum_{i=1}^{n} w_i(\beta_1 + \beta_2 X_i) \\ &= \beta_1 \sum_{i=1}^{n} w_i + \beta_2 \sum_{i=1}^{n} w_i X_i \quad \Leftarrow \text{식 (4.16)과 (4.17)에 의해} \\ &= \beta_2 \end{aligned} \tag{4.18}$$

이와 비슷한 방법으로 $E(b_1) = \beta_1$이 성립함을 보일 수 있다.

### 2. 최소자승추정량의 분산과 공분산: 식 (4.14), (4.15)의 도출

식 (4.9)를 이용하면 $V(b_2)$는 다음과 같이 도출된다.

$$\begin{aligned} V(b_2) &= V\left(\sum_{i=1}^{n} w_i Y_i\right) \\ &= \sum_{i=1}^{n} w_i^2 V(Y_i) + 2\sum_{i \neq j}^{n} w_i w_j Cov(Y_i, Y_j) \\ &= \sigma^2 \sum_{i=1}^{n} w_i^2 \quad \Leftarrow \text{[가정 5]와 [가정 6]에 의해} \end{aligned} \tag{4.19}$$

또한 $Cov(b_1, b_2)$는 다음과 같이 도출된다.

$$
\begin{aligned}
Cov(b_1,b_2) &= E[\{b_1 - E(b_1)\}\{b_2 - E(b_2)\}] \\
&= E[(b_1-\beta_1)(b_2-\beta_2)] \\
&= -\overline{X}E[(b_2-\beta_2)^2] \Leftarrow (b_1-\beta_1) = -\overline{X}(b_2-\beta_2)+\overline{\varepsilon} \text{ 적용} \\
&= \sigma^2\left[\frac{-\overline{X}}{\sum_{i=1}^{n}(X_i-\overline{X})^2}\right]
\end{aligned} \tag{4.20}
$$

## 2.4 가우스-마르코프 정리

[가정 1]~[가정 6] 하에서 최소자승추정량 $b_1$과 $b_2$는 선형불편추정량 중에서 최소의 분산을 갖는 최소 분산 선형추정량(minimum variance linear unbiased estimator: MVLUE)이다. 즉, 가우스-마르코프 정리(Gauss-Markov theorem)는 회귀계수 $\beta_1$, $\beta_2$의 추정량으로서 선형이고 불편성을 충족하는 추정량 중에서 최소자승추정량이 분산이 가장 작아 제일 좋은 추정량임을 뜻한다. 이런 의미에서 최소자승추정량은 최량선형불편추정량(best linear unbiased estimator: BLUE)이라 한다. 그러나 선형이고 불편성을 충족하지 않는 추정량을 고려하는 경우, 최소자승추정량보다 더 좋은 우월한 추정량이 구해질 수 있다.

### 수식의 도출

#### 3. 가우스-마르코프 정리의 증명

식 (4.9) 및 (4.12)에서 최소자승추정량 $b_2$는 종속변수 $Y_i$에 대해 선형인 형태로 도출되며, 또한 불편성을 가짐을 확인했다. 따라서 가우스-마르코프 정리는 식 (4.14)에 도출된 분산이 선형이고 편의(bias)가 없는 추정량 중에서 가장 작은 분산이라는 것을 의미한다. 이를 보이기 위해 $b_2 = \sum_{i=1}^{n} w_i Y_i$와는 다른 선형인 추정량을 $\widetilde{\beta}_2 = \sum_{i=1}^{n} k_i Y_i$로 정의하자. 그러면 이 추정치의 평균 $E(\widetilde{\beta}_2)$는 다음과 같다.

$$
E(\widetilde{\beta}_2) = \sum_{i=1}^{n} k_i E(Y_i)
$$

$$= \sum_{i=1}^{n} k_i(\beta_1 + \beta_2 X_i)$$

$$= \beta_1 \sum_{i=1}^{n} k_i + \beta_2 \sum_{i=1}^{n} k_i X_i \tag{4.21}$$

그런데 여기서 $\tilde{\beta}_2$가 불편성을 만족하기 위해서는 $\sum_{i=1}^{n} k_i = 0$, $\sum_{i=1}^{n} k_i X_i = 1$의 조건이 성립해야 한다. 이 경우 $\tilde{\beta}_2$의 분산은 다음과 같이 도출된다.

$$V(\tilde{\beta}_2) = \sum_{i=1}^{n} k_i^2 V(Y_i) = \sigma^2 \sum_{i=1}^{n} k_i^2$$

$$= \sigma^2 \sum_{i=1}^{n} (k_i - w_i + w_i)^2$$

$$= \sigma^2 \sum_{i=1}^{n} (k_i - w_i)^2 + 2\sigma^2 \sum_{i=1}^{n} w_i(k_i - w_i) + \sigma^2 \sum_{i=1}^{n} w_i^2$$

$$= \sigma^2 \sum_{i=1}^{n} (k_i - w_i)^2 + 2\sigma^2 \sum_{i=1}^{n} w_i(k_i - w_i) + V(b_2) \tag{4.22}$$

그런데 둘째 항에서 다음의 식이 성립한다.

$$\sum_{i=1}^{n} w_i(k_i - w_i) = \frac{\sum_{i=1}^{n} X_i k_i}{\sum_{i=1}^{n} (X_i - \overline{X})^2} - \sum_{i=1}^{n} w_i^2 = 0 \tag{4.23}$$

이로부터 다음의 관계를 도출할 수 있다.

$$V(\tilde{\beta}_2) = \sigma^2 \sum_{i=1}^{n} (k_i - w_i)^2 + V(b_2) \geq V(b_2) \tag{4.24}$$

이 식에서 $V(\tilde{\beta}_2) = V(b_2)$가 성립하기 위해서는 $k_i = w_i$이어야 한다. 이는 $w_i$의 가중치를 적용하는 최소자승추정량에서 제일 작은 분산을 가지며, 이와 다른 모든 선형이고 불편인 추정치는 최소자승추정치보다 더 큰 분산을 갖는다는 것을 의미한다.

## 3. 회귀모형의 적합도

주어진 독립변수와 종속변수로부터 회귀분석을 시행할 때, 주요 관심사 중의 하나는 과연 이 회귀식이 독립변수와 종속변수 사이의 관계를 얼마나 잘 설명하는 모형인가 하는 것이다. 모형 적합성의 개념을 소개하기 위한 예로 제시된 **[그림 4-1]**을 보면, (a)의 경우는 표본자료가 회귀선 근방에 위치하여 $X$가 설명하지 못하는 종속변수의 값, 즉 잔차항이 비교적 작은 반면, (b)에서는 자료들이 회귀선에 멀리 위치하여 잔차항이 크게 나타나고 있다. 이 두 경우를 비교해 보면, (a)의 자료에 대해서는 회귀선의 설명력이 비교적 높은 반면, (b)에서는 회귀선의 설명력이 상대적으로 낮다고 할 수 있다.

이와 같이 회귀모형의 설명력, 또는 회귀선의 적합도를 나타내는 지표로 결정계수(coefficient of determination)를 사용한다. 이를 도출하기 위해 표본회귀선에 대한 식 (3.11)을 다시 이용한다.

$$Y_i = \hat{Y}_i + e_i \tag{4.25}$$

위 식은 다음과 같이 바꿀 수 있다.

$$Y_i - \bar{Y} = (\hat{Y}_i - \bar{Y}) + e_i \tag{4.26}$$

**[그림 4-1]** 결정계수 값의 비교

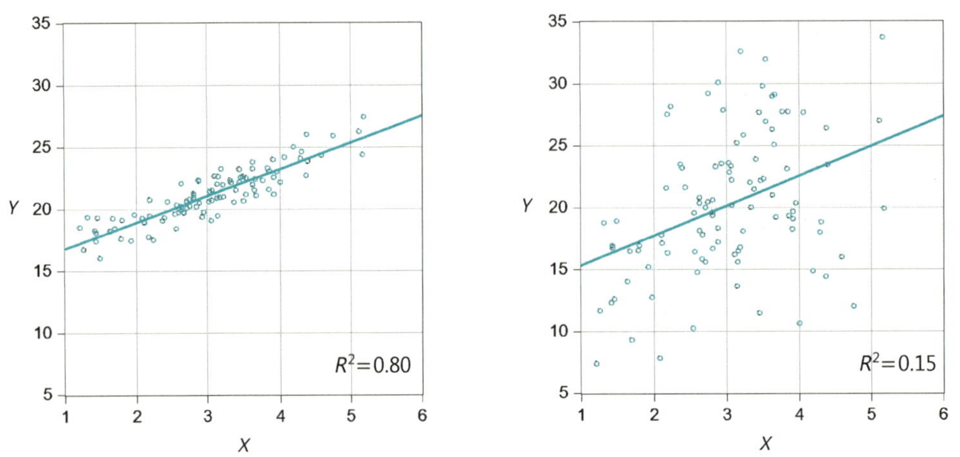


(a) 결정계수 값이 큰 경우　　(b) 결정계수 값이 작은 경우

식 (4.26)의 양변을 제곱하고, 전체 $n$개의 관측치에 대한 합을 구해서 정리하면 다음의 식이 도출된다.

$$\sum_{i=1}^{n}(Y_i-\overline{Y})^2=\sum_{i=1}^{n}(\hat{Y}_i-\overline{Y})^2+\sum_{i=1}^{n}e_i^2+2\sum_{i=1}^{n}(\hat{Y}_i-\overline{Y})e_i \tag{4.27}$$

제3장의 최소자승추정량에 대한 직교방정식에 의해 $\sum_{i=1}^{n}(\hat{Y}_i-\overline{Y})e_i=0$이 성립하므로 식 (4.27)의 마지막 항이 삭제되어 다음의 관계가 성립한다. (제3장의 연습문제 4번 참조.)

$$\sum_{i=1}^{n}(Y_i-\overline{Y})^2=\sum_{i=1}^{n}(\hat{Y}_i-\overline{Y})^2+\sum_{i=1}^{n}e_i^2 \tag{4.28}$$

이 식의 좌변 $\sum_{i=1}^{n}(Y_i-\overline{Y})^2$는 종속변수 $Y$가 그 표본평균 $\overline{Y}$를 중심으로 얼마나 변동하는가를 나타내는 $Y$의 총변동(total sum of squares: TSS)을 의미한다. 또한 우변의 첫째 항 $\sum_{i=1}^{n}(\hat{Y}_i-\overline{Y})^2$은 $Y$의 변동 중에서 $X$에 의해 설명되는 변동(explained sum of squares: ESS)을 나타내며, 둘째 항 $\sum_{i=1}^{n}e_i^2$은 $X$에 의해 설명되지 못하는 잔차 변동(residual sum of squares: RSS)을 의미한다. 이를 이용해서 $Y$의 총변동 중에 독립변수 $X$에 의해 설명되는 부분의 변동이 어느 정도인가를 측정하는 결정계수 $R^2$를 산출한다.

$$R^2=\frac{ESS}{TSS}=\frac{\sum_{i=1}^{n}(\hat{Y}_i-\overline{Y})^2}{\sum_{i=1}^{n}(Y_i-\overline{Y})^2}$$

$$=1-\frac{RSS}{TSS}=1-\frac{\sum_{i=1}^{n}e_i^2}{\sum_{i=1}^{n}(Y_i-\overline{Y})^2} \tag{4.29}$$

여기서 $TSS$, $ESS$ 및 $RSS$가 모두 0 이상의 값을 갖고, 또한 $TSS=ESS+RSS$이므로 결정계수 $R^2$의 값에 대해 항상 $0\le R^2\le 1$이 성립한다. 여기서 $R^2=1$이면 모든 표본자료가 회귀선에 위치하여 모든 잔차의 값이 0인 경우이며, $R^2$값이 1에 가까울수록 주어진 회귀모형이 두 자료의 관계분석에 더 적합한 것으로 해석한다. 이와는 반대로 $R^2=0$이면 두 자료에 대한 회귀분석이 적합하지 않음을 의미한다. 참고로 식 (4.28)과 같이 종속변수의 전체 변동을 구분할 때, 상수항을 포함한 모형의 최소자승추정량에 대한 정규방정식을 이용하는데, 상수항이 포함되지 않은 모형에서는 $0 \leq R^2 \leq 1$의 조건이 성립하지 않을 수 있다. 따라서 모집단 회귀선에서 $\beta_1 = 0$으로 상수항이 불필요한 경우에도 일반적인 회귀분석에서는 상수항을 포함한 회귀모형을 사용한다.

결정계수는 회귀분석의 유용성을 평가하는 지표로 널리 사용되고 있으나, 결정계수의 값을 기준으로 다양한 회귀모형의 적합성을 비교할 때는 다음의 사항을 고려해야 한다. 첫째, 종속변수가 서로 다른 모형에 대해 결정계수 값을 비교하는 것은 아무 의미가 없다. 이 경우 결정계수 식의 분모에 있는 종속변수의 총변동 값이 다르기 때문이다. 예를 들어, 소비함수에 대해서는 소득이 설명하는 소비의 부분이 아주 크기 때문에 대체로 큰 결정계수 값이 도출되지만, 저축함수나 투자함수의 경우 다양한 요인에 의해 결정되기 때문에 높은 결정계수의 값을 갖는 모형을 설정하기 쉽지 않다. 둘째, 종속변수로 같은 자료를 사용하는 경우에도 $Y$를 종속변수로 설정한 모형과 $\log(Y)$를 종속변수로 세운 모형은 종속변수의 총변동 값이 달라 이 두 모형의 결정계수를 직접 비교하는 것은 적합하지 않다. 셋째, 똑같은 종속변수에 대한 회귀분석에서도 결정계수의 값이 독립변수의 수에 따라 달라지기 때문에 서로 다른 개수의 독립변수를 포함한 모형을 직접 비교할 수는 없다. (이에 대해서는 제5장의 다중회귀모형에서 자세히 다룬다.)

### 예 4.1

제3장에서 다룬 CONSUMPTION 파일의 소비-소득에 대한 120개 자료로부터 $\sum(Y_i - \bar{Y})^2 =$ 296,562,962.13이고 제4장의 부록에 제시된 [그림 4-A2]의 회귀분석 결과에서 $\sum e_i^2 = 1.55 \times 10^8$이므로 결정계수의 값은 $R^2 = 1 - \dfrac{296,562,962.13}{1.55 \times 10^8} = 0.47$로 도출된다. 이는 소비의 변동 중에서 소득이 설명하는 부분이 약 47%임을 의미한다.

## 4. 최소자승추정량의 확률분포

**가정 7 오차항의 정규성**

오차항은 다음의 정규분포를 갖는다.

$$\varepsilon_i \sim N(0, \sigma^2) \quad (\text{모든 } i = 1, 2, \cdots, n\text{에 대해}) \tag{4.30}$$

[가정 7]은 최소자승추정량의 정확한 확률분포를 도출하여 가설검정을 시행하기 위해 필요한 가정이다. 그러나 실제 자료에서 이 가정이 성립하지 않는 경우에도 표본수가 충분히 크면 중심극한정리를 적용하여 최소자승추정량의 확률분포를 구할 수 있다.

### 4.1 오차항의 분산($\sigma^2$) 값을 알 때의 최소자승추정량의 확률분포

[가정 1]~[가정 6]이 모두 성립하는 경우, 식 (4.12) 및 (4.14)에서 최소자승추정량 $b_2$는 평균 $\beta_2$, 분산 $\sigma^2$인 확률변수임을 알 수 있다. 여기에 [가정 7]을 추가하면 다음의 정규분포를 갖는다.

$$b_1 \sim N(\beta_1, \sigma_{b_1}^2) \tag{4.31}$$

$$b_2 \sim N(\beta_2, \sigma_{b_2}^2) \tag{4.32}$$

이를 평균이 0이고 분산이 1인 분포로 표준화하여 다음의 표준정규분포를 도출한다.

$$\frac{b_1 - \beta_1}{\sigma_{b_1}} \sim N(0, 1) \tag{4.33}$$

$$\frac{b_2 - \beta_2}{\sigma_{b_2}} \sim N(0, 1) \tag{4.34}$$

이로부터 추정 대상 모수 $\beta_1$, $\beta_2$에 대한 신뢰구간을 구할 수 있다. 예를 들어, $\beta_2$에 대한 95% 신뢰구간은 $(b_2 \pm 1.96\sigma_{b_2})$이 된다. 그런데 식 (4.14)에서 오차항의 분산 $\sigma^2$의 값은 일반적으로 알려져 있지 않기 때문에 최소자승추정량의 분산 $\sigma_{b_2}^2$ 값을 구할 수 없고, 따라서 $\beta_2$에 대한 신뢰구간을 주어진 자료로부터 직접 산출할 수 없다. 이 경우 표본자료를 이용하여 다음과 같이 $\sigma^2$에 대한 추정치를 구한다.

## 4.2 오차항의 분산($\sigma^2$)과 계수추정량의 분산($\sigma_{b_2}^2$)에 대한 추정량

오차항의 분산은 $E(\varepsilon_i^2) = \sigma^2$을 의미하므로 오차항 $\varepsilon_i$의 값을 모두 알면 $\sigma^2$을 산출할 수 있다. 그러나 모집단 모수 $\beta_1$, $\beta_2$를 모르는 경우 오차항 $\varepsilon_i$의 값을 알 수 없기 때문에 표본으로부터 도출된 잔차항 $e_i$를 이에 대한 관측치로 사용한다. 즉, $e_i = Y_i - (b_1 + b_2 X_i)$의 관계를 이용하여 표본자료 $(X_i, Y_i)$로부터 회귀계수 $b_1$, $b_2$를 추정하면 $e_i$가 도출되는데, 이로부터 다음과 같이 오차항의 분산 $\sigma^2$에 대한 추정량 $s^2$을 산출한다.

$$s^2 = \frac{1}{n-2}\sum_{i=1}^{n} e_i^2 \tag{4.35}$$

여기서 잔차의 제곱합을 전체 표본의 수인 $n$으로 나누지 않고 $(n-2)$로 나누는 이유는 $n$개의 표본자료로부터 2개의 회귀계수 $b_1, b_2$를 추정하는 데 따르는 자유도의 감소를 고려해서 다음과 같이 불편추정량을 구할 수 있기 때문이다.

$$E(s^2) = \sigma^2 \tag{4.36}$$

여기서 $s^2$은 독립변수가 설명하지 못하는 잔차의 변동을 반영하는 것으로, 모형의 설명력을 비교하는 척도로 사용될 수 있다. 실제 대부분의 통계 프로그램에서는 이의 제곱근 $s = \sqrt{s^2}$을 도출하여 회귀식의 주요 지표로 제시하는데, 이를 회귀식의 표준오차(standard error of regression)라 한다.

식 (4.35)에서 구한 $s^2$의 값을 식 (4.13), (4.14)의 분산 식에 대입하면 최소자승추정치의 분산에 대한 추정량을 도출할 수 있다.

$$\widehat{V(b_1)} = s_{b_1}^2 = s^2\left[\frac{1}{n} + \frac{\overline{X}^2}{\sum_{i=1}^{n}(X_i - \overline{X})^2}\right] = s^2\left[\frac{\sum_{i=1}^{n} X_i^2}{n\sum_{i=1}^{n}(X_i - \overline{X})^2}\right] \tag{4.37}$$

$$\widehat{V(b_2)} = s_{b_2}^2 = \frac{s^2}{\sum_{i=1}^{n}(X_i - \overline{X})^2} \tag{4.38}$$

이때 분산의 추정량은 식 (4.36)과 [가정 2]에 의해 불편성을 갖는다. 또한 식 (4.37), (4.38)로부터 다음의 회귀계수의 표준오차(standard error of regression coefficient)를 구할 수 있다.

$$s_{b_1} = s\sqrt{\frac{1}{n} + \frac{\overline{X}^2}{\sum_{i=1}^{n}(X_i - \overline{X})^2}} = s\sqrt{\frac{\sum_{i=1}^{n} X_i^2}{n\sum_{i=1}^{n}(X_i - \overline{X})^2}} \tag{4.39}$$

$$s_{b_2} = \frac{s}{\sqrt{\sum_{i=1}^{n}(X_i - \overline{X})^2}} \tag{4.40}$$

**예 4.2**

(예 4.1)의 소비-소득에 대한 회귀분석 결과에서 $\sum_{i=1}^{n} e_i^2 = 1.55 \times 10^8$ 이다. (제4장 부록 [그림 4-A2] 참조.) 따라서 $s^2 = \dfrac{1.55 \times 10^8}{(120-2)} = 1{,}313{,}559.32$ 이며, $s_{b_2}^2 = \dfrac{1{,}313{,}559.32}{1{,}782{,}786{,}111.97} = 0.0007$, $s_{b_2} = \sqrt{0.0007} = 0.0271$ 로 도출된다.

## 4.3 최소자승추정량의 확률분포

오차항의 분산을 알면 식 (4.34)의 정규분포를 이용해서 회귀계수 $\beta_2$에 대한 신뢰구간을 구할 수 있다. 그러나 현실적으로 $\sigma^2$의 값을 알 수 없어서 이의 추정치 $s^2$을 사용하는 경우, 제2장의 표본분포에 대한 식 (2.28)과 (2.29)의 관계와 마찬가지로 정규분포 대신 $t$-분포를 적용해야 한다. 여기에서 $t$-분포의 자유도는 $(n-2)$가 되는데, 이는 식 (4.35)에서 $(n-2)$가 사용된 것과 같은 논리에 기초한다.

$$\frac{b_2 - \beta_2}{s_{b_2}} \sim t\,(n-2) \tag{4.41}$$

[그림 4-2]에서 $t_{\alpha/2}$는 $(n-2)$의 자유도를 갖는 $t$-분포에 대해 다음과 같이 $100\,(1-\alpha)\%$ 구간을 나타내는 $t$-값을 표시한다.

$$P\,(-t_{\alpha/2} \le t \le t_{\alpha/2}) = 1 - \alpha \tag{4.42}$$

[그림 4-2] $t$-분포의 임계치

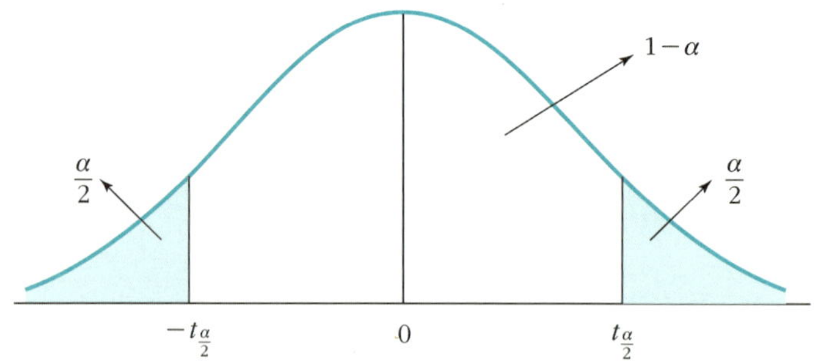


여기서 식 (4.41)의 관계를 식 (4.42)에 적용하면 다음의 관계가 도출된다.

$$P\left(-t_{\alpha/2} \le \frac{b_2 - \beta_2}{s_{b_2}} \le t_{\alpha/2}\right) = 1 - \alpha$$

$$\Rightarrow P(b_2 - t_{\alpha/2} s_{b_2} \le \beta_2 \le b_2 + t_{\alpha/2} s_{b_2}) = 1 - \alpha \qquad (4.43)$$

이는 $\beta_2$에 대한 $100(1-\alpha)\%$ 신뢰구간이 $(b_2 \pm t_{\alpha/2} s_{b_2})$로 도출됨을 의미한다.

**예 4.3**

(예 3.2)에서 $b_2 = 0.28$, (예 4.2)에서 $s_{b_2} = \sqrt{0.0007} = 0.0271$를 구했다. 여기서 자유도 $(120-2) = 118$의 $t$-분포의 95% 신뢰수준에 해당되는 값은 1.98이므로 $\beta_2$의 95% 신뢰구간은 $(0.28 \pm 1.98 \times 0.0271 = (0.23, 0.33)$이다. (부록 [표 B-2]에서 120의 자유도를 적용함.)

## 5. 회귀계수에 대한 가설검정

통계적 추론은 표본자료에 내포된 정보를 토대로 모집단의 특징을 분석하는 것이다. 계량분석의 첫 단계에서 회귀계수에 대한 최소자승추정치가 도출되면, 앞의 제4절에서 도출한 추정치의 확률분포를 활용해서 모집단 회귀계수의 값에 대해 규정된 가설에 대한 검정을 시행할 수 있다. 예를 들어, 소득이 만 원 증가함에 따라 소비가 3,000원씩 증가한다는 주장에 대해 계수추정치의 값 $b_2 = 0.28$을 이용해서 이 모수에 대해 설정한 가설($\beta_2 = 0.3$)이 성립하는지를 판단할 수 있다. 이러한 가설검정을 토대로 회귀모형이 실제 자료를 잘 설명하고 있는지, 또는 경제학에서 개발된 경제이론이 현실 경제를 잘 반영하고 있는지 등에 대해 분석한다.

## 5.1 분석 대상 가설의 설정

### 1) 귀무가설과 대립가설

모집단 회귀계수가 어떤 특정한 값 또는 조건을 충족시키는지를 분석하기 위해 설정한 가설을 귀무가설(null hypothesis)이라 하며, $H_0$로 표기한다. 귀무가설에 대응되는 가설을 대립가설(alternative hypothesis)이라 하며, 흔히 $H_1$(또는 $H_A$)로 표기한다. 위에 언급한 예에서 소득이 만 원 증가함에 따라 소비가 3,000원씩 증가한다는 주장에 대해 분석하기 위한 귀무가설을 수식으로 표현하면 $H_0 : \beta_2 = 0.3$이 된다. 이 가설이 성립하지 않는 경우를 대립가설로 세우는데, $H_1 : \beta_0 \neq 0.3$ 또는 $H_1 : \beta_0 < 0.3$ 등으로 설정한다. 이를 일반화하면 다음과 같은 수식으로 표현된다.

$$H_0 : \beta_2 = \beta_2^* \quad vs \quad H_1 : \beta_2 \neq \beta_2^* \ \ (\text{또는 } H_1 : \beta_2 < \beta_2^*) \qquad (4.44)$$

여기서 $\beta_2^*$는 검정하고자 하는 모수에 대해 임의로 설정한 값으로, 예를 들면 0 또는 0.3 등을 나타낸다.

### 2) 단측검정과 양측검정

$H_0 : \beta_2 = \beta_2^*$의 귀무가설에 대하여 대립가설은 자료의 특징과 계수의 부호 등을 고려하여 $H_1 : \beta_2 \neq \beta_2^*$, $H_1 : \beta_2 < \beta_2^*$, 또는 $H_1 : \beta_2 > \beta_2^*$ 등으로 설정한다. 이 경우 대립가설에서의 모수값의 방향에 따라 양측검정(two-sided test) 혹은 단측검정(one-sided test)이라 부른다. 양측검정은 $H_1 : \beta_2 \neq \beta_2^*$와 같이 방향을 정하지 않는 경우이며, 단측검정은 $H_1 : \beta_2 < \beta_2^*$, 또는 $H_1 : \beta_2 > \beta_2^*$와 같이 대립가설에서의 모수값이 한쪽으로 설정된 경우를 뜻한다. 이 경우 양측검정과 단측검정에서의 가설검정에 대한 임계치(critical value) 및 기각역(rejection region)의 크기와 방향이 달라지기 때문에 서로 다른 가설검정 결과가 도출될 수 있다. 따라서 동일한 귀무가설에 대해 검정을 시행하는 경우에도 분석의 목적과 자료의 특징에 맞게 대립가

설을 설정할 필요가 있다.

## 5.2 유의수준의 설정

제한된 표본자료를 기초로 모집단 전체의 특성을 분석하는 경우, 항상 잘못된 결론을 도출할 가능성이 있다. 예를 들어, 귀무가설이 옳은데도 불구하고 주어진 자료로부터 도출된 검정통계량이 이를 제대로 반영하지 못해서 귀무가설을 기각하는 경우가 발생할 우려가 있다. 이와 같이 옳은 귀무가설을 잘못 기각하는 제1종 오류를 범할 확률을 유의수준이라 하며, 흔히 $\alpha$로 표시한다. 가설검정을 시행하기 위해서는 이 확률의 값을 설정해야 하는데 흔히 1%, 5%, 10% 정도가 많이 사용된다. 이에 대한 선택은 가설의 유형, 제1종 오류와 제2종 오류에 따르는 문제점 등에 따라 결정되는데, 일반적으로 5%의 값을 가장 많이 사용한다.

## 5.3 가설검정의 절차

분석 대상의 모수에 대한 귀무가설이 설정되면, 이를 분석하기 위한 검정통계량(test statistic)을 구해야 한다. 대부분의 컴퓨터 통계 프로그램에서는 회귀계수의 신뢰구간 및 유의확률($p$-value) 등 추정치의 통계적 특징을 몰라도 직접 적용할 수 있는 정보를 제공하고 있는데, 모두 계수추정치의 $t$-통계치로부터 도출되는 표본통계량이라 할 수 있다. 따라서 컴퓨터가 제공하는 정보를 효과적으로 활용하기 위해서는 $t$-검정법($t$-test)에 대한 이해가 필요하다.

### 1) 양측검정에 대한 $t$-검정법

먼저 일반적으로 많이 사용되는 양측검정에 대한 가설검정의 절차를 간단히 정리하면 다음과 같다.

① 귀무가설과 대립가설을 설정한다. ⇨ $H_0 : \beta_2 = \beta_2^*$, $H_1 : \beta_2 \neq \beta_2^*$

② 귀무가설 하에서 검정통계량의 값$\left( t_{b_2} = \dfrac{b_2 - \beta_2^*}{s_{b_2}} \right)$을 산출하고, 그 표본분포 $t_{b_2} \sim t(n-2)$를 확인한다.

③ 적합한 유의수준($\alpha$)을 선택하고, 이에 대한 임계치를 선정($t_{\alpha/2}$)하여 기각역을 결정한다.

④ 검정통계량과 임계치를 비교하여, $|t_{b_2}| \geq t_{\alpha/2}$이면 귀무가설을 기각하며, $|t_{b_2}| < t_{\alpha/2}$이면 귀무가설을 기각하지 않는 것으로 판정한다. (다음 [그림 4-3] 참조.)

[그림 4-3] 양측검정의 기각역

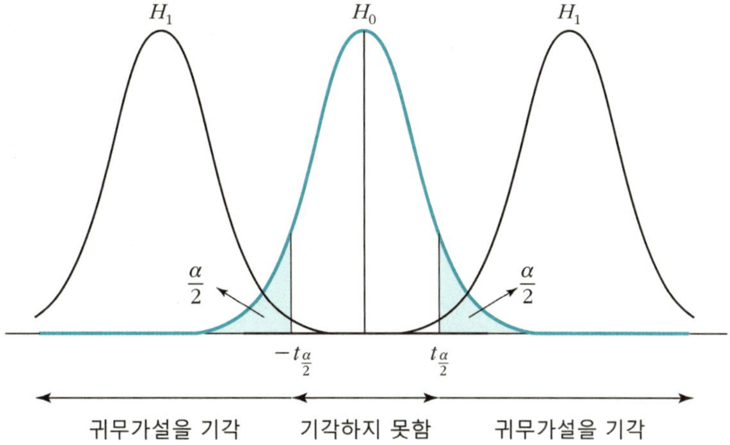


### 2) 단측검정에 대한 $t$-검정법

단측검정의 경우에도 동일한 유의수준에서 양측검정과 다른 기각역이 적용되는 것을 제외하면 같은 절차를 따른다.

① 분석의 목적에 맞게 귀무가설과 대립가설을 설정한다. ⇨ $H_0 : \beta_2 = \beta_2^*$ $vs$ $H_1 : \beta_2 < \beta_2^*$ 또는 $H_1 : \beta_2 > \beta_2^*$)

② 귀무가설 하에서 검정통계량의 값과 분포적 특징은 양측검정과 같다. ⇨ $t_{b_2} \sim t(n-2)$

③ 정해진 유의수준($\alpha$)에서 단측검정의 임계치를 선정($t_\alpha$)하여 기각역을 결정한다.

④ 검정통계량과 임계치를 비교하여, 귀무가설의 기각 여부를 판단한다. 대립가설 $H_1 : \beta_2 < \beta_2^*$의 경우, $t_{b_2} \leq -t_\alpha$ 이면 귀무가설을 기각하며, $t_{b_2} > -t_\alpha$ 이면 귀무가설을 기각하지 않는 것으로 판정한다. (다음 [그림 4-4] 참조.) 이와는 반대로 $H_1 : \beta_2 > \beta_2^*$의 경우, $t_{b_2} \geq t_\alpha$ 이면 귀무가설을 기각하며, $t_{b_2} < t_\alpha$ 이면 귀무가설을 기각하지 않는다. (다음 [그림 4-5] 참조.)

[그림 4-4] 단측검정($H_1 : \beta_2 < \beta_2^*$)의 기각역

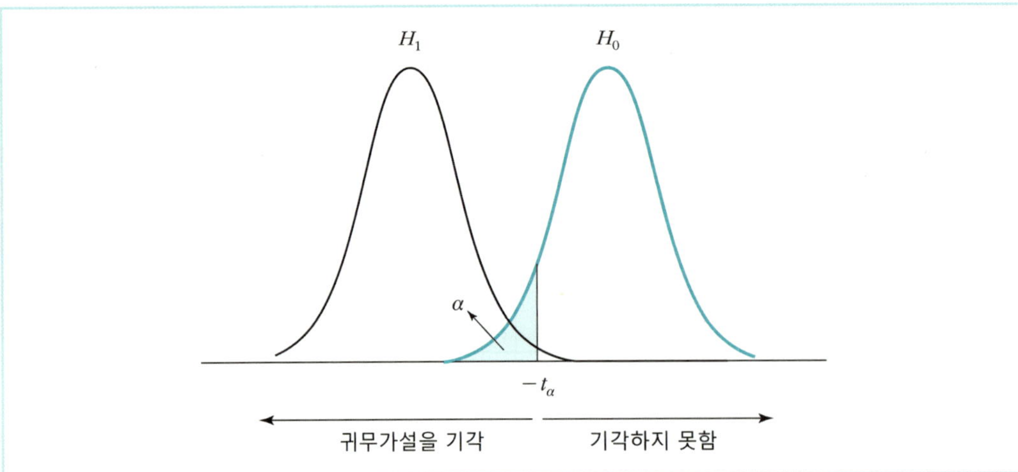


[그림 4-5] 단측검정($H_1 : \beta_2 > \beta_2^*$)의 기각역

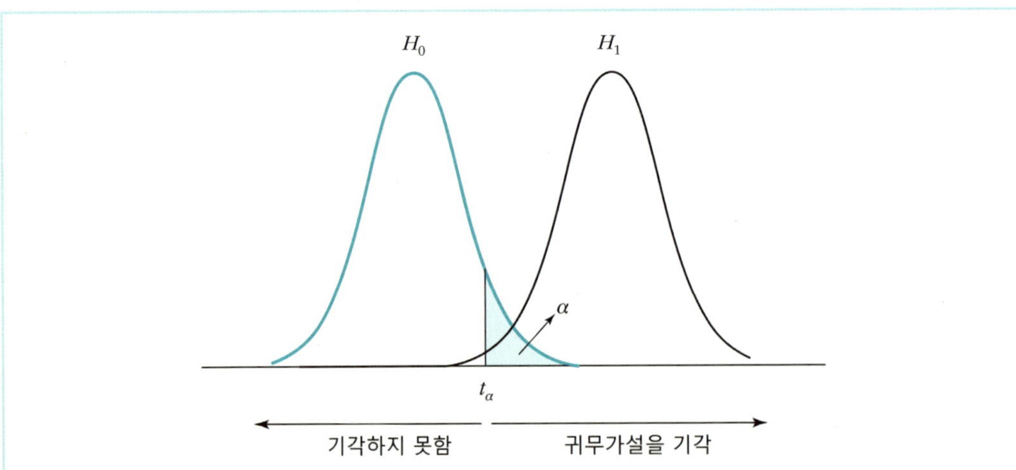


### 예 4.4

(예 3.2)와 (예 4.2)에서 구한 $b_2 = 0.28$, $s_{b_2} = 0.0271$의 결과로부터 $H_0 : \beta_2 = 0.3$, $H_1 : \beta_2 \neq 0.3$의 가설을 검정하는 경우, 귀무가설 하에서 $t_{b_2} = \dfrac{0.28 - 0.3}{0.0271} = -0.74$이다. 120의 자유도에서 5% 유의수준의 임계치는 1.990이며 $|t_{b_2}| = 0.74 \leq 1.990$이므로 $H_0 : \beta_2 = 0.3$의 귀무가설을 기각하지 않는다.

### 3) 2-$t$ 실용기준

가설검정에서 귀무가설이 $H_0 : \beta_2 = 0$으로 설정된 경우, 이에 대한 판정은 중요한 의미를 갖는다. 이 귀무가설이 맞는 경우, 이는 독립변수($X$)가 종속변수($Y$)에 체계적인 영향을 주지 못한다는 것을 뜻한다. 이와는 반대로 귀무가설이 맞지 않아 $\beta_2 \neq 0$인 경우, 이는 독립변수가 종속변수에 유의적인 영향을 미친다는 것을 의미한다. 이에 대한 가설검정에서 귀무가설 $H_0 : \beta_2 = 0$을 기각하는 경우, 흔히 $\beta_2$는 "통계적으로 유의하다"(statistically significant)고 하고, 귀무가설을 기각하지 않으면 "통계적으로 유의하지 못하다"(statistically insignificant)고 해석한다.

이 경우에 귀무가설 하에서의 검정통계치는 $t_{b_2} = \dfrac{b_2}{s_{b_2}}$가 되며, 이를 $t$-비율($t$-ratio)이라 한다. 이 통계치의 표본분포는 $t$-분포를 갖지만, 표본수가 충분히 크면 정규분포에 근접하므로 양측검정에서 5%의 유의수준에서 임계치는 1.96 근처에서 선정된다. 따라서 대략적으로 2를 적용하여 $|t_{b_2}| < 2$인 경우에 대해 귀무가설이 기각되지 않는 것으로 판정해도 무방하다. 반대로 만일 $|t_{b_2}| \geq 2$이면 귀무가설을 기각하고, 독립변수가 종속변수에 유의적인 영향을 주는 것으로 해석한다. 다시 말해 독립변수인 $X$가 종속변수인 $Y$의 설명에 있어서 중요한 변수임을 의미한다.

따라서 임계치를 따로 확인하지 않고, 대략적으로 어떤 독립변수가 종속변수에 체계적인 영향을 미치는 변수인지를 판단하기 위해서는 $t$-통계치가 2보다 큰 값을 갖는지 비교하면 된다. 이를 2-$t$ 실용기준(rule of thumb)이라 한다. 그런데 대개의 통계 소프트웨어에서는 회귀계수의 추정치 $b_2$, 표준오차 $s_{b_2}$와 함께 $t$-통계치를 제시하므로 통계표에서 임계치를 찾지 않고 이 기준에 따라 귀무가설 $H_0 : \beta_2 = 0$에 대한 기각 여부를 쉽게 판단할 수 있다.

**예 4.5**

제4장 부록 [그림 4-A2]의 소비-소득에 대한 회귀분석 결과에서 소득이 소비에 영향을 미치는지를 $H_0 : \beta_2 = 0$, $H_1 : \beta_2 \neq 0$의 가설로 검정해 보자. EViews 결과에 의하면 이때의 $t$-통계치는 $t_{b_2} = \dfrac{0.2818}{0.0271} \approx 10.38$이다. 따라서 $t$-비율의 절댓값이 2보다 크므로 2-$t$ 실용기준에 의해 귀무가설을 기각한다. 즉, 소득은 소비에 있어 중요한 영향을 미치는 변수라고 판단한다.

## 5.4 유의확률을 이용한 가설검정

가설검정을 위한 통계량이 도출됐을 때, 이 검정통계치에 대해 어느 정도의 유의수준을 적용해야 설정된 귀무가설을 기각할 수 있는지를 알면 이를 가설검정에 편리하게 사용할 수 있다. 예를 들어, 회귀계수에 대한 귀무가설 $H_0 : \beta_2 = 0$을 추론하기 위한 검정통계치 $t_{b_2}$가 도출된 경우, 이 $t_{b_2}$값에 대해 귀무가설이 기각되는 최소의 유의수준 $\alpha$에 대한 정보가 있으면 유용하다. 여기서 주어진 귀무가설을 기각할 수 있는 최소의 유의수준을 유의확률($p$-value)이라 한다. 회귀계수에 대한 가설검정의 경우, 이는 다음과 같이 $t$-분포를 갖는 확률변수가 도출된 검정통계치 $t_{b_2}$의 절댓값보다 큰 값을 가질 확률을 나타낸다.

$$\text{유의확률} = 2 \times P[\, t(n-2) > |\, t_{b_2} |\,] \qquad (4.45)$$

**예 4.6**

표본수가 30인 단순회귀분석 모형에서 $t$-통계치가 $t_{b_2} = 2.763$인 경우, 자유도 28인 $t$-분포에서 이 값에 해당되는 유의확률은 1%이다. 또한 표본수가 충분히 클 때, $t_{b_2} = 1.96$으로 도출된 경우, 이에 대한 유의확률은 5%가 된다.

---

유의확률을 이용하여 가설검정을 시행할 때, 유의확률 $< \alpha$이면 귀무가설을 기각하고, 반대로 유의확률 $\geq \alpha$이면 귀무가설을 기각하지 않는 것으로 판단한다. 예를 들어, 유의확률의 값이 0.07(=7%)로 도출된 경우, 5% 유의수준에서는 귀무가설을 기각하지 않지만, 10% 유의수준에서는 귀무가설을 기각한다. 이 경우 유의확률을 「귀무가설을 기각하는 경우 잘못된 판단을 하게 될 확률」로 해석하면 가설검정에 편리하게 적용할 수 있다.

흔히 컴퓨터의 통계 프로그램에서는 $t$-통계치와 함께 관측치의 수와 자유도에 따라 이에 해당하는 유의확률을 같이 도출하는 경우가 많다. 따라서 $H_0 : \beta_2 = 0$, $H_1 : \beta_2 \neq 0$에 대한 가설검정을 시행할 때, $t$-통계표를 참고하지 않고도 컴퓨터에 제시된 유의확률을 이용해서 이 가설의 기각 여부를 바로 판단할 수 있다. 대부분의 컴퓨터 프로그램에서는 식 (4.45)와 같이 양측검정에 대한 유의확률을 제시해 주는데, 이러한 결과를 단측검정에 적용하는 경우에는 양측검정에서의 유의확률을 2로 나누어 준 후 이를 유의수준 $\alpha$와 비교하면 된다.

**예 4.7**

제4장 부록 [그림 4–A2]의 회귀분석 결과에서 회귀계수 $\beta_2$에 대한 $t$-통계치 $t_{b_2} = 10.38$에 이에 해당하는 유의확률의 값으로 0.000이 제시됐다. 이 유의확률은 유의수준 5%보다 작으므로 $H_0 : \beta_2 = 0$의 가설을 기각한다.

### 5.5 신뢰구간을 이용한 가설검정

(예 4.3)에서 소비-소득 간의 관계로부터 구한 회귀계수 $\beta_2$에 대한 95% 신뢰구간은 $(0.23, 0.33)$이다. 이 경우 (예 4.4)에서의 귀무가설 $H_0 : \beta_2 = 0.3$에서 설정된 값 0.3은 이 신뢰구간에 포함돼 있기 때문에 (제2종 오류의 가능성을 고려하면서) 이 가설이 맞는 것으로 판단한다. 한편, 귀무가설이 $H_0 : \beta_2 = 0.4$와 같이 설정된 경우, 0.4가 신뢰구간에 포함되지 않아 이 가설은 맞지 않는 것으로 판정한다. 이와 같이 귀무가설에서 설정된 값이 신뢰구간 밖에 위치하면 표본자료로부터 구한 정보와 맞지 않는 것으로 판단해 귀무가설을 기각하고, 신뢰구간 안에 포함되면 귀무가설과 표본자료로부터 도출된 정보는 일치하는 것으로 판정해서 이를 기각하지 않는다.

따라서 신뢰구간은 귀무가설을 기각하는 기각역을 설정하는 데 사용할 수 있다. 이러한 가설검정을 일반화하면 $100(1-\alpha)$%에서의 모수 $\beta_2$에 대한 신뢰구간 $(b_2 \pm t_{\alpha/2} s_{b_2})$이 도출된 경우, 귀무가설에서 설정된 값이 신뢰구간 안에 포함되면 귀무가설을 기각하고, 그 값이 신뢰구간 밖에 위치하면 귀무가설을 기각하지 않는다.

## 6. 자료의 변환

여기에서는 지금까지 논의한 단순회귀모형 범주 안에서 종속변수 및 독립변수의 자료를 변환할 때 회귀분석의 결과와 이에 대한 해석이 어떻게 달라지는지 살펴본다. 먼저 자료의 측정단위 변환이 회귀분석에 어떤 영향을 미치는지 분석하고, 자료의 표준화 변환에 따른 표준화된 회귀분석에 대해 논의한다.

## 6.1 자료의 측정 단위 변환

최소자승추정량을 도출하기 위한 정규방정식 (3.17), (3.18)로부터 표본회귀선의 상수항과 기울기에 대한 추정치 $b_1$, $b_2$가 표본자료의 측정 단위에 의존함을 알 수 있다. 예를 들어, 소비-소득의 관계에서 독립변수 $X$와 종속변수 $Y$는 모두 '만 원' 단위로 입력한 자료이다. 따라서 $X_i = 500$이면, 소득이 5,000,000원임을 나타내며, $Y_i = 200$이면 소비가 2,000,000원임을 의미한다. 따라서 추정치 $b_2 = 0.282$는 독립변수 $X$의 한 단위 증가(소득의 만 원 증가)에 대해 종속변수 $Y$가 0.282 단위 증가한다는 것을 의미한다. 여기서 $Y$의 측정 단위가 만 원이므로 0.282×만 원=2,820원 증가함을 나타낸다. 측정 단위와 관련해서 자주 언급되는 예로 성장률, 물가상승률, 이자율 같은 자료를 사용할 때, 이를 % 단위로 입력할지, 그냥 숫자로 표기할지를 결정할 필요가 있다. 그런데 이와 같이 측정 단위가 달라지면 이에 따라 계수추정치 $b_1$, $b_2$의 값이 다르게 도출되는데, 이에 따라 추정 결과의 해석도 달라져 회귀분석에 문제가 발생하지는 않을까?

그러나 이 경우에도 입력자료의 측정 단위에 따라, 계수추정치 $b_1$, $b_2$의 크기가 달라지지만, 이런 변화를 고려한 표본회귀선의 해석에는 영향을 미치지 않는다. 또한 회귀모형의 결정계수 $R^2$와 $t$-통계치, 유의확률 등은 단위에 의존하지 않는 표본통계량으로 변수의 단위가 달라져도 그 값이 변하지 않는다.

종속변수와 독립변수의 측정 단위 변환에 따른 $b_1$, $b_2$의 변화를 살펴보기 위해 다음의 두 표본회귀선을 고려하자.

$$\text{(a)}\ \ Y_i = b_1 + b_2 X_i + e_i \tag{4.46}$$

$$\text{(b)}\ \ Y_i^* = b_1^* + b_2^* X_i^* + e_i^* \tag{4.47}$$

여기서 $X^*$, $Y^*$는 각각 $X$, $Y$의 자료를 단위 변환한 것으로 $Y_i^* = w_1 Y_i$, $X_i^* = w_2 X_i$의 관계가 있다. 이 경우 최소자승추정량의 공식 (3.18)로부터 다음의 관계가 도출된다.

$$b_2^* = \frac{\sum_{i=1}^{n} (X_i^* - \overline{X}^*)(Y_i^* - \overline{Y}^*)}{\sum_{i=1}^{n} (X_i^* - \overline{X}^*)^2}$$

$$= \frac{w_1 w_2 \sum_{i=1}^{n}(X_i - \overline{X})(Y_i - \overline{Y})}{w_2^2 \sum_{i=1}^{n}(X_i - \overline{X})^2}$$

$$= \frac{w_1}{w_2} b_2 \tag{4.48}$$

이와 유사한 방법으로 상수항 추정치에 대해 다음의 관계를 도출할 수 있다.

$$b_1^* = w_1 b_1 \tag{4.49}$$

소득-소비의 예에서 $X$와 $Y$는 각각 '만 원' 단위로 나타낸 소득과 소비이고, $X^*$와 $Y^*$는 '천 원' 단위로 표현한 소득과 소비라고 할 경우, $w_1 = w_2 = 10$이므로 $b_2^* = b_2$로 동일하고, $b_1^* = w_1 b_1$ 관계를 나타낸다.

한편, 회귀계수의 표준오차 $s_{b_1}$, $s_{b_2}$에 대해서도 동일한 관계가 나타나, 계수추정치와 표준오차의 비율로 나타나는 $t$-통계치에 대해 $t_{b_2^*} = \frac{b_2^*}{s_{b_2}^*} = \frac{b_2}{s_{b_2}} = t_{b_2}$가 성립한다. 또한 결정계수 $R^2$와 유의확률의 값도 자료의 단위 변화에 영향을 받지 않는다.

### 예 4.8

CONSUMPTION 파일의 소비-소득의 자료에서 소비와 소득의 단위를 변환하여 새로운 자료를 만들었다. 여기서 CONSUMPTION = 소비(만 원), CON_NEW = 소비(천 원)이며, INCOME = 소득(만 원), INCOME_NEW = 소득(천 원)으로 단위를 변환했다. 각각의 경우의 회귀분석 결과는 아래에 제시했으며, ( ) 안은 $t$-통계치를 나타낸다. (EViews 추정 결과는 부록 [그림 4-A9] 참조.)

(a) CONSUMPTION을 상수항과 INCOME에 대해 회귀분석한 경우

$$\widehat{CONSUMPTION}_i = 1{,}238.945 + 0.282 INCOME_i$$
$$(6.805) \qquad (10.384) \qquad R^2 = 0.477 \tag{4.50}$$

(b) CONSUMPTION을 상수항과 INCOME_NEW에 대해 회귀분석한 경우

$$\widehat{CONSUMPTION}_i = 1{,}238.945 + 0.0282 INCOME\_NEW_i$$
$$(6.805) \qquad (10.384) \qquad R^2 = 0.477 \tag{4.51}$$

(c) CON_NEW를 상수항과 INCOME에 대해 회귀분석한 경우

$$\widehat{CON\_NEW}_i = 12{,}389.45 + 2.818 INCOME_i$$
$$(6.805) \qquad (10.384) \qquad R^2 = 0.477 \tag{4.52}$$

(d) CON_NEW를 상수항과 INCOME_NEW에 대해 회귀분석한 경우

$$\widehat{CON\_NEW} = 12{,}389.45 + 0.282 INCOME\_NEW_i$$
$$(6.805) \qquad (10.384) \qquad R^2 = 0.477 \tag{4.53}$$

(a)~(d)의 계수추정치 사이에는 식 (4.48)과 (4.49)의 관계가 성립함을 알 수 있다. 또한 각 결과에서 $t$-통계치와 결정계수는 (a)~(d)에서 모두 같은 값으로 도출됐다. 이 경우 각각의 추정 결과에서 계수추정치의 해석이 어떻게 달라지는지 비교해 보자.

먼저 소득의 1단위 변화에 따른 소비의 변화를 의미하는 기울기 값에 대해 살펴보면, (a)에서 기울기가 0.282인 것은 INCOME이 1단위 증가할 때 CONSUMPTION이 0.282 단위 증가한다. 즉, 소득이 만 원 증가할 때 소비는 0.282(만 원), 즉 2,820원 증가한다. (b)에서 독립변수는 '천 원' 단위이며 종속변수는 '만 원' 단위이다. 여기서 INCOME_NEW가 1단위 증가할 때 CONSUMPTION이 0.0282 단위 증가한다. 이는 소득이 천 원 증가할 때 소비가 0.0282(만 원), 즉 282원 증가함을 의미한다. 여기서 소득을 '만 원'으로 환산하여 해석하면 282×10 = 2,820원 증가하는 것으로 (a)에서의 해석과 똑같다. (c)에서 독립변수는 '만 원', 종속변수는 '천 원' 단위이다. 따라서 기울기가 2.818인 것은 소득이 만 원 증가할 때, 소비가 2.818(천 원), 즉 2,818원 증가한다는 것을 의미하며, 그 해석이 (a), (b)와 같아진다. 마지막으로 (d)에서의 독립변수와 종속변수는 모두 '천 원' 단위이며, 이때 독립변수의 한 단위 증가에 따른 종속변수의 변화는 0.282이다. 이는 소득이 천 원 증가할 때 소비는 282원 증가, 또는 소득이 만 원 증가할 때 소비는 282×10 = 2,820원 증가하여 (a)~(d)에서의 $b_2$에 대한 해석이 모두 동일함을 알 수 있다.

이러한 사항을 상수항 추정치 $b_1$에 대해 적용해도 동일한 의미로 해석된다는 것을 알 수 있다. 즉, 자료의 측정 단위가 변하면 회귀계수의 추정치는 달라지지만, 최소자승추정량의 특성에 대한 실질적인 변화는 없다. 특히 위 4개의 추정 결과에서 $t$-통계치가 모두 동일하므로, 어떤 모형을 대상으로 가설검정을 시행하더라도 항상 동일한 결과가 도출될 것이라고 예상할 수 있다. 이 경우 자료의 측정 단위를 변환할 때, 측정 단위에 따라 계수추정치만 적절하게 해석하면 된다.

## 6.2. 자료의 표준화 변환

앞절에서 자료의 측정 단위 변화에 따라 회귀계수 추정치에 대한 해석이 어떻게 달라지는지에 대해 논의했다. 특히 독립변수의 수가 많은 제5장에서의 다중회귀분석에서는 각 자료의 특성에 따라 측정 단위가 다를 것이며, 이 경우 회귀계수의 값들을 직접적으로 비교하는 것은 적합하지 않다. 이러한 문제점은 자료의 표준화 변환을 통해 해결할 수 있다.

단순회귀모형의 경우, 독립변수 $X$와 종속변수 $Y$를 다음과 같이 변환한다.

$$Y_i^* = \frac{Y_i - \overline{Y}}{s_y}, \quad X_i^* = \frac{X_i - \overline{X}}{s_x} \tag{4.54}$$

이와 같은 변환을 자료의 표준화 변환이라 하며, $X_i^*$와 $Y_i^*$는 표준화된 변수를 나타낸다. 그리고 표준화된 변수는 측정 단위에 영향을 받지 않으며, 모두 평균 0, 표준편차 1인 특징을 갖는다.

이와 같이 표준화된 변수를 이용한 표준화된 회귀모형(standardized regression model)은 다음과 같이 표현된다.

$$\begin{aligned} Y_i^* &= b_1^* + b_2^* X_i^* + e_i^* \\ &= b_2^* X_i^* + e_i^* \end{aligned} \tag{4.55}$$

여기서 상수항 $b_1^*$는 표준화 과정에서 제외되어 위 회귀식은 원점을 지나는 회귀식이 된다. (제3장 연습문제 3번 참조). 그리고 표준화된 회귀계수(standardized regression coefficient) $b_2^*$는 **베타계수**(beta-coefficients)라고 불리며, 이 회귀계수는 독립변수의 1 표준편차 변화에 따른 종속변수의 평균적인 표준편차의 변화를 나타낸다.

### 예 4.9

CONSUMPTION 파일의 소비-소득의 자료에서 소비(CONSUMPTION)와 소득(INCOME)을 표준화 변환하여 새로운 변수 CON_STD 및 INCOME_STD를 만들었다. 아래의 식은 표준화된 회귀모형에 대한 추정 결과이다.

$$\widehat{CON\_STD}_i = 0.691 INCOME\_STD_i \tag{4.56}$$
$$(10.428)$$

[그림 4-6] 표준화된 자료의 표본회귀선

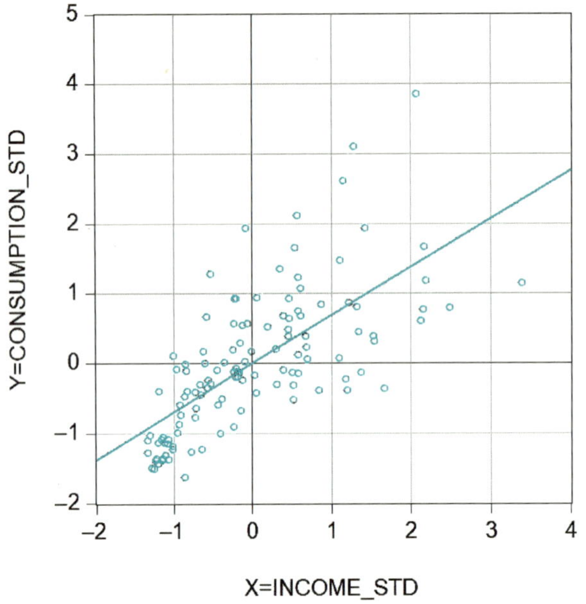


이 결과에서 베타계수 $b_2^*$는 소득이 1 표준편차만큼 증가할 때 소비는 평균적으로 0.691 표준편차만큼 증가하는 것을 의미한다. 그리고 제4장 3절에서 논의하였듯이 상수항이 제외될 경우 $0 \leq R^2 \leq 1$ 조건을 위배하기 때문에 여기서는 $R^2$값을 제시하지 않았다. 이 경우 표본회귀선은 [그림 4-6]과 같이 원점을 통과하는 직선이 된다. 한편, 베타계수를 사용하는 경우 다중회귀분석에서 측정 단위가 서로 다른 독립변수의 회귀계수들을 직접적으로 비교할 수 있는데, 이에 대한 사항은 제5장에서 다루기로 한다.

## 7. 회귀분석 결과의 활용

회귀계수의 유의성이 높고 회귀모형이 적합한 것으로 판단되면, 추정된 표본회귀식을 활용하여 종속변수의 미래값에 대한 예측이나 정책분석을 시도할 수 있다.

## 7.1. 표본회귀식을 이용한 예측

예를 들어, 미래의 특정 시점에 대한 독립변수 값을 알 때 종속변수의 값을 예측하는 것은 계량경제학의 중요한 목적 중의 하나라 할 수 있다. $n$개의 표본자료로부터 도출된 표본회귀식 $\widehat{Y_i} = b_1 + b_2 X_i$이 적합한 것으로 판정된 경우, 이러한 관계식을 활용하여 새로운 독립변수의 값 $X_f$에 대응하는 종속변수의 값 $Y_f$에 대한 예측치(predicted value)를 도출할 수 있다.

$$\widehat{Y}_f = b_1 + b_2 X_f \tag{4.57}$$

여기서 예측오차(prediction error)는 실제 종속변수의 값과 예측치의 차이로 정의된다.

$$\begin{aligned} e_f &= Y_f - \widehat{Y}_f \\ &= (\beta_1 - b_1) + (\beta_2 - b_2)X_f + \varepsilon_f \end{aligned} \tag{4.58}$$

이 예측오차는 다음과 같은 성질을 갖는다.

$$E(e_f) = 0 \tag{4.59}$$

$$V(e_f) = \sigma^2 \left[ 1 + \frac{1}{n} + \frac{(X_f - \overline{X})^2}{\sum_{i=1}^{n} (X_i - \overline{X})^2} \right] \tag{4.60}$$

식 (4.60)은 관측치의 수 $n$이 클수록 예측오차의 분산이 작아지고, 이와 함께 동일한 신뢰수준 하에서 신뢰구간이 좁아짐에 따라 더 정확한 예측치를 얻을 수 있다는 것을 의미한다. 또한 예측 대상 독립변수의 관측치 $X_f$의 값이 $\overline{X}$로부터 멀어질수록 예측오차의 분산이 커져 예측의 정확성이 낮아진다. 이는 [그림 4-7]에서 신뢰구간의 폭이 $X_f = \overline{X}$인 경우 가장 작고, $|X_f - \overline{X}|$ 값이 커질수록 넓어지는 모양으로 나타난다.

실제 자료로부터 예측치의 신뢰구간을 구하기 위해서는 식 (4.60)에 포함된 오차항의 분산 $\sigma^2$ 대신 이에 대한 추정치 $s^2$을 이용하여 예측오차의 분산에 대한 추정치와 표준오차를 도출한다.

$$\widehat{V}(e_f) = s_f^2 = s^2 \left[ 1 + \frac{1}{n} + \frac{(X_f - \overline{X})^2}{\sum_{i=1}^{n} (X_i - \overline{X})^2} \right] \tag{4.61}$$

$$s_f = \sqrt{\widehat{V}(e_f)} \tag{4.62}$$

[그림 4-7] 예측치의 신뢰구간

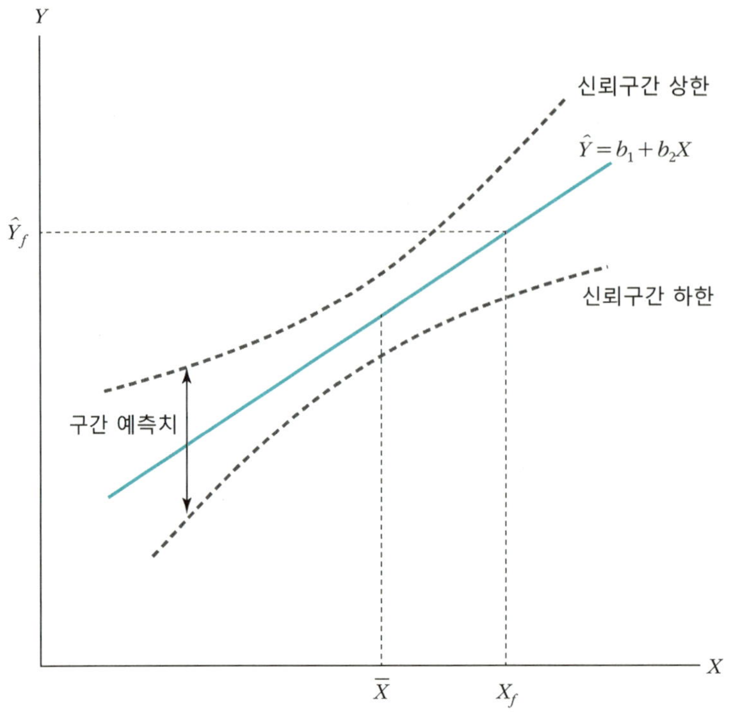


이때 예측오차는 [가정 7] 하에서 다음과 같은 분포를 갖는다.

$$\frac{e_f}{s_f} = \frac{Y_f - \hat{Y}_f}{s_f} \sim t\,(n-2) \tag{4.63}$$

이를 이용하여 $100(1-\alpha)\%$ 신뢰수준에 대한 종속변수 $Y_f$의 구간 예측치 $(\hat{Y}_f - t_{\alpha/2}s_f, \hat{Y}_f + t_{\alpha/2}s_f)$를 구할 수 있다.

실제 미래에 대한 예측에서 $X_f$의 값이 알려져 있지 않은 경우, 시계열분석을 통해 $X_f$ 값을 예측하고 이를 이용하여 $Y_f$에 대한 예측치를 도출할 수 있는데, 이러한 방법을 조건부 예측(conditional forecast)이라 한다. 또한 제11장의 시차분포모형과 같이 종속변수를 설명하는 독립변수로 과거 관측치가 포함되면 가까운 미래에 대한 독립변수의 값은 최근 자료로부터 구할 수 있다.

## 수식의 도출

### 4. 예측오차의 평균과 분산: 식 (4.59)와 (4.60)의 도출

식 (4.58)에서 $e_f = (\beta_1 - b_1) + (\beta_2 - b_2)X_f + \varepsilon_f$이므로 다음과 같이 이에 대한 기댓값이 도출된다.

$$E(e_f) = E(\beta_1 - b_1) + E(\beta_2 - b_2)X_f + E(\varepsilon_f) = 0$$

위 식을 제곱해서 기댓값을 취하면 예측오차의 분산이 구해진다.

$$V(e_f) = V(b_1) + V(b_2)X_f^2 + V(\varepsilon_f) + 2Cov(b_1, b_2)X_f \\ - 2Cov(b_1, \varepsilon_f) - 2Cov(b_2, \varepsilon_f)X_f$$

여기서 $b_1$, $b_2$는 각각 $\varepsilon_1$, $\varepsilon_2$, $\cdots$, $\varepsilon_n$의 함수이며 [가정 6]에 의해 $Cov(\varepsilon_i, \varepsilon_f) = 0$ $(i \neq f)$이므로 마지막 두 항은 0이 된다. 따라서 $V(e_f) = V(b_1) + V(b_2)X_f^2 + V(\varepsilon_f) + 2Cov(b_1, b_2)X_f$가 되며 여기에 식 (4.13)~(4.15)를 대입하여 정리하면 식 (4.60)이 된다.

### 예 4.10

제4장 부록 [그림 4-A2]의 소비-소득의 관계에서 $\hat{Y}_i = 1{,}238.945 + 0.282X_i$를 구했다. 여기서 가구의 소득이 5,000만 원인 경우에 해당하는 가구의 소비를 예측해 보자. $X_f = 5{,}000$일 때의 $\hat{Y}_f = 1{,}238.945 + 0.282 \times 5{,}000 = 2{,}648.087$을 구할 수 있다. 또한 식 (4.62)에 의해 예측오차의 표준오차에 대한 추정치를 구할 수 있다.

$$s_f = 1{,}145.963\sqrt{1 + \frac{1}{120} + \frac{(5{,}000 - 5{,}490.683)^2}{(1{,}780{,}786{,}112.970)}} = 1{,}150.805$$

따라서 예측치에 대한 95% 신뢰구간은 $(2{,}648.087 \pm 2 \times 1{,}150.805) = (346.477, 4{,}949.697)$이다.

## 7.2. 회귀분석 결과의 정리

실제 자료를 대상으로 회귀분석을 시행할 때 주로 컴퓨터의 통계 프로그램을 이용한다. 이 책에서는 [부록 4.2] 및 [부록 4.3]에 EViews를 이용한 회귀분석 결과를 제시했다. 그런데 소프트웨어에 따라서 추정 결과를 보고하는 양식이 약간 다르며 또한 용어의 사용에도 차이가 있다. 따라서 보고서 혹은 논문을 작성할 때 회귀분석 결과를 통일된 양식으로 요약하고 정리할 필요가 있는데, 주로 사용되는 양식으로는 아래와 같이 회귀계수 추정치에 대한 가설검정을 위한 정보로 추정치 바로 밑의 ( ) 안에 $t$-값 또는 표준오차를 제시한다.

① $t$-값 제시

$$\hat{Y}_i = 1{,}238.945 + 0.282X_i$$
$$(6.805) \qquad (10.384) \qquad\qquad R^2 = 0.477$$

② 표준오차 보고

$$\hat{Y}_i = 1{,}238.945 + 0.282X_i$$
$$(182.074) \qquad (0.003) \qquad\qquad R^2 = 0.477$$

이 두 기본적인 양식 이외에 필요에 따라 유의확률 등 추가적인 정보를 제공하거나, 특별한 통계치를 제시하기도 한다. 이 책에서는 개별 회귀계수의 통계적인 유의성을 판단하는 데 편리하도록 ①과 같이 $t$-값을 제시하는 양식을 사용한다.

부록 4.1

# 그래프 분석의 중요성

여기에서는 두 변수의 상관관계 분석에서 자주 인용되는 Anscombe's quartet의 자료를 대상으로 회귀분석에서 그래프 분석의 중요성을 설명한다.

[표 4-A1]에 제시된 네 종류의 자료는 총 11개의 관측치를 나타내고 있다. 이 관측치들을 단순히 훑어보면, X4 변수의 10개의 관측치가 8로 동일한 것을 제외하고는 뚜렷한 특징을 발견할 수 없다.

[표 4-A1] Anscombe's quartet 자료

| 순번 | 자료 1 | | 자료 2 | | 자료 3 | | 자료 4 | |
|---|---|---|---|---|---|---|---|---|
| | X1 | Y1 | X2 | Y2 | X3 | Y3 | X4 | Y4 |
| 1 | 10.00 | 8.04 | 10.00 | 9.14 | 10.00 | 7.46 | 8.00 | 6.58 |
| 2 | 8.00 | 6.95 | 8.00 | 8.14 | 8.00 | 6.77 | 8.00 | 5.76 |
| 3 | 13.00 | 7.58 | 13.00 | 8.74 | 13.00 | 12.74 | 8.00 | 7.71 |
| 4 | 9.00 | 8.81 | 9.00 | 8.77 | 9.00 | 7.11 | 8.00 | 8.84 |
| 5 | 11.00 | 8.33 | 11.00 | 9.26 | 11.00 | 7.81 | 8.00 | 8.47 |
| 6 | 14.00 | 9.96 | 14.00 | 8.10 | 14.00 | 8.84 | 8.00 | 7.04 |
| 7 | 6.00 | 7.24 | 6.00 | 6.13 | 6.00 | 6.08 | 8.00 | 5.25 |
| 8 | 4.00 | 4.26 | 4.00 | 3.10 | 4.00 | 5.39 | 19.00 | 12.50 |
| 9 | 12.00 | 10.84 | 12.00 | 9.13 | 12.00 | 8.15 | 8.00 | 5.56 |
| 10 | 7.00 | 4.82 | 7.00 | 7.26 | 7.00 | 6.42 | 8.00 | 7.91 |
| 11 | 5.00 | 5.68 | 5.00 | 4.74 | 5.00 | 5.73 | 8.00 | 6.89 |

각 자료의 특징을 분석하기 위해 [표 4-A2]에 기초통계량을 제시했다. 네 종류의 자료에서 X의 평균과 표준편차는 9.0, 3.32로 각각 동일하며, Y의 평균과 표준편차도 각각 7.5, 2.03으로 거의 같다. 또한 X와 Y의 상관관계는 모두 0.82 정도로 거의 유사하게 도출되어, 각각의

자료는 유사한 특징을 지닌 것으로 판단할 수 있다.

**[표 4-A2]** 각 자료의 기초통계량

| | 자료 1 | | 자료 2 | | 자료 3 | | 자료 4 | |
|---|---|---|---|---|---|---|---|---|
| 변수 | X1 | Y1 | X2 | Y2 | X3 | Y3 | X4 | Y4 |
| 평균 | 9.000 | 7.501 | 9.000 | 7.501 | 9.000 | 7.500 | 9.000 | 7.501 |
| 표준편차 | 3.317 | 2.032 | 3.317 | 2.032 | 3.317 | 2.030 | 3.317 | 2.031 |
| 상관관계 | 0.816 | | 0.816 | | 0.816 | | 0.817 | |

이제 각 자료에 대하여 아래와 같이 회귀모형을 설정하여 회귀분석을 시행해 보자.

$$Y_{ij} = b_1 + b_2 X_{ij} + e_{ij}, \quad (j = 1, 2, 3, 4)$$

위 식에서 하첨자 $j$는 각각의 자료를 의미하며, 이에 대한 회귀분석 결과는 [표 4-A3]에 정리했다. 각 모형의 추정 결과를 보면 모두 $Y = 3 + 0.5X$의 관계를 갖고 있으며, $t$-통계량과 결정계수 $R^2$값이 거의 동일한 것을 알 수 있다.

**[표 4-A3]** 각 자료의 회귀분석 결과

| | 모형 1 | 모형 2 | 모형 3 | 모형 4 |
|---|---|---|---|---|
| $b_1$ | 3.000<br>(2.667) | 3.001<br>(2.667) | 3.002<br>(2.670) | 3.002<br>(2.671) |
| $b_2$ | 0.500<br>(4.241) | 0.500<br>(4.239) | 0.500<br>(4.239) | 0.500<br>(4.243) |
| $R^2$ | 0.667 | 0.666 | 0.666 | 0.667 |

주: ( )의 값은 $t$-통계량을 의미함.

그러나 이들 자료를 그래프로 나타낸 [그림 4-A1]을 보면, 자료의 특징이 크게 다른 것을 확인할 수 있다. 모형 (1)은 선형모형의 관계를 갖는 두 자료를 나타내는데, 서로 상관관계가 있으며 정규분포를 따른다. 모형 (2)는 두 변수 사이에 뚜렷한 비선형관계가 있으며, 정규분포를 따르지 않는 자료를 나타낸다. 모형 (3)은 세 번째 관측치만 제외하면 상관관계가 1인 완전 선형관계를 갖는 변수인데, 단 하나의 관측치 때문에 두 변수의 상관관계가 0.816으로 낮게 도출되는 자료를 나타낸다. 이러한 점은 [표 4-A1]의 관측치를 단순히 훑어보는 것만으

[그림 4-A1] 각 자료에 대한 산점도와 표본회귀선

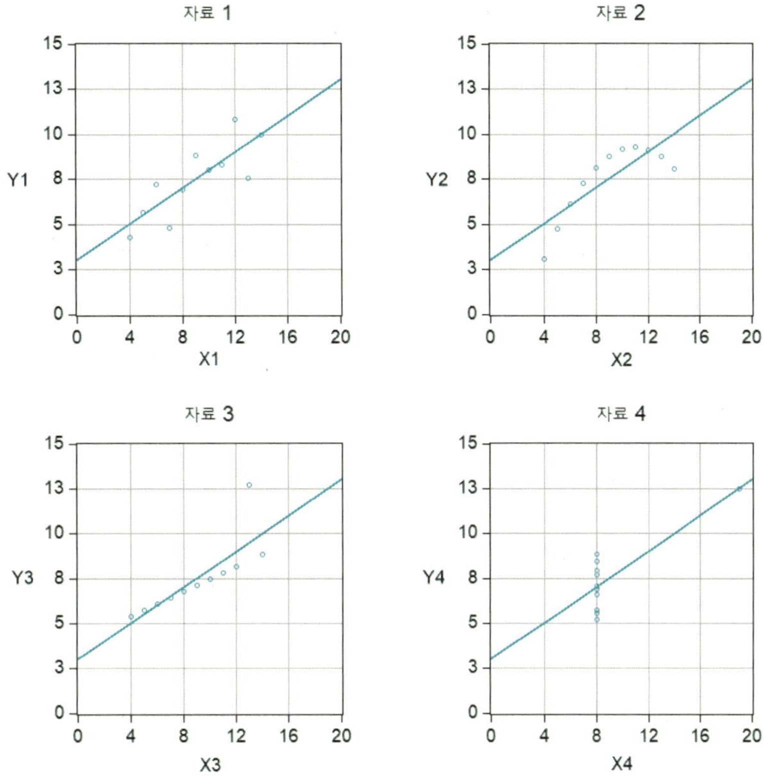


로는 파악하기 어려울 것이다. 모형 (4)는 모형 (3)과는 반대로 하나의 관측치만 제외하면 상관관계가 0인 두 변수인데, 단 하나의 관측치가 두 변수의 상관관계를 높게 추정되도록 하는 자료를 나타낸다. 이 경우 모형 (1)에 제시된 자료에는 극단적인 관측치를 의미하는 이상관측치(outlier)가 없어서 선형회귀모형으로 분석할 수 있는 일반적인 통계자료이며, 이와는 달리 모형 (2)~모형 (4)에 제시된 자료는 선형모형이 적합하지 않다고 할 수 있다.

비록 관측치 수가 한정된 자료들을 이용한 분석이지만, 그래프는 자료의 특징과 패턴을 시각화로 표현하여 기초통계량에서는 볼 수 없는 추가적인 정보를 제공한다. 또한 관측치 수가 많은 대규모 자료인 경우에도 그래프는 작은 공간에 정리하여 제시하므로 자료의 중요한 특징을 육안으로 파악할 수 있다. 따라서 본격적인 계량분석을 시행하기 위한 선행작업으로 변수 사이의 관계를 그래프로 확인하는 것이 중요하다.

부록 4.2

# EViews 명령문 및 추정 결과

여기서는 제3장에서 기본적인 자료분석을 위해 사용한 CONSUMPTION 작업파일을 이용하여 소비(CONSUMPTION)를 상수항과 소득(INCOME)에 대한 회귀모형을 추정하고, 신뢰구간과 예측치를 도출하는 과정을 다음과 같이 정리할 수 있다.

## 1. 회귀분석 출력 결과

EViews의 메뉴창에서 [Quick] / [Estimate Equation]을 선택한 다음 [Estimate specification] 입력창에 『CONSUMPTION C INCOME』과 같이 종속변수 상수항 독립변수 순서로 변수명을 입력한다. 또는 명령창에서 『EQUATION EQ4_50.LS CONSUMPTION C INCOME』을 입력한다. 이 명령문을 입력하면 작업파일에 EQ4_50으로 명명된 방정식 객체가 생성되고, 이 객체를 더블클릭하면 [그림 4-A2]의 추정 결과가 활성화된다. [여기서 EQUATION은 EQ4_50이라는 이름을 가진 방정식 객체를 생성하는 명령어이며, 새로이 생성되는 객체의 이름은 나중에 식별하기 쉽도록 임의로 배정하면 된다. 그리고 LS는 회귀분석을 수행하는 명령어이다.]

[그림 4-A2]에 제시된 EViews 결과에서 각각의 통계량이 나타내는 바는 다음과 같다.

(1) Coefficient: 회귀계수의 추정치
여기서 C는 상수항을 의미하므로 $b_1$ =1,238.945이며, INCOME은 독립변수를 나타내므로 $b_2$ =0.281828이다.

(2) Std. Error: 회귀계수의 표준오차
$b_1$의 표준오차는 $s_{b_1}$ =182.0737이고, $b_2$의 표준오차는 $s_{b_2}$ =0.027141이다.

(3) $t$-statistic: $t$-통계치

$b_1$의 $t$-통계치는 6.804634이고, $b_2$의 $t$-통계치는 10.38397이다.

(4) Prob.: 유의확률

$b_1$과 $b_2$의 유의확률은 모두 0.0000이다.

(5) R-squared: 결정계수, $R^2 = 0.477476$

(6) S.E. of regression: 회귀식의 표준오차, $s = 1{,}145.963$

(7) Sum squared resid: 잔차의 제곱합, $\sum_{i=1}^{120} e_i^2 = 1.55\text{E}+08$

(8) Mean dependent var: 종속변수 $Y$의 표본평균, $\overline{Y} = 2{,}786.375$

(9) S.D. dependent var: 종속변수 $Y$의 표준편차, $s_y = \sqrt{\frac{1}{120-1}\sum_{i=1}^{120}(Y_i - \overline{Y})^2} = 1{,}578.647$

[그림 4-A2] 소비-소득의 회귀분석 결과

Dependent Variable: CONSUMPTION
Method: Least Squares
Sample: 1 120
Included observations: 120

| Variable | Coefficient | Std. Error | t-Statistic | Prob. |
|---|---|---|---|---|
| C | 1,238.945 | 182.0737 | 6.804634 | 0.0000 |
| INCOME | 0.281828 | 0.027141 | 10.38397 | 0.0000 |

| | | | |
|---|---|---|---|
| R-squared | 0.477476 | Mean dependent var | 2,786.375 |
| Adjusted R-squared | 0.473048 | S.D. dependent var | 1,578.647 |
| S.E. of regression | 1,145.963 | Akaike info criterion | 16.94240 |
| Sum squared resid | 1.55E+08 | Schwarz criterion | 16.98886 |
| Log likelihood | −1,014.544 | Hannan-Quinn criter. | 16.96127 |
| F-statistic | 107.8269 | Durbin-Watson stat | 1.912611 |
| Prob(F-statistic) | 0.000000 | | |

## 2. 실제값, 적합값, 잔차의 도표

[그림 4-A2]의 회귀분석 결과가 활성화된 상태에서 도구창의 [View] / [Actual, Fitted, Residual] ▶ [Actual, Fitted, Residual Table]을 선택한다.

(1) obs: $i$번째 관찰치를 나타내며 ($i$=1, 2, …, $n$)으로 표시한다.

(2) Actual: 종속변수 $Y$의 실제값으로 $Y_1 = 1{,}060.00$, …, $Y_{120} = 4{,}610.00$이다.

(3) Fitted: 독립변수 $X$에 대응하는 종속변수 $Y$의 추정치로 $\hat{Y}_1 = 1{,}319.55$, …, $\hat{Y}_{120} = 6{,}475.03$이다.

(4) Residual: 독립변수가 설명하지 못하는 종속변수 $Y$의 변동부분으로 잔차, $e_1 = -259.548$, …, $e_{120} = -1{,}865.03$을 나타낸다.

(5) Residual Plot: 잔차 $e_i$값을 그림으로 표현한 것으로 중앙의 수직선은 회귀선을 나타내며, 각 점들은 실제 $Y_i$ 값의 위치를 나타낸다. 여기서 중앙의 수직선 오른쪽에 있는 점은 잔차가 (+) 값을 갖는 것으로, 종속변수가 회귀선의 위에 위치한 관측치이다. 반면, 수직선의 왼쪽에 있는 점은 잔차가 (−) 값을 갖는 것으로, 종속변수가 회귀선의 아래에 위치한 관측치를 의미한다. 마지막으로 중앙의 수직선과 점과의 거리는 회귀선으로부터의 거리를 나타낸다.

## 3. 회귀계수 추정치의 공분산 행렬

[그림 4-A2]의 추정 결과 또는 [그림 4-A3]의 실제값, 적합값, 잔차의 도표가 출력된 상태에서 [View] / [Covariance Matrix] 항을 차례로 선택한다. [그림 4-A4]의 출력값은 $b_1$, $b_2$의 분산과 공분산을 의미하며 $s_{b_1}^2$ =33,150.84, $s_{b_2}^2 = 0.000737$, $s_{b_1, b_2} = -4.044533$이다.

[그림 4-A3] 실제값, 적합값, 잔차의 도표

| obs | Actual | Fitted | Residual |
|---|---|---|---|
| 1 | 1060.00 | 1319.55 | -259.548 |
| 2 | 774.000 | 1322.65 | -548.648 |
| 3 | 1170.00 | 1357.31 | -187.313 |
| 4 | 420.000 | 1377.32 | -957.323 |
| 5 | 396.000 | 1407.48 | -1011.48 |
| 6 | 588.000 | 1432.84 | -844.843 |
| 7 | 632.000 | 1450.88 | -818.880 |
| 8 | 517.000 | 1464.69 | -947.690 |
| 9 | 996.000 | 1467.79 | -471.790 |
| 10 | 2160.00 | 1475.40 | 684.601 |
| 11 | 1068.00 | 1518.24 | -450.237 |
| 12 | 600.000 | 1522.75 | -922.746 |
| 13 | 630.000 | 1532.05 | -902.047 |
| 14 | 1128.00 | 1538.53 | -410.529 |
| 15 | 995.000 | 1563.61 | -568.611 |
| 16 | 706.000 | 1570.09 | -864.093 |
| 17 | 970.000 | 1601.38 | -631.376 |
| 18 | 1065.00 | 1616.03 | -551.031 |
| 19 | 606.000 | 1617.44 | -1011.44 |
| 20 | 850.000 | 1674.37 | -824.370 |
| 21 | 923.000 | 1674.37 | -751.370 |
| 22 | 2964.00 | 1678.88 | 1285.12 |
| 23 | 2660.00 | 1723.41 | 936.592 |
| 24 | 1220.00 | 1734.40 | -514.399 |
| 25 | 1412.00 | 1756.95 | -344.945 |

Residual Plot

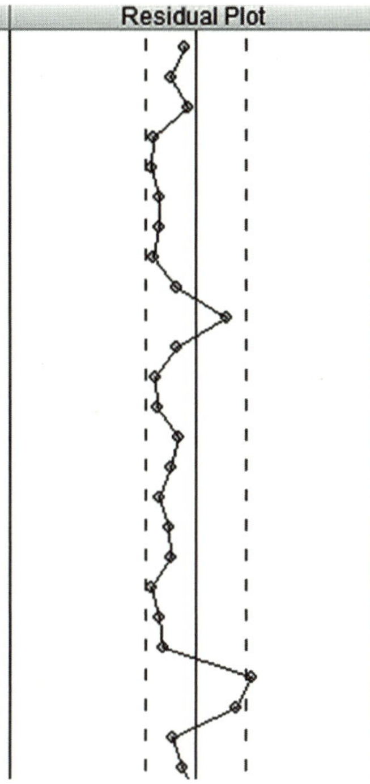

[그림 4-A4] 회귀계수 추정치의 공분산 행렬

| | C | INCOME |
|---|---|---|
| C | 33,150.84 | −4.044533 |
| INCOME | −4.044533 | 0.000737 |

## 4. 회귀계수 추정치의 신뢰구간

[그림 4-A2] 또는 [그림 4-A3]이 활성화된 상태에서 [View] / [Coefficient Diagositcs] ▶ [Confidence Intervals]를 차례로 선택한다. [그림 4-A5]의 출력값은 $b_1$, $b_2$의 90%, 95%, 99%의 신뢰구간을 의미한다.

[그림 4-A5] 회귀계수 추정치의 신뢰구간

Coefficient Confidence Intervals
Sample: 1 120
Included observations: 120

| | | 90% CI | | 95% CI | | 99% CI | |
|---|---|---|---|---|---|---|---|
| Variable | Coefficient | Low | High | Low | High | Low | High |
| C | 1,238.945 | 937.0906 | 1,540.800 | 878.3895 | 1,599.501 | 762.2512 | 1,715.639 |
| INCOME | 0.281828 | 0.236833 | 0.326824 | 0.228082 | 0.335574 | 0.210770 | 0.352886 |

## 5. EViews에서 예측하기

(예 4.10)과 같이 EViews에서 예측하고자 하는 독립변수의 값이 작업파일에 없는 경우 작업파일의 범위(range)를 확장한 다음 독립변수의 값을 입력하여 다음과 같이 예측을 시행한다. ① EViews의 메뉴창에서 [Proc] / [Structure/Rssize Current Page]를 누르면 작업파일 구조(workfile structure) 화면이 출력된다. 여기서 [observations] 항목에 『121』을 입력하고 [OK]를 누르면, 작업파일의 Range와 Sample이 모두 1 121-121 obs로 변경된다. ② 작업파일의 CONSUMPTION 변수를 더블클릭하면 CONSUMPTION 변수의 스프레드시트창이 출력되며, 121번째 관측치가 NA로 표시돼 있다. 여기서 121번째 관측치를 마우스 버튼으로 선택한 다음 [Edit+/−] 버튼을 클릭하여 『5,000』을 입력한다. ③ 회귀분석 결과가 제시된 [그림 4-A2]의 도구창에서 [Forecast] 버튼을 누르면 [그림 4-A6]의 입력창이 활성화된다. 여기서 [Forecast name]항에 예측치의 이름(예를 들어, 『CON_F』)과 [S.E.]항에 예측치의 표준오차의 이름(예를 들어, 『SEF』)을 입력한다. [Forecast sample]에는 예측하고자 하는 예측자료의 표본 범위 또는 기간을 입력한다. 여기서는 『121 121』을 입력한 다음 [OK] 버튼을 누른다.

[그림 4-A6] 소비의 예측치 및 예측오차 입력창

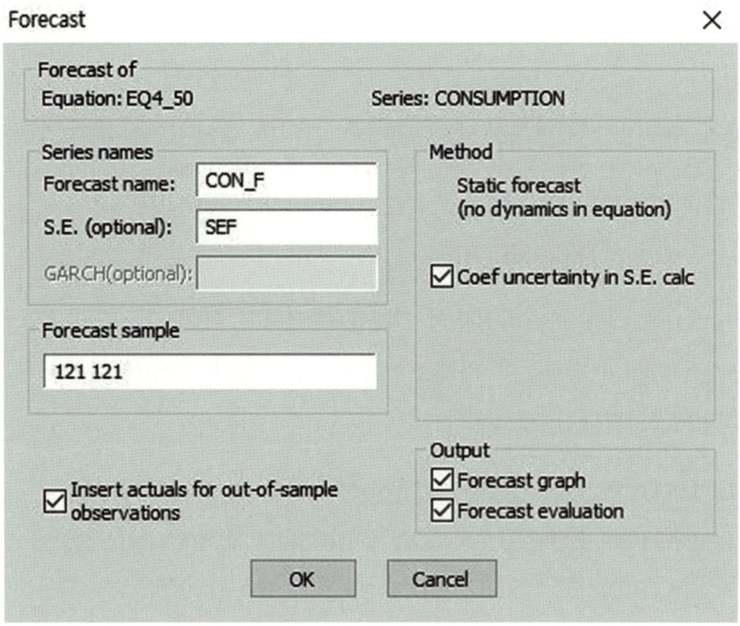


④ 작업파일에 예측치(CON_F)와 표준오차(SEF) 변수가 새로 생성되며, 그래프 등의 기능을 통해 예측치를 확인할 수 있다. 소득이 5,000만 원일 때 소비의 예측치와 예측의 표준오차는 [그림 4-A7]에 제시했다.

[그림 4-A7] 소비의 예측치와(CON_F) 및 예측의 표준오차(SEF)

| OBS | INCOME | CON_F | SEF |
|---|---|---|---|
| 121 | 5,000 | 2,648.087 | 1,150.805 |

참고 [부록 4.3]의 주가의 이전효과 분석 I 과 같이 예측하고자 하는 독립변수의 값이 작업파일에 있는 경우 작업파일의 구조를 변경하지 않고 ③번과 ④번을 실행하면 된다.

## 6. 자료의 단위 변환에 따른 EViews 명령문 및 결과

CONSUMPTION, INCOME 변수로부터 CON_NEW, INCOME_NEW 변수를 만들기 위해서는 작업파일의 도구창 선택항목에서 [Genr]을 클릭한 후 다음을 각각 입력한다.

『CON_NEW = CONSUMPTION*10』

『INCOME_NEW= INCOME*10』

식 (4.50)~(4.53)에 해당하는 회귀분석 결과를 출력하기 위해서는 명령창 또는 EViews 프로그램 입력창에서 아래의 명령문을 차례로 입력하고, 생성된 객체 EQ4_50~EQ4_53을 더블 클릭하면 각각의 추정 결과가 제시된다.

```
EQUATION EQ4_50.LS CONSUMPTION C INCOME          (4.50)
EQUATION EQ4_51.LS CONSUMPTION C INCOME_NEW      (4.51)
EQUATION EQ4_52.LS CON_NEW C INCOME              (4.52)
EQUATION EQ4_53.LS CON_NEW C INCOME_NEW          (4.53)
```

이러한 추정 결과를 하나의 표로 제시하면 추정 결과를 비교·분석하는 데 용이하다. 여기서는 EViews에서 추정된 다양한 추정 결과를 하나의 표로 요약하여 제시하는 방법을 소개한다. ① EViews의 메뉴창에서 [Add-ins] / [Download Add-ins]를 누르면 Add in Objects라는 활성창이 제시된다. [여기서 Add in Objects는 EViews 프로그램을 이용하는 사용자들이 자발적으로 만든 추가 기능으로 R에서의 패키지와 동일한 개념이다.] ② 이 활성창의 Available 탭에서 「EqTabs」으로 명명된 패키지를 마우스로 선택하고, [Install] 버튼을 누르면 패키지가 설치된다. 패키지 설치가 완료되면 메뉴창의 [Add-ins] 항목에서 [Equation Output Table (Summary form)]이 나타나는데, 이를 마우스로 선택한다. ③ 추정 결과를 하나의 표로 요약하기 위해 방정식 이름을 입력하는 작은 활성창이 제시되는데, 여기서 『EQ4_5*』를 입력하고 [OK]를 누른다. ④ 표의 머리글(header)을 선택하기 위한 선택창에서 [Equation Titles]과 [Dependent Variables]를 선택하고 [OK]를 누르면 방정식의 통계량들을 선택하기 위한 선택창이 제시된다. 여기서는 회귀계수 추정치의 표준오차 대신 $t$-통계치를 제시하기 위해 [Include t-Statistics] 항목을 선택한다. 그 이외 출력하고자 하는 항목들(관측치 수, 결정계수, $F$-통계량 및 유의확률)도 선택하고 [OK] 버튼을 누른다. ⑤ 마지막으로 표의 소수점 자리 수, 표준오차 또는 $t$-통계치 등의 포맷형식을 지정하기 위한 [그림 4-A8]의 선택창이 활성화된다. 여기서는 회귀계수 추정치,

$t$-통계치, 결정계수 값들을 소수점 3자리까지 표시하기 위해 3을 입력하고 [OK]를 누르면, 작업파일에 RESULTS라고 명명된 표가 생성된다. 이를 더블클릭하면 추정 결과가 정리된 [그림 4-A9]의 화면이 출력된다.

[그림 4-A8] 표의 포맷형식 선택창

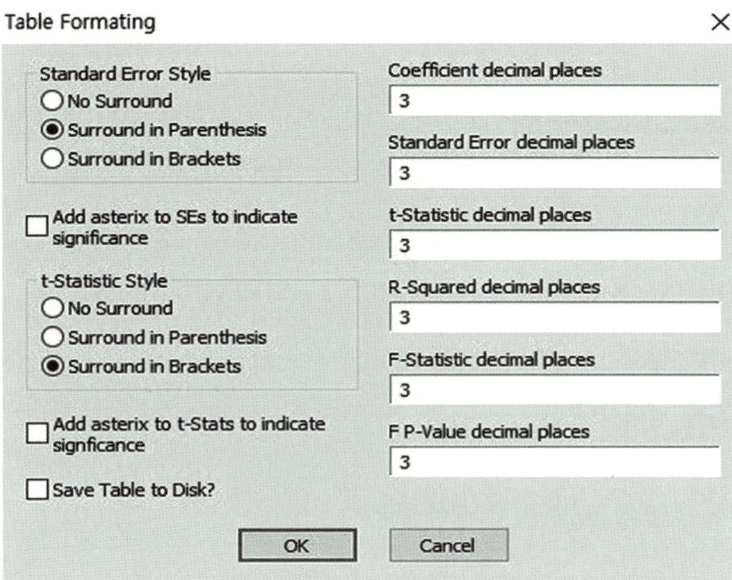


[그림 4-A9] 식 (4.50)~(4.53)의 추정 결과 요약

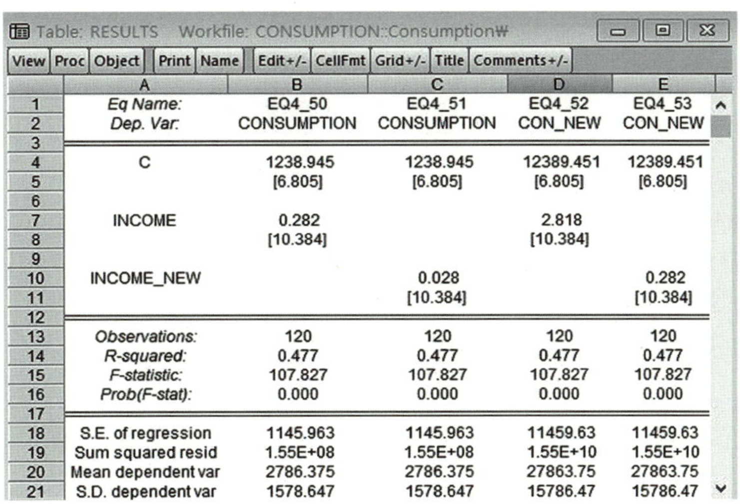

| | A | B | C | D | E |
|---|---|---|---|---|---|
| 1 | *Eq Name:* | EQ4_50 | EQ4_51 | EQ4_52 | EQ4_53 |
| 2 | *Dep. Var:* | CONSUMPTION | CONSUMPTION | CON_NEW | CON_NEW |
| 3 | | | | | |
| 4 | C | 1238.945 | 1238.945 | 12389.451 | 12389.451 |
| 5 | | [6.805] | [6.805] | [6.805] | [6.805] |
| 6 | | | | | |
| 7 | INCOME | 0.282 | | 2.818 | |
| 8 | | [10.384] | | [10.384] | |
| 9 | | | | | |
| 10 | INCOME_NEW | | 0.028 | | 0.282 |
| 11 | | | [10.384] | | [10.384] |
| 12 | | | | | |
| 13 | *Observations:* | 120 | 120 | 120 | 120 |
| 14 | *R-squared:* | 0.477 | 0.477 | 0.477 | 0.477 |
| 15 | *F-statistic:* | 107.827 | 107.827 | 107.827 | 107.827 |
| 16 | *Prob(F-stat):* | 0.000 | 0.000 | 0.000 | 0.000 |
| 17 | | | | | |
| 18 | S.E. of regression | 1145.963 | 1145.963 | 11459.63 | 11459.63 |
| 19 | Sum squared resid | 1.55E+08 | 1.55E+08 | 1.55E+10 | 1.55E+10 |
| 20 | Mean dependent var | 2786.375 | 2786.375 | 27863.75 | 27863.75 |
| 21 | S.D. dependent var | 1578.647 | 1578.647 | 15786.47 | 15786.47 |

참고 [그림 4-A9]의 (18)~(22)줄은 추정 결과의 비교를 위해 추가적으로 제시했다. 이에 대한 명령문은 홈페이지에 첨부된 프로그램 파일(4장.prg) 참조.

## 7. 표준화 변환에 따른 EViews 명령문 및 결과

CONSUMPTION, INCOME 변수로부터 CON_STD, INCOME_STD 변수 만들기: 작업파일의 도구창에서 Genr 을 클릭한 후 다음을 각각 입력한다.

『CON_STD=(CONSUMPTION−@MEAN(CONSUMPTION)) / @STDEV(CONSUMPTION)』

『INCOME_STD=(INCOME−@MEAN(INCOME)) / @STDEV(INCOME)』

표준화된 회귀모형을 추정하기 위해 명령창에 『EQUATION EQ4_56.LS CON_STD INCOME_STD』를 입력한다.

[그림 4-A10] 식 (4.56)의 표준화된 회귀분석 결과

Dependent Variable: CON_STD
Method: Least Squares
Sample: 1 120
Included observations: 120

| Variable | Coefficient | Std. Error | t-Statistic | Prob. |
|---|---|---|---|---|
| INCOME_STD | 0.690996 | 0.066264 | 10.42788 | 0.0000 |

| | | | |
|---|---|---|---|
| R-squared | 0.477476 | Mean dependent var | −1.09E−16 |
| Adjusted R-squared | 0.477476 | S.D. dependent var | 1.000000 |
| S.E. of regression | 0.722858 | Akaike info criterion | 2.197091 |
| Sum squared resid | 62.18036 | Schwarz criterion | 2.220320 |
| Log likelihood | −130.8255 | Hannan-Quinn criter. | 2.206525 |
| Durbin-Watson stat | 1.914774 | | |

참고 [그림 4-A2]의 도구창에서 View / Coefficient Diagonostics ▶ Scaled Coefficients 를 선택하면 자료의 변환 과정 없이 표준화된 베타계수를 확인할 수 있다. [그림 4-A11]의

Elasticity at Means는 평균값에서의 점 탄력성 $\left(\widehat{E_j} = b_j \times \frac{\overline{X_j}}{\overline{Y}}\right)$ (for $j = 1,2$)을 나타낸다.

[그림 4-A11] 표준화된 베타계수 출력화면

Scaled Coefficients
Sample: 1 120
Included observations: 120

| Variable | Coefficient | Standardized Coefficient | Elasticity at Means |
|---|---|---|---|
| C | 1,238.945 | NA | 0.444644 |
| INCOME | 0.281828 | 0.690996 | 0.555356 |

부록 4.3

# EViews 실증분석의 예

## 1. 수능성적의 임금효과 분석

WAGE 파일에는 2009~2014년도에 노동시장에 참여한 청년층 전일제 취업자 102명의 수능성적과 임금자료가 입력됐다. 여기서 수능성적은 언어·수학·외국어 세 과목의 평균 수능등급, 임금은 시간당 실질임금을 의미한다. 수능성적의 임금효과를 분석하기 위해 102명의 임금(WAGE; 단위: 원)을 상수항과 평균 수능등급(AVG_GRADE; 단위: 등급)에 대해 회귀분석하여 구한 EViews 결과는 [그림 4-A12]에 제시했다.

[그림 4-A12] 수능성적의 임금효과에 대한 회귀분석 결과

Dependent Variable: WAGE
Method: Least Squares
Sample: 1 102
Included observations: 102

| Variable | Coefficient | Std. Error | t-Statistic | Prob. |
|---|---|---|---|---|
| C | 14,860.69 | 996.3260 | 14.91549 | 0.0000 |
| AVG_GRADE | −957.1253 | 172.4082 | −5.551506 | 0.0000 |

| | | | |
|---|---|---|---|
| R-squared | 0.235586 | Mean dependent var | 9,565.222 |
| Adjusted R-squared | 0.227942 | S.D. dependent var | 3,307.017 |
| S.E. of regression | 2,905.770 | Akaike info criterion | 18.80620 |
| Sum squared resid | 8.44E+08 | Schwarz criterion | 18.85767 |
| Log likelihood | −957.1161 | Hannan-Quinn criter. | 18.82704 |
| F-statistic | 30.81922 | Durbin-Watson stat | 1.855541 |
| Prob(F-statistic) | 0.000000 | | |

이 결과에서 추정된 회귀식은 $\widehat{WAGE}_i = 14{,}860.69 - 957.125 AVG_GRADE_i$이다. 이 회귀

식에 의하면 (수능점수가 하락하여) 평균 수능등급이 한 등급 상승할 경우 임금은 957원 감소하는 것으로 나타났다. 여기서 평균 수능등급의 계수추정치 $b_2$에 대한 95% 신뢰구간은 $(-1{,}299.18,\ -615.07)$원이다. 또한 평균 수능등급의 임금에 대한 영향도는 계수추정치의 $t$-통계량의 절댓값이 2보다 크게 도출되어 2-$t$ 실용기준과 유의확률 가설검정에 따라 평균 수능성적이 임금에 아무런 영향을 끼치지 못한다는 귀무가설을 1% 유의수준에서 기각하는 것으로 나타났다.

결정계수의 값으로부터 전체 임금의 변화 중 평균 수능등급이 설명하는 비중은 약 23.56%로 나타났다. 이 결과에서 만일 어떤 청년 구직자의 평균 수능등급이 4등급인 경우 기대할 수 있는 임금은 11,032.2원($\widehat{WAGE}_f = 14{,}860.69 - 957.125 \times 4$)이다. 참고로 표본에 속한 취업자의 평균 수능등급과 평균 임금은 각각 5.53등급, 9,565.222원이다.

## 2. 주가의 이전효과 분석 I

2000년대 이후 국가 간 자본이동이 활발해지고 전산망이 발달함에 따라, 미국 주식시장에 나타나는 변동이 우리나라 주가의 움직임에 미치는 영향이 커졌다는 인식이 확산됐다. 이와 같이 한 나라에 나타난 변동요인이 다른 나라의 경제에 미치는 현상을 이전효과(spillover effect)라 한다. RETURN 파일에는 2000년 1월부터 12월까지의 한국의 KOSPI와 미국의 DJIA(Dow Jones Industrial Average)의 일간 수익률 자료가 입력돼 있다. 미국에서 발생하는 주가변동이 우리나라 주가에 미치는 이전효과를 분석하기 위해 다음과 같이 우리나라 $t$일의 주가지수 수익률(KOSPI)을 미국의 $(t-1)$일의 주가지수 수익률(DJIA)에 대해 회귀분석했다. RETURN 파일의 KOSPI와 DJIA의 자료 중 1에서 231까지의 관측치는 2000년도의 자료이며, 232에서 236까지의 자료는 예측을 위해 2001년 자료를 함께 수록했다.

먼저 2000년 자료에 대하여 회귀분석한 [그림 4-A13]의 결과에서 미국에서의 1% 주식수익률의 변동은 우리나라에서 약 0.8%의 변동요인으로 작용하는 것으로 나타났다. 그러나 모형 전체의 설명력은 높지 않아 이러한 분석 결과를 이용하여 경제적으로 의미 있는 투자전략을 도출해 낼 수 있는지에 대해서는 결론을 도출하기가 쉽지 않다. 이를 위해서는 주요 거시경제 지표 등을 토대로 한 경제 전체의 움직임뿐만 아니라 주식거래에 따르는 비용 등을 고려해야 한다. [이전효과에 대한 실증분석에서 고려해야 할 제반 이슈에 대해서는 이한식·장병문 (2002) 참조.]

[그림 4-A13] 주가의 이전효과에 대한 회귀분석 결과

Dependent Variable: KOSPI
Method: Least Squares
Sample: 1 231
Included observations: 231

| Variable | Coefficient | Std. Error | t-Statistic | Prob. |
|---|---|---|---|---|
| C | −0.146180 | 0.076890 | −1.901143 | 0.0585 |
| DJIA | 0.804649 | 0.132093 | 6.091531 | 0.0000 |

| | | | |
|---|---|---|---|
| R-squared | 0.139443 | Mean dependent var | −0.151353 |
| Adjusted R-squared | 0.135685 | S.D. dependent var | 1.256945 |
| S.E. of regression | 1.168563 | Akaike info criterion | 3.158047 |
| Sum squared resid | 312.7085 | Schwarz criterion | 3.187851 |
| Log likelihood | −362.7544 | Hannan-Quinn criter. | 3.170068 |
| F-statistic | 37.10675 | Durbin-Watson stat | 2.003116 |
| Prob(F-statistic) | 0.000000 | | |

주: 명령문: 『EQUATION EQ4_13.LS KOSPI C DJIA』.

둘째로 위의 회귀분석 결과를 토대로 2001년 첫 5일 동안의 KOSPI 수익률의 예측치(KOSPIF), 예측의 표준오차(SEF)를 구하면 다음과 같으며 비교를 위해 [그림 4-A14]에 DJIA 수익률과 KOSPI 수익률의 실제값도 함께 제시했다.

[그림 4-A14] KOSPI 수익률의 예측치(KOSPIF)와 예측의 예측오차(SEF)

| obs | DJIA | KOSPI | KOSPIF | SEF |
|---|---|---|---|---|
| 232 | 1.205697 | 2.945375 | 0.823983 | 1.181984 |
| 233 | −0.132723 | 1.741423 | −0.252975 | 1.171208 |
| 234 | −1.008160 | 0.431508 | −0.957394 | 1.178541 |
| 235 | −0.165691 | 0.241405 | −0.279503 | 1.171278 |
| 236 | −0.200407 | −2.197737 | −0.307437 | 1.171370 |

## 3. 소비함수의 추정

케인스의 소비함수에 의하면 소비의 변화는 그 시점에서의 소득의 변화에 의존한다. 1970년부터 2019년까지의 분기별 자료를 이용하여 소비함수를 추정한 결과는 다음과 같다. [분석을 위한 자료는 QUARTER 파일에 수록되어 있다.]

[그림 4-A15] 소비함수의 회귀분석 결과

Dependent Variable: CP
Method: Least Squares
Sample: 1970Q1 2019Q4
Included observations: 200

| Variable | Coefficient | Std. Error | t-Statistic | Prob. |
|---|---|---|---|---|
| C | 2,477.157 | 436.2965 | 5.677693 | 0.0000 |
| GDP | 0.493571 | 0.002009 | 245.7134 | 0.0000 |

| | | | |
|---|---|---|---|
| R-squared | 0.996731 | Mean dependent var | 78,039.11 |
| Adjusted R-squared | 0.996715 | S.D. dependent var | 76,362.23 |
| S.E. of regression | 4,376.886 | Akaike info criterion | 19.61601 |
| Sum squared resid | 3.79E+09 | Schwarz criterion | 19.64900 |
| Log likelihood | −1,959.601 | Hannan-Quinn criter. | 19.62936 |
| F-statistic | 60,375.09 | Durbin-Watson stat | 0.065758 |
| Prob(F-statistic) | 0.000000 | | |

주: 명령문: 『EQUATION EQ4_A15.LS CP C GDP』.

위의 회귀분석에서 소비에 대한 자료로는 민간소비지출(CP)을, 소득자료로는 국내총생산(GDP)을 이용했다. 특히 소득자료에는 계절적 변동이 많이 나타나므로 이를 제거한 자료를 사용했다. [계절성의 특징과 이의 제거방법에 대해서는 제6장 2절의 내용 참조.] 여기서 GDP의 계수에 대한 추정치 0.5는 소득 한 단위 변화에 대한 소비의 변화량을 나타내는 한계소비성향을 추정한 것이라 할 수 있으며, 상수항에 대한 추정치는 소득수준이 0일 때 예상되는 최저 생존(subsistence level)을 위한 소비수준을 의미한다. 이 경우 [그림 4-A15]에서와는 달리 모형에서 사용된 변수가 불안정적(nonstationary) 자료의 특징을 나타내므로 지금까지의 논의와는 다른 방법으로 추정 결과를 해석해야 할 필요가 있다. 또한 모형의 적합성을 나타내는 지표로 사용되는 Durbin-Watson 통계량을 보면 단순회귀모형에 대한 최소자승추정법의 문제점을 고려해야 한다는 것을 암시하고 있다. 오차항의 자기상관 문제 등 통상 최소자승추정법의 문제에 대해서는 제Ⅲ부에서, 그리고 불안정한 자료를 다루는 데 따르는 점 등에 대해서는 제Ⅳ부에서 자세히 다룬다.

부록 4.4

# R 명령문 및 추정 결과

여기에서는 R 프로그램을 이용하여 회귀모형의 추정방법과 추정된 회귀모형의 신뢰구간과 예측치를 도출하는 방법에 대해서 설명한다.

## 1. 회귀분석 및 관련 출력 결과

R에서 회귀분석과 이와 연관된 분석을 시행하기 위한 다양한 함수가 존재하며, 이러한 명령문은 [표 4-A4]에 제시했다.

**[표 4-A4]** 회귀분석 및 관련 명령문

```
setwd("C:/econometrics")                                            # 작업경로 변경        (1)
Con_data  <- read.csv(file="consumption.csv", header=TRUE)          # 자료 읽기            (2)
Eq4_50    <- lm(consumption~income, data=Con_data)                  # 식 (4.50) 추정       (3)
summary(Eq4_50)                                                     # 추정 결과            (4)

# 실제값, 적합값, 잔차
y         <- Con_data$consumption                                   # 실제값               (5)
y_hat     <- fitted(Eq4_50)                                         # 적합값               (6)
e_t       <- resid(Eq4_50)                                          # 잔차                 (7)
cbind(y, y_hat, e_t)                                                # 실제값, 적합값, 잔차 (8)

# 회귀계수 추정치의 공분산 행렬 및 신뢰구간
vcov(Eq4_50)                                                        # 공분산 행렬          (9)
confint(Eq4_50, level=0.95)                                         # 95% 신뢰구간         (10)
```

R에서 회귀분석은 lm( ) 함수를 이용한다. 종속변수와 독립변수는 '~' 기호로 구분하는데, 먼저 종속변수를 입력한 다음 '~' 기호 뒤에 독립변수를 입력한다. lm( ) 함수의 data 인수에는 R로 불러온 자료를 입력한다. (3)번 줄은 소비-소득에 대한 회귀모형을 추정하고, 그 결과를 Eq4_50에 할당하는 명령문이다. (4)번 줄의 summary( )는 회귀분석 결과를 정리하여 제시하는 함수로, 이에 대한 추정 결과는 다음과 같이 네 가지로 요약된다.

**[그림 4-A16]** 소비-소득의 회귀분석 결과

```
> summary(Eq4_50)                                    # 추정 결과        (4)

Call:
lm(formula = consumption ~ income, data = Con_data)

Residuals:
     Min         1Q      Median       3Q        Max
 -2,383.6     -820.3    -137.7      580.7     3,831.0

Coefficients:
               Estimate     Std. Error     t value       Pr(>|t|)
(Intercept)    1.239e+03    1.821e+02      6.805         4.46e-10   ***
income         2.818e-01    2.714e-02      10.384        < 2e-16    ***
---
Signif. codes:  0 '***'  0.001 '**'  0.01 '*'  0.05 '.'  0.1 ' '  1

Residual standard error: 1,146 on 118 degrees of freedom
Multiple R-squared: 0.4775,   Adjusted R-squared: 0.473
F-statistic: 107.8 on 1 and 118 DF,  p-value: < 2.2e-16
```

① Call 항목에는 회귀분석이 수행된 회귀식이 출력된다.

② Residuals 항목은 추정된 잔차의 최솟값, 최댓값 등 분포에 대한 정보를 제공한다.

③ Coeffcients 항목에서는 회귀계수 추정치, 표준오차, $t$-통계량, 유의확률 값을 제시한다. 유의확률 옆에 제시된 '*'는 유의확률이 0.001보다 작으면 ***, 0.01보다 작으면 ** 등으로 표시된다.

④ 마지막 항목에서는 회귀식의 표준오차 $s$(residual standard error), 결정계수 $R^2$(Multiple R-squared)의 값들을 제시한다.

회귀모형을 추정한 다음 회귀식의 적합값은 fitted( ) 함수, 잔차는 resid( ) 함수를 이용하여 출력한다. 명령문의 (5)~(8)번 줄은 실제값, 적합값, 잔차를 출력하기 위한 명령문이다. 그리고 회귀계수 추정치의 공분산 행렬은 vcov( ) 함수, 회귀계수 추정치의 신뢰구간은 confint( ) 함수를 이용하여 각각 도출할 수 있으며, 이의 실행 결과는 EViews와 동일하여 생략한다.

## 2. 예측하기

R에서 (예 4.10)의 소비의 예측치와 예측오차를 계산하기 위한 명령문은 다음과 같으며, 여기서는 예측치에 대한 식 (4.57)과 예측치의 표준오차에 대한 식 (4.62)를 직접 계산했다. (11)번 줄의 nobs( ) 함수는 회귀분석에서 이용된 관측 수를 추출하는 명령어이며, (12)번 줄은 독립변수 값인 소득 5,000을 xf 변수에 할당하는 명령문이다.

(13)~(15)번 줄은 소비의 예측치를 계산하는 명령문이다. 여기서 coef( ) 함수는 회귀계수의 추정치를 출력하는 함수이며, 상수항과 소득의 회귀계수를 각각 추출하기 위해 [[]] 기호를 사용한다. (15)번 줄은 상수항 b1과 소득의 회귀계수 b2를 이용하여 예측치를 계산하는 명령문이다.

(16)~(21)번 줄은 예측치의 표준오차를 계산하는 명령문이다. 먼저 (7)번 줄에서 저장한 잔차를 이용하여 (16)번 줄에서 잔차의 제곱합을 계산하고, 그 다음 줄에서 회귀식의 표준오차를 계산한다. (21)번 줄은 식 (4.62)에 해당하는 예측치의 예측오차를 계산하는 명령문이며, 추정 결과는 EViews와 동일하여 생략한다.

[표 4-A5] (예 4.10)의 예측 명령문

```
n        <- nobs(Eq4_50)                      # 관측 수                    (11)
xf       <- 5000                              # 독립변수 값                (12)

# 예측치 계산
b1       <- coef(Eq4_50)[[1]]                 # b1                         (13)
b2       <- coef(Eq4_50)[[2]]                 # b2                         (14)
con_f    <- b1 + b2*xf                        # 예측치 계산                (15)

# 예측치의 표준오차 계산
rss      <- sum(e_t^2)                        # 잔차의 제곱합              (16)
se       <- sqrt(rss/(n-2))                   # 회귀식의 표준오차          (17)
x        <- Con_data$income                   # income 변수 추출           (18)
num      <- (xf-mean(x))^2                    # 예측치와 평균의 차이 제곱  (19)
den      <- sum((x-mean(x))^2)                # 편차의 제곱합              (20)
sef      <- se*sqrt((1+(1/n)+ num/den))       # 예측치의 표준오차          (21)

cbind(xf, con_f, sef)                         # 소비의 예측치와 표준오차   (22)
```

## 3. 자료의 변환에 따른 R 명령문 및 실행 결과

자료의 측정 단위 변환 및 표준화 변환에 따른 회귀분석 명령문은 다음과 같다. (23)~(26)번 줄은 소비와 소득 변수를 추출한 다음 con_new와 income_new 변수를 새로이 생성하는 명령문이다. (27)~(29)번 줄은 독립변수 및 종속변수의 측정 단위 변화에 따른 회귀식을 추정하는 명령문이다.

[표 4-A6] 자료의 변환에 따른 R 명령문

```
# con_new 및 income_new 변수 생성
consumption   <- Con_data$consumption                    # consumpiton 변수     (23)
income        <- Con_data$income                         # income 변수          (24)
con_new       <- consumption*10                          # 새로운 변수 생성     (25)
income_new    <- income*10                               # 새로운 변수 생성     (26)

# 독립변수 및 종속변수의 측정 단위 변환에 따른 회귀식 추정
Eq4_51        <- lm(consumption~income_new)              # 식 (4.51) 추정       (27)
Eq4_52        <- lm(con_new~income)                      # 식 (4.52) 추정       (28)
Eq4_53        <- lm(con_new~income_new)                  # 식 (4.53) 추정       (29)

# 회귀분석 결과 정리
install.packages("stargazer")                            # 패키지 설치          (30)
library(stargazer)                                       # 패키지 불러오기      (31)
stargazer(Eq4_50, Eq4_51, Eq4_52, Eq4_53,                # 회귀분석 결과 정리   (32)
        report = ('v*c*t'), type="text", digits=3,
        intercept.bottom=FALSE)

# 표준화된 회귀분석
con_std       <- (consumption - mean(consumption))/      # 변수 표준화          (33)
                 sd(consumption)
income_std    <- (income-mean(income))/sd(income)        # 변수 표준화          (34)
summary(lm(con_std~income_std-1))                        # 식 (4.56) 추정       (35)
```

R에서도 EViews와 유사하게 다수의 추정 결과를 표로 요약하여 제시하는 패키지가 있으며, 「stargazer」 패키지의 stargazer( ) 함수에서 이 기능을 제공한다. 이 함수에는 먼저 기존에 할당한 회귀식 Eq4_50~Eq4_53을 쉼표로 구분하여 입력한다. report 인수에는 출력하고자 하는 항목을 입력하는데, 여기서 v는 변수이름, c는 회귀계수 추정치, t는 $t$-통계량을 의미한다. [회귀식의 표준오차를 제시할 경우에는 report 인수를 제외한다.] digits 인수는 소수점 몇째 자리까지 출력할 것인지를 선택하는 인수이고, intercept.bottom 인수는 상수항을 마지막에 제시할 것인지 선택하는 인수이다. 여기서는 소수점 셋째 자리까지 제시하기 위해 digits=3, 상수항을 처음에 제시하기 위해 intercept.bottom=FALSE를 입력한다. (32)번 줄의 실행 결과는 다음과 같다.

[그림 4-A17] 식 (4.50) ~ (4.53)의 추정 결과 요약

```
> stargazer(Eq4_50, Eq4_51, Eq4_52, Eq4_53, report = ('v*c*t'), #회귀분석 결과 정리 (32)
+           type="text",  digits=3, intercept.bottom=FALSE)

=================================================================================
                                        Dependent variable:
                            -----------------------------------------------------
                                   consumption                  con_new
                                 (1)          (2)          (3)           (4)
---------------------------------------------------------------------------------
Constant                    1,238.945***  1,238.945***  12,389.450***  12,389.450***
                             t = 6.805     t = 6.805     t = 6.805      t = 6.805

income                        0.282***                   2.818***
                             t = 10.384                  t = 10.384

income_new                                 0.028***                     0.282***
                                          t = 10.384                   t = 10.384

Observations                    120           120          120            120
R2                             0.477         0.477        0.477          0.477
Adjusted R2                    0.473         0.473        0.473          0.473
Residual Std. Error (df = 118) 1,145.963   1,145.963    11,459.630     11,459.630
F Statistic (df = 1; 118)    107.827***   107.827***   107.827***     107.827***
=================================================================================
Note:                                              *p<0.1; **p<0.05; ***p<0.01
```

(33)~(35)번 줄은 표준화된 회귀분석에 대한 명령문이다. 표준화된 회귀모형을 추정할 때 상수항을 제외하고 추정해야 하는데, lm( ) 함수에서 −1을 입력하면 상수항을 제외하고 회귀식을 추정한다. 추정 결과는 EViews와 동일하여 생략한다.

**참고** R에서 [그림 4-A13]의 이전효과모형을 추정하기 위해서는 [ ] 연산자를 이용하여 다음과 같이 표본을 조정한다.

[표 4-A7] 표본조정방법

```
Return     <- read.csv(file="return.csv", header=TRUE)     # 자료 읽기
Return_1   <- Return[1:231,]                               # 표본조정
```

# 연습문제

1. 다음의 용어에 대하여 설명하라.

(1) 선형회귀모형

(2) 가우스-마르코프 정리

(3) 최량선형추정량

(4) 결정계수

(5) 회귀계수의 표준오차

(6) 회귀계수에 대한 가설검정

(7) 신뢰구간

(8) 유의확률

2. 아래의 각 문장이 맞는지 틀리는지를 결정하고, 그 이유를 간략히 설명하라.

(1) 단순회귀모형에 대한 결정계수의 값은 항상 독립변수 $X$와 종속변수 $Y$의 상관계수의 제곱과 같다.

(2) 독립변수 $X$가 넓게 분포돼 있을수록 회귀계수 $\beta_2$의 추정치로서 최소자승추정량 $b_2$의 정확도는 떨어진다.

(3) 회귀모형의 오차항이 정규분포를 갖지 않는 경우 최소자승추정량은 BLUE가 될 수 없다.

(4) 오차항의 분산이 클수록 회귀계수에 대한 최소자승추정량의 분산은 커진다.

(5) 유의확률의 값이 크다는 것은 추정치가 유의적으로 0과 다르다는 것을 의미한다.

3. 모집단 회귀선 $Y_i = \beta_1 + \beta_2 X_i + \varepsilon_i$에서 $\beta_1 \neq 0$이라 할 때, 실제 회귀분석에서는 상수항이 제외된 모형 $Y_i = \beta X_i + \varepsilon_i$에 대해 회귀계수의 추정치를 다음과 같이 구했다고 하자.

$$b = \frac{\sum_{i=1}^{n} X_i Y_i}{\sum_{i=1}^{n} X_i^2}$$

(1) 이 경우 $b$는 모집단 회귀선의 기울기 $\beta_2$에 대한 불편추정량이 될 수 있는가?

(2) 이 추정치의 분산 $V(b)$를 도출하라.

4. CONSUMPTION 파일의 식료품 소비(FOOD)와 소득(INCOME) 변수를 이용하여 다음에 답하라.

(1) 식료품 소비와 소득의 평균, 표준편차, 상관계수 등의 통계치를 구하라.

(2) 식료품 소비와 소득자료에 대해 다음의 회귀모형을 추정하라.

$$FOOD_i = \beta_1 + \beta_2 INCOME_i + \varepsilon_i$$

(3) 식료품 소비와 소득의 산점도를 구하고, 이와 함께 (2)에서 구한 표본회귀선을 도출하라.

(4) $\beta_2$의 추정치 $b_2$를 구하고, 그 결과를 해석하라.

(5) 위 (4)에서 도출한 $b_2$의 $t$-통계치에 대해 2-$t$ 실용기준을 적용할 때, 이 계수의 유의성을 판단하라.

(6) 계수추정치 $b_2$의 $t$-통계치에 대한 유의확률 값은 얼마인가? 이를 이용하여 5% 유의수준에서 귀무가설 $H_0 : \beta_2 = 0$에 대한 가설검정을 시행하라.

(7) 결정계수 $R^2$ 값을 도출하고, 이 값이 두 변수의 상관계수의 제곱과 일치하는지 확인하라. 이 결정계수 값을 토대로 이 회귀모형의 적합성을 평가하라.

(8) 가구의 소득이 8,000만 원인 자료에 대해 그 가구의 식료품 소비를 예측하고, 예측치의 95% 신뢰구간을 구하라.

(9) 식료품 소비에 대한 (평균에서의) 소득의 점 탄력성$\left(\hat{E} = b_2 \times \overline{X}/\overline{Y}\right)$을 구하고, 식료품이 필수품인지 사치품인지 판단하라.

(10) 식료품 소비와 소득을 표준화한 표준화 회귀모형을 추정하고, 추정계수치의 값을 해석하라.

5. CONSUMPTION 파일의 CLASS 변수는 소득을 계층별로 구분한 변수(저소득층=1, 중산층=2, 고소득층=3)를 나타낸다. CLASS 변수를 이용하여 다음의 질문에 답하라. (아래의 명령문을 참고하여 소득 계층별로 표본을 조정한 다음, 아래의 분석을 진행할 것.)

| EViews 명령문 | R 명령문 |
|---|---|
| smpl if class = $i$ | sub_$i$< − subset(Con_data, class = = $i$) |

▷ EViews에서 조건문인 if 함수 또는 R에서 특정 조건에 맞는 자료를 추출할 때 사용하는 subset( ) 함수를 이용하여 $i$ ($i = 1, 2, 3$)값을 입력하면 소득 계층별로 표본을 조정할 수 있다.

(1) 소득 계층별로 소비(CONSUMPTION)와 소득(INCOME)의 평균, 표준편차, 상관계수, 평균 소비성향(= 평균 소비 / 평균 소득 = $\overline{소비} / \overline{소득}$) 등의 통계치를 구하라.

(2) 소득 계층별로 소비와 소득의 평균, 평균 소비성향의 특징을 분석하라.

(3) 소득 계층별로 소비를 상수항과 소득에 대해 다음의 모형을 추정하라.

$$CONSUMPTION_i = \beta_1 + \beta_2 INCOME_i + \varepsilon_i \quad \text{CLASS}(i) = 1,\ 2,\ 3$$

(4) 소득 계층별로 소비와 소득의 산점도를 구하고, 여기에 (3)에서 구한 표본회귀선을 제시하라.

(5) 한계소비성향을 의미하는 $\beta_2$는 소득 계층별로 어떻게 변하는가?

(6) 유의확률을 이용하여 소득 계층별로 5% 유의수준에서 $H_0: \beta_2 = 0$에 대한 가설검정을 시행하라.

CHAPTER

5

# 다중회귀분석

제4장에서는 종속변수를 설명하는 독립변수가 하나인 단순회귀모형을 소개했다. 그러나 복잡한 경제·사회 현상을 설명하기 위해서는 한 변수가 다른 여러 개의 독립변수와 연결되는 회귀모형이 적합하다. 여기에서는 다수의 독립변수로 구성된 다중회귀모형의 구조와 특징을 살펴본다. 먼저 단순회귀분석과의 차이를 설명하고, 이 경우 모형 적합성의 척도로 사용되는 결정계수의 문제점을 고려하기 위한 접근법으로 조정된 결정계수를 소개한다. 또한 단순회귀분석의 가설검정 방법을 확장하여, 둘 이상의 회귀계수에 대해 통계적 추론을 시행하는 방법에 대해 논의한다.

## 1. 다중회귀모형의 기본 구조와 추정

### 1.1 단순회귀분석의 한계

단순회귀분석은 하나의 독립변수 $X$만으로 종속변수 $Y$를 설명하는 모형을 이용한다. 그러나 대부분의 회귀모형에서는 종속변수 $Y$에 영향을 미치는 변수가 두 개 이상인 경우가 일반적이다. 제3장에서 다룬 소비함수에서 소득 이외에 소비에 영향을 미치는 다른 변수로 가구주의 나이 및 교육수준, 가족구성원 수 등을 고려할 필요가 있다. 다른 예로 국내에서의 외국산 자동차 판매량은 그 자동차의 가격과 광고비 지출, 국내 자동차의 가격, 소비자의 소득수준과 휘발유 가격 등 다양한 요인에 따라 영향을 받는다.

이와 같이 다수의 독립변수가 종속변수 $Y$의 변동에 영향을 미치는 관계를 나타낼 때, 이 중 하나만의 변수를 선택한 단순회귀모형은 올바른 모형이 될 수 없다. 이 경우 종속변수 $Y$의 설명에 중요한 독립변수들이 누락되는 모형설정오류(mis-specification)를 초래해 회귀계수의 추정과 가설검정 등에 문제가 야기된다. 따라서 종속변수 $Y$를 설명하는 변수가 많은 경우, 단순회귀분석을 이용한 통계적 추론은 유용성을 상실한다.

### 1.2 다중회귀모형의 기본 구조

종속변수 $Y$가 상수항과 $X_2, X_3, \cdots, X_k$ 등 $k$개의 변수에 의해 설명되는 다중회귀모형의 일반적인 구조는 다음과 같이 설정한다.

$$Y_i = \beta_1 + \beta_2 X_{2i} + \beta_3 X_{3i} + \cdots + \beta_k X_{ki} + \varepsilon_i \tag{5.1}$$

이 모형에 대한 통계적 추론을 위해서는 먼저 모형에 포함된 $k$개의 회귀계수를 추정해야 한다. 이에 대한 표본회귀식은 단순회귀분석과 같은 맥락에서 다음과 같이 표현한다.

$$Y_i = b_1 + b_2 X_{2i} + b_3 X_{3i} + \cdots + b_k X_{ki} + e_i \tag{5.2}$$

여기서 첫 번째 변수는 $X_{1i} = 1$로 상수항을 나타내며, $X_{ij}(j = 2, \cdots, n)$는 독립변수 $X_j$에 대한 $i$번째 관측치를 표시한다. 예를 들어, 120가구에 대한 독립변수로 (1, 소득, 나이)의 자료를 구한 경우, 표본수 $n = 120$, $k = 3$이며, $X_{2,10}$은 열 번째 관측치인 가구의 소득, $X_{3,30}$은 30번째 관측치에서 가구주의 나이를 나타낸다.

## 1.3 최소자승법에 의한 추정

일반적인 다중회귀모형에 대해서도 표본회귀선을 구하기 위한 방법으로 최소자승법을 적용할 수 있다. 예를 들어, 상수항 이외에 두 개의 독립변수가 포함된 모형 (5.3)에서 회귀계수 $\beta_1$, $\beta_2$, $\beta_3$에 대한 최소자승추정량은 식 (5.4)의 잔차 제곱합을 최소화하는 $b_1$, $b_2$, $b_3$를 구하는 것이다.

$$Y = \beta_1 + \beta_2 X_{2i} + \beta_3 X_{3i} + \varepsilon_i \tag{5.3}$$

$$\Rightarrow \min_{(b_1, b_2, b_3)} \sum_{i=1}^{n} e_i^2 = \sum_{i=1}^{n} (Y_i - b_1 - b_2 X_{2i} - b_3 X_{3i})^2 \tag{5.4}$$

이 경우 1차 조건을 만족시키는 직교방정식(normal equation)은 다음의 연립방정식으로 구성된다.

$$\sum_{i=1}^{n} e_i = 0 \quad \Rightarrow \sum_{i=1}^{n} (Y_i - b_1 - b_2 X_{2i} - b_3 X_{3i}) = 0 \tag{5.5}$$

$$\sum_{i=1}^{n} X_{2i} e_i = 0 \Rightarrow \sum_{i=1}^{n} X_{2i}(Y_i - b_1 - b_2 X_{2i} - b_3 X_{3i}) = 0 \tag{5.6}$$

$$\sum_{i=1}^{n} X_{3i} e_i = 0 \Rightarrow \sum_{i=1}^{n} X_{3i}(Y_i - b_1 - b_2 X_{2i} - b_3 X_{3i}) = 0 \tag{5.7}$$

이 세 개의 연립방정식을 만족하는 최소자승추정량 $b_1$, $b_2$, $b_3$는 다음의 수식으로 표현된다.

$$b_1 = \overline{Y} - b_2 \overline{X}_2 - b_3 \overline{X}_3 \tag{5.8}$$

$$b_2 = \frac{(S_{2y}S_{33} - S_{3y}S_{23})}{(S_{22}S_{33} - S_{23}^2)} \tag{5.9}$$

$$b_3 = \frac{(S_{3y}S_{22} - S_{2y}S_{23})}{(S_{22}S_{33} - S_{23}^2)} \tag{5.10}$$

여기서 $S_{ij}$는 다음과 같이 회귀식에 포함된 변수 $X_2$, $X_3$, $Y$ 사이의 2차 적률(moment)을 나타낸다.

$$S_{jy} = \sum_{i=1}^{n}\left(X_{ji} - \overline{X}_j\right)\left(Y_i - \overline{Y}\right) \quad (j = 2, 3) \tag{5.11}$$

$$S_{jj} = \sum_{i=1}^{n}\left(X_{ji} - \overline{X}_j\right)^2 \quad (j = 2, 3) \tag{5.12}$$

$$S_{23} = \sum_{i=1}^{n}\left(X_{2i} - \overline{X}_2\right)\left(X_{3i} - \overline{X}_3\right) \tag{5.13}$$

식 (5.9)를 보면 변수 $X_2$의 계수추정량인 $b_2$의 값이 종속변수 $Y$와 변수 $X_2$의 값뿐만 아니라 모형에 들어 있는 다른 변수 $X_3$의 값에도 영향을 받는 것을 알 수 있다. 마찬가지로 식 (5.10)에서 계수추정치 $b_3$의 값이 종속변수 $Y$와 변수 $X_3$의 값 이외에 변수 $X_2$의 값에도 의존함을 알 수 있다. 이는 변수 $X_2$, $X_3$를 모두 포함하는 다중회귀모형에 대한 계수추정치는 이를 각각 따로 단순회귀모형으로 추정할 때 도출되는 값과 다르다는 것을 의미한다. 이러한 차이는 다중회귀모형에서의 회귀계수가 단순회귀모형에서의 회귀계수와는 달리 '순효과'(net effect)를 의미한다는 측면을 반영하고 있는데, 이에 대해서는 다음 절에서 설명한다.

다수의 독립변수가 포함된 일반적인 다중회귀모형의 경우, 최소자승추정량은 식 (5.14)의 잔차 제곱합을 최소화하는 $b_1$, $b_2$, $\cdots$, $b_k$의 값을 구하는 것이다.

$$\Rightarrow \min_{(b_1, b_2, \cdots, b_k)} \sum_{i=1}^{n} e_i^2 = \sum_{i=1}^{n}(Y_i - b_1 - b_2 X_{2i} - \cdots - b_k X_{ki})^2 \tag{5.14}$$

이로부터 도출되는 직교방정식은 $k$개의 수식으로 구성된 연립방정식이 되는데, 이에 대한 해를 수식으로 표현하는 것은 복잡할 뿐만 아니라 개별 수식에 대한 해석이 어려워진다. 이 경우 전체 회귀계수를 벡터(vector)로 구성하고 독립변수 전체를 행렬로 표현하는 행렬연산(matrix operation)을 이용하면 간단한 수식으로 도출할 수 있다. 실제로 대부분의 컴퓨터 통계 프로그램은 행렬연산을 적용하여 회귀계수와 분산의 추정치를 도출하는 방법을 사용한다. 이 책에서는 컴퓨터 통계 패키지로부터 도출된 최소자승추정량을 이용해서 다중회귀모형에 대한 통계적 추론을 시행하고, 그 결과를 활용하는 방법을 중심으로 논의한다. [행렬대수(matrix algebra)에 기초 지식이 있는 독자를 위해 이 장의 [부록 5.1]에 다중회귀모형의 행렬연산을 간단히 정리한다.]

### 예 5.1

CONSUMPTION 파일의 소비(CONSUMPTION), 소득(INCOME), 나이(AGE)에 대해서 다음의 모형을 설정했다.

$$CONSUMPTION_i = \beta_1 + \beta_2 INCOME_i + \beta_3 AGE_i + \varepsilon_i \tag{5.15}$$

120개의 표본자료로부터 구한 결과는 다음과 같으며, 괄호 안의 값은 $t$-통계치를 나타낸다. (EViews 추정 결과는 제5장의 부록 [그림 5-A1] 참조.)

$$\widehat{CONSUMPTION}_i = \underset{(4.240)}{2{,}099.647} + \underset{(9.630)}{0.268} INCOME_i - \underset{(-1.870)}{14.562} AGE_i \tag{5.16}$$

[그림 5-1] 소비를 소득과 나이에 대해 추정한 표본회귀식

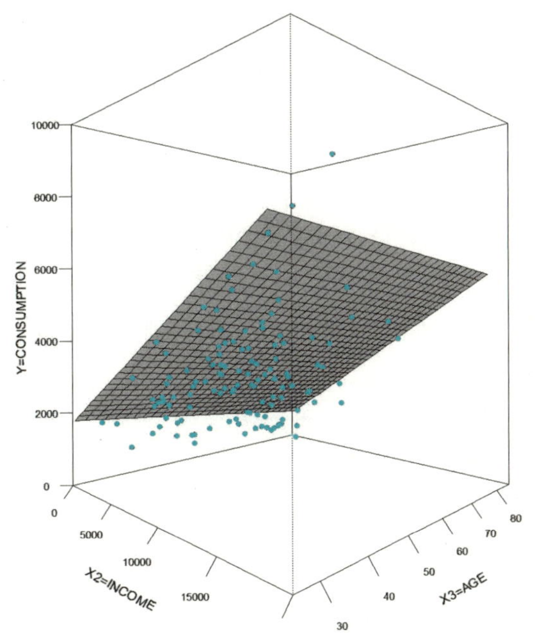

위 추정 결과에서 다른 조건이 같을 때 소득이 만 원 증가함에 따라 소비는 약 2,680원 증가한다. 또한 다른 조건이 같을 때 가구주의 나이가 한 살 많아지면 소비는 145,620원 감소한다. 이 자료에 대해 3차원 산점도를 그리면 [그림 5-1]과 같다. 이 경우 표본회귀식은 종속변수 $Y$와 독립변수 $X$의 관계를 직선으로 표현한 [그림 3-8]의 단순회귀모형과 달리 평면이 되는데, 이 평면의 특징을 나타내는 상수항과 기울기는 파란색으로 표시한 각 관측치와 평면 사이의 수직거리의 제곱합을 최소화하는 최소자승추정치에 의해 결정된다. 따라서 이 평면은 $b_1$에서 세로의 $Y$축과 교차하며, $b_2$와 $b_3$는 각각 $X_2$와 $X_3$축 방향에서 평면의 기울기를 나타낸다.

### 예 5.2

(예 5.1)의 식 (5.16)에서 절댓값 기준으로 나이의 계수추정치($-14.562$)가 소득의 계수(0.268)보다 더 크게 도출됐는데, 이 결과를 나이가 소비에 미치는 영향이 소득보다 더 중요한 변수라고 해석할 수 있다. 그러나 소득의 측정 단위는 '만 원'이며, 나이는 연(年) 단위로 수집된 것으로 두 변수의 측정기준이 다르다. 이와 같이 측정 단위가 다른 경우에는 회귀계수가 실제 효과의 크기를 의미하는 것이 아니기 때문에 그 크기를 직접 비교하는 것은 바람직하지 않다. 이 경우 제4장에서 소개한 표준화 회귀계수인 베타계수를 이용하면 회귀계수들의 영향력을 어느 정도 동등한 기준에서 비교할 수 있다. 다음은 식 (5.16)을 표준화된 회귀모형으로 추정한 결과이다.

$$\widehat{CONSUMPTION}_i = 0.657 INCOME_i - 0.127 AGE_i \qquad (5.17)$$
$$(9.671) \qquad (-1.874)$$

위 추정식에서 다른 조건이 같을 때 소득의 1 표준편차 변화에 따른 소비의 표준편차 변화는 0.657이고, 나이에 대해서는 $-0.127$로 추정됐다. 이 베타계수의 크기를 절댓값 기준에서 비교하면 식 (5.16)의 결과와 달리 소득이 나이보다 소비의 변동을 설명하는데 더 중요한 역할을 하는 것으로 나타났다. 이와 같이 베타계수를 이용하면 종속변수에 미치는 독립변수의 상대적인 영향력의 크기를 비교할 수 있는 장점이 있다.

## 2. 단순회귀분석과 다중회귀분석의 차이

### 2.1 다중회귀모형의 회귀계수

단순회귀모형에서는 독립변수가 하나이므로 $X$의 계수 $b_2$는 독립변수의 한 단위 증가에 따른 종속변수 $Y$의 변화를 나타낸다. 다중회귀분석에서도 회귀계수의 해석은 동일하지만 회귀식에 포함된 다른 변수와의 관계를 고려해야 한다. 간단한 예로 두 개의 독립변수($k = 3$)로 구성된 식 (5.3)의 다중회귀모형에서 $\beta_2$의 의미는 다음의 수식으로 표현된다.

$$\beta_2 = \frac{\partial E(Y)}{\partial X_2} = \left.\frac{dE(Y)}{dX_2}\right|_{dX_3 = 0} \tag{5.18}$$

이는 다른 변수 $X_3$가 불변일 때 변수 $X_2$의 한 단위 변화에 따른 종속변수 $Y$의 평균 변화분을 나타낸다. 이와 유사하게 $\beta_3$의 의미는 다음과 같이 표현된다.

$$\beta_3 = \frac{\partial E(Y)}{\partial X_3} = \left.\frac{dE(Y)}{dX_3}\right|_{dX_2 = 0} \tag{5.19}$$

따라서 다중회귀분석에서 회귀계수 $\beta_2$, $\beta_3$는 다른 독립변수가 불변일 때 해당 변수의 한 단위 변화에 따른 종속변수의 평균 변화분을 반영하는 정도를 나타낸다. 즉, 다른 변수가 종속변수에 미치는 영향을 제거했을 때, $X_2$, $X_3$가 각각 종속변수 $Y$의 평균값에 미치는 '직접효과'(direct effect) 혹은 '순효과'(net effect)를 의미한다. 이는 독립변수가 하나인 단순회귀분석에서 기울기 계수 $\beta_2$가 종속변수에 미치는 '총효과'(total effect)를 나타낸다는 것과 구별된다. [제3장에서 계수 $\beta_2$의 의미를 미분으로 표현한 식 (3.3) 참조.]

예를 들어, 농산물 수확량이 일조량과 노동시간에 의해 결정되는 경우, 일조량은 수확량에 직접 영향을 미칠 뿐만 아니라 하루 중에 투입 가능한 노동시간을 변화시켜 농산물 수확에 영향을 미치는 간접효과가 발생한다. 이 경우 한 독립변수의 변화가 종속변수에 직접적인 영향을 미치는 부분 이외에 다른 변수의 변화를 통해 간접적으로 종속변수에 미치는 부분을 고려해야 한다. 다중회귀분석에서는 독립변수가 여럿이므로 한 독립변수의 값이 변할 때 일반적으로 다른 독립변수의 값도 서로 상관관계를 보이면서 같이 변할 수 있기 때문이다. 따라서 다중회귀분석에서 회귀계수는 다른 독립변수는 불변인 상태에서 한 독립변수만 변할 때 종속변수에 직접적으로 미치는 효과를 나타낸다. 이를 여러 개의 독립변수로 구성된 일반적인 다중회귀모형 (5.1)에 확장하면, $\beta_2$는 다른 독립변수들($X_3, \cdots, X_k$)이 모두 변화하지 않고 통제된(controlled) 상태에서 순수하게 $X_2$만 변할 때 $Y$에 미치는 효과로 해석된다.

다중회귀모형에서 독립변수들 사이에 아무 관계가 없는 경우에는 다른 변수를 통한 간접효과가 발생하지 않기 때문에 직접효과는 총효과와 같은 의미를 갖는다. 예를 들어, 독립변수가 두 개인 다중회귀모형 (5.3)에 대한 최소자승추정량의 식 (5.9), (5.10)에서 $S_{23} = 0$이면 $b_2 = \frac{S_{2y}}{S_{22}}$, $b_3 = \frac{S_{3y}}{S_{33}}$가 각각 성립한다. 이 경우 다중회귀모형의 계수추정치는 각 단순회귀모형에 대한 계수추정치와 같아진다.

## 2.2 다중회귀모형의 적합도: 조정된 결정계수

다중회귀분석에서도 단순회귀분석과 마찬가지로 결정계수는 다음과 같이 정의된다.

$$R^2 = 1 - \frac{\sum_{i=1}^{n} e_i^2}{\sum_{i=1}^{n} (Y_i - \overline{Y})^2} \tag{5.20}$$

그런데 다중회귀분석의 경우, 다수의 독립변수가 포함되기 때문에 결정계수($R^2$)의 값이 종속변수와 각 독립변수 사이의 관계뿐만 아니라 독립변수의 수($k$)에 따라서도 영향을 받는다. 특히 독립변수의 수가 증가함에 따라 $R^2$의 값도 항상 증가하는 경향을 나타낸다는 점을 고려해야 한다. 이 경우 독립변수의 수가 증가할 때, 새로 추가된 독립변수가 종속변수의 설명에 중요한 변수라면 독립변수가 설명하지 못하는 잔차 제곱합($\sum e_i^2$)이 크게 감소하고, 이에 따라 $R^2$의 값이 크게 증가한다. 반면에 새로 추가된 독립변수가 종속변수를 설명하는 데 중요하지 않은 변수인 경우에도 잔차 제곱합을 감소시키는 요인으로 작용해 오히려 $R^2$ 값이 증가하게 된다. 즉, 회귀모형에 포함된 독립변수가 증가할 때, 그 독립변수가 종속변수의 설명에 중요한지 여부와 상관없이 결정계수 $R^2$의 값은 증가한다.

이러한 경우를 고려하기 위해, 독립변수의 추가에 따르는 자유도의 감소를 반영한 다음의 조정된 결정계수(adjusted $R^2$)를 사용한다.

$$\overline{R}^2 = 1 - \frac{\sum_{i=1}^{n} e_i^2/(n-k)}{\sum_{i=1}^{n}(Y_i - \overline{Y})^2/(n-1)} = 1 - (1-R)^2 \frac{n-1}{n-k} \tag{5.21}$$

식 (5.21)에서 $(n-1)$, $(n-k)$는 각각 종속변수 $Y$의 총변동(TSS)과 잔차 변동(RSS)의 자유도를 나타낸다. 이와 같이 자유도를 조정하는 경우, 추가된 독립변수의 설명력이 낮아 잔차 변동과 $R^2$에 변화가 거의 없을 때, 독립변수의 수($k$)가 증가하면 $\overline{R}^2$의 값은 감소한다. 따라서 종속변수의 설명에 중요하지 않은 독립변수를 포함시켜 결정계수가 증가하는 것을 방지할 수 있다. 그러나 결정계수의 값이 항상 $0 \le R^2 \le 1$의 조건을 만족시켜 종속변수의 총변동에서 독립변수로 설명 가능한 부분의 비중을 측정한다는 의미를 갖는 것과는 달리, 조정된 결정계수 값은 $(-)$로 도출될 수 있다. 이는 결정계수가 0에 가까운 작은 값을 갖는 경우에 해당하는데, 이 경우 조정된 결정계수 값을 $\overline{R}^2 = 0$으로 간주하여 분석 대상 회귀모형의 적합성이 매우 낮은 것으로 해석한다. 또한 종속변수가 서로 다른 모형의 결정계수 값을 직접 비교하는 것은 적합하지 않다는 제4장의 주의사항은 조정된 결정계수에 대해서도 똑같이 적용된다는 점을 유의해야 한다.

## 2.3 오차항의 분산에 대한 추정량

이와 같이 독립변수의 수를 고려한 결정계수를 사용하는 것과 같은 맥락에서 오차항의 분산에 대한 추정치도 다음과 같이 $(n-k)$의 자유도를 적용한다.

$$s^2 = \frac{\sum_{i=1}^{n} e_i^2}{n-k} \tag{5.22}$$

여기서 $k$는 상수항을 포함한 독립변수의 수를 나타낸다.

### 예 5.3

(예 5.1)의 다중회귀모형에 대한 부록 [그림 5-A1]의 결과에서 결정계수의 값은 0.493으로 전체 소비 변동의 약 49%를 이들 변수가 설명하는 것으로 나타났다. 여기서 $k=3$이므로 조정된 결정계수는 다음과 같이 도출된다.

$$\bar{R}^2 = 1 - (1 - R^2)\frac{n-1}{n-k} = 1 - (1 - 0.493)\frac{120-1}{120-3} \approx 0.484$$

또한 $\sum_{i=1}^{120} e_i^2 = 1.50 \times 10^8$, $k = 3$ 이므로 오차항의 분산에 대한 추정치와 표준오차는 다음과 같다.

$$s^2 = \frac{1.50 \times 10^8}{120-3} = 1{,}282{,}051.3, \ \ s = \sqrt{s^2} = 1{,}134.1$$

## 3. 다중회귀모형에 대한 가설검정

제4장의 단순회귀분석에서와 마찬가지로 최소자승법으로 구한 추정량의 통계적 특징을 파악하고, 이를 토대로 회귀모형의 모수에 대한 가설검정 등의 통계적 추론을 위해서는 회귀모형에 대하여 다음과 같은 기본적인 가정이 필요하다.

### 3.1 다중회귀모형의 가정

**가정 1 선형회귀모형**

회귀모형은 다음과 같이 회귀계수에 대해 선형인 구조를 갖는다.

$$Y_i = \beta_1 + \beta_2 X_{2i} + \cdots + \beta_k X_{ki} + \varepsilon_i \quad (5.23)$$

**가정 2 독립변수의 비확률성**

독립변수 $X_2, X_3, \cdots, X_k$는 오차항과 독립인 비확률(nonstochastic) 변수이다. (5.24)

**가정 3 식별성: 완전공선성의 배제**

독립변수들 사이에는 정확한 선형관계가 존재하지 않는다. (5.25)

**가정 4 오차항의 평균**

모든 관측치에 대해 오차항의 평균은 0이다.

$$E(\varepsilon_i) = 0 \quad (\text{모든 } i = 1, 2, \cdots, n\text{에 대해}) \tag{5.26}$$

**가정 5 오차항의 분산**

모든 관측치에 대해 오차항은 일정한 분산을 갖는다.

$$V(\varepsilon_i) = E(\varepsilon_i^2) = \sigma^2 \quad (\text{모든 } i = 1, 2, \cdots, n\text{에 대해}) \tag{5.27}$$

**가정 6 오차항의 상관성**

서로 다른 관측치의 오차항 사이에 상관관계가 없다.

$$Cov(\varepsilon_i, \varepsilon_j) = E[\varepsilon_i \varepsilon_j] = 0 \quad (\text{모든 } i \neq j\text{에 대해}) \tag{5.28}$$

여기서 [가정 3]은 단순회귀모형에서의 [가정 3]에 해당하는 것으로, 회귀계수의 추정치를 구하기 위한 식별 조건이다. 이 가정이 성립하지 않으면 완전공선성(perfect collinearity)이 나타나는데, 이 경우 표본자료로부터 회귀계수 추정치를 도출할 수 없게 된다. 이에 대해서는 제8장에서 자세히 설명한다. 위의 [가정 1]~[가정 6]이 모두 충족되면 최소자승추정량 $b_j$ $(j = 1, 2, \cdots, k)$는 불편성을 충족시킬 뿐만 아니라 최량선형불편추정량(BLUE)이 된다는 가우스-마르코프 정리의 결과가 성립한다. 이러한 가정 이외에 최소자승추정량의 정확한 확률분포를 이용하기 위한 조건으로 오차항의 정규성을 가정한다.

**가정 7 오차항의 정규성**

오차항은 다음의 정규분포를 갖는다.

$$\varepsilon_i \sim N(0, \sigma^2) \quad (\text{모든 } i = 1, 2, \cdots, n\text{에 대해}) \tag{5.29}$$

## 3.2 개별 회귀계수에 대한 가설검정

개별 회귀계수들에 대해 $H_0 : \beta_j = \beta_j^*$의 가설을 검정하는 경우, 제4장의 단순회귀분석에서 사용한 방법과 동일하게 $t$-통계량을 이용해 가설검정을 시행할 수 있다. 단, 이 경우 임계치를 선정할 때, 다음과 같이 자유도가 $(n-k)$인 $t$-분포를 적용해야 한다. 이는 상수항을 포함한 독립변수가 $k$개이기 때문이다. 즉, 다음과 같은 분포가 성립한다.

$$t_{b_j} = \frac{b_j - \beta_j^*}{s_j} \sim t(n-k), \quad (j = 1, 2, \cdots, k) \tag{5.30}$$

여기에서도 단순회귀분석의 경우와 마찬가지로 양측검정과 단측검정의 논리가 적용될 뿐만 아니라 신뢰구간이나 유의확률에 의한 가설검정 방법이 그대로 적용된다.

### 예 5.4

소비함수에 대한 표본회귀식 (5.16)의 결과를 제시한 부록 [그림 5-A1]에서 상수항, 소득(INCOME) 그리고 나이(AGE) 변수에 대한 각 회귀계수의 $t$-통계치와 유의확률은 다음과 같다.

**[표 5-1]** 식 (5.16)의 $t$-통계치 및 유의확률

| | 상수항 | 소득 | 나이 |
|---|---|---|---|
| $t$-통계치 | 4.240 | 9.630 | −1.866 |
| 유의확률 | 0.000 | 0.000 | 0.065 |

개별 회귀계수의 가설검정 $H_0 : \beta_j = 0 \ (j = 2, 3)$에서 자유도가 117인 경우 유의수준 5% 및 10%에 해당하는 $t$-분포의 임계치는 각각 1.980, 1.658이다. 이 경우 소득에 대한 계수추정치의 $t$-통계치는 5% 임계치보다 크고, 유의확률은 0.05보다 작으므로 5% 유의수준에서 $\beta_2 = 0$의 귀무가설을 기각한다. 나이의 계수추정치에 대한 $t$-통계치는 5% 임계치보다는 작지만, 10% 임계치보다 크고($|-1.866| > 1.658$) 유의확률이 0.1보다 작으므로 10% 유의수준에서 $\beta_3 = 0$인 귀무가설을 기각한다. 따라서 두 변수 모두 소비의 결정에 중요한 영향을 미치는 변수로 판단된다.

## 3.3 두 개 이상의 회귀계수에 대한 가설검정

다중회귀모형에는 다수의 독립변수가 들어 있는데, 이 중 일부의 회귀계수에 대해 가설검정을 시행할 수 있다. 예를 들어, 상수항을 포함하여 5개의 변수로 구성된 다중회귀모형에서 $X_4$와 $X_5$의 두 변수가 동시에 종속변수에 영향을 미치는 중요한 변수인지를 분석한다고 하자. 이 경우 다음과 같이 귀무가설과 대립가설을 설정하고, 이를 평가하기 위한 검정통계량을 구하면 된다.

$$H_0 : \beta_4 = \beta_5 = 0 \quad vs \quad H_1 : \beta_4 \neq 0 \text{ 또는 } \beta_5 \neq 0 \qquad (5.31)$$

그런데 이 경우에는 단순회귀분석에서 사용한 $t$-검정법을 적용할 수 없으며, 두 개의 회귀계수를 동시에 분석하는 방법이 필요하다. 일반적으로 다수의 회귀계수에 대한 가설검정을 위해 제약된 최소자승추정치(restricted least squares estimate)와 제약되지 않은 최소자승추정치(unrestricted least squares estimate)를 비교하는 방법을 사용한다. 이 경우 제약된 최소자승추정치는 식 (5.31)의 귀무가설이 의미하는 제약 조건을 부과한 다음의 회귀모형을 추정하는 것이다.

$$Y_i = \beta_1^* + \beta_2^* X_{2i} + \beta_3^* X_{3i} + \varepsilon_i^* \qquad (5.32)$$

이를 일반화하여 상수항을 포함하여 $k$개의 변수가 포함된 회귀모형에서 앞의 $m$개의 회귀계수는 유의성이 높은 반면, 뒤의 $(k-m)$개의 독립변수는 설명력이 없는 변수라 하자. 이 경우 귀무가설과 대립가설은 다음과 같이 설정된다.

$$H_0 : \beta_{m+1} = \beta_{m+2} = \cdots = \beta_k = 0 \quad vs \qquad (5.33)$$
$$H_1 : \beta_{m+1} \neq 0, \beta_{m+2} \neq 0, \cdots, \text{ 또는 } \beta_k \neq 0$$

이를 분석하기 위해 다음의 두 회귀식을 각각 추정하고 이로부터 도출된 잔차 제곱합을 비교한다.

$$Y_i = \beta_1 + \beta_2 X_{2i} + \cdots + \beta_m X_{mi} + \beta_{m+1} X_{m+1,i} + \cdots + \beta_k X_{ki} + \varepsilon_i \qquad (5.34)$$
$$Y_i = \beta_1^* + \beta_2^* X_{2i}^* + \cdots + \beta_m^* X_{mi}^* + \varepsilon_i^* \qquad (5.35)$$

여기서 모형 (5.34)의 잔차 제곱합($\sum e_i^2$)을 제약 없는 잔차 제곱합 $RSS_U$(unrestricted sum of squared residuals)로 표기하고, 제약된 모형 (5.35)에서의 잔차 제곱합($\sum e_i^{*2}$)을 제약된

잔차 제곱합 $\boldsymbol{RSS_R}$ (restricted sum of squared residuals)로 표기하자.

이 경우 귀무가설 (5.33)의 제약이 맞다면 $(k-m)$ 개의 독립변수는 설명력이 낮아 두 값의 차이가 작아 $RSS_R \approx RSS_U$ 의 관계가 성립하고, 그 제약이 성립하지 않는다면 설명력 있는 변수들이 누락되어 $RSS_R > RSS_U$ 가 뚜렷하게 성립하며, 두 값 사이에 아주 큰 차이가 발생할 것이다. 따라서 식 (5.33)의 가설을 검정하는 통계량으로 제약된 모형에서의 잔차 제곱합과 제약되지 않은 모형에서의 잔차 제곱합의 차이로부터 구해지는 다음의 검정통계량을 적용한다.

$$F = \frac{(RSS_R - RSS_U)/J}{RSS_U/(n-k)} \sim F(J, n-k) \tag{5.36}$$

이 $F$-통계량은 귀무가설 하에서 $F(J, n-k)$의 분포를 갖는다. 여기서 $J$는 제약 조건의 수로 식 (5.31)의 가설에서는 $J = 2$, 식 (5.33)의 가설에서는 $J = (k-m)$이며, 분모의 $(n-k)$는 제약되지 않은 모형에서의 자유도를 나타낸다.

식 (5.36)의 분모와 분자를 모두 종속변수의 총변동(TSS)으로 나누고, 결정계수의 식 (4.29)를 적용하면 다음의 식이 도출된다.

$$F = \frac{(R_U^2 - R_R^2)/J}{1 - R_U^2/(n-k)} \sim F(J, n-k) \tag{5.37}$$

여기서 $R_U^2$ 와 $R_R^2$ 은 각각 제약 없는 모형 (5.34)와 제약된 모형 (5.35)의 결정계수를 나타내는데, 항상 식 (5.36)의 통계치와 같은 값으로 도출된다.

### 예 5.5

앞에서 상수항, 소득, 나이를 독립변수로 포함한 회귀식 (5.16)과 달리, 총자산(ASSET)과 가족구성원 수(NOF)를 추가한 다음의 회귀모형을 고려한다고 하자.

$$CONSUMPTION_i = \beta_1 + \beta_2 INCOME_i + \beta_3 AGE_i + \beta_4 ASSET_i + \beta_5 NOF_i + \varepsilon_i \tag{5.38}$$

이 모형에서 추가로 포함된 총자산과 가족구성원 수가 가구의 소비 결정에 영향을 미치지 못한다는 가설 $H_0 : \beta_4 = \beta_5 = 0$을 검정할 경우, 제약되지 않은 회귀모형의 추정 결과는 다음과 같다.

$$\widehat{CONSUMPTION}_i = 1{,}669.668 + 0.146INCOME_i - 17.535AGE_i$$
$$(3.672) \qquad (5.078) \qquad (-2.638)$$
$$+ 0.009ASSET_i + 302.430NOF_i$$
$$(6.328) \qquad (3.655)$$
$$R^2 = 0.660,\ \bar{R}^2 = 0.648,\ \sum_{i=1}^{120} e_i^2 = 1.01 \times 10^8 \tag{5.39}$$

여기서 가설검정을 시행할 때, 귀무가설의 제약이 부과된 회귀모형은 회귀식 (5.16)으로 이에 대한 잔차 제곱합은 (예 5.3)에서 제시된 값($RSS_R = \sum e_i^{*2} = 1.50 \times 10^8$)이다. 이 경우 식 (5.39)가 제약 없는 모형의 추정 결과가 되며, 따라서 $F$-통계치는 다음과 같이 산출된다.

$$F = \frac{(1.50 \times 10^8 - 1.01 \times 10^8)/2}{1.01 \times 10^8/(120-5)} = 27.90$$

이는 5%의 유의수준에서 (2,115)의 자유도를 갖는 $F$-분포의 임계치 3.07보다 크므로 $H_0 : \beta_4 = \beta_5 = 0$의 귀무가설이 기각되며, 총자산과 가족구성원 수는 소비함수에 대한 회귀모형에서 설명력이 높은 변수임을 의미한다.

---

## 3.4 회귀계수의 개별검정과 결합검정의 차이

식 (5.31) 또는 (5.33)과 같이 두 개 이상의 회귀계수에 대한 가설검정을 시행할 때, 개별계수에 대한 $t$-검정법을 적용할 수 없는 이유는 개별검정(individual test)과 결합검정(joint test)이 다른 의미를 갖기 때문이다. 여기에서는 상수항과 변수 $X_2$, $X_3$를 포함해서 세 개의 독립변수로 구성된 식 (5.3)의 회귀모형을 대상으로 그 차이를 비교한다.

$$Y = \beta_1 + \beta_2 X_{2i} + \beta_3 X_{3i} + \varepsilon_i$$

위 회귀식에서 두 독립변수의 회귀계수 $\beta_2, \beta_3$에 대해 유의성 검정을 시행한다고 하자. 이를 위해 먼저 $\beta_2, \beta_3$ 각각에 대해 식 (5.40)의 개별검정을 적용하는 경우, 각 계수의 $t$-통계치를 기준으로 그 계수의 유의성 여부가 따로 판정된다.

- **개별검정** $H_0 : \beta_j = 0 \ (j = 2,3) \quad vs \quad H_1 : \beta_j \neq 0 \ (j = 2,3)$ (5.40)
- **결합검정** $H_0 : \beta_2 = \beta_3 = 0 \quad vs \quad H_1 : \beta_2 \neq 0$ 또는 $\beta_3 \neq 0$ (5.41)

이와는 달리 $\beta_2$와 $\beta_3$에 대해 동시에 결합검정을 시행할 때는 이에 대한 $F$-통계치로 동시에

[그림 5-2] 소득과 나이의 개별 신뢰구간과 결합 신뢰영역 (95% 신뢰수준)

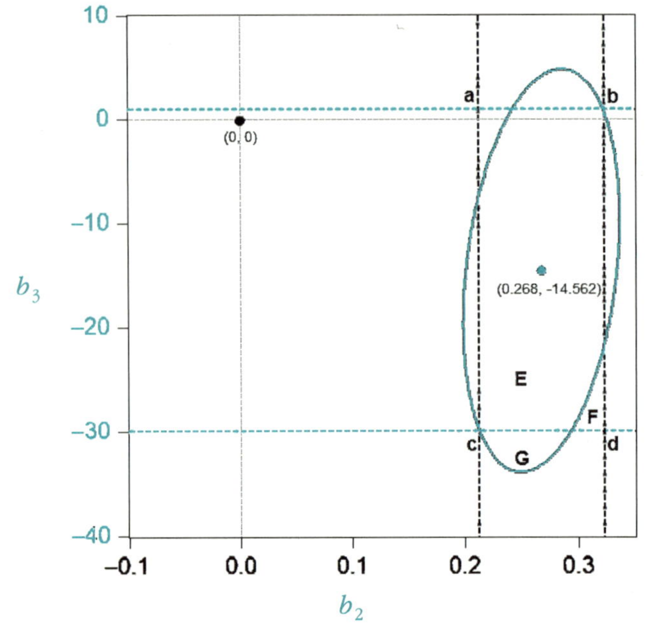


분석해야 한다. 이 경우 $\beta_2$와 $\beta_3$에 대해 각각 따로 $t$-검정법을 적용하는 개별검정의 결과와 $F$-검정법으로 동시에 분석하는 결합검정의 결과는 얼마나 다른가? 이를 비교하기 위해 (예 5.1)에서 다룬 추정식 (5.16)에서 소득과 나이의 회귀계수에 대한 개별 신뢰구간(confidence interval)과 결합 신뢰영역(confidence region)을 [그림 5-2]에 함께 제시했다. [결합 신뢰영역은 EViews 또는 R 프로그램에서 간단히 그래프로 제시할 수 있으나, 이에 대한 이론적인 설명은 이 책의 범위를 벗어나므로 생략한다.]

[그림 5-2]에서 $X$축의 $b_2$와 $Y$축의 $b_3$는 각각 소득과 나이의 회귀계수를 의미하며, 여기서 (파란색) 점 $(0.268, -14.562)$는 식 (5.16)의 계수추정치를 표시한 것이다. 이 그림에서 $\beta_2$와 $\beta_3$에 대한 개별 신뢰구간은 각각 $(a, b)$, $(a, c)$로 표시된 구간으로 도출되며, 이 경우 개별검정에서는 귀무가설에서 설정한 값이 신뢰구간에서 벗어나면 귀무가설을 기각하는 것으로 판정한다. 여기서 $(0, 0)$으로 표시된 점이 $\beta_2$의 신뢰구간에는 포함되지 않고, $\beta_3$의 신뢰구간에는 포함되므로, $H_0 : \beta_2 = 0$의 귀무가설은 기각되는 반면, $H_0 : \beta_3 = 0$의 귀무가설은 기각되지 않는다. 한편, $\beta_2$와 $\beta_3$에 대한 결합 신뢰영역은 타원으로 도출되는데, 점 $(0, 0)$이 이 영역에서 벗어나므로 결합 귀무가설 $H_0 : \beta_2 = \beta_3 = 0$은 기각된다. 그 밖에 귀무가설에서

설정한 값($\beta_2^*, \beta_3^*$)이 사각형 (abcd)와 타원이 겹치는 영역에 포함되는 경우를 제외하면 개별검정을 따로 적용하는 결과와 결합검정의 결과에 차이가 발생한다.

### 예 5.6

위에서는 유의성 검정에서 개별검정과 결합검정의 차이를 비교했는데, 이를 임의의 값에 대한 일반적인 가설검정에 대해 살펴볼 수 있다. [그림 5-2]에서 $\beta_2$의 신뢰구간은 (a,b)로 표시된 점선, $\beta_3$의 신뢰구간은 (a,c)로 표시된 점선으로 구간을 나타낸다. 여기서 $\beta_2$의 신뢰구간이 (0.213, 0.323)이므로 $H_0 : \beta_2 = 0.25$ 또는 $H_0 : \beta_2 = 0.31$ 등의 귀무가설은 기각되지 않는다. 회귀계수 $\beta_3$에 대해서도 이와 유사한 방법을 적용하면, 개별 신뢰구간을 공통적으로 포함하는 영역은 사각형 (abcd)의 면적으로 표시할 수 있다. 따라서 임의의 값 ($\beta_2^*, \beta_3^*$)가 이 사각형 안에 있으면 두 개의 개별검정에서 모두 귀무가설을 기각하지 않는 것을 의미한다. 한편, $\beta_2$와 $\beta_3$에 대한 결합 신뢰영역은 타원으로 도출되는데, 같은 논리로 귀무가설에서 설정된 값 ($\beta_2^*, \beta_3^*$)이 이 타원 안에 있으면 두 회귀계수에 대한 결합 귀무가설을 기각하지 않는다.

이를 토대로 점 (0,0) 이외의 임의의 값에 대해 개별검정과 결합검정의 결과를 비교해 보자. [그림 5-2]에서 점 E에 해당하는 값($\beta_2^* = 0.25$, $\beta_3^* = -25$)을 대상으로 가설검정을 시행하는 경우에는 개별검정과 결합검정의 결과가 일치한다. 그러나 점 F($\beta_2^* = 0.31$, $\beta_3^* = -29$)에 대해서는 개별검정에서는 귀무가설이 모두 기각되지 않는 반면, 결합검정에서는 기각되는 것을 알 수 있다. 또한 점 G($\beta_2^* = 0.25$, $\beta_3^* = -33$)에서는 개별검정의 귀무가설 $H_0 : \beta_2 = 0.25$는 기각되지 않고, $H_0 : \beta_3 = -33$의 귀무가설은 기각된다. 반면에 이에 대한 결합검정의 귀무가설은 기각되지 않는 것으로 나타났다. [그림 5-2]에서 사각형 (abcd)와 타원이 겹치는 영역에서는 개별검정과 결합검정의 결과가 항상 일치하지만, 점 F, G와 같이 개별검정과 결합검정이 서로 상충되는 결과를 나타내는 경우도 많이 발생할 수 있다는 것을 볼 수 있다.

결합검정에서 신뢰영역을 나타내는 타원의 모양과 크기는 계수추정치의 상관관계에 의존한다. 예를 들어, $b_2$와 $b_3$가 독립인 경우 신뢰영역은 원(circle)의 형태가 되며, 상관관계의 강도가 높을수록 타원의 모양이 길고 가느다란 형태가 된다. 이 경우 개별검정에서는 $H_0 : \beta_2 = 0$ 및 $H_0 : \beta_3 = 0$의 가설이 모두 기각되지 않는 반면, 결합귀무가설 $H_0 : \beta_2 = \beta_3 = 0$은 기각되는 결과가 자주 발생한다. (이에 대해서는 제8장의 [그림 8-1] 및 관련 설명 참조.)

## 3.5 모형 적합도에 대한 가설검정

모형 적합도에 대한 가설검정은 $Y_i = \beta_1 + \beta_2 X_{2i} + \cdots + \beta_k X_{ki} + \varepsilon_i$의 회귀모형에서 상수항을 제외한 모든 독립변수의 설명력을 분석하는 것으로 이를 검정하기 위한 귀무가설은 다음과 같이 식 (5.33)에서 $m=1$ 인 경우에 해당한다.

$$H_0 : \beta_2 = \beta_3 = \cdots = \beta_k = 0 \quad vs \quad H_1 : \text{이 중 적어도 하나의 } \beta_j \text{는 0이 아니다.} \tag{5.42}$$

이 경우 식 (5.35)의 제약된 회귀식은 다음과 같이 상수항만 포함한 모형이 된다.

$$Y_i = \beta_1^* + \varepsilon_i^* \tag{5.43}$$

따라서 회귀식 (5.43)의 잔차 제곱합 $RSS_R$ 은 종속변수의 총변동(TSS)과 같아진다. 이로부터 다음의 검정통계량을 도출할 수 있는데, 여기서 모형 적합도에 대한 검정은 바로 $R^2$의 유의성에 대한 검정과 같은 의미라는 것을 알 수 있다.

$$F_b = \frac{\sum_{i=1}^{n}(TSS_U - RSS_U)/(k-1)}{\sum_{i=1}^{n} RSS_U/(n-k)} = \frac{R^2/(k-1)}{(1-R^2)/(n-k)} \sim F(k-1, n-k) \tag{5.44}$$

여기서 $F$-통계량은 $(k-1, n-k)$의 자유도를 갖는 $F$-분포를 따른다. 따라서 유의수준 $\alpha$에서 $F_b \geq F(k-1, n-k; \alpha)$이면 귀무가설을 기각하고, 최소 하나 이상의 독립변수가 종속변수의 설명에 유의적인 것으로 해석한다. 반대로 $F_b < F(k-1, n-k; \alpha)$이면 귀무가설을 기각하지 못하며, 독립변수 전체가 종속변수의 설명에 유의적이지 않다고 판정한다.

### 예 5.7

소비함수에 대한 추정식 (5.16)의 결과를 제시한 부록 [그림 5-A1]에서 모든 독립변수가 소비에 영향을 미치지 못한다는 귀무가설 $H_0 : \beta_2 = \beta_3 = 0$의 $F$-통계치는 56.79이다. 이는 (2,117)의 자유도를 갖는 $F$-분포의 5% 임계치 3.07보다 크므로 기각된다. 또한 $F$-통계치의 유의확률 값이 0.00이므로 이를 확인할 수 있다.

**참고** 제2장의 식 (2.22)에서 $(n-k)$의 자유도를 갖는 $t$-분포와 $(1, n-k)$의 자유도를 갖는 $F$-분포 사이에는 $t(n-k)^2 \equiv F(1, n-k)$의 관계가 성립한다. 따라서 단순회귀모형 $Y_i = \beta_1 + \beta_2 X_i + \varepsilon_i$에서 모형 적합도의 검정은 귀무가설 $H_0 : \beta_2 = 0$에 대해 양측검정을 시행하는 것과 동일한 의미를 갖는다. 이는 제4장에서의 $t$-분포를 이용할 수도 있고, 식 (5.36)의 $F$-분포를 이용할 수도 있다. 이 경우 통계치 사이에는 $t^2 \equiv F$의 관계가 성립하고, 또한 임계치에 대해서도 다음의 관계가 성립하므로 항상 동일한 결과가 도출된다.

$$t(n-k; \alpha/2)^2 = F(1, n-k; \alpha) \tag{5.45}$$

**예 5.8**

제4장의 소비-소득의 회귀분석 결과를 제시한 [그림 4-A1]에서 귀무가설 $H_0 : \beta_2 = 0$을 검정할 경우 $t$-통계치는 10.384이며 이의 유의확률은 0.000이다. 그리고 자유도 118에서 유의수준 5%에 해당하는 $t$-분포의 임계치는 $t_{0.05/2} \approx 1.980$이다. 여기서 상수항을 제외한 독립변수가 하나이므로 가설 $H_0 : \beta_2 = 0$은 모형 적합성 검정에 대한 귀무가설 $H_0 : \rho_{xy} = 0$과 같은 의미를 나타낸다. 따라서 $R^2 = r_{xy}^2$ 값을 이용한 $F$-검정법을 적용할 수 있는데, 이에 대한 $F$-통계치는 107.827이며 이의 유의확률 값은 0.000이다. [여기서 $R^2 = r_{xy}^2$의 관계는 제4장의 연습문제 2번 참조.] 또한 5% 유의수준에서 자유도 (1,118)인 $F$-분포의 임계치는 $F(1, 118; 0.05) \approx 3.92$이다. 따라서 $t$-검정법에 의한 결과와 모형 적합성 검정을 위한 $F$-검정법의 결과 사이에 $10.384^2 = 107.827$, $1.98^2 = 3.92$가 성립하여, 두 검정의 유의확률도 같은 값을 나타낸다.

## 3.6 회귀계수의 선형결합에 대한 가설검정

앞에서는 다중회귀모형의 회귀계수에 대해 특정한 값을 제약하는 귀무가설에 대해 살펴봤는데, 이를 회귀계수 사이의 관계에 대한 가설에도 적용할 수 있다. 다중회귀모형에서 회귀계수 사이의 관계는 이에 대한 선형결합으로 표현된다. 예를 들어, 종속변수 $Y$를 생산량, 독립변수 $X_2$를 노동투입량, $X_3$를 자본투입이라고 하고, 기타 생산에 영향을 미치는 변수를 $X_4, \cdots, X_k$라고 하자. 이 경우 노동과 자본이 생산량에 대해 규모의 수확불변(constant returns to scale)을 나타내면, 이는 $\beta_2 + \beta_3 = 1$의 관계식으로 표현된다. 따라서 규모의 수확불변을 검정하기 위해 다음의 귀무가설을 설정한다.

$$H_0 : \beta_2 + \beta_3 = 1 \tag{5.46}$$

여기서 귀무가설의 제약 $\beta_2 = (1-\beta_3)$를 고려한 회귀모형을 다음과 같이 표현할 수 있다.

$$\begin{aligned} &Y_i = \beta_1 + (1-\beta_3)X_{2i} + \beta_3 X_{3i} + \cdots + \beta_k X_{ki} + \varepsilon_i \\ &\Rightarrow (Y_i - X_{2i}) = \beta_1 + \beta_3(X_{3i} - X_{2i}) + \cdots + \beta_k X_{ki} + \varepsilon_i \end{aligned} \tag{5.47}$$

즉, 이 경우 종속변수 $(Y - X_2)$를 상수항과 독립변수 $(X_3 - X_2), \cdots, X_k$에 대해 회귀분석하여 제약된 모형에서의 계수추정치 $b_1^*, b_3^*, \cdots, b_k^*$와 잔차 제곱합$\left(RSS_R = \sum_{i=1}^{n} e_i^{*2}\right)$을 구한다.

또는 위의 예에서 노동과 자본이 생산량에 미치는 효과가 같은지를 분석하기 위해서는 다음과 같이 귀무가설을 설정한다.

$$H_0 : \beta_2 = \beta_3 \tag{5.48}$$

여기서 식 (5.48)의 조건을 고려한 회귀모형은 다음과 같다.

$$Y_i = \beta_1 + \beta_2(X_{2i} + X_{3i}) + \beta_4 X_{4i} + \cdots + \beta_k X_{ki} + \varepsilon_i \tag{5.49}$$

이 모형에서 종속변수 $Y$를 상수항과 독립변수 $(X_2 + X_3), X_4, \cdots, X_k$에 대해 추정하여 제약된 모형에서의 잔차 제곱합$(RSS_R)$을 구한다.

식 (5.46) 또는 (5.48)의 제약 조건이 부과되지 않은 회귀모형은 $Y_i = \beta_1 + \beta_2 X_{2i} + \cdots + \beta_k X_{ki} + \varepsilon_i$으로, 이를 대상으로 제약되지 않은 잔차 제곱합$(RSS_U)$을 구한다. 여기에서도 식 (5.36) 형태의 검정통계량이 적용되는데, 이 경우 하나의 제약식$(J=1)$에 대한 가설이므로 식 (5.46) 및 (5.48)의 가설에 대해 분자의 자유도가 1인 $F$-분포를 갖는다.

$$F_b = \frac{(RSS_R - RSS_U)/1}{RSS_U/(n-k)} 1 \sim F(1, n-k) \tag{5.50}$$

### 예 5.9

(예 5.5)의 회귀식 (5.38)에서 소득은 소비에 대해 자산의 5배 효과가 있다는 가설 $H_0 : \beta_2 = 5\beta_4$를 검정할 때, 귀무가설의 제약이 부과된 회귀모형은 다음과 같다.

$$CONSUMPTION_i = \beta_1 + \beta_4(5INCOME_i + ASSET_i) + \beta_3 AGE_i + \beta_5 NOF_i + \varepsilon_i \tag{5.51}$$

제약된 회귀식 (5.51)의 추정 결과는 다음과 같다.

$$\widehat{CONSUMPTION}_i = 1{,}995.835 + 0.011\,(5INCOME_i + ASSET_i) - 21.917AGE_i + 405.140\,NOF_i$$
$$(4.287) \qquad (9.279) \qquad (-3.249) \qquad (5.132)$$

$$R^2 = 0.631,\ \bar{R}^2 = 0.621,\ RSS_R = \sum_{i=1}^{120} e_i^{*\,2} = 1.10 \times 10^8 \qquad (5.52)$$

위 추정 결과에서 $\beta_2 = 5\beta_4$의 가설을 검정하기 위한 $F$-통계치는 다음과 같이 산출된다.

$$F_b = \frac{(1.10 \times 10^8 - 1.01 \times 10^8)/1}{1.01 \times 10^8/(120-5)} = 10.25$$

이는 5%의 유의수준에서 (1,115)의 자유도를 갖는 $F$-분포의 임계치 3.92보다 크므로 귀무가설이 기각된다. 따라서 소비에 대한 소득의 영향도가 자산의 영향도의 5배라고 판정할 수는 없다.

## 4. 예측

자료로부터 도출된 표본회귀식을 이용해서 새로운 독립변수에 대응하는 종속변수의 예측치를 구하는 방법은 단순회귀분석과 동일하다. 이 경우 독립변수가 둘 이상이므로 종속변수의 예측치를 구하기 위해서는 각 독립변수의 값이 필요하다. 여기서 새로운 독립변수의 관측치에 대한 종속변수 $Y_f$의 예측치는 다음의 식으로 도출된다.

$$\hat{Y}_f = b_1 + b_2 X_{2f} + \cdots + b_k X_{kf} \qquad (5.53)$$

이에 대한 예측오차 및 예측치에 대한 신뢰구간 등에 대해서는 단순회귀분석과 유사한 논리가 적용된다.

### 예 5.10

회귀식 (5.16)을 이용해서 $INCOME = 5{,}000$, $AGE = 45$인 가구의 소비를 예측하는 경우, 소비의 예측치는 다음과 같이 구해진다.

$$Y_f = 2{,}099.647 + 0.268 \times 5{,}000 - 14.562 \times 45 = 2{,}785.016 \qquad (5.54)$$

부록 5.1

# 다중회귀모형의 행렬 연산

여기에서는 행렬대수(matrix algebra)에 기초 지식이 있는 독자를 위한 참고 자료로 다중회귀모형에 대한 행렬 연산을 간단히 정리한다. 먼저 식 (5.1)의 회귀식을 모든 관측치 $i$에 대해 정리하면 다음과 같다.

$$Y_i = \beta_1 + \beta_2 X_{2i} + \beta_3 X_{3i} + \cdots + \beta_k X_{ki} + \varepsilon_i \quad (i = 1, 2, \cdots, n) \tag{5.1}$$

$$\begin{pmatrix} Y_1 \\ Y_2 \\ \vdots \\ Y_n \end{pmatrix} = \begin{bmatrix} X_{11} & X_{21} & \cdots & X_{k1} \\ X_{12} & X_{22} & \cdots & X_{k2} \\ \vdots & \vdots & \ddots & \vdots \\ X_{1n} & X_{2n} & \cdots & X_{kn} \end{bmatrix} \begin{pmatrix} \beta_1 \\ \beta_2 \\ \vdots \\ \beta_k \end{pmatrix} + \begin{pmatrix} \varepsilon_1 \\ \varepsilon_2 \\ \vdots \\ \varepsilon_n \end{pmatrix} \tag{5.A1}$$

식 (5.A1)에서 첫째 변수 $X_1$은 상수항으로, $X_{1i} = 1 (i = 1, 2, \cdots, n)$을 나타낸다. 여기서 $n$개의 종속변수와 오차항을 각각 $(n \times 1)$ 벡터 $\boldsymbol{y}$, $\boldsymbol{\varepsilon}$로 표기하고, 상수항을 포함한 $k$개의 독립변수와 이에 대한 $k$개의 회귀계수를 각각 $(n \times k)$ 행렬과 $(k \times 1)$ 벡터로 나타내면 다음의 표현이 도출된다.

$$\underset{(n\times 1)}{\boldsymbol{y}} = \underset{(n\times k)}{\boldsymbol{X}} \underset{(k\times 1)}{\boldsymbol{\beta}} + \underset{(n\times 1)}{\boldsymbol{\varepsilon}} \tag{5.A2}$$

이에 대한 최소자승추정량은 식 (5.14)의 잔차 제곱합을 최소화하는 값을 구하는 것이다.

$$\underset{(b_1, b_2, \cdots, b_k)}{min} \sum_{i=1}^{n} e_i^2 = \sum_{i=1}^{n} (Y_i - b_1 - b_2 X_{2i} - \cdots - b_k X_{ki})^2 \tag{5.14}$$

이를 행렬 연산으로 나타내면 다음과 같다.

$$\underset{(\boldsymbol{b}_{k\times 1})}{min}\ RSS(\boldsymbol{b}) = \sum_{i=1}^{n} e_i^2 = \boldsymbol{e}'\boldsymbol{e} = (\boldsymbol{y} - \boldsymbol{X}\boldsymbol{b})'(\boldsymbol{y} - \boldsymbol{X}\boldsymbol{b}) = \boldsymbol{y}'\boldsymbol{y} - 2\boldsymbol{y}'\boldsymbol{X}\boldsymbol{b} + \boldsymbol{b}'\boldsymbol{X}'\boldsymbol{X}\boldsymbol{b}$$

이를 풀기 위한 1차 조건에 대한 행렬 연산은 다음의 식으로 표현된다.

$$\partial RSS(b)/\partial b = -2X'y + 2X'Xb = 0 \tag{5.A3}$$

식 (5.A3)은 $k$개의 연립방정식으로 구성된 다음의 직교방정식을 의미한다.

$$\boldsymbol{x}_j'\boldsymbol{e} = 0 \quad (j = 1, 2, \cdots, k) \tag{5.A4}$$

여기에서 $\boldsymbol{x}_j$는 데이터 행렬 $\boldsymbol{X}$의 $j$번째 열(column)을 표시하는데, 이 식은 모든 독립변수 벡터($\boldsymbol{x}_j$)와 오차항 벡터($\boldsymbol{e}$)가 서로 직교(orthogonal)관계를 갖는다는 것을 나타낸다. 회귀계수에 대한 $(k\times 1)$ 최소자승추정치 벡터 $\boldsymbol{b}$는 이 연립방정식에 대한 해로 도출된다.

$$\boldsymbol{b} = (X'X)^{-1}X'y \tag{5.A5}$$

이 추정량을 이용하면 식 (5.A2)에 대한 표본회귀식은 다음과 같이 나타낼 수 있다.

$$y = X\ b + e \tag{5.A6}$$

이와 같이 행렬 연산을 이용하면, 복잡한 다중회귀모형의 추정 과정을 간단한 수식으로 표현할 수 있다. 그 밖에 제Ⅲ부에서 다루는 다중공선성, 일반최소자승법(generalized least squares method) 등도 행렬로 간단하게 나타낼 수 있다.

부록 5.2

# EViews 명령문 및 추정 결과

## 1. 식 (5.16)의 추정 결과 및 결합 신뢰영역

[그림 4-A2]의 추정 결과를 나타내는 도구창에서 Estimate 를 다시 누르고 활성화된 Estimate specification 의 입력창에 AGE를 추가하여 회귀식에 포함된 변수가 『CONSUMPTION C INCOME AGE』가 되도록 입력한다. 또는 명령창에 『EQUATION EQ5_16.LS CONSUMPTION C INCOME AGE』를 입력한다.

[그림 5-A1] 식 (5.16)의 소비함수모형 추정 결과

Dependent Variable: CONSUMPTION
Method: Least Squares
Sample: 1 120
Included observations: 120

| Variable | Coefficient | Std. Error | t-Statistic | Prob. |
|---|---|---|---|---|
| C | 2,099.647 | 495.2230 | 4.239801 | 0.0000 |
| INCOME | 0.268132 | 0.027845 | 9.629538 | 0.0000 |
| AGE | −14.56199 | 7.804248 | −1.865905 | 0.0646 |

| | | | |
|---|---|---|---|
| R-squared | 0.492576 | Mean dependent var | 2,786.375 |
| Adjusted R-squared | 0.483902 | S.D. dependent var | 1,578.647 |
| S.E. of regression | 1,134.100 | Akaike info criterion | 16.92975 |
| Sum squared resid | 1.50E+08 | Schwarz criterion | 16.99944 |
| Log likelihood | −1,012.785 | Hannan-Quinn criter. | 16.95805 |
| F-statistic | 56.78810 | Durbin-Watson stat | 1.981881 |
| Prob(F-statistic) | 0.000000 | | |

위 EViews 결과에서 아래의 통계량은 각각 다음의 값을 나타낸다.

(1) Adjusted R-squared: 조정된 결정계수, $\overline{R}^2$ =0.483902

(2) F-statistic: $H_0 : \beta_2 = \beta_3 = 0$에 대한 $F$-통계치=56.78810

(3) Prob(F-statistic): $H_0 : \beta_2 = \beta_3 = 0$의 $F$-통계치=56.7881에 대한 분포에서의 유의확률 = 0.00000

[그림 5-2]의 결합 신뢰영역을 도출하기 위해 [그림 5-A1]의 다중회귀분석 추정 결과가 활성화된 상태에서 View / Coefficient Diagnostics ▶ Confidence Ellispse 를 차례로 누르면 회귀계수의 신뢰타원(confidence ellipse)을 구하기 위한 [그림 5-A2]의 선택창이 활성화된다.

[그림 5-A2] 신뢰타원 선택창

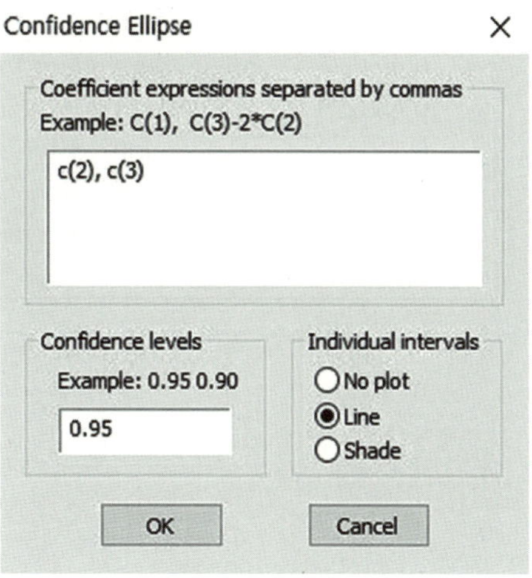


여기서 소득과 나이의 결합 신뢰영역을 보기 위해 『c(2), c(3)』를 입력하고, 5% 유의수준에 대한 결합 신뢰영역을 보기 위해 신뢰수준(confidence levels)에는 『0.95』를 입력한다. 이와 함께 개별 모수의 신뢰구간(individual intervals)을 도출하기 위해서는 선(line) 또는 음영(shade)을 선택하면 된다. [선 또는 문자 추가 등 그래프의 수정은 Freeze 버튼을 누른 다음 그래프 메뉴창의 선택항목에서 수정할 수 있다.]

## 2. 식 (5.17)의 추정 결과

제4장에서 표준화된 회귀분석을 위해 생성한 CON_STD 및 INCOME_STD 변수와 유사하게 AGE에 대해서도 표준화된 AGE_STD 변수를 생성한 다음, 명령창에 『EQUATION EQ5_17.LS CON_STD INCOME_STD AGE_STD』를 입력한다.

[그림 5-A3] 식 (5.17)의 표준화된 소비함수모형 추정 결과

Dependent Variable: CON_STD
Method: Least Squares
Sample: 1 120
Included observations: 120

| Variable | Coefficient | Std. Error | t-Statistic | Prob. |
|---|---|---|---|---|
| INCOME_STD | 0.657414 | 0.067981 | 9.670602 | 0.0000 |
| AGE_STD | −0.127386 | 0.067981 | −1.873862 | 0.0634 |

| | | | |
|---|---|---|---|
| R-squared | 0.492576 | Mean dependent var | −1.09E−16 |
| Adjusted R-squared | 0.488275 | S.D. dependent var | 1.000000 |
| S.E. of regression | 0.715349 | Akaike info criterion | 2.184435 |
| Sum squared resid | 60.38351 | Schwarz criterion | 2.230893 |
| Log likelihood | −129.0661 | Hannan-Quinn criter. | 2.203302 |
| Durbin-Watson stat | 1.981881 | | |

## 3. 식 (5.39)의 추정 결과

[그림 5-A4] 식 (5.39)의 추정 결과

Dependent Variable: CONSUMPTION
Method: Least Squares
Sample: 1 120
Included observations: 120

| Variable | Coefficient | Std. Error | t-Statistic | Prob. |
|---|---|---|---|---|
| C | 1,669.668 | 460.3410 | 3.627023 | 0.0004 |
| INCOME | 0.146045 | 0.028762 | 5.077770 | 0.0000 |
| AGE | −17.53500 | 6.647344 | −2.637895 | 0.0095 |
| ASSET | 0.009010 | 0.001424 | 6.327871 | 0.0000 |
| NOF | 302.4297 | 82.75357 | 3.654583 | 0.0004 |

| | | | |
|---|---|---|---|
| R-squared | 0.659936 | Mean dependent var | 2,786.375 |
| Adjusted R-squared | 0.648107 | S.D. dependent var | 1,578.647 |
| S.E. of regression | 936.4618 | Akaike info criterion | 16.56287 |
| Sum squared resid | 1.01E+08 | Schwarz criterion | 16.67901 |
| Log likelihood | −988.7721 | Hannan-Quinn criter. | 16.61004 |
| F-statistic | 55.79283 | Durbin-Watson stat | 2.044780 |
| Prob(F-statistic) | 0.000000 | | |

## 4. 식 (5.52)의 추정 결과

[그림 5-A5] 식 (5.52)의 추정 결과

Dependent Variable: CONSUMPTION
Method: Least Squares
Sample: 1 120
Included observations: 120

| Variable | Coefficient | Std. Error | t-Statistic | Prob. |
|---|---|---|---|---|
| C | 1,995.835 | 465.5190 | 4.287333 | 0.0000 |
| 5*INCOME+ASSET | 0.011469 | 0.001236 | 9.279497 | 0.0000 |
| AGE | −21.91698 | 6.746107 | −3.248834 | 0.0015 |
| NOF | 405.1401 | 78.94456 | 5.131957 | 0.0000 |

| | | | |
|---|---|---|---|
| R-squared | 0.630553 | Mean dependent var | 2,786.375 |
| Adjusted R-squared | 0.620998 | S.D. dependent var | 1,578.647 |
| S.E. of regression | 971.8643 | Akaike info criterion | 16.62907 |
| Sum squared resid | 1.10E+08 | Schwarz criterion | 16.72199 |
| Log likelihood | −993.7445 | Hannan-Quinn criter. | 16.66681 |
| F-statistic | 65.99421 | Durbin-Watson stat | 1.986733 |
| Prob(F-statistic) | 0.000000 | | |

부록 5.3

# EViews 실증분석의 예

## 1. 주가의 이전효과 분석 Ⅱ

제4장에서 살펴본 주식시장 정보의 국가 간 이전효과에 의하면, 미국 주식시장에서의 변동이 바로 다음 날 우리나라 주가의 움직임에 영향이 미치는 것으로 나타나 소위 '주가의 동조화(synchronization) 현상'이 있는 것으로 분석됐다. (제4장의 [그림 4−A13] 참조.) 이러한 동조화 현상에 대한 분석에서는 특히 미국의 IT 산업의 움직임이 미래의 경기에 대한 예측력을 반영한다는 측면에서 NASDAQ 시장의 정보가 유용하다. 이를 고려하여 앞의 단순회귀모형에 NASDAQ 지수 수익률을 추가한 모형을 분석한 결과 다음의 회귀추정식이 도출됐다.

분석 결과에 의하면 미국 대기업 중심의 주식시장뿐만 아니라 NASDAQ 시장의 정보도 우리나라에 주식시장에 중요한 영향을 미치는 것으로 나타났다. 이 경우 모형 전체의 설명력도 크게 증가하는 것으로 분석됐으나, DJIA와 NASDAQ 수익률 사이에 나타나는 높은 상관관계(0.51)로 인해 DJIA의 계수는 작아진 것을 볼 수 있다. [미국과 우리나라 주식시장 사이에 나타나는 이전효과에 대한 연구 결과는 사용자료 및 분석기간에 따라 달라지는 것으로 분석되고 있는데, 기타 실증분석에서 고려해야 할 다양한 이슈에 대해서는 이한식·장병문 (2002) 및 관련 논문 참조.]

[그림 5-A6] 주가의 이전효과에 대한 회귀분석 결과 II

Dependent Variable: KOSPI
Method: Least Squares
Sample: 1 231
Included observations: 231

| Variable | Coefficient | Std. Error | t-Statistic | Prob. |
|---|---|---|---|---|
| C | −0.126441 | 0.073566 | −1.718742 | 0.0870 |
| DJIA | 0.449594 | 0.146338 | 3.072299 | 0.0024 |
| NASDAQ | 0.302789 | 0.063202 | 4.790827 | 0.0000 |

| | | | |
|---|---|---|---|
| R-squared | 0.218149 | Mean dependent var | −0.151353 |
| Adjusted R-squared | 0.211291 | S.D. dependent var | 1.256945 |
| S.E. of regression | 1.116283 | Akaike info criterion | 3.070789 |
| Sum squared resid | 284.1082 | Schwarz criterion | 3.115495 |
| Log likelihood | −351.6761 | Hannan-Quinn criter. | 3.088820 |
| F-statistic | 31.80793 | Durbin-Watson stat | 2.071037 |
| Prob(F-statistic) | 0.000000 | | |

주: 명령문: 『EQUATION EQ5_A6.LS KOSPI C DJIA NASDAQ』.

## 2. 화폐수요 함수 추정

화폐수요량은 소득 및 물가수준, 이자율에 의존한다. QUARTER 파일에 수록된 1987년부터 2019년까지의 분기별 자료를 이용하여 화폐수요함수를 추정한 결과는 다음과 같다. 분석을 위해 화폐수요의 소득 및 물가 수준에 대한 탄력성이 일정한 값을 갖도록 이자율 이외의 변수는 로그 변환 자료를 회귀식에 사용했다. [회귀모형에서 로그 변환 자료의 계수추정치에 대한 해석은 제6장 1절 참조.] 통화지표로는 통화량(M2), 소득 지표는 계절변동이 조정된 국내총생산(GDP), 물가지표로는 소비자물가지수(CPI), 이자율은 3년 만기 회사채 유통수익률(R)을 사용했다. 모형의 추정 결과에 의하면 화폐수요의 물가수준에 대한 탄력성은 약 1.6 정도로 나타났으며, 이자율은 유의성이 낮은 것으로 분석됐다. [이 경우에도 앞의 제4장에서 논의한 오차항의 자기상관이나 불안정 자료에 수반되는 문제점을 고려해야 한다.]

[그림 5-A7] 화폐수요 함수 추정 결과

Dependent Variable: LOG(M2)
Method: Least Squares
Sample: (adjusted): 1987Q1 2019Q4
Included observations: 132 after adjustments

| Variable | Coefficient | Std. Error | t-Statistic | Prob. |
|---|---|---|---|---|
| C | −1.618035 | 0.333933 | −4.845393 | 0.0000 |
| LOG(GDP) | 0.686264 | 0.125793 | 5.455516 | 0.0000 |
| LOG(CPI) | 1.594841 | 0.291437 | 5.472345 | 0.0000 |
| R | 0.003343 | 0.002199 | 1.520350 | 0.1309 |

| | | | |
|---|---|---|---|
| R-squared | 0.997003 | Mean dependent var | 13.45151 |
| Adjusted R-squared | 0.996932 | S.D. dependent var | 1.080203 |
| S.E. of regression | 0.059828 | Akaike info criterion | −2.764845 |
| Sum squared resid | 0.458165 | Schwarz criterion | −2.677487 |
| Log likelihood | 186.4798 | Hannan-Quinn criter. | −2.729347 |
| F-statistic | 14,192.04 | Durbin-Watson stat | 0.117034 |
| Prob(F-statistic) | 0.000000 | | |

부록 5.4

# R 명령문 및 추정 결과

## 1. 다중회귀분석 및 결합 신뢰영역

R에서 다중회귀모형을 추정하는 경우에도 lm( ) 함수를 이용하며, (3)번 줄의 명령문같이 '+' 기호로 독립변수를 추가한다.

[표 5-A1] 식 (5.16)의 소비함수모형 명령문

```
setwd("C:/econometrics")                                            # 작업경로 변경     (1)
Con_data <- read.csv(file="consumption.csv", header=TRUE)            # 자료 읽기        (2)
--------------------------------------------------------------------------------------------
Eq5_16 <- lm(consumption~income+age, data=Con_data)                  # 식 (5.16) 추정   (3)
summary(Eq5_16)                                                      # 추정 결과        (4)
sum(resid(Eq5_16)^2)                                                 # RSS              (5)
```

그리고 summary( ) 함수를 이용하여 다음과 같이 추정 결과를 볼 수 있다.

[그림 5-A8] 식 (5.16)의 소비함수모형 추정 결과

```
> summary(Eq5_16)                    # 식 (5.16) 추정                    (3)

Call:
lm(formula = consumption ~ income + age, data = data)

Residuals:
    Min        1Q      Median      3Q        Max
 -2,163.5   -661.7    -192.3     502.7     3,956.4

Coefficients:
                  Estimate      Std. Error     t value    Pr(>|t|)
(Intercept)     2,099.64691     495.22297       4.240     4.49e-05 ***
income              0.26813       0.02784       9.630    < 2e-16 ***
age               -14.56199       7.80425      -1.866      0.0646 .
---
Signif. codes:  0 '***'  0.001 '**'  0.01 '*'  0.05 '.'  0.1 ' '  1

Residual standard error: 1,134 on 117 degrees of freedom
Multiple R-squared: 0.4926,  Adjusted R-squared: 0.4839
F-statistic: 56.79 on 2 and 117 DF, p-value: < 2.2e-16
```

위 결과에서 아래의 각 통계량이 나타내는 바는 다음과 같다.

(1) Adjusted R-squared: 조정된 결정계수, $\bar{R}^2$ =0.4839

(2) F-statistic: $H_0 : \beta_2 = \beta_3 = 0$에 대한 $F$-통계치=56.79

(3) Prob(F-statistic): $F$-통계치=56.79에 대한 분포에서의 유의확률=0.000000

회귀식 (5.16)의 소득과 나이의 결합 신뢰영역을 그래프로 도출하기 위해서는 「car」 패키지의 confidenceElipse( ) 함수를 이용한다.

**[표 5-A2]** 식 (5.16)의 결합 신뢰영역 명령문

| | | |
|---|---|---|
| install.packages("car") | # 패키지 설치 | (6) |
| library(car) | # 패키지 불러오기 | (7) |
| confidenceEllipse(Eq5_16, levels=0.95,<br>which.coef = c("income", "age"),<br>xlim=c(−0.1, 0.35), xlab="b2", ylab="b3",<br>col = "blue") | # 결합 신뢰영역 | (8) |

confidenceElipse( ) 함수에는 먼저 기존에 할당한 회귀식 Eq5_16을 입력하고, levels 인수에는 신뢰수준을 입력한다. which.coef 인수에는 결합 신뢰영역을 도출하는 변수인 income과 age를 입력한다. 그리고 그래프의 축 및 축의 이름, 신뢰구간의 색상 등의 인수를 입력하면 다음과 같은 그래프가 활성화된다. [개별 신뢰구간은 abline( ) 함수를 이용하여 제시할 수 있으며, 자세한 내용은 생략한다.]

**[그림 5-A9]** 소득과 나이의 결합 신뢰영역

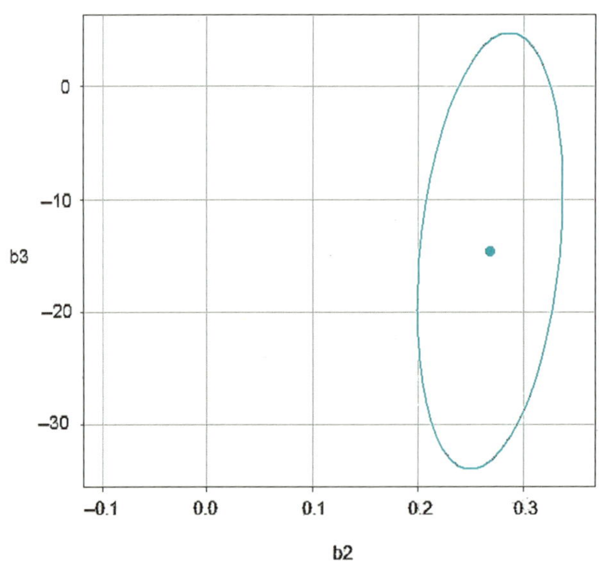

## 2. 표준화 회귀분석

식 (5.17)의 표준화된 회귀모형의 명령문은 다음과 같으며, 추정 결과는 EViews와 동일하므로 생략한다.

**[표 5-A3]** 식 (5.17)의 표준화 회귀모형의 명령문

```
consumption  <- Con_data$consumption                         # consumption 변수   (9)
income       <- Con_data$income                              # income 변수        (10)
age          <- Con_data$age                                 # age 변수           (11)

con_std      <- (consumption-mean(consumption))
                /sd(consumption)                             # 변수 표준화        (12)
income_std   <- (income-mean(income))/sd(income)             # 변수 표준화        (13)
age_std      <- (age-mean(age))/sd(age)                      # 변수 표준화        (14)

Eq5_17 <- lm(con_std~income_std+age_std -1)                 # 식 (5.17) 추정     (15)
summary(Eq5_17)                                              # 추정 결과          (16)
```

## 3. 식 (5.39) 및 식 (5.52)의 추정

식 (5.39)와 (5.52)의 추정 명령문은 다음과 같으며, (20)번 줄에서 I( )는 괄호 안의 수식을 계산하기 위해 사용한 함수이다. 추정 결과는 EViews와 동일하므로 생략한다.

**[표 5-A4]** 식 (5.39) 및 식 (5.42)의 추정 명령문

```
Eq5_39  <- lm(consumption~income+age+asset+nof, data=Con_data) # 식 (5.39) 추정 (17)
summary(Eq5_39)                                                 # 추정 결과      (18)
sum(resid(Eq5_39)^2)                                            # RSS            (19)

Eq5_52  <- lm(consumption~I(5*income+asset)+age+nof,            # 식 (5.52) 추정 (20)
              data=Con_data)
summary(Eq5_52)                                                 # 추정 결과      (21)
sum(resid(Eq5_52)^2)                                            # RSS            (22)
```

## 연습문제

1. 다음의 용어에 대하여 설명하라.

(1) 다중회귀분석
(2) 직접효과와 간접효과
(3) 조정된 결정계수
(4) 개별검정과 결합검정
(5) 모형 적합도에 대한 가설검정
(6) 제약된 최소자승추정량

2. 소비함수 분석을 위해 학생 (A)는 소득($X$)만 포함한 모형 (A) $Y_i = \beta_1 + \beta_2 X_i + \varepsilon_i$ 를 추정한 반면, 학생 (B)는 소득 이외에 자산($Z$)을 포함한 모형 (B) $Y_i = \beta_1^* + \beta_2^* X_i + \beta_3^* Z_i + \varepsilon_i^*$ 를 각각 추정했다. 최소자승법으로 각 회귀모형을 추정할 때, 아래의 각 문장이 맞는지 틀리는지를 결정하고, 그 이유를 간략히 설명하라.

(1) 모형 (A)가 선형회귀모형의 모든 가정을 만족시키고, 오차항이 정규분포를 갖는다고 할 때, 이 모형의 결정계수($R^2$) 값을 알면, 이를 이용하여 모형 (A)에서 기울기에 대한 가설검정 $H_0 : \beta_2 = 0$을 시행할 수 있다.

(2) 모형 (A)가 선형회귀모형의 모든 가정을 만족시킬 때, 모형 (B)는 설명력이 없는 변수가 잘못 추가된 모형이므로, 잔차의 합에 대해서 $\sum e_i^* = 0$ 의 조건이 성립하지 않는다.

(3) 위 (1)에서와는 달리 모형 (B)가 선형회귀모형의 모든 조건을 만족시킬 때, 이 모형의 결정계수($R^2$) 값을 알면, 모형 (B)에서 변수 $X$의 계수에 대한 가설검정 $H_0 : \beta_2^* = 0$을 시행할 수 있다.

(4) 위 모형 (B)의 자료에 대해 $S_{xz} = \sum(X_i - \overline{X})(Z_i - \overline{Z}) > 0$이고, $\beta_3^* > 0$ 이라 하자. 이 경우 모형 (A)의 계수추정치 $b_2$는 종속변수 $Y$에 대한 설명변수 $X$의 총효과를 나타내는 반면, 모형 (B)의 계수 $b_2^*$는 $Y$에 대한 $X$의 순효과를 나타내므로, 두 모형에서 변수 $X$의 추정치에 대해 항상 $b_2 \geq b_2^*$ 의 관계가 성립한다.

3. 다음의 표는 주택수요함수를 추정하기 위해 건설된 주택호수(HOUSING)를 상수항(C)과 국내총생산(GDP), 총인구수(POP), 실업률(UNEMP), 이자율(INT_RATE)에 대해 회귀분

석한 3개 회귀모형의 추정 결과를 나타낸다. 표에서 빈 칸은 해당 변수가 회귀모형에 포함되지 않았다는 것을 의미한다.

주택수요함수 (종속변수: HOUSING, $n = 25$)

| 변수 | 모형 (A) | 모형 (B) | 모형 (C) |
|---|---|---|---|
| C | 4.607<br>(0.21) | 4.968<br>(1.51) | 4.759<br>(1.45) |
| GDP | 2.914<br>(1.23) | 1.904<br>(3.86) | 1.873<br>(3.79) |
| POP | −3.349<br>(−0.45) | | |
| UNEMP | 0.319<br>(0.95) | 0.198<br>(1.08) | |
| INT_RATE | −1.313<br>(−3.17) | −1.405<br>(−4.01) | −1.229<br>(−3.96) |
| RSS | 0.500 | 0.505 | 0.550 |
| $R^2$ | 0.600 | 0.596 | 0.560 |

(주: 괄호 안의 값은 $t$-통계치를 나타냄.)

(1) 모형 (A)에서 GDP, POP, UNEMP, INT_RATE의 계수가 모두 0이라는 결합가설에 대한 검정을 5%의 유의수준에서 실시하라. 귀무가설, 대립가설 및 이를 검정하기 위한 통계치와 그 통계치의 분포적 특성 등을 설명하라.

(2) 모형 (A)에서 POP의 계수가 0이라는 가설에 대한 검정을 $F$-통계량을 이용하여 5% 유의수준에서 시행하고 그 결과가 $t$-검정법의 결과와 일치하는지 비교하라.

(3) 모형 (A)에서 POP와 UNEMP의 계수가 모두 0이라는 결합가설에 대한 검정을 5% 유의수준에서 시행하라.

4. 제4장 연습문제 5번의 CONSUMPTION 파일에서 소비(CONSUMPTION)를 상수항과 소득(INCOME), 나이(AGE), 자산(ASSET), 교육수준(EDU)에 대해 아래의 모형을 회귀분석한 결과로부터 다음 질문에 답하라.

$$CONSUMPTION_i = \beta_1 + \beta_2 INCOME_i + \beta_3 AGE_i + \beta_4 ASSET_i + \beta_5 EDU_i + \varepsilon_i$$

(1) 회귀분석에서 구한 결과로부터 결정계수 $R^2$값과 조정된 결정계수 $\overline{R}^2$값 사이에 식

(5.21)의 관계가 성립하는지 검토하라.

(2) 각각의 회귀계수가 0이라는 가설 $H_0 : \beta_j = 0$ $(j = 2, 3, 4, 5)$에 대해 5% 유의수준에서 검정하라.

(3) 위 모형에서 만일 나이(AGE) 변수를 독립변수에서 제외한다면 결정계수 $R^2$의 값은 (1)에서의 경우에 비해 어떻게 변할(증가 또는 감소) 것인지에 대해 추가적인 컴퓨터 작업 과정 없이 설명하라.

(4) 위 (3)의 경우 조정된 결정계수 $\bar{R}^2$는 (1)과 비교하여 증가하는가?

(5) $H_0 : \beta_2 = \beta_3 = \beta_4 = \beta_5 = 0$의 결합가설을 5%의 유의수준에서 검정하라.

(6) 소득이 소비에 미치는 효과가 자산의 10배 정도 크다는 가설($H_0 : \beta_2 = 10\beta_4$)에 대해 5% 유의수준에서 검정하라.

CHAPTER

# 6

# 선형회귀모형의 응용

여기에서는 제3~5장에서 소개한 선형회귀모형의 응용으로 기본적인 선형회귀모형의 범주에서 고려할 수 있는 함수의 형태 및 이의 해석방법에 대해 설명한다. 그리고 독립변수가 정성적 자료인 가변수모형의 추정과 해석방법을 제시하고, 이에 대한 응용으로 계절성 분석을 다룬다. 마지막으로 종속변수가 정성적 자료인 이산선택모형(binary choice model)에 대한 분석방법에 대해 소개한다.[1]

## 1. 함수의 형태

제4장 및 제5장에서 살펴본 선형회귀모형은 기본적으로 회귀계수에 선형인 회귀식을 설정한 것으로, 모형에 포함된 변수들이 비선형항인 경우에도 모형 추정이나 분석에 아무 문제를 초래하지 않고 모두 선형모형의 범주에서 다룰 수 있다. 여기에서는 기본적인 선형모형에 대한 응용으로서 독립변수 $X$ 또는 종속변수 $Y$가 비선형일 때 회귀계수의 추정과 해석이 어떻게 달라지는지 비교해 본다.

### 1.1 모든 변수에 대해 선형인 기본 모형

지금까지의 선형회귀분석에서는 회귀계수뿐만 아니라 독립변수들에 대해서도 선형인 모형을 중심으로 계수추정치를 도출하고 가설검정을 시행하는 방법에 대해 논의했다. 예를 들어, 식 (6.1)의 모형과 같이 독립변수 $X_2$, $X_3$가 모두 선형항인 경우, 회귀계수는 각 독립변수의 한 단위 변화에 따른 종속변수의 평균 변화분을 나타내며, 이는 식 (5.18), (5.19)의 수식으로 표현된다.

$$[\beta_j = \partial E(Y)/\partial X_j \ (j = 2,3)]$$
$$Y_i = \beta_1 + \beta_2 X_{2i} + \beta_3 X_{3i} + \varepsilon_i \tag{6.1}$$

여기서 독립변수의 절대적인 변화에 따른 종속변수의 절대적인 변화분을 한계효과(marginal effect)라 하는데, 종속변수 $Y$가 소비, 독립변수 $X_2$가 소득인 경우 $\beta_2$는 한계소비성향을 나타

1 지금까지 다룬 선형회귀분석 방법을 이산선택모형에 적용하는 것은 적합하지 않다. 그러나 정성적 자료의 분석 차원에서 가변수모형과 함께 이 장에서 소개하는데, 학습의 목적과 진도에 맞춰 제10장 또는 제12장 이후에 다룰 것을 추천한다.

낸다. 따라서 식 (6.1)의 모형은 종속변수에 대한 독립변수의 한계효과가 일정한 값을 갖는 상수임을 가정한 회귀식이다.

## 1.2 일부 독립변수가 비선형인 모형

식 (6.1)과는 달리 일부 변수가 비선형이면, 그 변수의 한계효과는 일정하지 않다. 예를 들어, 소비가 소득 이외에 나이에 의존한다고 할 때, 소비($Y$)의 증가가 소득($X$)에 대해서는 선형으로 일정하게 변화하지만, 나이($A$)에 대해서는 변동폭이 달라지는 경우, 다음의 모형을 고려해 볼 수 있다.

$$Y_i = \beta_1 + \beta_2 X_i + \beta_3 A_i + \beta_4 A_i^2 + \varepsilon_i \tag{6.2}$$

이 모형에서 소비에 대한 소득의 한계효과는 $\frac{\partial E(Y)}{\partial X} = \beta_2$로 일정하지만, 나이에 대한 한계효과는 $\frac{\partial E(Y)}{\partial A_i} = \beta_3 + 2\beta_4 A_i$로 가구주의 나이에 따라 달라진다. 그러나 이 경우에도 제4장의 식 (4.1)에 대해 설명한 것 같이 $Z_i = A_i^2$로 바꾸면 다음과 같이 모든 변수에 대해 선형인 모형이 된다.

$$Y_i = \beta_1 + \beta_2 X_i + \beta_3 A_i + \beta_4 Z_i + \varepsilon_i \tag{6.3}$$

따라서 지금까지 다룬 선형회귀분석과 똑같은 방법으로 회귀계수의 추정치를 구할 수 있다.

**예 6.1**

다음은 제5장의 회귀식 (5.18)에 나이의 제곱항을 추가하여 추정한 결과이다.

$$\widehat{CONSUMPTION}_i = \underset{(-1.306)}{-1{,}793.853} + \underset{(8.855)}{0.247 INCOME_i} + \underset{(2.712)}{140.498 AGE_i} - \underset{(-3.025)}{1.405 AGE_i^2}$$

$$R^2 = 0.530, \quad \overline{R}^2 = 0.518 \tag{6.4}$$

여기서 소비에 대한 소득의 한계효과는 0.247(만 원)으로 일정한 값을 보이지만, 나이의 한계효과는 $(140.498 - 2.81 \times Age_i)$로 가구주의 나이에 따라 달라진다. 즉, 나이가 많아질 때 소비의 증가효과가 감소하는데, 이 경우 나이의 변곡점을 계산하면 $50.0 = (140.498/2.81)$로 만 50세까지는 소비가 증가하다가, 그 이후에는 나이가 많아지면서 소비가 감소하는 모습을 나타낸다.

## 1.3 변환된 선형함수의 형태

### 1) 더블로그모형

독립변수와 종속변수를 모두 로그 변환하면, 다음의 회귀모형이 된다.

$$\log Y_i = \beta_1 + \beta_2 \log X_i + \varepsilon_i \tag{6.5}$$

여기서 회귀계수 $\beta_2$의 의미는 다음과 같이 독립변수의 상대적인 한 단위 변화(1% 변화)에 따른 종속변수의 상대적인 변화를 나타내는 탄력성(elasticity)을 의미한다.

$$\beta_2 = \frac{d\log E(Y)}{d\log X} = \frac{dE(Y)/E(Y)}{dX/X} \tag{6.6}$$

따라서 식 (6.5)에서는 독립변수에 대한 종속변수의 탄력성이 일정한 값을 갖게 되는데, 이를 고정탄력성(constant elasticity) 모형이라 한다. 이 경우 $Y_i^* = \log Y_i$, $X_i^* = \log X_i$로 설정하면 일반적인 선형회귀모형과 동일한 구조가 되어 최소자승법으로 추정할 수 있다.

**예 6.2**

다음은 소비-소득에 대하여 더블로그모형(double-log)을 적용한 회귀분석 결과를 나타낸다.

$$\log(\widehat{CONSUMTPION_i}) = 2.869 + 0.588\log(INCOME_i)$$
$$(8.007) \qquad (13.671) \qquad R^2 = 0.613 \tag{6.7}$$

이 결과는 소득이 1% 증가할 때 소비는 약 0.59% 증가하는 것을 의미한다.

**참고** 탄력성과 한계소비성향에 대한 관계식[한계소비성향(MPC) = 소비의 소득 탄력성($\beta_2$)× 평균소비성향(APC)]을 이용하면 탄력성 추정치로부터 한계소비성향의 추정치를 구할 수 있다. 평균소비성향은 [그림 3-A1]에서 0.507(= 2,788.4/5,490.7)로 구해진다. 이와 함께 식 (6.7)의 소득 탄력성 추정치 0.588을 이용하면, 표본평균에서의 한계소비성향은 0.298 (= 0.588×0.507 = 0.588×0.507)로 산출된다. 이 경우 (예 4.8)에서의 계수추정치 0.282와 약간 다른 값을 보이는데, 이는 서로 다른 가정에 기초한 모형으로부터 도출된 표본통계치의 차이로 해석된다. 즉, 여기서 식 (6.7)은 일정한 탄력성을 가정하여 설정된 모형으로 한계소비성향이 일정한 값을 갖는 회귀식 (4.50)과는 일반적으로 다른 추정 결과를 나타내기 때문이다.

이와 같이 탄력성 추정에 유용한 더블로그모형은 일반적인 경제학의 실증분석에도 자주 사용된다. 예를 들어, Cobb-Douglas 형태의 생산함수를 추정하는 경우, 이는 계수에 대해 선형함수가 아니기 때문에 최소자승법을 적용할 수 없다. 그러나 이 함수도 양변에 로그를 취해 지수함수(exponential function) 형태의 변수를 변환하면 다음과 같이 회귀계수에 대한 선형모형이 되어 선형회귀분석의 최소자승법을 그대로 적용할 수 있다.

$$Q_i = AL_i^{\beta_1} K_i^{\beta_2} e^{\varepsilon_i}$$

$$\Rightarrow \log Q_i = \alpha + \beta_1 \log L_i + \beta_2 \log K_i + \varepsilon_i \quad (6.8)$$

여기서 $Q, L, K$는 각각 생산량, 노동투입량, 자본투입량을 나타낸다.

### 2) 로그-선형모형

식 (6.5)에서 종속변수만 로그변수인 경우, 다음의 회귀식이 된다.

$$\log Y_i = \beta_1 + \beta_2 X_i + \varepsilon_i \quad (6.9)$$

이 경우 회귀계수 $\beta_2$의 의미는 다음의 수식으로 표현된다.

$$\beta_2 = \frac{d \log E(Y)}{dX} = \frac{dE(Y)/E(Y)}{dX} \quad (6.10)$$

따라서 $\beta_2$는 독립변수의 절대적인 한 단위 변화에 따른 종속변수의 상대적인 변화를 나타낸다. 이러한 회귀계수의 해석에 대한 차이를 제외하면 최소자승법으로 추정할 수 있는 일반적인 선형회귀모형과 동일한 구조를 갖는다.

#### 예 6.3

다음은 소비-소득에 대하여 로그-선형모형을 적용한 회귀분석 결과이다.

$$\log(\widehat{CONSUMPTION_i}) = 7.06964 + 0.00012 INCOME_i$$

$$(88.434) \qquad (10.233) \qquad R^2 = 0.470 \quad (6.11)$$

이 결과는 소득이 만 원 증가할 때 소비는 약 0.012% 증가하는 것을 나타낸다.

식 (6.9)의 로그-선형모형에서 독립변수가 시간을 나타내는 변수($t$)로 설정하면, 회귀계수는 종속변수 $Y$ 변수의 평균성장률을 의미한다.

$$\beta_2 = \frac{d\log E(Y)}{dt} = \frac{dE(Y)/E(Y)}{dt} \tag{6.12}$$

따라서 어떤 변수에 대해 일정한 기간 동안의 평균 성장률을 구하는 경우, 그 변수에 로그를 취하고 표본기간 동안 $t = (1, 2, \cdots, n)$의 값을 갖는 시간변수를 독립변수로 설정하여 회귀분석하면 된다.

### 3) 선형-로그모형

로그-선형모형과는 반대로 독립변수만 로그 변수인 경우, 다음의 회귀식이 된다.

$$Y_i = \beta_1 + \beta_2 \log X_i + \varepsilon_i \tag{6.13}$$

여기서 회귀계수 $\beta_2$의 의미는 다음과 같이 독립변수의 상대적인 한 단위 변화에 따른 종속변수의 절대적인 변화를 나타낸다.

$$\beta_2 = \frac{dE(Y)}{d\log X} = \frac{dE(Y)}{dX/X} \tag{6.14}$$

**예 6.4**

다음은 소비-소득에 대하여 선형-로그모형을 추정한 결과를 나타낸다.

$$\widehat{CONSUMPTION}_i = -7{,}393.017 + 1{,}228.725\log(INCOME_i)$$
$$(-7.988) \qquad (11.065) \qquad R^2 = 0.509 \tag{6.15}$$

여기서의 결과는 소득이 1% 증가할 때 소비는 약 12.28만 원 증가하는 것을 의미한다.

### 4) 역수(reciprocal) 함수

이는 종속변수와 독립변수 간에 역관계를 나타내는 함수 형태로 다음과 같이 표현된다.

$$Y_i = \beta_1 + \beta_2 \frac{1}{X_i} + \varepsilon_i \tag{6.16}$$

이러한 형태의 모형을 적용하는 대표적인 예로 실업률과 물가상승률 사이의 상충관계(trade-off)를 의미하는 필립스곡선(Phillips curve)을 들 수 있다.

$$\pi_i = \beta_1 + \beta_2 \frac{1}{UR_i} + \varepsilon_i \tag{6.17}$$

여기서 $X_i^* = 1/UR_i$로 설정하면 일반적인 선형회귀모형과 같이 최소자승법으로 추정할 수 있다.

### 5) 함수 형태의 선정

위의 변형된 선형함수는 탄력성, 성장률 등 경제학에서 중요한 의미를 갖는 추정치를 구할 때 자주 사용된다. 그 밖에 선형회귀모형의 범주에서 다룰 수 있는 일반적인 회귀식은 다음과 같이 표현할 수 있다.

$$f(Y_i) = \beta_1 + \beta_2 g(X_i) + \varepsilon_i \tag{6.18}$$

이 경우 $Y_i^* = f(Y_i)$, $X_i^* = g(X_i)$로 치환하면, 일반화된 함수 형태의 변수가 포함되는 경우에도 지금까지 다룬 선형회귀분석이 그대로 적용 가능함을 알 수 있다.

## 1.4 비선형모형

다음과 같은 형태의 모형은 간단해 보이지만 앞의 경우와는 달리 선형회귀분석의 범주에서 벗어난다.

$$Y_i = \beta_1 + \beta_2 (X_i - \beta_3) + \varepsilon_i \tag{6.19}$$

여기서 $\beta_3$는 독립변수가 종속변수에 미치는 영향이 경계값(threshold)을 기준으로 달라지는 것을 반영하기 위한 계수로, 다른 회귀계수 $\beta_1$, $\beta_2$와 함께 주어진 자료로부터 추정해야 할 모수(parameter)를 나타낸다. 이 경우 $X_i^* = (X_i - \beta_3)$로 바꾸면 $Y_i = \beta_1 + \beta_2 X_i^* + \varepsilon_i$로 앞의 경우와 같은 선형모형으로 보이지만 $X_i^*$에 추정해야 할 회귀계수가 포함되어 있기 때문에 선형모형의 추정법을 적용할 수 없다.

이러한 비선형모형에서는 비선형최소자승법(nonlinear least squares method)을 적용해야 하는데, 선형모형에 대한 최소자승추정치와는 달리 계수추정치를 표본자료의 함수로 나타낼 수 있는 방법이 없어 이에 대한 확정해(closed-form solution)를 도출할 수 없다. 따라서 수렴되는 값이 구해질 때까지 계속적인 반복기법을 통해 산출하는 복잡한 과정이 요구될 뿐만 아니라 수렴값이 도출되지 않는 경우도 발생할 수 있다. 이러한 형태의 비선형모형은 일반적인 계량 분석의 범위를 벗어나므로 이 책에서는 다루지 않는다.

## 2. 독립변수가 가변수인 모형

지금까지의 회귀식에서는 독립변수와 종속변수 모두 변수의 특징이 자료의 크기로 관측되는 정량적 변수(quantitative variable)를 설정했다. 자주 사용한 예로 소득, 소비, 나이 등에 대한 관계를 분석하기 위해 한 변수의 변화가 다른 변수의 변화에 얼마나 영향을 미치는지를 의미하는 한계효과 또는 탄력성을 추정하는 방법을 다뤘다.

그러나 회귀모형에 포함된 독립변수의 관측치가 그 변수의 크기를 반영하지 않고 그룹별 구분을 나타내는 정성적 변수(qualitative variable)인 경우, 회귀계수에 대해 식 (5.18)이나 (6.6)과 같은 표현을 직접 적용할 수 없다. 예를 들어, 계량경제학 시험성적이 학습시간 이외에 성별(남·여)이나 전공(경제학 전공·비전공) 등에 영향을 받는 경우, 독립변수의 관측치가 어떤 범주(category)에 속하는지에 따라 회귀식의 특징이 달라질 수 있다. 그 밖에 정성적 특징을 나타내는 변수의 예로 지역별 차이, 나이·세대별 차이, 글로벌 금융위기나 코로나(pandemic) 사태 등 특정 시점을 전후한 구조 변화 등을 들 수 있다. 이러한 정성적 변수에 대한 자료는 수치(number)로 관측되지 않고, 그 특징(예: 남·여)만 구분되는데, 이 경우 범주를 표시하기 위해 가변수(dummy variable)를 사용한다.

임금수준의 성별 차이를 분석하기 위해, 임금($Y$)을 종속변수로 하고 경력기간($X$)을 독립변수로 설정하여 남·여 두 집단의 관측치를 이용한 회귀분석을 시행한다고 하자.

$$\text{남자의 임금식:} \quad Y_i = \alpha_1 + \beta_1 X_i + \varepsilon_i \tag{6.20}$$

$$\text{여자의 임금식:} \quad Y_i = \alpha_2 + \beta_2 X_i + \varepsilon_i \tag{6.21}$$

여기서 상수항의 계수 $\alpha_1$, $\alpha_2$는 각각 남·여 그룹별로 정해지는 초봉을 나타내고, 기울기 $\beta_1$, $\beta_2$는 경력에 따른 그룹별 임금상승분으로 해석할 수 있다. 이 경우 식 (6.20), (6.21)의 회귀식을 남자와 여자의 자료에 각각 따로 적용하여 회귀계수 $(\alpha_1, \beta_1)$, $(\alpha_2, \beta_2)$에 대한 추

정치를 구할 수 있다. [제4장 연습문제 5번 참조.]

그러나 현실에서 관측되는 임금구조에서 성별로 정해지는 초봉은 다르지만 경력에 따른 임금상승분이 같은 경우, 두 그룹을 나눠서 따로 추정하는 방법은 적합하지 않다. 따라서 두 집단의 자료를 통합하여 하나의 회귀식을 추정해야 남·여 공통의 기울기를 도출할 수 있는데, 이 경우 남·여의 성별을 구분하는 정성적 변수를 회귀식에 포함한 가변수모형이 사용된다.

## 2.1 상수항이 다른 경우

먼저 남·여 두 집단에 대해 초봉은 다르지만 경력($X$)에 따른 임금상승분은 동일한 경우를 가정하면, 이는 남자와 여자의 임금식 (6.20), (6.21)에서 $\alpha_1 \neq \alpha_2$, $\beta_1 = \beta_2$을 의미한다. 이 경우 두 집단의 자료를 하나의 회귀식으로 추정하기 위해 다음과 같이 성별을 나타내는 정성적 변수를 수치로 표현한 가변수를 이용한다.

$$D_i = \begin{cases} 0, & \text{관측치 } i\text{가 여자인 경우} \\ 1, & \text{관측치 } i\text{가 남자인 경우} \end{cases} \tag{6.22}$$

여기서 남·여 공통의 임금상승분을 $\beta$로 표기하면, 두 집단의 임금식을 다음과 같이 하나의 식으로 나타낼 수 있다.

$$Y_i = \alpha + \gamma D_i + \beta X_i + \varepsilon_i \tag{6.23}$$

위 식에서 여자의 경우($D_i = 0$)에는 회귀식이 $Y_i = \alpha + \beta X_i + \varepsilon_i$가 되며, 남자($D_i = 1$)에 대한 회귀식은 $Y_i = (\alpha + \gamma) + \beta X_i + \varepsilon_i$가 된다. 이 경우 두 집단 사이에는 상수항 $\gamma$만큼의 차이만 나타나고, 같은 기울기 $\beta$를 갖게 된다. 따라서 임금수준($Y$)을 상수항, 성별 가변수($D_i$), 경력($X_i$)에 대해 설정한 회귀식 (6.23)을 이용하여 회귀계수 $(\alpha, \gamma, \beta)$의 추정치를 구할 수 있다. 여기서 $\gamma$는 성별에 따른 초봉의 격차($\gamma = \alpha_1 - \alpha_2$)를 나타내는 것으로, $\gamma > 0$이면 남자의 초봉이 더 크며, $\gamma < 0$이면 여자의 초봉이 더 큰 것을 의미한다. 여기서 $D_i = 0$인 범주를 나타내는 여자가 기준집단(control group)이 되며, $D_i = 1$인 남자가 비교집단(reference group)이 된다.

위의 경우와 반대로 성별 구분을 위해 다음의 가변수를 고려할 수도 있다.

$$S_i = \begin{cases} 0, & \text{관측치 } i\text{가 남자인 경우} \\ 1, & \text{관측치 } i\text{가 여자인 경우} \end{cases} \tag{6.24}$$

이를 이용하여 두 집단을 포함하는 회귀식을 다음과 같이 표현할 수 있다.

$$Y_i = \alpha + \delta S_i + \beta X_i + \varepsilon_i \tag{6.25}$$

여기에서도 가변수의 회귀계수 $\delta$는 두 집단의 차이를 나타내는데, 이 경우 $\delta$에 대한 해석은 $\gamma$와 반대로 $\delta = -\gamma$를 의미한다. 따라서 가변수 $D_i$ 혹은 $S_i$에 대한 계수의 해석은 그 값이 0인 기준그룹과 비교한 비교그룹의 차이를 나타낸다. 식 (6.23) 또는 (6.25)를 이용한 성별 초봉의 차이에 대한 가설검정은 통상적인 $t$-검정법을 적용한다. 즉, 남녀 성별에 따라 정해지는 초봉의 차이가 체계적인 격차를 반영하는지를 확인하는 것은 $\gamma$ (또는 $\delta$)에 대한 유의성 검정으로 분석할 수 있는데, 지금까지의 개별계수에 대한 가설검정과 같이 귀무가설 $H_0 : \gamma = 0$에 대해 양측 또는 단측검정을 통해 판정한다.

**참고** 식 (6.23) 또는 (6.25)와 같이 남·여 중 한 범주를 기준그룹으로 설정하는 회귀모형을 사용하지 않고 다음과 같이 두 개의 가변수를 모두 포함한 회귀식을 사용할 수도 있다.

$$Y_i = \delta_1 D_i + \delta_2 S_i + \beta X_i + \varepsilon_i \tag{6.26}$$

이 식에서 여자의 회귀식은 $Y_i = \delta_1 + \beta X_i + \varepsilon_i$, 남자의 회귀식은 $Y_i = \delta_2 + \beta X_i + \varepsilon_i$이 되며, 따라서 두 그룹 사이의 차이는 상수항의 차이 $(\delta_1 - \delta_2)$로 나타난다. 이 경우 식 (6.26)에 포함된 두 개의 가변수 이외에 상수항을 추가한 다음의 모형을 설정하면, 다중회귀모형의 [가정 3]의 조건이 성립하지 않아 완전공선성(perfect collinearity) 문제가 나타난다.

$$Y_i = \alpha + \delta_1 D_i + \delta_2 S_i + \beta X_i + \varepsilon_i \tag{6.27}$$

즉, 식 (6.27)에서 모든 관측치에 대해 $D_i + S_i = 1$의 관계가 성립하므로, (모든 $i$에 대해 1의 값을 갖는) 상수항과 정확한 선형관계를 갖게 되어 회귀계수를 추정할 수 없는 가변수 함정(dummy variable trap) 현상이 발생한다.

## 예 6.5

WAGE 파일에서 남·여의 임금격차 분석을 위해 소득을 상수항과 성별 가변수($D_i$: 여자이면 $D_i = 0$, 남자이면 $D_i = 1$), 평균 수능등급을 포함한 다음의 회귀식을 추정했다.

$$WAGE_i = \beta_1 + \gamma D_i + \beta_2 AVG\_GRADE_i + \varepsilon_i \quad (6.28)$$

주어진 표본자료에 대한 회귀분석 결과는 다음과 같다.

$$\widehat{WAGE}_i = \underset{(15.059)}{13{,}596.860} + \underset{(5.566)}{2{,}817.902} D_i - \underset{(-6.370)}{963.382} AVG\_GRADE_i \quad (6.29)$$

이 결과로부터 남·여 각각의 추정식을 다음과 같이 도출할 수 있다.

$$\text{여자의 추정식: } \widehat{WAGE}_i = 13{,}596.860 - 963.382 AVG\_GRADE_i \quad (6.30)$$

$$\text{남자의 추정식: } \widehat{WAGE}_i = 16{,}414.762 - 963.382 AVG\_GRADE_i \quad (6.31)$$

여기서 남·여 사이에 상수항의 차이가 없음을 나타내는 귀무가설 $H_0 : \gamma = 0$는 $t$-검정에 의해 5% 유의수준에서 기각된다. 따라서 남·여 사이에 상수항의 차이가 존재하며, 동일한 평균 수능등급인 경우 남자의 (시간당) 임금이 여자보다 약 2,818원 더 높은 것으로 나타났다.

---

시계열자료를 대상으로 정책의 유효성을 판단하거나 특정 시점을 기준으로 구조 변화가 나타났는지 판단하기 위해 정책 도입 시점을 기준으로 그 전·후를 구분하는 가변수를 사용한다. 예를 들어, 2020년의 주택임대차보호법 도입이 전세가격 안정에 효과를 갖는가를 분석하고자 할 때, 실제로 전세가 안정에 기여했다면 이 법의 시행 시점을 기준으로 전세가 변화의 상승 추세가 작아질 것으로 기대할 수 있다. 이를 분석하기 위해 $t$ 시점에서의 평균 전세가를 종속변수($Y_t$)로 하고, 부동산 시장에 영향을 미치는 경제변수를 독립변수($X_t$)와 이 법의 시행 시점을 구분하는 다음의 가변수를 포함한 회귀식을 사용하면 된다.

$$D_t = \begin{cases} 0, & \text{관측치 } t\text{가 제도 시행 이전인 경우} \\ 1, & \text{관측치 } t\text{가 제도 시행 이후인 경우} \end{cases}$$

이 경우 $Y_t = \alpha + \gamma D_t + \beta X_t + \varepsilon_t$의 회귀식은 다음과 같이 구분된다.

$$\text{주택임대차보호법 시행 이전: } Y_t = \alpha + \beta X_t + \varepsilon_t \quad (6.32)$$

$$\text{주택임대차보호법 시행 이후: } Y_t = (\alpha + \gamma) + \beta X_t + \varepsilon_t \quad (6.33)$$

여기서 $\gamma$는 주택임대차보호법 시행에 따른 구조 변화를 나타낸다. 여기서 $\gamma < 0$이면 이 법의 시행에 따라 전세가격이 하락하는 효과가 나타났으며, 이와는 반대로 $\gamma > 0$이면 이 법의 시행이 오히려 전세가를 상승시키는 부작용을 초래했다는 것을 의미한다. 한편, $\gamma = 0$이면 기대했

던 전세가 안정에 기여하지 못했다는 것을 의미한다.

### 2.2 기울기가 다른 경우

남·여 두 집단에 있어서 초봉은 같으나 경력($X_i$)에 대한 임금상승분이 다른 경우를 고려하자. 이 경우 남자와 여자의 임금식 (6.20), (6.21)에서 $\alpha_1 = \alpha_2$, $\beta_1 \neq \beta_2$을 의미하는데, 여기서 여자의 경우 $D_i = 0$, 남자의 경우 $D_i = 1$의 식 (6.22)의 가변수를 이용하여 하나의 회귀식으로 통합하면 다음과 같다.

$$Y_i = \alpha + \beta X_i + \gamma D_i X_i + \varepsilon_i \tag{6.34}$$

위 식에서 여자에 대한 회귀식은 $Y_i = \alpha + \beta X_i + \varepsilon_i$, 남자의 회귀식은 $Y_i = \alpha + (\beta + \gamma) X_i + \varepsilon_i$가 된다. 여기서 $\gamma$는 독립변수 $X$의 회귀계수의 차이를 나타내는데, 이는 남녀 사이의 경력에 따른 임금상승분의 차이를 의미한다. 이 경우에도 통상적인 $t$-검정법을 적용해서 두 그룹 사이의 기울기 차이에 대한 유의성 검정을 시행할 수 있다.

**예 6.6**

WAGE 파일에서 평균 수능등급이 남녀의 임금에 미치는 영향도가 다른 경우를 고려한 다음의 회귀식을 추정했다.

$$\begin{aligned}\widehat{WAGE}_i = \ & 14{,}851.250 - 1{,}146.702 AVG\_GRADE_i + 414.119 (D_i \times AVG\_GRADE_i) \\ & (16.298) \qquad (-7.029) \qquad\qquad\qquad (4.534)\end{aligned} \tag{6.35}$$

위 추정 결과에서 남·여 간의 기울기 차이를 나타내는 $(D_i \times AVG\_GRADE_i)$ 변수의 계수추정치는 5% 유의수준에서 설명력이 높은 것으로 나타났다. 따라서 남·여 각각의 추정식을 다음과 같이 표현할 수 있다.

$$\text{여자의 추정식: } \widehat{WAGE}_i = 14{,}851.250 - 1{,}146.702 AVG\_GRADE_i \tag{6.36}$$

$$\text{남자의 추정식: } \widehat{WAGE}_i = 14{,}851.250 - 732.583 AVG\_GRADE_i \tag{6.37}$$

즉, (수능성적이 하락하여) 평균 수능등급이 1등급 상승함에 따라 여자의 경우 (시간당) 임금은 1,147원 정도 감소하는 데 반해, 남자의 경우에는 이보다 작은 733원 정도 감소한다.

## 2.3 상수항 및 기울기가 다른 경우

위의 두 경우를 동시에 고려한 모형으로 초봉과 경력에 대한 임금상승분이 성별에 따라 모두 다른 회귀식을 설정하는 경우, 남·여 자료를 따로 분리해서 각각 추정하는 회귀식 (6.20), (6.21)에 해당한다.

$$\text{남자의 경우: } Y_i = \alpha_1 + \beta_1 X_i + \varepsilon_i$$
$$\text{여자의 경우: } Y_i = \alpha_2 + \beta_2 X_i + \varepsilon_i$$

이 경우에도 가변수 $D_i$를 이용하여 하나의 회귀식으로 통합할 수 있다.

$$Y_i = \alpha + \gamma D_i + \beta X_i + \delta D_i X_i + \varepsilon_i \tag{6.38}$$

여기서 $\gamma$는 초봉의 차이를 나타내는 계수이며, $\delta$는 기울기의 차이를 나타낸다. 따라서 이 모형에서 남녀 사이에 임금구조가 다른 경우, 그 차이가 초봉의 차이 때문에 발생하는지, 임금상승분의 차이에 기인하는지, 또는 상수항과 기울기가 모두 다르기 때문인지를 판별할 수 있다. 상수항과 기울기가 모두 다른지를 분석하는 귀무가설은 $H_0 : \gamma = \delta = 0$으로 설정할 수 있는데, 이에 대해서는 결합귀무가설에 대한 식 (5.36)의 $F$-통계량을 적용한다.

### 예 6.7

WAGE 파일에서 평균 수능등급이 임금에 미치는 격차와 영향도가 남·여 그룹별로 모두 다른 경우에 대한 다음의 회귀식을 추정했다.

$$\begin{aligned}\widehat{WAGE}_i = {} & 12{,}030.340 + 6{,}343.062 D_i - 679.654 AVG\_GRADE_i \\ & (10.440) \qquad (3.671) \qquad (-3.406) \\ & - 636.884 (D_i \times AVG\_GRADE_i) \\ & (-2.130)\end{aligned} \tag{6.39}$$

위 추정 결과에서 상수항의 차이를 나타내는 변수와 기울기의 차이를 나타내는 변수의 계수추정치가 모두 5% 유의수준에서 통계적 유의성이 높은 것으로 판정됐다. 이로부터 남·여 각각의 추정식이 다음과 같이 도출된다.

$$\text{여자의 추정식: } \widehat{WAGE}_i = 12{,}030.340 - 679.654 AVG\_GRADE_i \tag{6.40}$$

$$\text{남자의 추정식: } \widehat{WAGE}_i = 18{,}373.402 - 1{,}316.538 AVG\_GRADE_i \tag{6.41}$$

여기서 남·여 사이에 상수항의 차이가 존재하며, 동일한 평균 수능등급에 대해 남자의 임금은 여자보다 약 6,343원 더 높게 추정됐다. 또한 두 그룹의 기울기 차이도 나타나는데, 이 경우 (예 6.6)과는 반대로 (수능성적이 하락하여) 평균 수능등급이 1등급 상승하면 남자의 임금이 여자에 비해 약 636.8원 더 감소하는 것으로 도출됐다.

## 2.4 여러 범주의 경우

지금까지는 남·여, 정책시행 전후 등과 같이 범주의 수가 두 개인 경우에 대해 살펴봤다. 이 방법은 소득 계층, 교육수준, 계절, 지역 등 여러 개의 범주로 구분되는 정성적 자료에 대해서도 적용할 수 있다. 예를 들어, 소득 계층에 따른 소비수준의 차이를 설명하기 위해, 가구의 소득을 저소득층, 중산층, 고소득층의 세 개의 중복되지 않는 범주로 구분한다고 하자.

여기서 저소득층을 기준그룹으로 설정하는 경우, 중산층에 대한 가변수로 $M_i$를 사용하고, 고소득층의 가변수로 $H_i$를 사용하면, 다음과 같이 두 개의 가변수로 세 개의 범주를 구분할 수 있다.

$$\begin{aligned}&\text{저소득층의 경우:} \quad M_i = 0,\ H_i = 0\\&\text{중산층의 경우:} \quad M_i = 1,\ H_i = 0\\&\text{고소득층의 경우:} \quad M_i = 0,\ H_i = 1\end{aligned} \tag{6.42}$$

세 개의 범주에 대해 상수항이 다른 경우, 다음과 같이 회귀식을 설정한다.

$$Y_i = \alpha + \gamma_1 M_i + \gamma_2 H_i + \beta X_i + \varepsilon_i \tag{6.43}$$

이 경우 소득 계층별 회귀식은 다음으로 도출된다.

$$\text{저소득층의 경우:} \quad Y_i = \alpha + \beta X_i + \varepsilon_i \tag{6.44}$$

$$\text{중산층의 경우:} \quad Y_i = \alpha + \gamma_1 + \beta X_i + \varepsilon_i \tag{6.45}$$

$$\text{고소득층의 경우:} \quad Y_i = \alpha + \gamma_2 + \beta X_i + \varepsilon_i \tag{6.46}$$

여기서 기준그룹은 저소득층으로 $\gamma_1$, $\gamma_2$는 각각 저소득층과 비교한 중산층과 고소득층의 소비수준 차이를 나타낸다.

## 예 6.8

CONSUMPTION 파일에서 CLASS는 소득 계층을 나타내는 가변수로 저소득층인 경우 CLASS=1, 중산층인 경우 CLASS=2, 고소득층인 경우 CLASS=3을 의미한다. 이로부터 저소득층을 나타내는 가변수로 LOW(저소득층의 경우 LOW=1, 그 외 =0), 중산층을 나타내는 가변수로 MID(중산층의 경우 MID=1, 그 외=0), 고소득층을 나타내는 가변수로 HIGH(고소득층의 경우 HIGH=1, 그 외=0)를 생성하고, 다음과 같이 두 개의 가변수 MID와 HIGH를 이용해서 세 범주를 구분했다.

$$
\begin{aligned}
&\text{저소득층의 경우:} \quad (MID_i = 0, HIGH_i = 0) \\
&\text{중산층의 경우:} \quad (MID_i = 1, HIGH_i = 0) \\
&\text{고소득층의 경우:} \quad (MID_i = 0, HIGH_i = 1)
\end{aligned}
\tag{6.47}
$$

소비를 상수항과 소득, 중산층 여부, 고소득층 여부를 나타내는 가변수에 대해 회귀분석한 결과는 다음과 같다.

$$
\begin{aligned}
\widehat{CONSUMPTION}_i = {} & 970.705 + 870.335 MID_i + 912.833 HIGH_i + 0.212 INCOME_i \\
& (4.592) \qquad (2.742) \qquad\qquad (1.607) \qquad\qquad (3.634)
\end{aligned}
\tag{6.48}
$$

이로부터 다음의 소득 계층별 추정식을 도출할 수 있다.

$$\text{저소득층의 경우:} \quad \widehat{CONSUMPTION}_i = 970.705 + 0.212 INCOME_i \tag{6.49}$$

$$\text{중산층의 경우:} \quad \widehat{CONSUMPTION}_i = 1{,}841.040 + 0.212 INCOME_i \tag{6.50}$$

$$\text{고소득층의 경우:} \quad \widehat{CONSUMPTION}_i = 1{,}883.538 + 0.212 INCOME_i \tag{6.51}$$

위 추정 결과에서 중산층 여부를 나타내는 가변수는 5% 수준에서 유의성이 높은 것으로 판정됐지만, 고속득층 여부를 나타내는 가변수는 유의성이 낮은 것으로 나타났다. 따라서 소득 계층별로 소비수준의 격차가 존재하며, 특히 중산층은 저소득층에 비해 동일한 소득 조건 하에서 약 870만 원 더 높은 기초 소비를 보이고 있다.

---

**참고** 여기서 $m$ 개의 범주로 구분하고자 하는 경우, $(m-1)$개의 가변수를 사용한다. 이는 $m$ 개의 범주 중 하나는 기준그룹이 되며, 다른 $(m-1)$개의 그룹에 대한 가변수만 필요하기 때문이다. 범주의 개수만큼 가변수를 만들어 사용하면, 식 (6.27)의 경우와 같이 다중회귀모형의 [가정 3]의 조건이 성립하지 않아 회귀계수를 추정할 수 없는 가변수함정 문제가

초래된다. (예 6.8)에서 식 (6.48)과 달리 소득계층별 구분을 위해 세 개의 가변수를 모두 포함한 회귀식을 사용하는 경우, 모든 관측치에 대해 상수항과 정확한 선형관계($LOW_i + MID_i + HIGH_i = 1$)를 갖는 완전공선성이 나타나 다중회귀모형의 [가정 3]의 조건이 성립하지 않는다.

여기서 소비함수가 소득 계층에 따라 상수항(기본 소비수준)과 기울기(한계소비성향)가 모두 다르다고 가정할 경우, 이에 대한 회귀식은 다음과 같이 설정한다.

$$Y_i = \alpha + \gamma_1 M_i + \gamma_2 H_i + \beta X_i + \delta_1 M_i X_i + \delta_2 H_i X_i + \varepsilon_i \qquad (6.52)$$

$$\text{저소득층의 경우:} \quad Y_i = \alpha + \beta X_i + \varepsilon_i \qquad (6.53)$$

$$\text{중산층의 경우:} \quad Y_i = \alpha + \gamma_1 + (\beta + \delta_1) X_i + \varepsilon_i \qquad (6.54)$$

$$\text{고소득층의 경우:} \quad Y_i = \alpha + \gamma_2 + (\beta + \delta_2) X_i + \varepsilon_i \qquad (6.55)$$

위 식에서 $\gamma_1$, $\gamma_2$는 식 (6.43)과 마찬가지로 저소득층과 비교한 중산층과 고소득층의 (기초) 소비수준 차이를 나타내며, $\delta_1$, $\delta_2$는 각각 저소득층과 비교한 중산층과 고소득층의 한계소비성향 차이를 의미한다.

### 예 6.9

CONSUMPTION 파일에서 소득 계층에 따라 기초 소비수준과 한계소비성향이 모두 다른 경우를 고려하기 위해 소득 계층을 저소득층, 중산층, 고소득층의 세 범주로 구분하여 다음의 회귀분석 결과를 도출했다.

$$\begin{aligned} \widehat{CONSUMPTION}_i = \; & \underset{(0.676)}{315.782} + \underset{(2.184)}{0.722} INCOME_i + \underset{(1.114)}{850.983} MID_i + \underset{(2.622)}{2{,}148.903} HIGH_i \\ & - \underset{(-1.014)}{0.360} (MID_i \times INCOME_i) - \underset{(-1.688)}{0.569} (HIGH_i \times INCOME_i) \end{aligned} \qquad (6.56)$$

위 결과에서 저소득층과 중산층 사이의 상수항과 기울기 차이는 모두 유의성이 낮은 것으로 나타났다. 한편, 저소득층과 고소득층 사이의 차이를 나타내는 $HIGH_i$ 변수의 경우 계수추정치가 5% 유의수준에서 유의성이 있는 것으로 판정됐다. 저소득층과 고소득층 사이의 기울기 차이를 나타내는 ($HIGH_i \times INCOME_i$) 변수는 10% 유의수준에서 유의적인 것으로 나타났다. 식 (6.56)을 소득 계층별로 정리하면 다음과 같다.

저소득층의 경우: $\widehat{CONSUMPTION}_i = 315.782 + 0.722 INCOME_i$ (6.57)

중산층의 경우: $\widehat{CONSUMPTION}_i = 1{,}166.765 + 0.362 INCOME_i$ (6.58)

고소득층의 경우: $\widehat{CONSUMPTION}_i = 2{,}464.685 + 0.153 INCOME_i$ (6.59)

위 추정 결과는 제4장 연습문제 5번에서 소득 계층별로 따로 회귀식을 추정한 결과와 동일하다. 그러나 가변수모형을 이용하면 자료를 통합하여 하나의 회귀식으로 추정하기 때문에 소득 계층별 회귀계수의 차이에 대해 직접 유의성 검정을 시행할 수 있는 장점이 있다. 특히 소득 계층별 소비에 관측되는 차이가 상수항 또는 기울기의 차이로 인해 발생하는 것인지를 판별할 수 있어 그룹별 비교에 편리하다.

## 2.5 여러 정성적 변수의 경우

두 개의 범주에 대한 가변수모형을 여러 범주에 확장한 것과 비슷한 맥락에서 회귀모형에 포함된 정성적 변수가 두 개 이상인 경우에도 각 정성적 변수의 가변수를 만들어 같은 방법을 적용하면 된다. 앞에 언급한 예에서 계량경제학 시험성적이 학습시간 이외에 성별(남·여)과 전공(경제학 전공·비전공)에 영향을 받는 경우, 성별과 전공을 구분하는 두 정성적 변수를 포함한 다음의 회귀식을 설정한다.

$$Y_i = \alpha + \gamma D_i + \delta M_i + \beta X_i + \varepsilon_i \tag{6.60}$$

여기서 변수 $D_i$, $M_i$는 각각 여학생과 경제학 전공자를 기준그룹으로 하는 가변수를 나타낸다.

$$D_i = \begin{cases} 0, & \text{관측치 } i\text{가 여자인 경우} \\ 1, & \text{관측치 } i\text{가 남자인 경우} \end{cases}$$

$$M_i = \begin{cases} 0, & \text{관측치 } i\text{가 경제학 전공인 경우} \\ 1, & \text{관측치 } i\text{가 경제학 전공이 아닌 경우} \end{cases}$$

이 경우 회귀계수 $\gamma$는 계량경제학 성적에 미치는 성별 차이를 나타내며, $\delta$는 경제학 전공 여부에 따른 차이를 반영한다. 따라서 그룹별 회귀식은 다음으로 도출된다.

경제학 전공 여학생 : $Y_i = \alpha + \beta X_i + \varepsilon_i$ (6.61)

경제학 전공 남학생 : $Y_i = (\alpha + \gamma) + \beta X_i + \varepsilon_i$ (6.62)

경제학 비전공 여학생 : $Y_i = (\alpha + \delta) + \beta X_i + \varepsilon_i$ (6.63)

경제학 비전공 남학생 : $Y_i = (\alpha + \gamma + \delta) + \beta X_i + \varepsilon_i$ (6.64)

## 2.6 가변수모형을 적용한 계절성 분석

시계열자료는 시간이 흐르면서 여러 요인의 영향을 받아 다양하게 변동하는 모습을 나타낸다. 이러한 특징을 분석하기 위해 시계열자료가 추세변동($T_t$), 순환변동($C_t$), 계절변동($S_t$), 불규칙변동($I_t$) 등으로 구성된 변동요인에 따라 움직인다고 가정한다. 여기서 추세변동은 시간의 흐름에 따라 체계적으로 변하는 부분을 나타내고, 순환변동은 경기변동에 따라 단기적으로 반복되는 부분, 계절변동은 시간에 따라 특정한 주기를 보이면서 규칙적으로 변하는 부분을 의미한다. 그 밖에 체계적인 변동으로 포착되지 않는 부분은 불규칙변동으로 구분한다.

이러한 특징은 2005년부터 2019년 기간의 월평균 최대전력 추이를 제시한 [그림 6-1]에서 잘 나타난다. 여기서 월평균 최대전력 자료에 시간이 흐르면서 전체적으로 증가하는 추세변동이 나타나는 것을 확인할 수 있다. 또한 톱니 모양과 같이 주기적으로 상승 또는 하락하는 패턴을 볼 수 있는데, 이는 다른 계절에 비해 여름과 겨울의 전력수요가 상대적으로 뚜렷하게 증가하는 계절변동을 나타내기 때문이다.

시계열자료에서 혼합하여 나타나는 변동요인은 시계열 분해(decomposition) 기법을 이용하여 구분할 수 있다. [그림 6-1]의 하단에는 EViews 프로그램의 STL(seasonal-trend decomposition using loess) 분해법을 이용하여 월평균 최대전력자료를 추세·순환변동, 계절변동, 불규칙변동으로 분해하고, 여기서 추세·순환변동에 HP(Hodrick-Prescott) 필터를 적용하여 추세변동과 순환변동을 도출한 결과를 제시했다. [STL 및 HP 필터에 대한 설명은 이 책의 범위를 벗어나므로 자세한 설명은 생략한다.] 이러한 분해기법으로 시계열의 변동요인을 파악할 수 있는데, [그림 6-1]의 (c) 부분은 원자료의 계절성을 나타낸다.

대표적인 예로 GDP 성장률 자료는 분기별로 뚜렷한 차이를 보이는 증가·감소 패턴을 나타낸다. 또한 월별 실업률 지표를 보면, 매년 3월을 전후로 졸업생이 경제활동인구로 편입되는 시기와 맞물려 실업률이 증가하는 계절변동이 나타난다. 이와 같이 시계열자료에서 계절변동이 나타나는 경우, 그 자료의 근원적인 움직임을 분석하기 위해 계절변동 부분을 제거하고 원자료의 특징을 분석하거나, 계절적 요인을 설명할 수 있는 모형을 사용할 필요가 있다.

예를 들어, 에어컨 판매량의 자료를 보면, 시간이 흐르면서 소득이 증가함에 따라 판매량이 증가하는 모습과 함께 매년 여름에 급증하며 겨울에는 급감하는 주기적인 패턴을 나타낸다. 따라서 소득 변화에 따른 에어컨 판매량을 분석하기 위해서는 이러한 계절적인 요인을 고려할 수 있는 회귀모형이 필요하다. 분기별 자료의 경우, 다음과 같이 계절가변수(seasonal dummy)를 사용한 회귀식을 설정한다.

[그림 6-1] 원자료 및 시계열 구성요인 분해

(1) 월평균 최대전력 추이

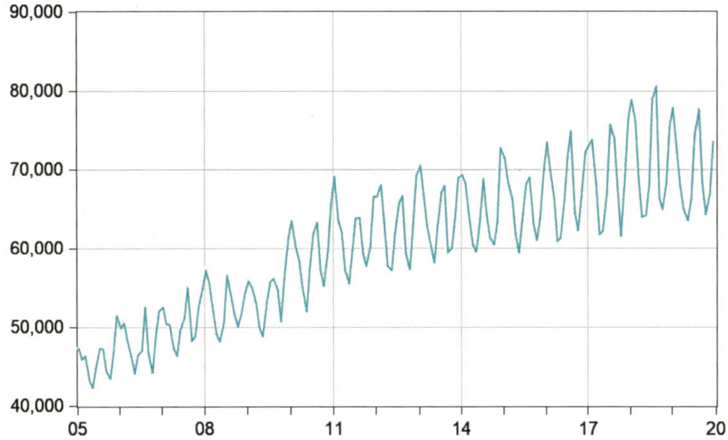


자료: 전력통계정보시스템. (월평균 최대전력은 일별 최대전력을 매월 평균하여 계산한 값을 의미한다.)

(2) 월평균 최대전력 자료의 구성요인 분해

(a) 추세변동

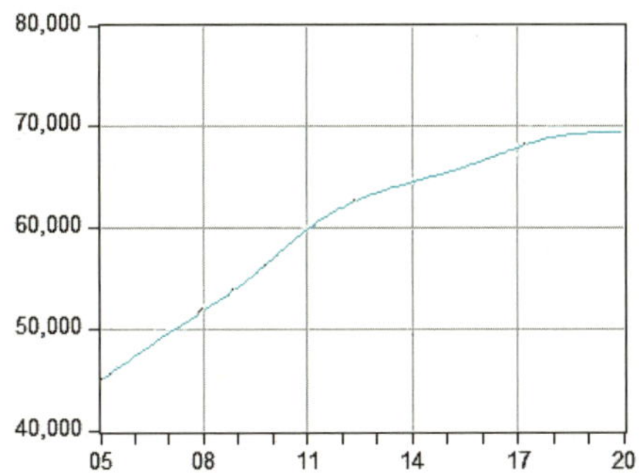


(b) 순환변동

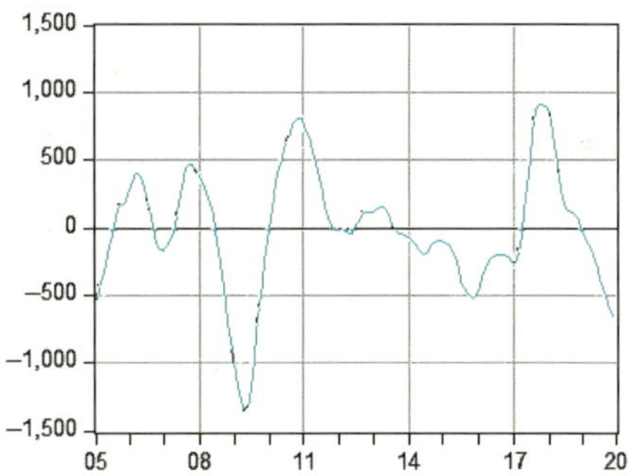


(c) 계절변동

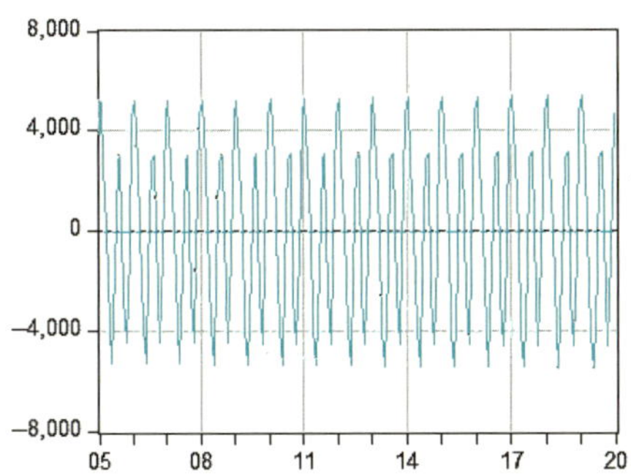


(d) 불규칙변동

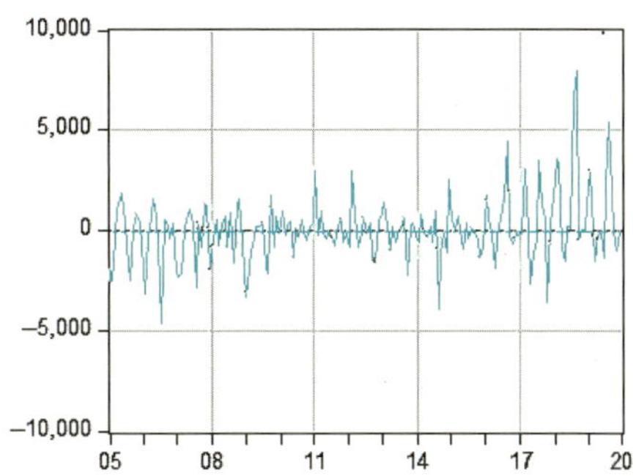

$$Y_t = \alpha_1 + \alpha_2 D_{2t} + \alpha_3 D_{3t} + \alpha_4 D_{4t} + \beta X_t + \varepsilon_t \tag{6.65}$$

이 식에서 종속변수 $Y$는 에어컨 판매량, 독립변수 $X$는 소득을 나타내며, 계절가변수 $D_{jt}$ $(j = 2, 3, 4)$는 해당 분기 자료에 대해서만 1의 값을 갖고 다른 분기에는 모두 0인 가변수를 의미한다. [이 경우 1분기가 기준그룹으로, 네 개의 분기별 범주에 대해 세 개의 가변수를 사용한다.] 여기서 소득과 무관하게 분기별로 변동하는 판매량 차이는 계절가변수의 회귀계수 $\alpha_2$, $\alpha_3$, $\alpha_4$에 반영되므로, 모든 분기에 공통적으로 적용되는 회귀계수 $\beta$를 통해 소득 변화가 판매량에 미치는 영향을 분석할 수 있다. 이 모형은 분기별로 상수항은 다르지만 동일한 기울기를 갖는 모형으로, 이에 대한 분기별 회귀식은 식 (6.43)과 유사한 방법으로 도출할 수 있다.

**예 6.10**

다음은 제5장에서 살펴본 QUARTER 파일에서 통화량(M2)을 소득, 물가수준, 이자율 및 계절가변수에 회귀분석한 결과를 나타낸다.

$$\begin{aligned}
\widehat{\log(M2_t)} = &-1.575 + 0.668\log(GDP_t) + 1.637\log(CPI_t) + 0.003R_t \\
&(-4.641) \quad (5.209) \qquad\qquad (5.516) \qquad\qquad (1.480) \\
&-0.001D_{2t} + 0.001D_{3t} + 0.012D_{4t} \\
&(-0.061) \qquad (0.050) \qquad (0.820) \qquad R^2 = 0.9970, \quad \bar{R}^2 = 0.9968
\end{aligned} \tag{6.66}$$

여기서 계절가변수는 모두 유의성이 낮게 추정됐는데, 이는 통화량 자료가 뚜렷한 계절성을 나타내지 않기 때문인 것으로 해석된다. 실제로 M2 자료의 그래프를 보면 계절성이 거의 없는 것을 확인할 수 있다.

## 3. 이산선택모형(종속변수가 가변수인 모형)

앞의 제2절에서는 독립변수 $X$가 정성적인 자료일 때 적용할 수 있는 가변수모형을 소개했다. 이런 구조를 확대하여 정성적 변수가 종속변수 $Y$로 설정된 회귀식의 분석이 필요한 경우를 생각해 보자. 예를 들어, 어떤 대학생이 졸업 후에 대학원 진학 여부를 결정하는 경우, 이에 대한 선택은 나이, 대학성적, 취업할 때의 예상 소득, 성별 등 그 학생의 특성에 의존한다. 또한 주택이나 자동차의 소유 여부, 정당 지지 성향 등도 개인의 특성이나 경제 여건에 따라 영향을 받는다. 이렇게 종속변수가 여러 대안 중 하나를 선택하는 것으로 설정되는 모형을 이산선택모형(discrete choice model)이라 한다. 대학원 진학의 예에서 대학생의 나이, 성적, 성별 등이 독립변수가 되고, 이에 영향을 받는 종속변수로 대학원 진학 여부를 나타내는 가변수(대학원에 진학하지 않으면 $Y_i = 0$, 진학하면 $Y_i = 1$)가 설정된다. 이외에 종속변수가 가변수인 회귀식은 가계 대출 승인, 신용카드 발급기준 설정, 기업의 부도 예측을 위한 신용평가모형 등 다양한 분석에 사용된다.

이 경우 일반적인 선형회귀분석 방법을 적용하여 이산선택모형의 회귀계수를 추정하고, 이에 대한 통계적 추론을 시행할 수 있을까? 물론 이러한 모형에 대해서도 최소자승법을 토대로 각 독립변수가 종속변수에 미치는 효과를 분석해 볼 수는 있다. 그러나 이 경우 모형 설정과 추정에서 문제가 나타나는데, 이를 해결하기 위해 주로 사용되는 방법을 설명하기 위해서는 제Ⅲ부에서 다루는 이분산과 비선형 추정법에 대한 이해가 필요하다. (따라서 이 부분을 학습의 목적에 맞춰 제Ⅲ부 이후에 다시 다루는 것을 고려할 수 있다.) 그러나 여기에서는 가변수모형의 연장으로 종속변수가 가변수인 회귀식에 지금까지 다룬 최소자승법을 그대로 적용하는 선형확률모형의 특징을 살펴보고, 이 경우에 나타나는 문제점을 고려한 기본적인 접근법을 소개한다.

## 3.1 선형확률모형

먼저 하나의 독립변수로 설정된 단순회귀모형을 대상으로 이산선택모형의 기본적인 특징을 설명한다.

$$Y_i = \beta_1 + \beta_2 X_i + \varepsilon_i \tag{6.67}$$

여기서 $Y_i$는 자동차 소유 여부에 따라 관측치 $i$가 1 또는 0의 값을 갖는 가변수이며, $X_i$는 개인의 소득, 나이, 직업, 성별 등 자동차 구입에 영향을 미칠 수 있는 특성변수를 나타낸다. 이 경우 종속변수 $Y_i$는 다음과 같이 0 혹은 1의 값을 갖는 베르누이(Bernoulli) 분포를 갖는다.

$$E(Y_i) = 1 \times P(Y_i = 1) + 0 \times P(Y_i = 0) = P(Y_i = 1) = P_i \tag{6.68}$$

따라서 $E(Y_i)$는 관측치 $i$가 자동차를 소유할 확률을 나타낸다. 앞의 선형회귀분석에서와 같이 오차항에 대해 $E(\varepsilon_i) = 0$의 조건을 가정하면, 회귀식 (6.67)은 다음의 기댓값으로 표현할 수 있다.

$$E(Y_i) \equiv P_i = \beta_1 + \beta_2 X_i \tag{6.69}$$

식 (6.69)에서는 각 개인이 자동차를 소유할 확률이 독립변수에 대하여 선형인 식으로 표현되는데, 이를 선형확률모형(linear probability model)이라 한다. 이 모형에서 종속변수가 0 또는 1의 값을 갖는 가변수 $Y_i$로 설정된 것을 제외하면, 앞의 선형회귀모형과 똑같은 구조를 나타내므로 최소자승법으로 설명변수의 회귀계수 $\beta_1$, $\beta_2$에 대한 추정치 $b_1$, $b_2$를 도출할 수 있다. 따라서 추정치를 구하기 위한 직교방정식을 비롯한 대부분의 도출 과정은 일반적인 선형회귀분석과 같고, 또한 회귀계수 $\beta_2$의 의미도 독립변수 $X$의 한 단위 증가에 대한 자동차 소유 확률($P$)의 증가분을 나타낸다.

$$\beta_2 = \frac{dP}{dX} \tag{6.70}$$

식 (6.70)은 독립변수의 변화가 확률 $P_i$에 미치는 효과가 독립변수의 크기와 무관하게 항상 일정하다는 것을 의미한다. 이러한 선형확률모형은 지금까지의 회귀분석 기법을 그대로 적용할 수 있어 쉽게 사용할 수 있는 장점이 있으나, 선형회귀모형의 기본 가정을 비롯한 모형 설정에서의 문제점을 고려해야 한다.

### 1) 오차항의 이분산 및 비정규성

지금까지 제Ⅱ부의 회귀분석에서는 회귀계수에 대한 가설검정을 위해 오차항의 정규분포를 가정하고 있는데, 선형확률모형에서는 이러한 가정이 성립하지 않는다. 실제 오차항 $\varepsilon_i$는 종속변수 $Y_i$의 값에 따라 다음과 같은 베르누이 분포를 갖게 된다.

$$\begin{aligned} Y_i = 0\text{인 경우,}\ \ \varepsilon_i &= 0 - \beta_1 - \beta_2 X_i \\ Y_i = 1\text{인 경우,}\ \ \varepsilon_i &= 1 - \beta_1 - \beta_2 X_i \end{aligned} \tag{6.71}$$

이러한 베르누이 분포에서 오차항의 분산은 다음과 같이 관측치에 따라 달라진다.

$$V(\varepsilon_i) = P_i(1-P_i) = (\beta_1 + \beta_2 X_i)(1 - \beta_1 - \beta_2 X_i) \tag{6.72}$$

즉, 오차항의 분산이 독립변수 $X_i$의 함수가 되어 관측치($i$)에 따라 분산이 변하는 이분산을 나타낸다. 따라서 가우스-마르코프 정리가 성립되지 않는데, 이 경우 최소자승추정량은 불편성은 충족하지만 최소 분산을 달성하지 못해 좋은 추정량이 될 수 없다. 이러한 문제를 고려하기 위해 최소자승추정법을 변형한 가중최소자승추정법(weighted least squares method)을 사용해야 하는데, 이에 대해서는 제9장에서 자세히 설명한다.

### 2) 확률의 추정치

식 (6.68)에서 종속변수의 기댓값은 종속변수 $Y_i$가 1의 값을 갖는 확률을 의미한다. 따라서 확률의 기본적 특성인 $0 \le P_i = E(Y_i) \le 1$의 조건을 만족하므로 이에 대한 추정치도 확률의 기본 조건을 갖추어야 한다. 그런데 선형확률모형에 대한 최소자승추정치 $b_1$, $b_2$로부터 확률의 추정치 $\widehat{E(Y_i)} = \hat{P}_i = b_1 + b_2 X_i$를 도출하면, 많은 경우 $0 \le \widehat{E(Y_i)} \le 1$의 조건을 만족하지 못하고, $b_1$, $b_2$의 값과 독립변수 $X_i$의 크기에 따라 확률의 추정치 $\hat{P}_i$의 값이 이 범위를 벗어날 가능성이 있다.

### 3) 독립변수의 변화가 확률에 미치는 영향

선형확률모형은 이러한 추정에서의 문제점 이외에 독립변수의 한 단위 증가에 따른 종속변수의 확률 $P_i$ 변화가 독립변수의 수준에 상관없이 일정하다는 모형 설정의 한계를 나타낸다. 실제로 많은 실증분석에서 이런 설정이 적합하지 않은 경우가 발생하는데, 예를 들어 독립변수 $X$를 소득이라 하고, 종속변수 $Y$를 자가용 소유 여부라고 할 경우, 일정한 소득의 증가에 따른 자동차 소유 확률의 변화는 소득수준에 따라 저소득층과 고소득층에서 다를 수 있다. 일반적으로 월소득이 200만 원에서 100만 원 증가할 때 자동자를 소유할 확률이 증가하는 정도와 월소득이 2,000만 원에서 100만 원 증가할 때 자동차 소유 확률이 증가하는 정도가 같지 않을 수 있다. 이와 비슷한 예로 독립변수 $X$를 나이라 하고, 종속변수 $Y$를 정당 선호도라고 할 경우, 나이가 30대에서 1살 더 많아짐에 따라 여당을 지지할 확률이 높아지는 정도와 60대에서 나이에 따른 여당 지지도 상승의 가능성은 다를 것이다. 이 경우 독립변수의 증가에 따른 종속변수의 확률 변화가 일정한 것을 가정한 식 (6.67)의 설정으로 올바른 분석을 시행할 수는 없다.

## 예 6.11

HOUSE 파일은 한국의 200개 가구에 대한 가구 특성 자료와 주택 소유 여부(ROH: 자가이면 ROH=1, 전·월세이면 ROH=0)에 대한 자료이다. 주택 소유 여부의 가변수를 가구주의 나이(AGE: 연), 가구주의 성별 가변수(SEX: 남자이면 SEX=1, 여자이면 SEX=0), 수도권 가변수(METRO: 수도권 거주 METRO=1, 비수도권 거주 METRO=0), 가구의 총자산(ASSET: 만 원), 가구주 종사상 지위 가변수 1(JOB1: 상용근로자이면 JOB1=1, 기타 직업이면 JOB1=0), 가구주 종사상 지위 가변수 2(JOB2: 임시 일용근로자이면 JOB2=1, 기타 직업이면 JOB2=0), 가구주 종사상 지위 가변수 3(JOB3: 자영업자이면 JOB3=1, 기타 직업이면 JOB3=0), 가족구성원 수(NOF: 명)에 대해 선형확률모형으로 추정한 결과는 다음과 같다.

$$\begin{aligned}\widehat{ROH}_i &= \underset{(0.857)}{0.167} + \underset{(0.976)}{0.002}AGE_i + \underset{(2.142)}{0.169}SEX_i - \underset{(-3.847)}{0.245}METRO_i + \underset{(4.217)}{0.000002}ASSET_i \\ &\quad + \underset{(0.520)}{0.047}JOB1_i - \underset{(-2.206)}{0.225}JOB2_i + \underset{(1.909)}{0.170}JOB3_i + \underset{(2.392)}{0.067}NOF_i \quad R^2 = 0.328,\ \overline{R}^2 = 0.300\end{aligned} \tag{6.73}$$

여기서 상수항에 대한 해석은 모든 독립변수의 값이 0일 때 자가보유 확률이 16.7% 정도라는 것을 의미하는데, 이는 나이=0, 여성, 비수도권 거주, 자산=0, 직업=(무직자, 가사, 학생 등), 가족구성원 수=0인 경우에 해당한다. 참고로 상수항이 (−) 값으로 추정된 경우 확률이 음수 값을 가질 수 없으므로 0으로 해석한다. 그러나 독립변수들의 값이 모두 0이라는 가정은 비현실적인 경우가 많으므로 상수항에 대해서는 대부분 큰 의미를 부여하지 않는다. 나이의 경우 1살 많아질 때 주택 소유 확률이 0.2%p 증가하는 것으로 나타났으나, 5% 유의수준에서 유의성은 낮은 것으로 판단된다. 성별 가변수의 경우 남성이 여성보다 주택 소유 확률이 16.9%p 증가하는 것으로 추정됐으며, 수도권 가변수의 경우에는 수도권에 거주자가 비수도권에 비해 주택 소유 확률이 24.5%p 감소하는 것으로 분석됐다. 다른 변수의 계수도 유사하게 해석할 수 있으며, 직업 가변수에서 임시 일용근로자인 경우에는 다른 직업을 소유한 가구주보다 주택 소유 확률이 22.49%p 낮은 것으로 나타났다. 한편, 이 경우 확률 추정치를 제시한 [그림 6-2]를 보면, 확률에 대한 추정치임에도 불구하고 많은 자료에서 $0 \le \hat{P}_i \le 1$의 조건이 지켜지지 않는 현상이 나타났다. 이는 앞에서 언급한 선형확률모형의 문제점을 보여 주는 것으로 해석된다.

[그림 6-2] 선형확률모형의 확률 예측치

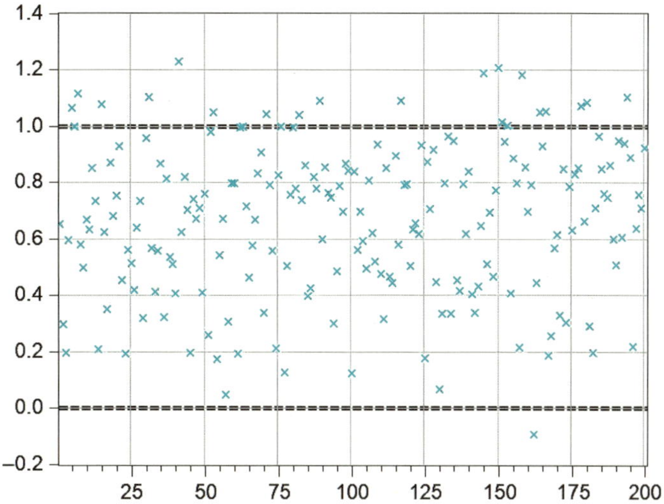

## 3.2 로짓모형과 프로빗모형

위에서 언급한 선형확률모형의 문제점 중에서 오차항의 이분산은 제9장의 가중최소자승추정법으로 어느 정도 해결할 수 있으며, 정규분포 가정이 성립하지 않은 경우에도 점근 분포를 이용한 가설검정이 가능하다. 또한 $\hat{P}_i$의 값이 (0,1)의 범위에서 벗어나는 경우, $\hat{P}_i < 0$ 이면 0으로 처리하고 $\hat{P}_i > 1$ 이면 1로 처리하여 추정치 해석의 문제를 완화할 수 있다. 그러나 독립변수의 변화가 종속변수의 확률에 미치는 효과가 독립변수의 크기에 따라 달라지는 경우, 그 효과가 일정하다는 가정에 기초한 식 (6.67)의 선형모형은 모형 설정의 오류를 나타내고 있어 올바른 통계적 추론을 기대할 수 없다. 이러한 측면을 고려한 접근법으로 로짓모형과 프로빗모형이 가장 많이 사용된다.

### 1) 로짓모형

로짓(logit)모형에서는 종속변수 $Y_i$가 1의 값을 갖는 확률 $P_i$를 다음과 같이 설정한다.

$$P_i = E(Y_i) = \frac{1}{1 + e^{-(\beta_1 + \beta_2 X_i)}} \tag{6.74}$$

식 (6.74)에서 $Z_i = \beta_1 + \beta_2 X_i$로 표기하면 다음과 같이 확률을 나타낼 수 있다.

$$P(Y_i = 1) \equiv P_i = \frac{1}{1+e^{-Z_i}} = \frac{e^{Z_i}}{1+e^{Z_i}} \tag{6.75}$$

$$P(Y_i = 0) = 1 - P_i = \frac{1}{1+e^{Z_i}}$$

식 (6.75)의 두 수식을 결합하면 다음의 관계가 도출된다.

$$\frac{P_i}{1-P_i} = e^{Z_i} \tag{6.76}$$

여기서 좌변의 $\frac{P_i}{1-P_i}$는 종속변수가 0의 값을 갖는 확률에 대비한 1의 값을 갖는 확률의 비율을 나타낸다. 이를 확률비율(odds ratio)이라 하는데, 식 (6.76)에 로그함수를 적용하면 다음의 회귀식이 된다.

$$\ln\left(\frac{P_i}{1-P_i}\right) = Z_i = \beta_1 + \beta_2 X_i \tag{6.77}$$

로짓모형에서는 독립변수의 크기에 따라 종속변수에 미치는 영향이 달라지는 비선형관계가 나타나는데, $P_i$와 $Z_i$ 사이의 관계는 [그림 6-3] 형태의 로짓곡선으로 표현된다. [그림 6-3]에서 로짓곡선은 $Z_i$가 $-\infty$에서 $+\infty$의 값으로 증가할 때 $P_i$는 항상 0과 1 사이의 값을 갖는 구조를 보여, 선형확률모형과는 달리 추정된 확률 $\hat{P}_i$이 (0,1)의 범위에서 벗어나는 경우가 발생하지 않는다. 특히 $Z_i$의 변화에 대한 확률의 변화가 일정하다는 가정을 배제하고, 독립변수의 크기에 따라 확률 변화에 미치는 효과가 다르게 도출된다.

식 (6.77)에서 로짓모형으로부터 도출된 계수추정치 $b_1$, $b_2$는 독립변수가 한 단위 증가함에 따라 종속변수 $Y$가 1의 값을 갖는 확률과 0의 값을 갖는 확률의 비율인 odds ratio의 로그값이 얼마나 증가하는지를 나타낸다. 여기서 확률비율에 로그를 취한 $Z_i$는 독립변수 $X_i$와 회귀계수에 대해 모두 선형인 일반적인 회귀모형으로 표현되지만, 확률 $P_i$는 회귀계수에 대해 비선형관계를 갖는다.

따라서 로짓모형은 식 (6.74) 또는 (6.76)에서 볼 수 있듯이 기본적으로 비선형모형에 해당한다. 이 경우 선형회귀모형의 최소자승법과는 달리 회귀계수 $\beta_1$, $\beta_2$에 대한 확정해를 구할 수 없으며, 오차항이 정규분포를 갖는 경우에 대한 최우추정법(maximum likelihood estimation)을 통하여 도출한다. 이를 위해 $b_1$, $b_2$에 대한 초기값을 설정하고, 다음 단계의 값을 모색하는 과정을 반복하면서 추정치의 변화가 아주 작을 때까지 수렴하는 값으로 산출한다. 이런 추정 과정을 수식으로 표현하기는 어렵지만 대부분의 통계분석 프로그램에서는 간단하게 적용할 수 있는 로짓모형의 추정 기능을 제공하고 있어 가변수인 종속변수와 이를 설명하는 독립변수를 올바로 설정하면 로짓모형의 계수추정치를 쉽게 구할 수 있다. 로짓모형으로부터 추정치의 값이 구해지면, 식 (6.74)를 이용하여 주어진 독립변수 $X_i$의 값에 대해 $Y_i = 1$이 될 확률의 추정치를 다음과 같이 도출한다.

$$\hat{P}_i = \frac{1}{1 + e^{-(b_1 + b_2 X_i)}} \tag{6.78}$$

**[그림 6-3]** 로짓모형과 프로빗모형의 비교

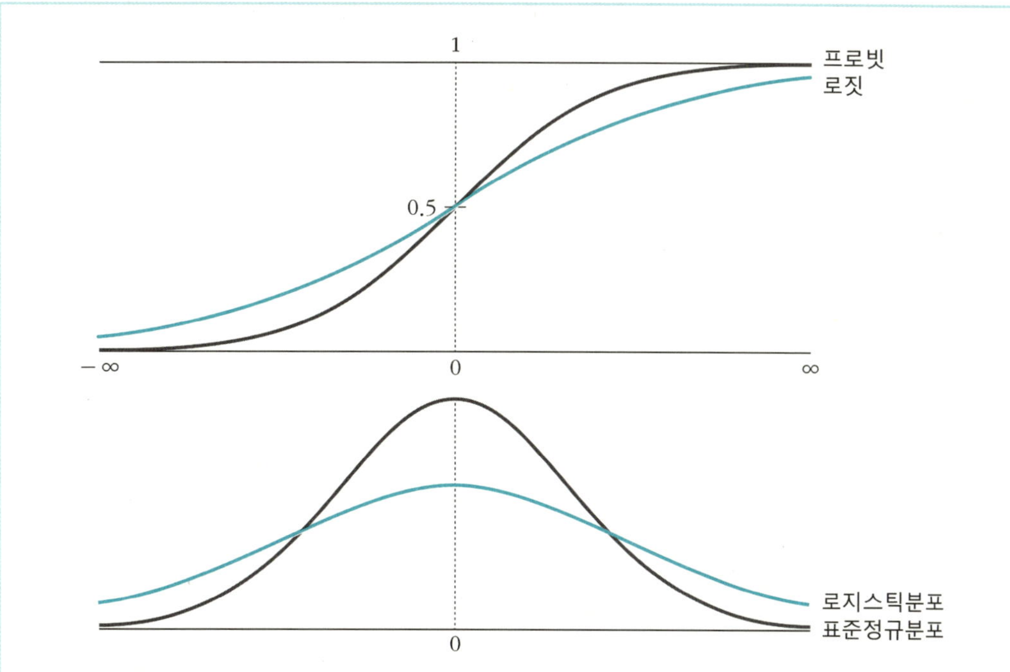

## 예 6.12

다음은 (예 6.11)에서 분석한 HOUSE 파일에서 주택 소유 여부의 가변수를 가구주의 나이, 성별 가변수, 수도권 가변수, 가구의 총자산, 직업 가변수 1, 직업 가변수 2, 직업 가변수 3, 가족구성원 수 등에 대해 로짓모형으로 추정한 결과이다.

| 종속변수: ROH | | | |
|---|---|---|---|
| 독립변수 | 추정치 | 표준오차 | z-통계치 |
| 상수항 | −1.890 | 1.249 | −1.514 |
| AGE | 0.012 | 0.016 | 0.770 |
| SEX | 0.803 | 0.465 | 1.726 |
| METRO | −1.506 | 0.418 | −3.600 |
| ASSET | 0.00002 | 0.000 | 3.114 |
| JOB1 | 0.177 | 0.566 | 0.313 |
| JOB2 | −1.125 | 0.634 | −1.775 |
| JOB3 | 1.160 | 0.616 | 1.883 |
| NOF | 0.406 | 0.198 | 2.053 |
| Prob(LR statistic) | 76.32 | Prob(LR statistic) | 0.00 |
| Roh=0인 관측치 수 | 67 | 총관측치 수 | 200 |
| Roh=1인 관측치 수 | 133 | | |

$$\ln\left(\frac{P_i}{1-P_i}\right) = -1.890 + 0.012AGE_i + 0.803SEX_i - 1.506METRO_i + 0.00002ASSET_i \quad (6.79)$$
$$(-1.514) \quad (0.779) \quad (1.726) \quad (-3.600) \quad (3.114)$$

$$+ 0.177JOB1_i - 1.125JOB2_i + 1.160JOB3_i + 0.406NOF_i$$
$$(0.313) \quad (-1.775) \quad (1.883) \quad (2.053)$$

여기서 로짓모형의 계수추정치들은 상수항을 제외하고 선형확률모형의 추정치들과 동일한 부호로 도출됐다. 이 추정 결과에서 나이의 계수추정치 0.012는 나이가 1살 많아짐에 따라 주택을 임대하는 확률에 비교한 자가 보유확률의 로그 odds 비율이 0.012만큼 증가함을 의미한다. 나이의 계수추정치의 로그 odds 비율값에 지수(exponential)를 취하면 $\exp^{0.012} = 1.0125$가 도출되는데, 이는 가구주의 나이가 1살 많아질 때 그 가구가 주택을 소유할 확률의 odds 비율이 1.0125만큼 또는 1.25% 증가함을 의미한다. 다른 계수추정치도 유사한 방법으로 해석할 수 있다. 이 경우 종속변수의 총변동 중 독립변수가 설명할 수 있는 비율을 나타내는 결정계수($R^2$)는 의미가 없고, 그 대신 LR-통계량과 이의 유의확률을 모형 적합도 검정에 사용하기도 한다.

### 2) 프로빗모형

프로빗(probit)모형도 로짓모형과 같이 독립변수의 크기에 따라 종속변수에 미치는 영향이 달라지는 비선형관계를 다루는데, 여기에서는 종속변수가 1의 값을 갖는 확률을 다음과 설정한다.

$$P_i = \int_{-\infty}^{Z_i} \frac{1}{\sqrt{2\pi}} e^{-0.5\varepsilon^2} d\varepsilon \equiv \Phi(Z_i) \tag{6.80}$$

여기서 $\Phi(\cdot)$는 표준정규분포의 누적분포함수를 나타낸다. 이 경우에도 로짓모형과 같이 $Z_i$가 $-\infty$에서 $+\infty$의 값으로 증가함에 따라 $P_i$는 (0,1) 구간 내에서 움직이면서 이 구간에서 벗어나는 경우가 발생하지 않는다. 이 경우 프로빗모형은 $P_i$와 $Z_i$ 사이의 비선형관계를 [그림 6-3]의 프로빗곡선으로 가정하는데, 이는 표준정규분포의 누적분포함수를 나타낸다. 프로빗모형에서 독립변수의 변화가 $P_i$에 미치는 영향은 식 (6.80)으로부터 도출되는 다음의 식으로 표현된다.

$$\frac{dP}{dX} = \frac{d\Phi(Z)}{dZ} \times \frac{dZ}{dX} = \phi'(\beta_1 + \beta_2 X)\beta_2 \tag{6.81}$$

여기서 $\phi'(Z)$는 표준정규분포의 확률밀도함수를 나타내는 것으로 항상 양수의 값을 갖는다. 따라서 식 (6.81)의 부호는 항상 $\beta_2$의 부호와 일치한다.

이 프로빗모형도 로짓모형과 같이 비선형모형에 해당하는 것으로 회귀계수 $\beta_1$, $\beta_2$에 대한 확정해를 구할 수 없다. 따라서 로짓모형과 비슷하게 반복기법을 이용한 최우추정법으로 계수추정치 $b_1$, $b_2$를 도출한다. 이 경우에도 대부분의 통계분석 프로그램에서 로짓모형과 함께 제공하는 프로빗모형의 추정 기능을 이용하여 계수추정치를 도출하고, 이에 대한 통계적 추론을 시행할 수 있다.

#### 예 6.13

다음은 (예 6.12)에서 분석한 HOUSE 파일에서 주택 소유 여부의 가변수를 가구주의 나이, 성별 가변수, 수도권 가변수, 가구의 총자산, 직업 가변수 1, 직업 가변수 2, 직업 가변수 3, 가족구성원 수 등에 대해 프로빗모형으로 추정한 결과이다.

| 종속변수: Roh | | | |
|---|---|---|---|
| 독립변수 | 추정치 | 표준오차 | z-통계치 |
| 상수항 | −1.155 | 0.743 | −1.554 |
| AGE | 0.008 | 0.010 | 0.891 |
| SEX | 0.511 | 0.279 | 1.828 |
| METRO | −0.868 | 0.242 | −3.586 |
| ASSET | 0.00001 | 0.000 | 3.850 |
| JOB1 | 0.116 | 0.333 | 0.349 |
| JOB2 | −0.760 | 0.373 | −2.035 |
| JOB3 | 0.700 | 0.351 | 1.994 |
| NOF | 0.246 | 0.110 | 2.240 |
| LR-통계량 | 74.94 | Prob(LR-통계량) | 0.00 |
| Roh=0인 관측치 수 | 67 | 총관측치 수 | 200 |
| Roh=1인 관측치 수 | 133 | | |

프로빗모형의 계수추정치들은 모두 로짓모형의 추정치와 동일한 부호로 도출됐으며, 비슷한 정도의 유의성을 나타내고 있다. 특히 나이와 직업 가변수 1은 5% 유의수준에서 유의성이 낮게 추정된 데 반해, 수도권 가변수와 직업 가변수 2는 (−)로 도출돼 이들 가변수가 1인 경우 자가 보유 확률이 감소하는 것으로 분석됐다. 또한 총자산, 가족구성원 수가 증가할수록 자가 보유 확률이 높아지는 것으로 나타났다. 한편, 로짓모형과 프로빗모형에서 추정된 확률 예측치들을 제시한 [그림

[그림 6-4] 로짓모형과 프로빗모형의 확률 예측치

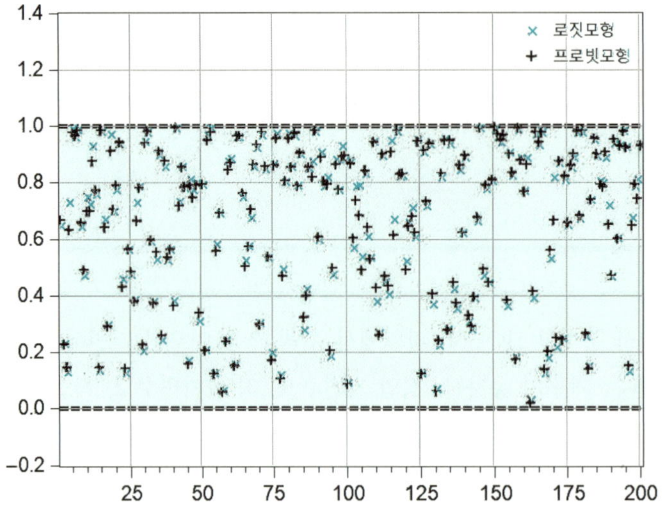

6-4]를 살펴보면, 선형확률모형의 추정치들과 달리 모든 자료에 대해 확률에 대한 추정치가 항상 0과 1 사이에 있는 것을 확인할 수 있다. 이 경우에도 식 (6.79)와 유사한 표본회귀식으로 표현할 수 있는데, 일반적인 구조와 달리 $\widehat{P_i} = \Phi(\widehat{Z_i}) = \Phi(b_1 + b_2 X_{2i} + \cdots + b_k X_{ki})$ 형태의 비선형 함수로 나타나므로 여기에서는 생략한다.

### 3) 로짓모형과 프로빗모형의 이용

로짓모형과 프로빗모형에 도출된 확률 추정치는 어떤 관측치의 독립변수 값에 대응하는 종속변수 값을 예측하는 데 유용하다. 예를 들어, 기업의 신용도를 평가할 때 여러 기업의 자산, 부채, 영업이익 등 재무 관련 지표와 채무 상환 불이행이나 부도 여부와의 관계를 분석하는 이산확률모형을 설정할 수 있다. 즉, 로짓모형이나 프로빗모형을 이용하여 기업의 부도 여부를 나타내는 가변수를 종속변수 $Y$로 하고, 기업 특성 변수를 독립변수 $X$로 하는 부도예측모형을 설정하고, 이를 추정한 결과를 토대로 새로운 심사 대상 기업의 특성($X_f$)에 대응하는 부도 확률을 산출한다.

이와 같이 도출된 부도 확률 $\hat{P}_f = \hat{P}(Y_f = 1)$에 대해 일정한 기준을 설정하여 부도 여부를 판단한다. 일반적으로 $\hat{P}_f > 0.5$이면 $\hat{Y}_f = 1$로 판정하고, $\hat{P}_f \leq 0.5$이면 $\hat{Y}_f = 0$으로 판정하는 방법을 적용하는데, 판정의 오류를 고려하여 기준 확률을 조정할 수 있다. 예를 들어, 기준 확률을 너무 낮게 잡는 경우 실제 부도 가능성이 없는 기업이 부실기업으로 잘못 판정되어 기업 대출이 어려워지고 기업의 신용도가 하락하는 문제가 나타날 수 있다. 이와는 반대로 기준 확률이 높은 경우, 파산 위험에 놓인 기업을 관리하지 못해 금융 시장에 혼란을 초래할 우려가 있다. 따라서 체계적인 부도예측모형의 설정과 적합한 판정기준에 대한 연구가 선행돼야 한다.

이와 비슷한 예로 개인이나 기업에 대한 대출심사에서 은행이 대출 상환 가능성을 평가할 때, 또는 거시경제 전망을 위한 경기전환점(business-cycle turning point) 예측에 이런 방법이 자주 사용된다. [그림 6-3]에서 로짓모형과 프로빗모형은 누적분포함수가 전체적으로 유사한 모양을 띠므로 두 모형의 추정치 사이에 나타나는 차이가 크지 않다. 또한 두 모형은 기본적으로 비선형모형이므로 결정계수($R^2$)를 통해 모형 적합도를 판정하는 것은 적합하지 않으며, 이에 대한 대안으로 McFadden-$R^2$ 등의 통계치를 모형 적합도 비교에 사용하기도 한다.

부록 6.1

# EViews 명령문 및 추정 결과

## 1. 함수의 형태에 대한 EViews 명령문 및 결과

함수의 형태에 따른 회귀모형을 추정하기 위해서는 제3장 [부록 3.1]에서 소개한 EViews의 내장함수로 새로운 변수를 생성한 다음 회귀모형을 추정하거나, Estimate specification 입력창에 내장함수를 직접 입력하면 된다. 여기서는 새로운 변수를 생성하지 않고 회귀식에 내장함수를 직접 이용하는 방법을 적용한다. 제6장에서 설명한 함수 형태를 추정하기 위해서는 [그림 5-A1]의 추정 결과를 나타내는 도구창에서 Estimate 를 다시 누르고 활성화된 Estimate specification 의 입력창에 다음과 같이 입력한다.

[그림 6-A1] 식 (6.4)의 추정 결과

Dependent Variable: CONSUMPTION
Method: Least Squares
Sample: 1 120
Included observations: 120

| Variable | Coefficient | Std. Error | t-Statistic | Prob. |
|---|---|---|---|---|
| C | −1,793.853 | 1,373.252 | −1.306281 | 0.1940 |
| INCOME | 0.246602 | 0.027847 | 8.855460 | 0.0000 |
| AGE | 140.4981 | 51.81048 | 2.711770 | 0.0077 |
| AGE^2 | −1.404561 | 0.464304 | −3.025088 | 0.0031 |

| | | | |
|---|---|---|---|
| R-squared | 0.529679 | Mean dependent var | 2,786.375 |
| Adjusted R-squared | 0.517515 | S.D. dependent var | 1,578.647 |
| S.E. of regression | 1096.546 | Akaike info criterion | 16.87048 |
| Sum squared resid | 1.39E+08 | Schwarz criterion | 16.96340 |
| Log likelihood | −1,008.229 | Hannan-Quinn criter. | 16.90822 |
| F-statistic | 43.54666 | Durbin-Watson stat | 2.054119 |
| Prob(F-statistic) | 0.000000 | | |

• 일부 독립변수가 비선형인 모형: 식 (6.4) ⇨ 『CONSUMPTION C INCOME AGE AGE^2』
• 더블로그모형: 식 (6.7) ⇨ 『LOG(CONSUMPTION) C LOG(INCOME)』
• 로그선형모형: 식 (6.11) ⇨ 『LOG(CONSUMPTION) C INCOME』
• 선형로그모형: 식 (6.15) ⇨ 『CONSUMPTION C LOG(INCOME)』

[그림 6-A2] 식 (6.7)의 추정 결과

Dependent Variable: LOG(CONSUMPTION)
Method: Least Squares
Sample: 1 120
Included observations: 120

| Variable | Coefficient | Std. Error | t-Statistic | Prob. |
|---|---|---|---|---|
| C | 2.869354 | 0.358369 | 8.006710 | 0.0000 |
| LOG(INCOME) | 0.587828 | 0.042997 | 13.67126 | 0.0000 |

| | | | |
|---|---|---|---|
| R-squared | 0.612992 | Mean dependent var | 7.739221 |
| Adjusted R-squared | 0.609712 | S.D. dependent var | 0.688351 |
| S.E. of regression | 0.430034 | Akaike info criterion | 1.166620 |
| Sum squared resid | 21.82162 | Schwarz criterion | 1.213078 |
| Log likelihood | −67.99720 | Hannan-Quinn criter. | 1.185487 |
| F-statistic | 186.9033 | Durbin-Watson stat | 1.912555 |
| Prob(F-statistic) | 0.000000 | | |

[그림 6-A3] 식 (6.11)의 추정 결과

Dependent Variable: LOG(CONSUMPTION)
Method: Least Squares
Sample: 1 120
Included observations: 120

| Variable | Coefficient | Std. Error | t-Statistic | Prob. |
|---|---|---|---|---|
| C | 7.069649 | 0.079943 | 88.43383 | 0.0000 |
| INCOME | 0.000122 | 1.19E−05 | 10.23334 | 0.0000 |

| | | | |
|---|---|---|---|
| R-squared | 0.470190 | Mean dependent var | 7.739221 |
| Adjusted R-squared | 0.465700 | S.D. dependent var | 0.688351 |
| S.E. of regression | 0.503156 | Akaike info criterion | 1.480694 |
| Sum squared resid | 29.87360 | Schwarz criterion | 1.527152 |
| Log likelihood | −86.84162 | Hannan-Quinn criter. | 1.499561 |
| F-statistic | 104.7213 | Durbin-Watson stat | 1.393763 |
| Prob(F-statistic) | 0.000000 | | |

[그림 6-A4] 식 (6.15)의 추정 결과

Dependent Variable: CONSUMPTION
Method: Least Squares
Sample: 1 120
Included observations: 120

| Variable | Coefficient | Std. Error | t-Statistic | Prob. |
|---|---|---|---|---|
| C | −7,393.017 | 925.5153 | −7.988001 | 0.0000 |
| LOG(INCOME) | 1,228.725 | 111.0440 | 11.06521 | 0.0000 |

| | | | |
|---|---|---|---|
| R-squared | 0.509231 | Mean dependent var | 2,786.375 |
| Adjusted R-squared | 0.505072 | S.D. dependent var | 1,578.647 |
| S.E. of regression | 1,110.596 | Akaike info criterion | 16.87971 |
| Sum squared resid | 1.46E+08 | Schwarz criterion | 16.92617 |
| Log likelihood | −1,010.782 | Hannan-Quinn criter. | 16.89857 |
| F-statistic | 122.4389 | Durbin-Watson stat | 2.052914 |
| Prob(F-statistic) | 0.000000 | | |

## 2. 독립변수가 가변수인 모형의 EViews 명령문 및 결과

(a) WAGE 파일의 가변수모형

[그림 6-A5] 식 (6.29)의 추정 결과

Dependent Variable: WAGE
Method: Least Squares
Sample: 1 102
Included observations: 102

| Variable | Coefficient | Std. Error | t-Statistic | Prob. |
|---|---|---|---|---|
| C | 13,596.86 | 902.9352 | 15.05851 | 0.0000 |
| SEX | 2,817.902 | 506.3036 | 5.565636 | 0.0000 |
| AVG_GRADE | −963.3821 | 151.2300 | −6.370312 | 0.0000 |

| | | | |
|---|---|---|---|
| R-squared | 0.417763 | Mean dependent var | 9,565.222 |
| Adjusted R-squared | 0.406001 | S.D. dependent var | 3,307.017 |
| S.E. of regression | 2,548.762 | Akaike info criterion | 18.55357 |
| Sum squared resid | 6.43E+08 | Schwarz criterion | 18.63078 |
| Log likelihood | −943.2322 | Hannan-Quinn criter. | 18.58484 |
| F-statistic | 35.51699 | Durbin-Watson stat | 1.854145 |
| Prob(F-statistic) | 0.000000 | | |

[그림 6-A6] 식 (6.35)의 추정 결과

Dependent Variable: WAGE
Method: Least Squares
Sample: 1 102
Included observations: 102

| Variable | Coefficient | Std. Error | t-Statistic | Prob. |
|---|---|---|---|---|
| C | 14,851.25 | 911.2046 | 16.29848 | 0.0000 |
| AVG_GRADE | −1,146.702 | 163.1278 | −7.029469 | 0.0000 |
| SEX*AVG_GRADE | 414.1186 | 91.33758 | 4.533934 | 0.0000 |

| | | | |
|---|---|---|---|
| R-squared | 0.367020 | Mean dependent var | 9,565.222 |
| Adjusted R-squared | 0.354232 | S.D. dependent var | 3,307.017 |
| S.E. of regression | 2,657.508 | Akaike info criterion | 18.63714 |
| Sum squared resid | 6.99E+08 | Schwarz criterion | 18.71434 |
| Log likelihood | −947.4939 | Hannan-Quinn criter. | 18.66840 |
| F-statistic | 28.70148 | Durbin-Watson stat | 1.918383 |
| Prob(F-statistic) | 0.000000 | | |

[그림 6-A7] 식 (6.39)의 추정 결과

Dependent Variable: WAGE
Method: Least Squares
Sample: 1 102
Included observations: 102

| Variable | Coefficient | Std. Error | t-Statistic | Prob. |
|---|---|---|---|---|
| C | 12,030.34 | 1,152.370 | 10.43965 | 0.0000 |
| SEX | 6,343.062 | 1,728.011 | 3.670731 | 0.0004 |
| AVG_GRADE | −679.6542 | 199.5540 | −3.405866 | 0.0010 |
| SEX*AVG_GRADE | −636.8839 | 298.9782 | −2.130202 | 0.0357 |

| | | | |
|---|---|---|---|
| R-squared | 0.443530 | Mean dependent var | 9,565.222 |
| Adjusted R-squared | 0.426495 | S.D. dependent var | 3,307.017 |
| S.E. of regression | 2,504.407 | Akaike info criterion | 18.52792 |
| Sum squared resid | 6.15E+08 | Schwarz criterion | 18.63086 |
| Log likelihood | −940.9238 | Hannan-Quinn criter. | 18.56960 |
| F-statistic | 26.03671 | Durbin-Watson stat | 1.765944 |
| Prob(F-statistic) | 0.000000 | | |

(b) 여러 범주의 경우

MID 및 HIGH 가변수 만들기: 중산층(CLASS=2)에 대해 MID=1, 고소득층(CLASS=3)

에 대해 HIGH=1로 기록하기 위해서는 CONSUMPTION 작업파일의 도구창에서 [Genr]을 클릭한 후 『MID=(CLASS=2)』, 『HIGH=(CLASS=3)』를 각각 입력한다.

[그림 6-A8] 식 (6.48)의 추정 결과

Dependent Variable: CONSUMPTION
Method: Least Squares
Sample: 1 120
Included observations: 120

| Variable | Coefficient | Std. Error | t-Statistic | Prob. |
|---|---|---|---|---|
| C | 970.7047 | 211.3933 | 4.591937 | 0.0000 |
| INCOME | 0.211796 | 0.058287 | 3.633647 | 0.0004 |
| MID | 870.3348 | 317.3897 | 2.742164 | 0.0071 |
| HIGH | 912.8332 | 567.9459 | 1.607254 | 0.1107 |

| | | | |
|---|---|---|---|
| R-squared | 0.510823 | Mean dependent var | 2,786.375 |
| Adjusted R-squared | 0.498172 | S.D. dependent var | 1,578.647 |
| S.E. of regression | 1,118.311 | Akaike info criterion | 16.90979 |
| Sum squared resid | 1.45E+08 | Schwarz criterion | 17.00271 |
| Log likelihood | −1,010.588 | Hannan-Quinn criter. | 16.94753 |
| F-statistic | 40.37762 | Durbin-Watson stat | 2.069429 |
| Prob(F-statistic) | 0.000000 | | |

[그림 6-A9] 식 (6.56)의 추정 결과

Dependent Variable: CONSUMPTION
Method: Least Squares
Sample: 1 120
Included observations: 120

| Variable | Coefficient | Std. Error | t-Statistic | Prob. |
|---|---|---|---|---|
| C | 315.7817 | 467.2954 | 0.675765 | 0.5006 |
| MID | 850.9832 | 764.1191 | 1.113679 | 0.2678 |
| HIGH | 2,148.903 | 819.6363 | 2.621776 | 0.0099 |
| INCOME | 0.721674 | 0.330407 | 2.184197 | 0.0310 |
| MID*INCOME | −0.359914 | 0.354910 | −1.014098 | 0.3127 |
| HIGH*INCOME | −0.568500 | 0.336866 | −1.687612 | 0.0942 |

| | | | |
|---|---|---|---|
| R-squared | 0.529471 | Mean dependent var | 2,786.375 |
| Adjusted R-squared | 0.508833 | S.D. dependent var | 1,578.647 |
| S.E. of regression | 1,106.367 | Akaike info criterion | 16.90426 |
| Sum squared resid | 1.40E+08 | Schwarz criterion | 17.04363 |
| Log likelihood | −1,008.256 | Hannan-Quinn criter. | 16.96086 |
| F-statistic | 25.65606 | Durbin-Watson stat | 2.133080 |
| Prob(F-statistic) | 0.000000 | | |

(c) 가변수모형을 적용한 계절성 분석

계절더미 만들기: 해당 분기에만 1의 값을 갖고 다른 분기에는 0의 값을 갖는 가변수는 0, 1의 값을 직접 EViews에서 입력할 수 있지만, EViews에서는 내장함수 @SEAS(d)(여기서 d는 해당 분기를 나타냄)를 이용하여 자동적으로 이 가변수를 만들거나 회귀식 추정에 직접 이용할 수 있다. 따라서 식 (6.66)을 추정하기 위해서는 QUARTER 작업파일의 [Estimate specification] 에 다음과 같이 입력한다.

『LOG(M2) C LOG(GDP) LOG(CPI) R @SEAS(2) @SEAS(3) @SEAS(4)』

[그림 6-A10] 식 (6.66)의 추정 결과

Dependent Variable: LOG(M2)
Method: Least Squares
Sample: (adjusted): 1987Q1 2019Q4
Included observations: 132 after adjustments

| Variable | Coefficient | Std. Error | t-Statistic | Prob. |
|---|---|---|---|---|
| C | −1.575301 | 0.339406 | −4.641347 | 0.0000 |
| LOG(GDP) | 0.667637 | 0.128167 | 5.209133 | 0.0000 |
| LOG(CPI) | 1.637255 | 0.296818 | 5.516021 | 0.0000 |
| R | 0.003281 | 0.002217 | 1.480022 | 0.1414 |
| SEAS(2) | −0.000909 | 0.014847 | −0.061232 | 0.9513 |
| SEAS(3) | 0.000742 | 0.014852 | 0.049980 | 0.9602 |
| SEAS(4) | 0.012259 | 0.014952 | 0.819873 | 0.4138 |

| | | | |
|---|---|---|---|
| R-squared | 0.997027 | Mean dependent var | 13.45151 |
| Adjusted R-squared | 0.996884 | S.D. dependent var | 1.080203 |
| S.E. of regression | 0.060296 | Akaike info criterion | −2.727540 |
| Sum squared resid | 0.454446 | Schwarz criterion | −2.574664 |
| Log likelihood | 187.0176 | Hannan-Quinn criter. | −2.665418 |
| F-statistic | 6,986.581 | Durbin-Watson stat | 0.104468 |
| Prob(F-statistic) | 0.000000 | | |

## 3. 종속변수가 가변수인 모형

(a) 선형확률모형

선형확률모형은 최소자승법을 적용하는 것으로, 선형회귀모형의 명령문과 동일하다. (예 6.11)에 대한 추정 결과는 다음과 같다.

[그림 6-A11] 식 (6.73)의 추정 결과

Dependent Variable: ROH
Method: Least Squares
Sample: 1 200
Included observations: 200

| Variable | Coefficient | Std. Error | t-Statistic | Prob. |
|---|---|---|---|---|
| C | 0.167410 | 0.195378 | 0.856854 | 0.3926 |
| AGE | 0.002407 | 0.002466 | 0.976077 | 0.3303 |
| SEX | 0.169445 | 0.079119 | 2.141648 | 0.0335 |
| METRO | −0.244857 | 0.063642 | −3.847421 | 0.0002 |
| ASSET | 2.22E−06 | 5.27E−07 | 4.217036 | 0.0000 |
| JOB1 | 0.046670 | 0.089741 | 0.520051 | 0.6036 |
| JOB2 | −0.224931 | 0.101954 | −2.206211 | 0.0286 |
| JOB3 | 0.170284 | 0.089213 | 1.908730 | 0.0578 |
| NOF | 0.066617 | 0.027849 | 2.392106 | 0.0177 |

| | | | |
|---|---|---|---|
| R-squared | 0.328468 | Mean dependent var | 0.665000 |
| Adjusted R-squared | 0.300341 | S.D. dependent var | 0.473175 |
| S.E. of regression | 0.395790 | Akaike info criterion | 1.028091 |
| Sum squared resid | 29.92013 | Schwarz criterion | 1.176515 |
| Log likelihood | −93.80911 | Hannan-Quinn criter. | 1.088156 |
| F-statistic | 11.67801 | Durbin-Watson stat | 1.860472 |
| Prob(F-statistic) | 0.000000 | | |

(b) 로짓모형

메뉴창의 [Quick] / [Estimate Equation]을 선택한 다음, 추정방법을 설정하는 [Method] 항목을 마우스로 클릭하여 [BINARY-Binary Choice]를 선택한다. 다음으로 [Estimate specification] 입력창에 『ROH C AGE SEX METRO ASSET JOB1 JOB2 JOB3 NOF』를 입력하고,

BINARY-estimation method 항목에서 Logit 을 선택하여 추정한다.

[그림 6-A12] 식 (6.79)의 추정 결과

Dependent Variable: ROH
Method: ML – Binary Logit (Newton–Raphson / Marquardt steps)
Sample: 1 200
Included observations: 200
Convergence achieved after 5 iterations
Coefficient covariance computed using observed Hessian

| Variable | Coefficient | Std. Error | z-Statistic | Prob. |
|---|---|---|---|---|
| C | −1.890345 | 1.248697 | −1.513854 | 0.1301 |
| AGE | 0.012441 | 0.016160 | 0.769869 | 0.4414 |
| SEX | 0.803260 | 0.465396 | 1.725971 | 0.0844 |
| METRO | −1.506006 | 0.418303 | −3.600273 | 0.0003 |
| ASSET | 1.81E−05 | 5.81E−06 | 3.113800 | 0.0018 |
| JOB1 | 0.177246 | 0.565699 | 0.313323 | 0.7540 |
| JOB2 | −1.124995 | 0.633935 | −1.774622 | 0.0760 |
| JOB3 | 1.160194 | 0.615996 | 1.883444 | 0.0596 |
| NOF | 0.406055 | 0.197755 | 2.053319 | 0.0400 |

| | | | |
|---|---|---|---|
| McFadden R-squared | 0.299233 | Mean dependent var | 0.665000 |
| S.D. dependent var | 0.473175 | S.E. of regression | 0.382878 |
| Akaike info criterion | 0.983706 | Sum squared resid | 27.99973 |
| Schwarz criterion | 1.132131 | Log likelihood | −89.37062 |
| Hannan-Quinn criter. | 1.043771 | Deviance | 178.7412 |
| Restr. deviance | 255.0653 | Restr. log likelihood | −127.5326 |
| LR statistic | 76.32402 | Avg. log likelihood | −0.446853 |
| Prob(LR statistic) | 0.000000 | | |
| Obs with Dep=0 | 67 | Total obs | 200 |
| Obs with Dep=1 | 133 | | |

(c) 프로빗모형

프로빗모형의 추정방법은 로짓모형과 유사하며, BINARY-estimation method 항목에서 Probit 을 선택하면 다음과 같이 추정 결과가 제시된다.

[그림 6-A13] (예 6.13)의 추정 결과

Dependent Variable: ROH
Method: ML – Binary Probit (Newton–Raphson / Marquardt steps)
Sample: 1 200
Included observations: 200
Convergence achieved after 4 iterations
Coefficient covariance computed using observed Hessian

| Variable | Coefficient | Std. Error | z-Statistic | Prob. |
|---|---|---|---|---|
| C | −1.155176 | 0.743200 | −1.554326 | 0.1201 |
| AGE | 0.008468 | 0.009506 | 0.890763 | 0.3731 |
| SEX | 0.510650 | 0.279423 | 1.827517 | 0.0676 |
| METRO | −0.868252 | 0.242098 | −3.586366 | 0.0003 |
| ASSET | 8.04E−06 | 2.09E−06 | 3.849509 | 0.0001 |
| JOB1 | 0.116334 | 0.333486 | 0.348843 | 0.7272 |
| JOB2 | −0.759902 | 0.373466 | −2.034727 | 0.0419 |
| JOB3 | 0.700350 | 0.351258 | 1.993834 | 0.0462 |
| NOF | 0.245623 | 0.109629 | 2.240486 | 0.0251 |

| | | | |
|---|---|---|---|
| McFadden R-squared | 0.293820 | Mean dependent var | 0.665000 |
| S.D. dependent var | 0.473175 | S.E. of regression | 0.388784 |
| Akaike info criterion | 0.990610 | Sum squared resid | 28.87027 |
| Schwarz criterion | 1.139035 | Log likelihood | −90.06103 |
| Hannan-Quinn criter. | 1.050675 | Deviance | 180.1221 |
| Restr. deviance | 255.0653 | Restr. log likelihood | −127.5326 |
| LR statistic | 74.94321 | Avg. log likelihood | −0.450305 |
| Prob(LR statistic) | 0.000000 | | |

| | | | |
|---|---|---|---|
| Obs with Dep=0 | 67 | Total obs | 200 |
| Obs with Dep=1 | 133 | | |

부록 6.2

# R 명령문 및 추정 결과

## 1. 함수의 형태에 대한 R 명령문 및 추정 결과

함수의 형태에 따른 회귀모형을 추정하기 위해서는 EViews와 유사하게 R의 내장함수로 새로운 변수를 생성한 다음 회귀모형을 추정하거나, lm( ) 함수에 R의 내장함수를 직접 입력하여 추정한다. [표 6-A1]의 (3)~(6)번 줄은 식 (6.4), (6.7), (6.11), (6.15)를 각각 추정하는 명령문이며, 추정 결과는 EViews의 결과와 동일하므로 생략한다.

[표 6-A1] 함수의 변환에 따른 회귀모형 추정 명령문

```
setwd("C:/econometrics")                                            # 작업경로 변경  (1)
Con_data <- read.csv(file="consumption.csv", header=TRUE)           # 자료 읽기      (2)
Eq6_4  <- lm(consumption~income+age+I(age^2), data=Con_data)        # 식 (6.4) 추정  (3)
Eq6_7  <- lm(log(consumption)~log(income), data=Con_data)           # 식 (6.7) 추정  (4)
Eq6_11 <- lm(log(consumption)~income, data=Con_data)                # 식 (6.11) 추정 (5)
Eq6_15 <- lm(consumption~log(income), data=Con_data)                # 식 (6.15) 추정 (6)
```

## 2. 독립변수가 가변수인 모형의 R 명령문 및 결과

여기에서는 R에서 기본적인 가변수모형의 추정법, 여러 범주로 구분되는 정성적 자료에서 새로운 가변수를 생성하는 방법과 범주형 모형의 추정법, 그리고 계절성 분석을 위한 계절더미를 생성하는 방법과 이의 추정법을 소개한다. [추정 결과는 모두 EViews의 결과와 동일하여 생략한다.]

(a) WAGE 파일의 가변수모형

식 (6.29), (6.35), (6.39)의 추정 명령문은 다음과 같다.

**[표 6-A2]** WAGE 파일의 가변수모형 명령문

| 명령문 | 주석 | 줄 |
|---|---|---|
| Wage <- read.csv(file="wage.csv", header=TRUE) | # 자료 불러오기 | (7) |
| Eq6_29 <- lm(wage~sex+avg_grade, data=Wage) | # 식 (6.29) 추정 | (8) |
| Eq6_35 <- lm(wage~avg_grade+I(sex*avg_grade), data=Wage) | # 식 (6.35) 추정 | (9) |
| Eq6_39 <- lm(wage~sex+avg_grade+I(sex*avg_grade), data=Wage) | # 식 (6.39) 추정 | (10) |

(b) 여러 범주의 경우

R에서 (예 6.8)과 (예 6.9)의 중산층(MID) 및 고소득층(HIGH)에 대한 새로운 가변수를 만들기 위해서는 ifelse( ) 함수를 이용한다. ifelse( )는 해당 조건이 참인 경우와 그렇지 않은 경우를 구분하여 반환값을 출력하는 함수로, 아래의 (12)~(13)번 줄은 각각 mid와 high 변수를 생성하는 명령문이다. 그리고 새로이 생성된 가변수를 이용하여 식 (6.48)과 (6.56)을 추정하기 위해 mid와 high 변수를 Con_data 자료프레임과 결합했다.

**[표 6-A3]** 여러 범주의 가변수모형 명령문

| 명령문 | 주석 | 줄 |
|---|---|---|
| class <- Con_data$class | # CLASS 변수 | (11) |
| mid <- ifelse(class == 2, 1, 0) | # MID 가변수 생성 | (12) |
| high <- ifelse(class == 3, 1, 0) | # HIGH 가변수 생성 | (13) |
| Con_data_new <- cbind(Con_data, mid, high) | # 자료 결합 | (14) |
| Eq6_48 <- lm(consumption ~ income+mid+high, data=Con_data_new) | # 식 (6.48) 추정 | (15) |
| Eq6_56 <- lm(consumption ~ mid+high+income+I(mid*income)+I(high*income), data=Con_data_new) | # 식 (6.56) 추정 | (16) |

(c) 가변수모형을 적용한 계절성 분석

R에서는 특정한 값을 반복하여 생성하는 rep( ) 함수를 이용하여 해당 분기에만 1의 값을 갖는 계절더미를 생성한다. 다음의 (18)번 줄은 2분기에만 1의 값을 갖는 (0,1,0,0)의 값을 총 50번 반복하여 생성하는 명령문으로, 50번 반복하여 생성하므로 총관측치는 200이 된다. [Quarter 자료프레임의 행의 수(200개)와 일치시키기 위해 50번 반복하여 생성함.] 그리고 (19)~

(20)번 줄은 각각 3분기와 4분기에 해당하는 계절더미를 생성하는 명령문이며, 식 (6.66)을 추정하기 위해 (21)번 줄에서 계절더미들을 기존의 Quarter 자료프레임과 결합했다.

**[표 6-A4]** 계절성 분석 적용 명령문

| 명령문 | 설명 | 줄 |
|---|---|---|
| Quarter <- read.csv(file="quarter.csv", header=TRUE) | # 자료 읽기 | (17) |
| sea2 <- rep(c(0,1,0,0), 50) | # 2분기 계절더미 | (18) |
| sea3 <- rep(c(0,0,1,0), 50) | # 3분기 계절더미 | (19) |
| sea4 <- rep(c(0,0,0,1), 50) | # 4분기 계절더미 | (20) |
| Quarter_new <-cbind(Quarter, sea2, sea3, sea4) | # 자료 결합 | (21) |
| Eq6_66 <- lm(log(m2)~log(gdp)+log(cpi)+r +sea2+sea3+sea4, data=Quarter_new) | # 식 (6.66) 추정 | (22) |

## 3. 종속변수가 가변수인 모형

R에서 선형확률모형은 기존과 동일하게 lm( ) 함수로 추정하며, 로짓과 프로빗모형은 glm( ) 함수를 이용한다. glm( ) 함수의 사용법은 lm( ) 함수와 유사한데 로짓모형의 경우 glm( ) 함수의 family 인수에 binomial(link="logit")을 입력하고 프로빗모형을 추정하기 위해서는 binomial(link="probit")을 입력한다. 아래의 (25)번과 (28)번 줄은 각각 로짓모형과 프로빗모형을 추정하는 명령문이다.

**[표 6-A5]** 종속변수가 가변수인 모형 명령문

| 명령문 | 설명 | 줄 |
|---|---|---|
| House <- read.csv(file="house.csv", header=TRUE) | # 자료 읽기 | (23) |
| Eq6_73 <- lm(roh~age+sex+metro+asset+job1+job2+job3 +nof, data=House) | # 선형확률모형 | (24) |
| summary(Eq6_73) | # 추정 결과 | (25) |
| Eq6_79 <- glm(roh~age+sex+metro+asset+job1+job2+job3 +nof, family=binomial(link="logit"), data=House) | # 로짓모형 | (26) |
| summary(Eq6_79) | # 로짓모형 결과 | (27) |
| Ex6_13 <- glm(roh~age+sex+metro+asset+job1+job2+job3 +nof, family=binomial(link="probit"), data=House) | # 프로빗모형 | (28) |
| summary(Ex6_13) | # 프로빗모형 결과 | (29) |

로짓모형과 프로빗모형의 추정 결과는 [그림 6-A14]에 제시했다. R 프로그램의 추정 결과는 EViews의 결과와 약간 다른데, 이는 각 프로그램에서 최우추정법의 알고리즘 및 수렴기준 등의 차이에 기인한다.

**[그림 6-A14]** 로짓모형과 프로빗모형 추정 결과

```
> summary(Eq6_79)                                         #로짓모형 결과 (27)

Call:
glm(formula = roh ~ age + sex + metro + asset + job1 + job2 +
    job3 + nof, family = binomial(link = "logit"), data = House)

Residuals:
    Min        1Q     Median       3Q       Max
 -3.2259   -0.6402   0.3562    0.6839    1.7697

Coefficients:
                 Estimate     Std. Error    z value    Pr(>|t|)
(Intercept)    -1.890e+00     1.249e+00     -1.514     0.130059
age             1.244e-02     1.616e-02      0.770     0.441373
sex             8.033e-01     4.654e-01      1.726     0.084351   .
metro          -1.506e+00     4.183e-01     -3.600     0.000318   ***
asset           1.810e-05     5.814e-06      3.114     0.001845   **
job1            1.772e-01     5.657e-01      0.313     0.754033
job2           -1.125e+00     6.339e-01     -1.775     0.075957   .
job3            1.160e+00     6.160e-01      1.883     0.059638   .
nof             4.061e-01     1.978e-01      2.053     0.040040   *
---
Signif. codes:  0 '***'  0.001 '**'  0.01 '*'  0.05 '.'  0.1 ' '  1

(Dispersion parameter for binomial family taken to be 1)

    Null deviance: 255.07  on 199  degrees of freedom
Residual deviance: 178.74  on 191  degrees of freedom
AIC: 196.74

Number of Fisher Scoring iterations: 5

> summary(Ex6_13)                                         #프로빗모형 결과 (29)
```

```
Call:
glm(formula = roh ~ age + sex + metro + asset + job1 + job2 +
    job3 + nof, family = binomial(link = "probit"), data = House)

Residuals:
    Min        1Q       Median      3Q       Max
 -2.7501   -0.6326    0.3572    0.6959    1.7754

Coefficients:
               Estimate      Std. Error    z value    Pr(>|t|)
(Intercept)   -1.155e+00     7.239e-01     -1.596     0.110531
age            8.467e-03     9.293e-03      0.911     0.362208
sex            5.106e-01     2.754e-01      1.854     0.063710   .
metro         -8.683e-01     2.380e-01     -3.648     0.000264   ***
asset          8.039e-06     2.586e-06      3.108     0.001881   **
job1           1.163e-01     3.273e-01      0.355     0.722306
job2          -7.599e-01     3.685e-01     -2.062     0.039232   *
job3           7.003e-01     3.474e-01      2.016     0.043830   *
nof            2.456e-01     1.118e-01      2.197     0.028027   *
---
Signif. codes:  0 '***'  0.001 '**'  0.01 '*'  0.05 '.'  0.1 ' '  1

(Dispersion parameter for binomial family taken to be 1)

    Null deviance: 255.07  on 199  degrees of freedom
Residual deviance: 180.12  on 191  degrees of freedom
AIC: 198.12

Number of Fisher Scoring iterations: 14
```

# 연습문제

1. 다음의 용어에 대하여 설명하라.

(1) 더블로그모형

(2) 로그-선형모형

(3) 비선형모형

(4) 가변수함정

(5) 계절성, 계절가변수

(6) 이산선택모형

(7) 선형확률모형

(8) 로짓모형과 프로빗모형

2. 계량경제학 성적이 경제통계학의 성적에 따라 어떻게 달라지는지를 분석하기 위한 자료를 수집했다. 계량경제학 성적은 경제학 전공 여부에 따라 다를 가능성이 있으므로 경제학 전공자와 비전공자에 대한 회귀모형을 다음과 같이 따로 추정하고자 한다.

- 경제학 전공의 경우: (A) $Y_i = \alpha_1 + \beta_1 X_i + \varepsilon_{1i} \quad (i = 1, 2, \cdots, 22)$
- 경제학 비전공의 경우: (B) $Y_i = \alpha_2 + \beta_2 X_i + \varepsilon_{2i} \quad (i = 1, 2, \cdots, 22)$

(여기서 $X_i = i$ 번째 관측치의 경제통계학 성적, $Y_i = i$ 번째 관측치의 계량경제학 성적)

이에 대해 각각 22개의 자료에 대한 관측치를 구하여 다음의 표본통계치를 도출하였다.

(A) $\sum(X_{1i} - \bar{X}_1)^2 = 10$ ; $\sum(X_{1i} - \bar{X}_1)(Y_{1i} - \bar{Y}_1) = 40$ ;

$\sum(Y_{1i} - \bar{Y}_1)^2 = 200$ ; $\bar{X}_1 = 3$ ; $\bar{Y}_1 = 16$

(B) $\sum(X_{2i} - \bar{X}_2)^2 = 10$ ; $\sum(X_{2i} - \bar{X}_2)(Y_{2i} - \bar{Y}_2) = 20$ ;

$\sum(Y_{2i} - \bar{Y}_2)^2 = 100$ ; $\bar{X}_2 = 3$ ; $\bar{Y}_2 = 16$

(1) 회귀식 (A)와 (B)에 대해 위의 자료를 이용하여 상수항 $\alpha_1, \alpha_2$ 및 기울기 계수 $\beta_1, \beta_2$에 대한 OLS 추정치 $a_1, a_2$와 $b_1, b_2$를 각각 구하라.

(2) 전공에 따라 회귀모형의 계수에 차이가 없다는 조건($\alpha_1 = \alpha_2, \beta_1 = \beta_2$) 하에서 두 그룹의 관측치 44개를 모두 이용하여 아래 모형 (C)의 $\alpha, \beta$ 에 대한 OLS 추정치를 구하라.

[Note: 위 자료에서 경제통계학의 성적의 평균은 전공에 무관하게 동일함. ($\bar{X}_1 = \bar{X}_2$)]

(C) $Y_i = \alpha + \beta X_i + \varepsilon_i \quad (i = 1, 2, \cdots, 44)$

(3) 아래의 모형 (D)에서 계수 $\alpha_0, \beta_0, \gamma, \delta$ 가 의미하는 바를 각각 설명하고, 위의 자료/결과를 이용하여 이들 계수 $\alpha_0, \beta_0, \gamma, \delta$ 에 대한 OLS 추정치를 모두 도출하라.

(D) $Y_i = \alpha_0 + \gamma M_i + \beta_0 X_i + \delta(M_i \times X_i) + \varepsilon_i \qquad (i = 1,2, \cdots, 44)$

[여기서 $M_i$는 경제학 전공의 경우 1, 경제학 비전공의 경우 0의 값을 갖는 가변수]

(4) 위 모형 (D)의 잔차 제곱합(RSS) 및 결정계수($R^2$) 값을 도출하라.

(5) 위의 결과를 이용하여 모형 (C)의 잔차 제곱합(RSS) 및 결정계수($R^2$) 값을 도출하고, 두 모형 (A)와 (B)에서의 회귀계수가 같다는 귀무가설 $H_0: \alpha_1 = \alpha_2, \beta_1 = \beta_2$을 5% 유의수준에서 검정하라.

3. 학부에서의 학년과 전공이 계량경제학 수강성적에 미치는 영향을 분석하기 위해 25명의 수강생을 대상으로 다음의 여러 회귀모형을 추정하여 아래의 표에 나타난 결과가 도출됐다고 하자.

① $Y_i = \alpha + \beta M_{1i} + \gamma_2 G_{2i} + \gamma_3 G_{3i} + \gamma_4 G_{4i} + \varepsilon_i$

② $Y_i = \alpha + \gamma_2 G_{2i} + \gamma_3 G_{3i} + \gamma_4 G_{4i} + \varepsilon_i$

③ $Y_i = \alpha + \beta M_{1i} + \varepsilon_i$

여기서 $Y_i$는 $i$번째 관측치(학생)의 계량경제학 점수, $M_{1i}$는 경제학 전공인 경우 1의 값을 갖는 가변수, $G_{2i}$는 2학년인 경우 1의 값을 갖는 가변수, $G_{3i}$는 3학년인 경우 1의 값을 갖는 가변수, $G_{4i}$는 4학년인 경우 1의 값을 갖는 가변수를 나타낸다.

| 변수 | 모형 ① | 모형 ② | 모형 ③ |
|---|---|---|---|
| 상수 | 3.312 | 3.368 | 3.359 |
| $M_{1i}$ | 1.904 | | 2.073 |
| $G_{2i}$ | 2.349 | 2.304 | |
| $G_{3i}$ | 2.634 | 2.914 | |
| $G_{4i}$ | 5.431 | 4.198 | |
| RSS | 20.00 | 24.00 | 32.00 |
| $R^2$ | 0.900 | 0.880 | 0.840 |

(1) 위의 회귀방정식 ①에서 $\alpha$, $\beta$, $\gamma_2$, $\gamma_3$, $\gamma_4$가 의미하는 바를 각각 설명하라.

(2) 계량경제학 점수가 경제학 전공 여부에 따라 달라지는가를 분석하라.

(3) 계량경제학 점수가 학년별로 차이가 있는가를 분석하라.

(4) 위의 회귀모형 대신, 학년에 대한 가변수를 1개만 사용(즉, 학년을 직접 독립변수로 사용)하여 다음의 회귀모형을 추정하였다고 하자.

④ $Y_i = \alpha + \beta M_{1i} + \gamma G_i + \varepsilon_i$

여기서 $G_i$는 1학년이면 1, 2학년이면 2, 3학년이면 3, 4학년이면 4의 값을 갖는 변수이다. 이 모형에서의 회귀계수 $\gamma$는 모형 ①의 $\gamma_2$, $\gamma_3$, $\gamma_4$와 어떤 관계를 갖는가를 간략히 설명하라. 같은 자료를 이용하여 모형 ④를 추정한 결과 잔차 제곱합 값이 RSS=28이었다고 할 때, 모형 ①과 비교하여 검정 가능한 귀무가설을 도출하고 검정 결과를 도출하라.

4. WAGE 파일을 이용하여 다음의 각 모형을 추정하고, 아래의 질문에 답하라.

① $\log(WAGE_i) = \beta_1 + \beta_2 AVG\_GRADE_i + \varepsilon_i$

② $\log(WAGE_i) = \beta_1 + \beta_2 AVG\_GRADE_i + \delta_1 MID_i + \delta_2 LARGE_i + \varepsilon_i$

③ $\log(WAGE_i) = \beta_1 + \beta_2 AVG\_GRADE_i + \gamma SEX_i + \delta_1 MID_i + \delta_2 LARGE_i + \varepsilon_i$

(1) 위 ①의 로그-선형모형을 추정하고 회귀계수 $b_2$의 값을 해석하라.

(2) (1)에서 구한 결정계수 $R^2$값과 제4장 부록 [그림 4-A12]의 $R^2$값을 직접 비교할 수 있는가? 비교할 수 없는 경우 비교 가능한 방법이 무엇인지 답하라.

(3) 직원 수를 나타내는 기업규모(FIRM_SIZE) 가변수에 대해, 직원 수가 30~299명인 중견기업을 의미하는 변수로 MID(FIRM_SIZE가 3 또는 4인 경우), 직원 수가 300명 이상인 대기업을 의미하는 변수로 LARGE(FIRM_SIZE가 5 또는 6인 경우) 가변수를 생성하라. 이렇게 생성된 가변수를 이용하여 위 ②의 범주형 더미 회귀식을 추정하고, 기업규모별 회귀식을 도출하라. (기업규모 변수에 대한 설명은 [부록 A]를 참조하고, 새로운 가변수 생성은 아래의 명령문을 참조.)

| EViews 명령문 | R 명령문 |
|---|---|
| GENR MID = (FIRM_SIZE=3 or FIRM_SIZE=4)<br>GENR LARGE = (FIRM_SIZE>4) | mid <- ifelse(firm_size == 3 \| firm_size == 4, 1, 0)<br>large <- ifelse(firm_size>4, 1, 0) |

(4) (3)의 회귀모형에서 $H_0 : \delta_1 = \delta_2 = 0$에 대한 가설검정을 5% 유의수준에서 시행하라.

(5) (3)의 회귀모형에서 $H_0 : \delta_1 = \delta_2$ 에 대한 가설검정을 5% 유의수준에서 시행하라.

(6) 위 ③의 모형을 추정하고 성별과 기업규모별 회귀식을 도출하라.

(7) (6)에서 임금은 성별에 따라 다르다는 가설 $H_0 : \gamma = 0$ 에 대해 5% 유의수준에서 검정하라.

5. HOUSE 파일에는 차량 소유 여부(CAR, 차량 소유 CAR=1, 미소유 CAR=0)의 가변수가 있다. 차량 소유 여부의 가변수를 상수항과 가구주의 나이(AGE: 연), 가구주의 성별 가변수(SEX: 남자이면 SEX=1, 여자이면 SEX=0), 수도권 가변수(METRO: 수도권 거주 METRO =1, 비수도권 거주 METRO=0), 가구의 총자산(ASSET: 만 원), 가구주 종사상 지위에 대한 가변수 1(JOB1: 상용근로자 JOB1=1, 기타 직업 JOB1= 0), 가변수 2(JOB2: 임시 일용근로자 JOB2=1, 기타 직업 JOB2=0), 가변수 3(JOB3: 자영업자 JOB3=1, 기타 직업 JOB3 =0), 가족구성원 수(NOF: 명)에 대해 설정하는 다음의 각 모형에 대해 추정하고 그 결과를 해석하라.

(1) 선형확률모형을 이용하여 추정하고 각 변수의 유의성에 대해 5% 유의수준에서 검정하라.

(2) (1)에서 구한 추정치로부터 모든 가구에 대한 $\hat{P}_i = E\widehat{(CAR_i} = 1)$ 를 구하고 0과 1 사이에 위치하는지를 확인하라.

(3) 로짓모형을 이용하여 추정하고 각 변수의 유의성에 대해 5% 유의수준에서 검정하라.

(4) 프로빗모형을 이용하여 추정하고 각 변수의 유의성에 대해 5% 유의수준에서 검정하라.

(5) (3)과 (4)의 추정치의 크기를 비교하고, 각각에 대해 설명하라.

# PART Ⅲ

# 회귀모형의 기본가정에 대한 분석

제II부에서는 고전적 회귀분석의 모든 가정을 충족하는 회귀모형에 대해 계수의 추정과 가설검정 등을 시행하는 방법을 살펴봤다. 즉, 회귀분석의 기본 체계에서는 회귀모형이 누락변수 또는 부적절한 변수의 문제가 없는 올바른 모형이며, 오차항은 구형(spherical) 분포의 조건을 만족한다고 가정한다. 또한 다중회귀모형에 포함된 독립변수들 사이에 완전 공선성이 없어야 한다. 그러나 실제 경제자료를 대상으로 회귀분석을 시행할 때, 이러한 가정들이 성립하지 않는 경우가 많이 발생한다. 제III부에서는 고전적 회귀모형의 기본 가정이 충족되지 않는 경우에 대해, ① 각각의 가정이 성립하지 않을 때의 특징과 이에 따른 문제점, ② 각 가정의 성립 여부에 대한 검정, ③ 이러한 문제가 나타날 때의 해결 방안 등에 대하여 논의한다. 제7장에서는 회귀분석의 출발점인 모형의 설정에 대해 분석한다. 모형설정오류로 인해 발생하는 현상을 살펴보고, 적합한 모형을 선정하는 방법을 제시한다. 제8장에서는 다중회귀모형에 포함된 독립변수들 사이에 나타날 수 있는 문제에 대해 점검한다. 제9장과 제10장에서는 회귀식의 오차항이 고전적 회귀모형의 조건을 충족하지 못하는 경우에 대해 설명한다. 제9장은 오차항이 이분산을 갖는 경우를 다루고, 제10장은 시계열자료를 사용할 때 자주 나타나는 자기상관 문제를 살펴본다.

CHAPTER

7

# 모형의 설정 및 검정

회귀분석의 가장 기본적인 목적은 회귀모형에 포함된 독립변수를 통해 종속변수의 변화에 영향을 미치는 요인들을 찾는 것이다. 따라서 적합한 회귀모형은 종속변수의 변화에 체계적인 영향을 미치는 설명변수를 올바로 포함해야 하며, 모형에 포함되지 않는 다른 변수들의 영향은 오차항에 흡수될 수 있다는 것을 가정한다.

실증분석에서 회귀모형이 잘못 선정되어 이를 통해 종속변수의 체계적인 움직임을 제대로 분석할 수 없는 경우가 발생하는데, 이를 모형설정오류(model mis-specification)라 한다. 포괄적 의미에서 모형설정오류는 고전적 회귀분석의 기본 가정이 성립하지 않는 경우를 뜻하지만, 일반적으로 모형 설정에 오류가 있다고 할 때는, 특히 독립변수를 잘못 선택하거나 종속변수와 독립변수들 사이의 관계식을 잘못 설정하는 경우를 지칭한다.

이 장에서는 먼저 모형 설정이 잘못된 경우 나타나는 문제점에 대해서 살펴보고, 올바른 모형을 식별하는 방법에 대해 살펴본다. 실증분석에서 어떤 변수를 모형에 포함시킬 것인가를 결정하기 위해서는 우선 경제이론을 비롯하여 경험과 직관에 의존해야 하는 경우가 많은데, 여기에서는 주어진 자료를 이용하여 회귀모형에 대한 가정을 검정하는 다양한 통계적 모형설정 방법을 설명한다.

## 1. 모형설정오류

모형 설정이 잘못됐을 때 나타나는 문제점에 대해서 살펴보기 위해 다음과 같이 두 개의 독립변수 $X_2$, $X_3$를 포함한 모형이 종속변수의 체계적인 움직임을 설명하는 데 가장 적합한 회귀식이라 하자.

$$Y_i = \beta_1 + \beta_2 X_{2i} + \beta_3 X_{3i} + \varepsilon_i \tag{7.1}$$

여기서 $\varepsilon_i$는 고전적 회귀분석의 조건을 만족시키는 오차항을 나타낸다. 반면 실증분석에서는 아래의 모형과 같이 이와는 다른 변수를 포함한 회귀식을 사용한다고 하자.

$$Y_i = \beta_1^* + \beta_2^* X_{2i} + \varepsilon_i^* \tag{7.2}$$

$$Y_i = \beta_1^* + \beta_2^* X_{2i} + \beta_3^* X_{3i} + \beta_4^* X_{4i} + \varepsilon_i^* \tag{7.3}$$

식 (7.2)와 같이 독립변수 $X_3$가 잘못 빠진 경우, 누락변수(omitted variable)의 문제가 발생한다. 이와는 반대로 식 (7.3)과 같이 체계적인 설명력이 없는 변수 $X_4$를 포함한 경우, 부적합한 변수(irrelevant or redundant variable)의 문제를 나타낸다. 이와 같이 모형 설정에 오류가 있을 때, 이런 모형에 대해 제Ⅱ부의 최소자승추정법을 그대로 적용하면 더 이상 가우스-마르코프 정리의 결과(BLUE)가 적용되지 않아 좋은 추정량이 될 수 없다. 아래에서는 각각의 경우 발생하는 문제에 대해 살펴본다.

## 1.1 누락변수

적합한 회귀식 (7.1) 대신 누락변수의 문제를 안고 있는 회귀식 (7.2)를 추정하면, 종속변수에 체계적 영향을 미치는 변수 $X_3$의 회귀계수 $\beta_3$를 추정할 수 없는 것은 물론이고 모형에 제대로 포함된 독립변수 $X_2$의 계수 $\beta_2^*$도 올바로 추정할 수 없게 된다. 이 경우 모형 (7.2)에서 $\beta_2^*$에 대한 최소자승추정량 $b_2^*$의 기댓값을 산출해 보면 다음과 같이 편의(bias)가 발생함을 알 수 있다.

$$E(b_2^*) = \beta_2 + \beta_3\left(\frac{S_{23}}{S_{22}}\right) \tag{7.4}$$

여기서 $S_{22}$, $S_{23}$은 식 (5.12), (5.13)과 같이 $X_2$와 $X_3$에 대한 2차 적률을 나타낸다.

$$S_{22} = \sum_{i=1}^{n}(X_{2i} - \overline{X}_2)^2 \tag{7.5}$$

$$S_{23} = \sum_{i=1}^{n}(X_{2i} - \overline{X}_2)(X_{3i} - \overline{X}_3) \tag{7.6}$$

식 (7.4)에서 $S_{23} = 0$이 성립하지 않는 한, 일반적으로 $b_2^*$의 기댓값이 실제 $X_2$의 회귀계수 $\beta_2$와 다른 현상이 발생한다. 즉, 모형에서 누락된 변수 $X_3$와 모형에 포함된 변수 $X_2$ 사이의 상관관계가 0이 아닌 경우, $E(b_2^*) \neq \beta_2$와 같이 괴리가 나타나 더 이상 불편추정량이 되지 못한다. 이와 같이 적합한 설명변수가 누락됨으로써 야기되는 편의를 누락변수 편의(omitted variable bias)라 한다.

따라서 $b_2^*$에 대한 $t$-통계량은 $\beta_2$에 대한 가설이 맞는 경우에도 더 이상 $t$-분포를 갖지 못한다. 여기서 $S_{23} = 0$이 성립하면 추정량 $b_2^*$에 편의가 나타나지 않는데, 이 경우에도 오차항의 분산에 대한 추정량과 $b_2^*$의 분산에 대한 추정량에 편의가 나타나, $b_2^*$에 대한 $t$-통계량 등을 이용하는 통상적인 가설검정을 시행할 수 없는 문제가 발생한다.

## ▎식 (7.4)의 도출

$$b_2^* = \frac{S_{2y}}{S_{22}} = \frac{\sum_{i=1}^{n}(X_{2i}-\overline{X}_2)(Y_i-\overline{Y})}{\sum_{i=1}^{n}(X_{2i}-\overline{X}_2)^2}$$

$$= \frac{\sum_{i=1}^{n}(X_{2i}-\overline{X}_2)(\beta_1+\beta_2 X_{2i}+\beta_3 X_{3i}+\varepsilon_i)}{\sum_{i=1}^{n}(X_{2i}-\overline{X}_2)^2}$$

$$= \beta_2 + \beta_3 \frac{\sum_{i=1}^{n}(X_{2i}-\overline{X}_2)X_{3i}}{\sum_{i=1}^{n}(X_{2i}-\overline{X}_2)^2} + \frac{\sum_{i=1}^{n}(X_{2i}-\overline{X}_2)\varepsilon_i}{\sum_{i=1}^{n}(X_{2i}-\overline{X}_2)^2} \tag{7.7}$$

이 관계식에 대해 기댓값을 취하면 식 (7.4)가 도출된다. 여기서 $\left(\frac{S_{23}}{S_{22}}\right)$는 변수 $X_3$를 $X_2$에 회귀분석할 때의 기울기 계수추정치를 의미한다.

## 예 7.1

제5장의 소비함수를 분석하는 모형으로 소득과 나이 변수가 포함된 식 (5.15)가 가장 적합한 회귀식이라 할 때, 제4장의 단순회귀모형 (4.50)의 추정 결과에서 소득의 계수추정량 $b_2^*$에 대한 편의는 다음과 같이 산출된다.

$$E(b_2^*) - \beta_2 = \beta_3\left(\frac{S_{23}}{S_{22}}\right) = \beta_3 \times \left(\frac{-116.448}{123{,}804.6}\right) \tag{7.8}$$

여기서 단순회귀모형으로부터의 계수추정치는 $b_2^*$는 $\beta_3 > 0$인 경우 실제 한계소비성향($\beta_2$)을 과소추정하고, $\beta_3 < 0$이면 과대추정하는 경향을 나타낸다. (실제로 $\beta_3 = 0$이면 식 (4.50)이 옳은 모형이 되며, 따라서 누락변수 편의는 발생하지 않는다.)

## 1.2 부적합한 변수

위의 누락변수 문제와는 반대로 식 (7.3)과 같이 부적합한 변수를 포함하고 있는 모형을 추정한다고 하자. 이 경우에도 누락변수모형과 같이 모형설정오류로 인해 계수추정량에 편의가 나타나는가? 이에 따라 통상적인 가설검정법을 적용할 수 없는 문제가 발생하는가? 여기서 부적합한 변수를 포함하고 있는 모형을 추정하면 모형설정오류로 인해 회귀계수를 제대로 추정할 수 없다는 문제가 발생한다는 점은 쉽게 예상할 수 있는데, 이 경우에는 누락변수 문제와는 다른 현상이 나타난다.

이를 간단히 비교하기 위해 여기에서는 식 (7.2)와 같이 한 개의 독립변수를 포함한 모형이 가장 적합한 모형이라 하자.

$$Y_i = \beta_1^* + \beta_2^* X_{2i} + \varepsilon_i^* \tag{7.9}$$

한편, 실증분석에서는 부적합한 변수 $X_3$가 포함된 아래의 모형이 사용된다고 하자.

$$Y_i = \beta_1 + \beta_2 X_{2i} + \beta_3 X_{3i} + \varepsilon_i \tag{7.10}$$

이 경우 원래의 모형에는 불필요한 변수 $X_3$에 대한 계수 $\beta_3$가 쓸데없이 추정되는 문제가 발생하기는 하지만, 앞의 누락변수모형의 경우와는 달리 회귀계수 추정량에 편의가 나타나지 않고, 다음과 같이 불편성을 만족한다.

$$E(b_2) = \beta_2^*;\quad E(b_3) = 0 \tag{7.11}$$

여기서 $X_3$의 계수 $\beta_3$에 대한 추정량 $b_3$의 기댓값이 0이라는 것은 변수 $X_3$가 부적합한 변수로 식 (7.9)에서 $\beta_3^* = 0$ 임을 의미한다. 또한 이들 회귀계수 추정량의 분산에 대한 추정량에도 편의가 나타나지 않아 누락변수모형의 경우와는 달리 통상적인 가설검정법을 적용하는 데는 아무 문제가 초래되지 않는다.

이상의 논의에 따르면 부적합한 변수를 포함하는 모형과 필요한 변수를 빠뜨린 모형을 비교하는 경우 회귀모형에 포함돼야 할 변수를 누락시키는 것이 더 심각한 문제를 초래한다고 판단할 수 있다. 그러나 이러한 결론은 한 가지 중요한 측면을 간과하고 있다. 즉, 부적합한 변수를 포함하고 있는 모형도 모형설정오류를 범하고 있어서 회귀계수의 추정량이 BLUE가 되지 못한다는 것이다. 이 경우 부적합한 변수가 포함된 모형의 추정량에 편의가 나타나지는 않지만, 원모형에 포함되는 변수 $X_2$에 대한 계수추정량의 분산이 커져 불편성은 유지되는 대신 효율성이 떨어지는 문제가 초래된다.

비교를 위해 회귀식 (7.9)에서 오차항 $\varepsilon_i^*$의 분산을 $\sigma_*^2$으로 표기하고, $b_2^*$와 $b_2$를 각각 올바른 모형과 부적합한 변수를 포함한 모형에 대한 추정량이라 하면, 이들 계수추정치의 분산은 각각 다음과 같이 구해진다.

$$V(b_2^*) = \frac{\sigma_*^2}{S_{22}} \tag{7.12}$$

$$V(b_2) = \frac{\sigma^2}{S_{22}(1-r_{23}^2)} \tag{7.13}$$

식 (7.13)에서 $r_{23}$은 변수 $X_2$와 $X_3$ 사이의 상관계수를 나타내며, 식 (7.10)의 오차항 $\varepsilon_i$의 분산 $\sigma^2$은 $\sigma_*^2$과 같아진다. 여기서 $r_{23}^2 = 0$이 아니면, $(1 - r_{23}^2)$은 항상 1보다 작은 값을 가지므로 $V(b_2^*) \leq V(b_2)$의 관계가 성립하며, 따라서 잘못된 모형을 사용하는 경우 항상 분산이 커져 비효율적인 추정량이 된다. 이 경우 부적합한 변수를 포함한 모형에 대한 계수추정량의 분산은 두 변수의 상관관계가 클수록 $1/(1-r_{23}^2)$에 비례하여 커지는 것을 알 수 있다. 특히 이들 사이의 상관계수가 1에 가까우면, 추정량의 분산이 커짐에 따라 $b_2$에 대한 $t$-통계량이 매우 작아져 원모형에서는 설명력이 높은데도 불구하고 유의성이 낮게 추정되는 경우도 발생한다.

또한 추정치의 정확성 측면에서 볼 때, 부적합한 변수로 인한 비효율성이 누락변수로 인한 편의보다 더 나쁜 결과를 초래할 수도 있다. 이는 부적합한 변수를 포함한 모형에서 추정량과 회귀모수 사이의 괴리를 의미하는 계수추정량의 분산이 누락변수 편의 때문에 발생하는 괴리보다 더 클 수 있기 때문이다. 이 경우 평균자승오차(MSE) 개념의 기준에서 부적합한 변수를 포함한 모형이 필요한 변수를 누락시킨 모형보다 더 심각한 문제를 초래할 가능성이 있다.

따라서 우리가 어떤 변수를 포함해야 하는지를 결정할 때, 누락변수 편의로 인한 문제만을 고려하여 일단 그 변수를 포함시킨 모형을 추정하는 것이 안전하다고 할 수는 없다. 이를 분석하기 위해 회귀식 (7.9)와 (7.10) 중 어느 것이 올바른 모형인지 알 수 없는 상황을 가정해 보자. 여기서 식 (7.9)가 추정되는 경우 누락변수의 오류가 나타날 가능성이 있고, 반대로 식 (7.10)이 사용되면 부적합한 변수의 오류가 발생할 가능성이 있다. 각각의 경우 모형설정오류를 감안한 추정량의 평균자승오차는 다음과 같이 구해진다.

$$MSE(b_2^*) = E\left[(b_2^* - \beta_2)^2\right] = E\left[\left\{b_2^* - E(b_2^*)\right\}^2\right] + \left[E(b_2^*) - \beta_2\right]^2$$

$$= Var(b_2^*) + Bias(b_2^*)^2 = \frac{\sigma_*^2}{S_{22}} + \left[\beta_3\left(\frac{S_{23}}{S_{22}}\right)\right]^2 \quad (7.14)$$

$$MSE(b_2) = E\left[(b_2 - \beta_2^*)^2\right] = E\left[\left\{b_2 - E(b_2)\right\}^2\right] + \left[E(b_2) - \beta_2^*\right]^2$$

$$= Var(b_2) + Bias(b_2)^2 = \frac{\sigma^2}{S_{22}(1 - r_{23}^2)} + 0 \quad (7.15)$$

식 (7.10)에서 $\beta_3 \neq 0$ 인 경우, 회귀식 (7.9)의 오차항 분산 $\sigma_*^2$에는 변수 $X_3$의 변동이 추가로 반영돼 일반적으로 $\sigma_*^2 > \sigma^2$ 의 관계가 성립한다. 여기서 식 (7.14)와 (7.15)를 비교해 보면, 독립변수 $X_2$에 대한 계수추정치($b_2^*$ 또는 $b_2$)의 정확성 측면에서 어떤 모형을 선택해야 하는가는 주로 $\beta_3$와 $r_{23}$의 값에 따라 결정된다. 이 경우 변수 $X_3$의 설명력이 클수록, 즉 $\beta_3$의 값이 클수록 식 (7.14)에서 이 변수의 누락으로 발생하는 편의가 커져 누락변수 문제가 더 심각해질 수 있다. 또한 두 변수의 상관관계가 클수록 부적합한 변수로 인해 식 (7.15)의 계수추정치 분산이 커지는 현상이 나타나 비효율성이 더 큰 문제를 초래할 수 있다. 현실적으로 $\beta_3$의 값을 알 수 없기 때문에 사전에 어떤 모형을 선택하는 것이 좋은지를 판단할 수는 없다. 실증분석에서 발생하는 이런 문제를 다루기 위해 다음의 여러 모형식별 방법이 사용된다.

## 2. 모형 설정 검정법

실증분석을 위한 회귀모형에 오류가 있으면 이로부터 도출되는 추정량이 부정확할 뿐만 아니라 추정 결과를 토대로 올바른 가설검정을 시행할 수 없다. 따라서 실증분석 결과를 이용하여 어떤 결론을 도출하기 전에 사용된 계량모형이 제대로 설정됐는가를 확인하는 작업이 선행돼야 한다. 초보적인 모형설정 단계에서는 모형에 포함할 독립변수를 선정하기 위해 앞의 제5장에서와 같이 $\overline{R}^2$의 값을 이용하는 방법이 많이 사용된다. 그러나 체계적인 모형 설정을 위해서는 회귀모형의 계수에 대한 가설검정에 기초한 방법이 주로 사용된다. 즉, 적절한 설명변수가 회귀모형에 모두 포함돼 있는지 또는 변수 사이의 관계를 선형모형으로 분석할 수 있는지 등 주어진 회귀모형의 적합성에 대해 점검하고자 하는 경우 다음과 같은 모형 설정 검정법(specification test)을 적용한다.

## 2.1 유의성 검정법

모형 설정 검정법 중 가장 쉽게 적용할 수 있는 방법으로 모형 내에 포함된 변수의 계수추정치에 대한 유의성 검정을 통해 유의성이 낮은 변수를 식별하는 기법을 많이 사용한다. 즉, 모형에 포함돼야 할 것으로 판단되는 변수를 제외한 모형과 이를 포함한 모형을 비교하여 제5장에서의 유의성 검정(significance test)을 시행한다. 이 경우 개별 계수에 대해서는 $t$-통계량을, 두 개 이상의 계수추정치에 대해서는 $F$-통계량을 사용한다.

예를 들어, 제6장의 횡단면 소비모형에서 소득(INCOME), 나이(AGE), 나이의 제곱항 이외에 다음과 같이 총자산(ASSET), 가족구성원 수(NOF), 교육수준(EDU) 등을 포함한 회귀식을 선택했다고 하자.

$$
\begin{aligned}
CONSUMPTION_i = {} & \beta_1 + \beta_2 INCOME_i + \beta_3 AGE_i + \beta_4 AGE_i^2 \\
& + \beta_5 ASSET_i + \beta_6 NOF_i + \beta_7 EDU_i + \varepsilon_i
\end{aligned}
\tag{7.16}
$$

이 회귀모형에서 독립변수 ASSET, NOF, EDU가 소비지출의 설명에 도움이 되지 않는 부적합한 변수인가를 분석한다고 하자. 이 경우 위의 식 (7.16)을 제약이 없는 모형($U$)으로 하고, 여기에서 이들 변수가 제외된 아래의 모형을 제약($\beta_5 = \beta_6 = \beta_7 = 0$)이 반영된 모형($R$)으로 설정한다.

$$
CONSUMPTION_i = \beta_1^* + \beta_2^* INCOME_i + \beta_3^* AGE_i + \beta_4^* AGE_i^2 + \varepsilon_i^* \tag{7.17}
$$

이와 같이 제약이 없는 원모형과 제약이 반영된 대립모형을 설정한 다음, 제5장의 결합 유의성 검정을 위한 $F$-검정법을 귀무가설 $H_0 : \beta_5 = \beta_6 = \beta_7 = 0$에 대해 적용하면 된다.

$$
F = \frac{(RSS_R - RSS_U)/J}{RSS_U/(n-k)} \sim F(J, n-k) \tag{7.18}
$$

이 경우 제약식이 세 개이므로 $J = 3$이 된다. 여기서 귀무가설이 기각되면 제약 없는 모형 (7.16)이 적합한 것으로 판정하고, 기각되지 않으면 제약이 반영된 회귀식 (7.17)을 선택하는 방법을 적용한다.

### 예 7.2

소비함수 회귀식 (7.16)에서 $H_0 : \beta_5 = \beta_6 = \beta_7 = 0$에 대해 가설검정을 시행한 [그림 7–A1]에

서 $F$-통계량은 다음과 같이 도출된다.

$$F = \frac{(1.39\times 10^{8} - 9.22\times 10^{7})/3}{9.22\times 10^{7}/(120-7)} = 19.31 \quad (7.19)$$

이 $F$-값은 5% 유의수준에서의 임계치 $F(3,113;\ 5\%)=2.68$보다 크므로, 위 귀무가설은 기각된다. 따라서 ASSET, NOF, EDU 변수는 소비함수 회귀식에 포함돼야 할 적합한 변수라는 것을 의미한다.

---

이 방법은 제약이 없는 일반적인 모형에서 출발해서 모형 내의 변수를 줄여 작은 모형으로 대체할 필요가 있는가를 점검한다는 측면에서 '일반→단순(general to simple) 접근법'이라 할 수 있다. 이러한 모형 설정 방법은 통상적인 Wald 유형의 유의성 검정을 통해 모형 내에 부적합한 변수가 있는가를 점검하는 방법으로 이해가 쉽고 사용이 편리해 실증분석에서 많이 이용된다.

## 2.2 LM-검정법

이와 반대로 기존의 회귀모형에서 누락된 변수가 있는지를 점검하는 LM(Lagrange multiplier)-검정법도 자주 사용된다. 이 경우에도 설명변수의 수가 다른 두 개의 모형 중에서 하나를 선택하는 것이 분석 대상인데, 유의성 검정법과는 달리 여기에서는 제약이 반영된 모형이 출발점이 되고, 이를 제약이 없는 대립가설에서의 모형과 비교하는 방법을 사용한다. 이런 측면에서 LM-검정법은 '단순→일반 접근법'이라 할 수 있다.

위의 경우와 비교하기 위해 여기에서는 INCOME과 AGE, $AGE^2$을 포함한 소비함수 회귀식 (7.17)을 먼저 선정했다고 하자. 이에 대해 소비가 ASSET, NOF, EDU 등의 요인들에 의해서도 크게 영향을 받을 수 있다는 점을 고려하여, 이들 변수가 소비함수 회귀식에 추가로 포함돼야 하는지를 분석한다고 하자. 이와 같이 소비함수모형에 포함돼야 할 변수 중에 기존의 회귀모형에서 누락된 변수가 있는지를 점검하는 방법으로 다음의 LM-접근법이 사용된다.

① 첫 단계로 먼저 출발점이 되는 모형 (7.17)을 추정하여 잔차 $e_i^*$를 도출한다.

$$e_i^* = CONSUMPTION_i - b_1^* - b_2^* INCOME_i - b_3^* AGE_i - b_4^* AGE_i^2 \quad (7.20)$$

여기서 잔차 $e_i^*$ 는 종속변수의 변화 중에서 회귀식 (7.17)에 포함된 변수에 의해서 설명되지 않는 부분을 나타낸다. 이 경우 모형 (7.16)이 옳은 모형이면, ASSET, NOF, EDU 등의 변수들이 가구의 소비에 영향을 미치는 주요한 설명변수임을 의미한다. 따라서 기존의 회귀모형에 들어 있는 변수로 설명되지 못하는 부분 $e_i^*$ 의 움직임은 제약이 없는 모형 (7.16)에만 들어 있는 변수에 의해 추가적으로 설명될 수 있다. 이는 잔차 $e_i^*$ 와 이 변수들 사이에는 유의성 있는 관계가 있음을 의미한다.

② 둘째 단계에서는 잔차 $e_i^*$ 를 이러한 변수들에 대해 회귀분석한다. 여기서 실제로 사용하는 회귀식에는 누락 가능성을 점검하고자 하는 이들 변수뿐만 아니라, 원래의 모형에 포함된 독립변수까지 모두 포함하여 추정한다.

$$e_i^* = \delta_1 + \delta_2 INCOME_i + \delta_3 AGE_i + \delta_4 AGE_i^2 + \delta_5 ASSET_i + \delta_6 NOF_i + \delta_7 EDU_i + v_i \tag{7.21}$$

이를 검정통계량 도출의 역할을 담당하는 모형이라는 의미에서 보조회귀식(auxiliary regression)이라 한다. 여기서 원래의 회귀모형에 포함되어 있어 잔차 $e_i^*$ 에 대한 설명력이 전혀 없는 기존의 독립변수를 보조회귀식에 포함시키는 이유는 이로부터 도출되는 검정통계량의 특징을 아래 식 (7.22)와 같이 적용하기 위해서다. (이에 대한 자세한 설명은 이 책의 범위를 벗어나므로 여기에서는 다루지 않는다.)

③ 이 경우 식 (7.21)에서 검정하려는 귀무가설은 $H_0 : \delta_5 = \delta_6 = \delta_7 = 0$ 으로 표현되는데, 이는 식 (7.16)에 대한 귀무가설 $H_0 : \beta_5 = \beta_6 = \beta_7 = 0$ 에 해당한다. 이에 대한 검정에는 다음의 LM-통계량을 사용한다.

$$LM = nR^2 \sim \chi^2(J) \tag{7.22}$$

여기서 $n$ 은 회귀분석에 사용된 관측치의 수, $R^2$ 는 보조회귀식에 대한 결정계수의 값을 나타낸다. 이러한 LM-검정통계량은 자유도가 $J$ 인 점근적 $\chi^2$-분포를 갖는데, 이 경우 제약식의 수가 3이므로 $J = 3$ 을 적용한다. 귀무가설이 맞으면 누락된 변수들의 추가적인 설명력이 낮아 보조회귀식에서 $R^2$ 값이 작게 도출될 것이다. 반대로 $R^2$ 값이 큰 경우에는 귀무가설이 틀릴 가능성이 높아지므로, 정해진 유의수준에서 LM-통계량이 크면 귀무가설을 기각한다.

이러한 LM-검정법은 자료의 수가 작은 경우에는 그 분포를 정확하게 구할 수 없고, 표본이 큰 경우에만 적용 가능한 점근분포에 기초한다는 한계가 있으나 대부분의 실증분석에서는 별다른 제약이 되지 않는다. 실제로 LM-검정법은 모형의 비선형성 분석, 오차항의 이분산과 자기상관에 대한 검정 등 일반적인 가설검정에도 쉽게 적용할 수 있다는 측면에서 유의성 검정법보다 더 많이 사용되고 있다.

**예 7.3**

위의 소비함수 회귀식 (7.16)과 (7.17)에 대해 LM-검정법 적용을 위한 보조회귀식 (7.21)을 추정하여 $R^2 = 0.338858$을 도출했다. 이로부터 검정통계량은 다음과 같이 구해진다.

$$LM = nR^2 = 120 \times 0.338858 = 40.66 \tag{7.23}$$

LM-통계치의 값이 임계치 $\chi^2(3; 5\%) = 7.815$ 보다 크므로, 추가적으로 고려하는 독립변수 ASSET, NOF, EDU의 유의성이 없다는 귀무가설이 기각된다. 즉, 이들 변수를 포함하는 모형 (7.16)이 더 적합하다고 판정할 수 있는데, 이는 (예 7.2)의 결과와 일치한다.

## 2.3 정보기준

이와 같이 선택 대상이 되는 변수에 대한 유의성 검정을 토대로 모형을 선정하는 방법 이외에, 모형의 설명력과 모형의 크기를 동시에 고려하는 정보기준(information criteria)을 이용하는 방법이 많이 사용되고 있다. 이러한 정보기준은 모형 적합도의 측정에 사용하는 $\overline{R}^2$값과 유사하게 새로운 변수의 도입이 모형의 설명력을 높이면서 동시에 모형의 크기를 확대해 자유도의 감소를 초래한다는 점을 고려한 개념이다. 따라서 설명변수의 추가에 따르는 장점과 단점을 비교하여 적절한 모형을 선택하는 지표로 사용된다.

정보기준에는 여러 종류가 있는데, AIC(Akaike information criterion)와 베이지안(Bayesian) 관점에서 AIC를 보완한 개념인 SC(Schwarz criterion)가 가장 널리 사용되며, 특히 실증분석에서는 SC가 더 자주 이용된다.

$$AIC = 1 + \log(2\pi) + \log\left(\frac{RSS}{n}\right) + \frac{2}{n}k \tag{7.24}$$

$$SC = 1 + \log(2\pi) + \log\left(\frac{RSS}{n}\right) + \frac{\log n}{n}k \tag{7.25}$$

위 식에서 셋째 항은 회귀모형에 포함된 변수의 전체적인 설명력을 나타내며, 넷째 항은 이들 변수를 다루는 데 수반되는 비용을 나타내는 벌점항(penalty function)의 역할을 한다. 이 정보기준은 그 값이 작을수록 모형의 적합도가 높다는 것을 의미한다. 여기서 설명변수를 추가하면 잔차 제곱합(RSS)이 작아져서 정보기준 값을 감소시키는 작용을 하지만, 이와 동시에 모형추정의 비용이 증가하므로 전체적으로는 정보기준의 값이 상승할 수도 있다. 따라서 새로운 설명변수가 추가됨에 따라 설명력이 높아지는 이익(statistical benefit)과 새로운 변수의 계수를 더 추정하기 위해 추가되는 비용(statistical cost) 사이의 상충관계를 고려한 독립변수의 선정기준으로 사용된다.

### 예 7.4

회귀식 (7.16)과 (7.17)에 대한 정보기준의 값을 비교해 보면, (7.16)의 경우 AIC=16.507, SC=16.670, (7.17)의 경우 AIC=16.870, SC=16.963으로 두 정보기준 모두 (7.16)에 대해 더 작은 값이 도출됐다. 이는 ASSET, NOF, EDU를 포함한 (7.16)이 더 적합한 모형이라는 것으로, (예 7.2)와 (예 7.3)의 분석 결과와 일치한다.

## 2.4 모형의 비선형성 검정

새로운 설명변수를 회귀모형에 포함할 것인지를 결정하기 위한 위의 LM-검정법은 기존 모형이 종속변수와 독립변수 사이의 관계를 제대로 설정하고 있는지를 분석할 때도 사용할 수 있다. 예를 들어, 일반적인 선형모형은 독립변수의 변화가 종속변수에 비례적인 영향을 미친다는 가정을 전제로 하고 있는데, 실제로 설명변수의 값이 증가할 때 그 영향이 점차 커지거나 반대로 작아지는 경우에는 제6장의 함수 형태에서 소개한 것같이 비선형항을 포함하는 모형을 고려해야 한다. 이를 살펴보기 위해 두 개의 독립변수를 포함한 모형을 추정한다고 하자.

$$Y_i = \beta_1 + \beta_2 X_{2i} + \beta_3 X_{3i} + \varepsilon_i \qquad (7.26)$$

여기서 독립변수의 비선형항 $X_2^2$, $X_3^2$, $X_2 X_3$를 포함하는 모형을 설정할 것인가를 분석하기 위해서 다음과 같이 LM-접근법을 적용할 수 있다.

① 최소자승추정법으로 식 (7.26)을 추정하여 잔차 $e_i$를 도출한다.

$$e_i = Y_i - b_1 - b_2 X_{2i} - b_3 X_{3i} \qquad (7.27)$$

② 잔차 $e_i$를 상수항과 $X_{2i}$, $X_{3i}$, $X_{2i}^2$, $X_{3i}^2$ 및 $X_{2i}X_{3i}$에 대해 회귀분석을 시행한다.

$$e_i = \alpha_1 + \alpha_2 X_{2i} + \alpha_3 X_{3i} + \alpha_4 X_{2i}^2 + \alpha_5 X_{3i}^2 + \alpha_6 X_{2i} X_{3i} + v_i \qquad (7.28)$$

여기서 원래의 모형에 비선형항이 포함돼야 한다면, 기존의 선형항에 의해서 설명되지 못했던 부분을 나타내는 잔차 $e_i$는 위의 보조회귀식에서 새로 추가된 변수들과 상관관계를 보일 것이다.

③ 이를 점검하기 위한 검정통계치는 $LM = nR^2$로, 여기서 $n$은 회귀분석에 사용된 관측치의 수를 나타내고, $R^2$는 보조회귀식 (7.28)의 결정계수의 값이다. 이 경우의 귀무가설은 $H_0 : \alpha_4 = \alpha_5 = \alpha_6 = 0$으로 LM-검정통계량은 자유도가 3인 점근적 $\chi^2$-분포를 갖는다.

여기서 위의 귀무가설이 기각되면 종속변수와 설명변수 사이에 비선형관계가 존재한다는 것을 의미하며, 따라서 이 비선형항을 포함하는 회귀식을 사용해야 한다. 그 밖에 $\log X_2$, $\frac{1}{X_3^2}$, $\sqrt{X_3}$ 등 다른 형태의 비선형항에 대한 가설검정에 대해서도 똑같은 방법을 적용할 수 있다.

### 예 7.5

제5장의 다중회귀모형 (5.15)에 대해 $AGE^2$항을 포함하는 모형을 고려해야 할 것인가를 점검하기 위해서는 먼저 식 (5.16)을 추정하여 잔차를 도출한다. 추정된 잔차 $e_i$를 식 (7.28)과 유사하게 상수항과 INCOME, AGE, $AGE^2$에 대해 회귀분석을 시행한다.

$$e_i = \alpha_1 + \alpha_2 INCOME_i + \alpha_3 AGE_i + \alpha_4 AGE_i^2 + v_i \qquad (7.29)$$

위 보조회귀식을 추정한 결과 $R^2 = 0.073121$이 도출됐으며, 이로부터 다음의 검정통계량을 구한다.

$$LM = nR^2 = 120 \times 0.073121 = 8.77 \qquad (7.30)$$

이 LM-통계량은 임계치 $\chi^2(1;5\%) = 3.841$보다 크므로 귀무가설이 기각된다. 이는 종속변수와 독립변수 사이에 비선형관계가 존재한다는 것을 의미하며, 따라서 $AGE^2$항을 포함한 모형을 사용해야 한다. 제5장의 [그림 5-A1]과 제6장의 [그림 6-A1]의 $\overline{R}^2$ 및 정보기준을 비교하면 비선형항을 포함한 [그림 6-A1]의 결과가 더 적합한 모형 선정임을 확인할 수 있다.

부록 7.1

# EViews 명령문 및 추정 결과

## 1. 유의성 검정법

EViews 프로그램을 이용하면 모형 선정에서 어떤 변수들을 포함하는 것이 좋은지에 대한 검정을 간단하게 시행할 수 있다. 예를 들어, 회귀식 (7.16)과 (7.17)을 비교할 때, 다음과 같이 부적합한 변수 검정(Redundant Variables Test)과 누락변수 검정(Omitted Variables Test)을 시행할 수 있다. EViews에서는 부적합한 변수 및 누락변수 검정 모두 식 (7.18)과 같은 유의성 검정법을 적용하고 있는데, 이 경우 부적합한 변수 검정은 제약식(Restricted Test Equation)의 추정 결과를 제시하고, 누락변수 검정은 비제약식(Unrestricted Test Equation)의 추정 결과를 제시하는 것만 차이가 있고 다른 결과는 동일하다.

### 1.1 부적합한 변수 검정

부적합한 변수에 대한 검정으로 (예 7.2)의 유의성 검정법을 적용하는 절차는 다음과 같다. ① 회귀식 (7.16)을 추정하기 위해 명령창에 『EQUATION EQ7_16.LS CONSUMPTION C INCOME AGE AGE^2 ASSET NOF EDU』를 입력한다. ② 작업파일에 새롭게 생성된 방정식 객체 EQ7_16을 더블클릭하여 활성화한 다음 도구창에서 [View] / [Coefficient Diagnostics] ▶ [Redundant Variables Test-Likelihood Ratio]를 차례로 선택한다. ③ 화면에 새로 나타나는 [Redundant-Variable Test] 활성창에 『ASSET NOF EDU』를 입력하고 [OK]를 누르면, [그림 7-A1]의 검정통계치와 이들 변수가 제외된 제약식 추정 결과가 제공된다.

[그림 7-A1]에서 F-statistic은 식 (7.19)와 같이 분석 대상이 되는 변수가 제외된 제약식과 이 변수를 포함하는 회귀식으로부터 도출된 잔차 제곱합의 차이에 대한 $F$-비율을 나타낸다. 또한 LR(likelihood ratio)-statistic은 Wald-검정법에서의 Chi-square 통계치와 같이 점근적

$\chi^2$-분포를 갖는 통계량을 나타내는데, 이에 대한 설명은 이 책의 범위를 벗어나므로 여기에서는 생략한다.

각 검정통계치의 유의성을 나타내는 Probability 값을 보면 주어진 귀무가설이 5% 수준에서 기각됨을 알 수 있다. [$F$-값의 유의성 여부를 점검하기 위해서 $F$-통계표상의 임계치와 비교하는 방법 대신 제4장 및 제5장과 같이 유의확률($p$-value)을 나타내는 Probability의 값을 직접 이용한다.] 따라서 이 변수를 포함하는 회귀식이 더 적합한 모형 설정이라는 결론을 도출할 수 있다.

**참고** Wald 검정법: 회귀계수의 제약식에 대한 검정을 시행하는 Wald-검정법을 적용하여 유의성 검정을 시행하는 절차는 다음과 같다. ① 부적합한 변수 검정에서 생성한 방정식 EQ7_16의 도구창에서 [View] / [Coefficient Diagnostics] ▶ [Wald Test-Coefficient Restrictions]를 차례로 선택한다. ② 화면에 새로 나타나는 [Wald Test] 활성창에 『c(5) = c(6) = c(7) = 0』을 입력한 다음 [OK]를 누르면 [그림 7-A2]의 검정 결과가 출력된다. [활성창에 입력한 명령문은 $H_0 : \beta_5 = \beta_6 = \beta_7 = 0$을 의미한다.]

[그림 7-A1] (예 7.2)의 부적합한 변수 및 누락변수 검정

Redundant Variables Test
Null hypothesis: ASSET NOF EDU are jointly insignificant
Specification: CONSUMPTION C INCOME AGE AGE^2 ASSET NOF EDU
Redundant Variables: ASSET NOF EDU

| | Value | df | Probability |
|---|---|---|---|
| F-statistic | 19.30547 | (3, 113) | 0.0000 |
| Likelihood ratio | 49.65442 | 3 | 0.0000 |

| F-test summary: | Sum of Sq. | df | Mean Squares |
|---|---|---|---|
| Test SSR | 47,263,879 | 3 | 15,754,626 |
| Restricted SSR | 1.39E+08 | 116 | 1,202,412. |
| Unrestricted SSR | 92,215,955 | 113 | 816,070.4 |

| LR test summary: | Value |
|---|---|
| Restricted LogL | −1,008.229 |
| Unrestricted LogL | −983.4017 |

Restricted Test Equation:
Dependent Variable: CONSUMPTION
Method: Least Squares
Sample: 1 120

Included observations: 120

| Variable | Coefficient | Std. Error | t-Statistic | Prob. |
|---|---|---|---|---|
| C | −1,793.853 | 1,373.252 | −1.306281 | 0.1940 |
| INCOME | 0.246602 | 0.027847 | 8.855460 | 0.0000 |
| AGE | 140.4981 | 51.81048 | 2.711770 | 0.0077 |
| AGE^2 | −1.404561 | 0.464304 | −3.025088 | 0.0031 |

| | | | |
|---|---|---|---|
| R-squared | 0.529679 | Mean dependent var | 2,786.375 |
| Adjusted R-squared | 0.517515 | S.D. dependent var | 1,578.647 |
| S.E. of regression | 1,096.546 | Akaike info criterion | 16.87048 |
| Sum squared resid | 1.39E+08 | Schwarz criterion | 16.96340 |
| Log likelihood | −1,008.229 | Hannan-Quinn criter. | 16.90822 |
| F-statistic | 43.54666 | Durbin-Watson stat | 2.054119 |
| Prob(F-statistic) | 0.000000 | | |

Unrestricted Test Equation:
Dependent Variable: CONSUMPTION
Method: Least Squares
Sample: 1 120
Included observations: 120

| Variable | Coefficient | Std. Error | t-Statistic | Prob. |
|---|---|---|---|---|
| C | −900.8613 | 1,150.342 | −0.783125 | 0.4352 |
| INCOME | 0.132516 | 0.028060 | 4.722573 | 0.0000 |
| AGE | 66.55118 | 43.87806 | 1.516730 | 0.1321 |
| AGE^2 | −0.708803 | 0.396883 | −1.785927 | 0.0768 |
| ASSET | 0.008021 | 0.001408 | 5.697610 | 0.0000 |
| NOF | 292.5334 | 81.33906 | 3.596468 | 0.0005 |
| EDU | 137.0191 | 57.76115 | 2.372166 | 0.0194 |

| | | | |
|---|---|---|---|
| R-squared | 0.689051 | Mean dependent var | 2,786.375 |
| Adjusted R-squared | 0.672540 | S.D. dependent var | 1,578.647 |
| S.E. of regression | 903.3661 | Akaike info criterion | 16.50670 |
| Sum squared resid | 92,215,955 | Schwarz criterion | 16.66930 |
| Log likelihood | −983.4017 | Hannan-Quinn criter. | 16.57273 |
| F-statistic | 41.73394 | Durbin-Watson stat | 2.148422 |
| Prob(F-statistic) | 0.000000 | | |

주: 제약식과 비제약식의 추정 결과 비교를 위해 누락변수 검정 결과에서 출력되는 비제약식 결과도 함께 제시함.

[그림 7-A2] (예 7.2)의 Wald 검정법을 이용한 부적합한 변수에 대한 검정

Wald Test:
Equation: Untitled

| Test Statistic | Value | df | Probability |
|---|---|---|---|
| F-statistic | 19.30547 | (3, 113) | 0 |
| Chi-square | 57.91642 | 3 | 0 |

Null Hypothesis: C(5)=C(6)=C(7)=0

Null Hypothesis Summary:

| Normalized Restriction (=0) | Value | Std. Err. |
|---|---|---|
| C(5) | 0.008021 | 0.001408 |
| C(6) | 292.5334 | 81.33906 |
| C(7) | 137.0191 | 57.76115 |

Restrictions are linear in coefficients.

### 1.2 누락변수 검정

유의성 검정법을 이용한 누락변수의 검정절차는 다음과 같다. ① 회귀식 (7.17)을 추정하기 위해 명령창에 『EQUATION EQ7_17.LS CONSUMPTION C INCOME AGE AGE^2』를 입력한다. ② 작업파일에 생성된 방정식 EQ7_17의 도구창에서 [View] / [Coefficient Diagnostics] ▶ [Omitted Variables Test-Likelihood Ratio]를 차례로 선택한다. ③ 화면에 새로 나타나는 [Omitted-Variable Test] 활성창에 『ASSET NOF EDU』를 입력하고, [OK]를 누르면 [그림 7-A1]의 검정통계치와 비제약식 추정 결과가 출력된다.

## 2. LM-검정법

누락변수 검정을 위한 (예 7.3)의 LM-검정절차는 다음과 같다. ① 방정식 EQ7_17의 도구창에서 [Proc] / [Make Residual Series]를 선택 후 『E_STAR』를 입력하여 잔차를 생성한다. ② 보조회귀식 (7.21)을 추정하기 위해 명령창에 『LS E_STAR C INCOME AGE AGE^2 ASSET NOF EDU』를 입력하면, [그림 7-A3]의 결과가 출력된다. ③ *LM*-통계량을 도출하기 위해 출력 결과를 이용하거나, 명령창에 『SCALAR LM1=@REGOBS*@R2』을 입력한다. [여

기서 @REGOBS 및 @R2는 EViews의 내장 명령어로 ②번의 회귀분석에서 이용된 관측치 수와 $R^2$를 의미한다.] ④ 임계치 $\chi^2(3;5\%)$를 구하기 위해 부록 [표 B-3]의 분포표를 참고하거나, 명령창에 『SCALAR CV1 = @QCHISQ(0.95,3)』을 입력한다.

[그림 7-A3] (예 7.3)의 LM-검정법을 이용한 누락변수에 대한 검정

Dependent Variable: E_STAR
Method: Least Squares
Sample: 1 120
Included observations: 120

| Variable | Coefficient | Std. Error | t-Statistic | Prob. |
|---|---|---|---|---|
| C | 892.9922 | 1,150.342 | 0.776284 | 0.4392 |
| INCOME | −0.114086 | 0.028060 | −4.065759 | 0.0001 |
| AGE | −73.94694 | 43.87806 | −1.685283 | 0.0947 |
| AGE^2 | 0.695758 | 0.396883 | 1.753057 | 0.0823 |
| ASSET | 0.008021 | 0.001408 | 5.697610 | 0.0000 |
| NOF | 292.5334 | 81.33906 | 3.596468 | 0.0005 |
| EDU | 137.0191 | 57.76115 | 2.372166 | 0.0194 |

| | | | |
|---|---|---|---|
| R-squared | 0.338858 | Mean dependent var | 1.05E−12 |
| Adjusted R-squared | 0.303753 | S.D. dependent var | 1,082.635 |
| S.E. of regression | 903.3661 | Akaike info criterion | 16.50670 |
| Sum squared resid | 92,215,955 | Schwarz criterion | 16.66930 |
| Log likelihood | −983.4017 | Hannan-Quinn criter. | 16.57273 |
| F-statistic | 9.652737 | Durbin-Watson stat | 2.148422 |
| Prob(F-statistic) | 0.000000 | | |

**참고** 비선형성 검정: (예 7.5)의 비선형성 검정도 다음의 LM-검정법을 적용한다. ① 제5장 식 (5.16)에 해당하는 방정식 EQ5_16의 도구창에서 [Proc] / [Make Residual Series]를 선택 후 『E_HAT』를 입력하여 잔차를 생성한다. ② 보조회귀식을 추정하기 위해 명령창에 『LS E_HAT C INCOME AGE AGE^2』를 입력하면 [그림 7-A4]의 결과가 제시된다. ③ 검정통계량을 도출하기 위해 출력 결과를 이용하거나, 명령창에 『SCALAR LM2=@REGOBS*@R2』을 입력한다. ④ 임계치 $\chi^2(1;5\%)$를 구하기 위해 부록 [표 B-3]의 분포표를 참고하거나, 명령창에 『SCALAR CV1=@QCHISQ(0.95,1)』을 입력한다.

[그림 7-A4] (예 7.5)의 LM-검정법을 이용한 모형의 비선형 검정

Dependent Variable: E_HAT
Method: Least Squares
Sample: 1 120
Included observations: 120

| Variable | Coefficient | Std. Error | t-Statistic | Prob. |
|---|---|---|---|---|
| C | −3,893.500 | 1,373.252 | −2.835240 | 0.0054 |
| INCOME | −0.021529 | 0.027847 | −0.773122 | 0.4410 |
| AGE | 155.0601 | 51.81048 | 2.992833 | 0.0034 |
| AGE^2 | −1.404561 | 0.464304 | −3.025088 | 0.0031 |

| | | | |
|---|---|---|---|
| R-squared | 0.073121 | Mean dependent var | 2.73E−13 |
| Adjusted R-squared | 0.049150 | S.D. dependent var | 1,124.529 |
| S.E. of regression | 1,096.546 | Akaike info criterion | 16.87048 |
| Sum squared resid | 1.39E+08 | Schwarz criterion | 16.96340 |
| Log likelihood | −1,008.229 | Hannan-Quinn criter. | 16.90822 |
| F-statistic | 3.050387 | Durbin-Watson stat | 2.054119 |
| Prob(F-statistic) | 0.031414 | | |

## 3. 정보기준

(예 7.4)에서는 앞에서 생성한 방정식 EQ7_16과 EQ7_17의 추정 결과로부터 도출된 AIC 및 SC 값을 이용하여 모형의 적합도를 비교할 수 있다.

부록 7.2

# R 명령문 및 추정 결과

## 1. 유의성 검정법

R에서 (예 7.2)의 유의성 검정을 시행하기 위해서는 『lmtest』 패키지의 waldtest( ) 함수를 이용한다. [표 7-A1]의 (5)번 줄과 (6)번 줄은 각각 비제약식 (7.16)과 제약식 (7.17)을 추정하여 Eq7_16과 Eq7_17에 할당하는 명령문이고, (7)번 줄은 waldtest( ) 함수를 이용하여 Wald 검정을 적용하는 명령문이다. waldtest( ) 함수를 이용할 때는 비제약식, 제약식 순서로 회귀식을 입력한다.

[표 7-A1] (예 7.2)의 Wald 검정법을 이용한 명령문

| 명령문 | 설명 | 줄 |
|---|---|---|
| setwd("C:/econometrics") | # 작업경로 변경 | (1) |
| Con_data <- read.csv("consumption.csv", header=TRUE) | # 자료 읽기 | (2) |
| install.packages("lmtest") | # 패키지 설치 | (3) |
| library(lmtest) | # 패키지 불러오기 | (4) |
| Eq7_16 <- lm(consumption~income+age+I(age^2)+asset+nof+edu, data=Con_data) | # 식 (7.16) 추정 | (5) |
| Eq7_17 <- lm(consumption~income+age+I(age^2), data=Con_data) | # 식 (7.17) 추정 | (6) |
| waldtest(Eq7_16, Eq7_17) | # Wald 검정 | (7) |

(예 7.2)의 Wald 검정 결과는 [그림 7-A5]에 제시했다. 여기서 (Model 1)은 비제약식, (Model 2)는 제약식을 의미하며, $F$-값은 식 (7.19)의 $F$-통계량을 나타낸다.

[그림 7-A5] (예 7.2)의 Wald-검정법 실행 결과

```
> waldtest(Eq7_16, Eq7_17)                                    # Wald 검정   (7)

Wald test
Model 1: consumption ~ income + age + I(age^2) + asset + nof + edu
Model 2: consumption ~ income + age + I(age^2)
     Res.Df  Df      F        Pr(>F)
1    113
2    116    -3   19.305   3.55e-10   ***
---
Signif. codes:  0 '***' 0.001 '**' 0.01 '*' 0.05 '.' 0.1 ' ' 1
```

## 2. LM-검정법

[표 7-A2]는 (예 7.3)과 (예 7.5)에 대해 LM-검정법을 적용하는 명령문이며, 검정 결과는 EViews의 결과와 동일하여 생략한다.

[표 7-A2] (예 7.3) 및 (예 7.5)의 LM-검정법에 대한 명령문

```
# (예 7.3)의 LM-검정법
e_star     <- Eq7_17$resid                                          # 잔차 도출        (8)
Eq7_21     <- lm(e_star~income+age+I(age^2)+asset+nof+edu,          # 식 (7.21) 추정   (9)
                 data=Con_data)
LM_stat1   <-nobs(Eq7_21)*summary(Eq7_21)$r.sq                      # LM 통계량        (10)
cbind(LM_stat1, qchisq(0.95, 3))                                    # 검정 결과        (11)

# (예 7.5)의 LM-검정법(비선형성 검정)
Eq5_16     <- lm(consumption~income+age, data=Con_data)             # 식 (5.16) 추정   (12)
e_hat      <- Eq5_18$resid                                          # 잔차 도출        (13)
Eq7_29     <- lm(e_hat~income+age+I(age^2), data=Con_data)          # 식 (7.29) 추정   (14)
LM_stat2   <- nobs(Eq7_29)*summary(Eq7_29)$r.sq                     # LM 통계량        (15)
cbind(LM_stat2, qchisq(0.95, 1))                                    # 검정 결과        (16)
```

## 3. 정보기준

R에서 정보기준의 값을 구하기 위해서는 AIC( ) 및 BIC( ) 함수를 이용하는데, 이 함수들을 호출하기 위해서는 추정된 회귀식이 있어야 한다. 여기서는 앞에서 할당한 Eq7_16과 Eq7_17을 이용하여 정보기준 값을 구했으며, (예 7.4)에 대한 실행 결과는 [그림 7-A6]에 제시했다.

[그림 7-A6] (예 7.4)의 정보기준 값 출력 결과

```
> #R 내장함수 AIC( ) 및 BIC( ) 이용
> cbind(AIC(Eq7_16), BIC(Eq7_16))  # 식 (7.16)의 AIC 및 SC값        (17)
          [,1]      [,2]
[1,] 1982.803  2005.103
> cbind(AIC(Eq7_17), BIC(Eq7_17))  # 식 (7.17)의 AIC 및 SC값        (18)
          [,1]      [,2]
[1,] 2026.458  2040.395
```

내장함수를 이용하여 출력된 회귀식 (7.16)과 (7.17)의 AIC 및 SC 값은 EViews에서 제시하는 값과 다른 것을 알 수 있는데, R에서는 다음과 같이 우도함수(likehood)를 이용하여 정보기준 값을 계산한다. 프로그램에 따라 정보기준의 값을 계산하는 방법이 다른 경우가 있지만, 모형들 사이의 적합도 순위 자체는 변하지 않으며 여기서도 식 (7.16)의 AIC 및 SC 값이 식 (7.17)보다 작은 것을 확인할 수 있다.

$$AIC = -2\,log - likelihood + n\,k \qquad (7.24)'$$

$$SC = -2\,log - likelihood + \log(n)\,k \qquad (7.25)'$$

**참고** EViews에서 제시한 정보기준 값과 동일한 값을 R에서 얻고자 할 경우, 식 (7.24)와 (7.25)를 수동으로 계산하면 된다. 이에 대한 스크립트 파일(제7장.R)은 홈페이지에 첨부했으며, 관심 있는 독자들은 직접 실행해 보길 권한다.

# 연습문제

1. 다음의 용어에 대하여 설명하라.

(1) 모형설정오류

(2) 누락변수와 부적합한 변수

(3) '일반 → 단순' 모형 설정 검정법

(4) '단순 → 일반' 모형 설정 검정법

2. 아래의 각 문장이 맞는지 틀리는지를 결정하고, 그 이유를 간략히 설명하라.

(1) 고전적 회귀모형의 조건을 충족시키는 모형 (T) $Y_i = \beta_1 + \beta_2 X_{2i} + \beta_3 X_{3i} + \varepsilon_i$ 에 대해, 변수 $X_{3i}$가 잘못 누락된 회귀식 (E) $Y_i = \alpha + \beta X_{2i} + \varepsilon_i^*$ 를 추정한다고 하자.

(a) 이 경우 $S_{23} = \sum_{i=1}^{n} (X_{2i} - \overline{X}_2)(X_{3i} - \overline{X}_3) = 0$ 이면, 모형 (E)에서의 $\beta$에 대한 OLS 추정치 $b$는 원모형 (T)의 $\beta_2$에 대한 불편추정치가 될 수 있다.

(b) 위 (a)에서와 같이 $S_{23} = 0$ 인 경우에도, $b$에 대한 $t$-통계량 $t_b$를 이용하여 가설검정을 시행할 수는 없다.

(2) 위 (1)과는 반대로 모형 (T) $Y_i = \beta_1 + \beta_2 X_{2i} + \varepsilon_i$ 가 고전적 회귀모형의 조건을 충족시킬 때, 부적합한 변수 $X_{3i}$가 포함된 회귀식 (E) $Y_i = \alpha + \beta X_{2i} + \gamma X_{3i} + \varepsilon_i^*$ 를 추정한다고 하자.

(a) 이 경우 $S_{23} = 0$ 이면, 회귀식 (E)의 $\beta$에 대한 OLS 추정치 $b$는 원모형 (T)의 OLS 추정치 $b_2$와 같은 값으로 도출된다.

(b) $X_{3i}$는 부적합한 변수이므로 잘못된 추정모형 (E)의 $R^2$값이 원모형 (T)의 $R^2$ 값보다 커질 수는 없다.

(3) 부적합한 변수와 누락변수로 인한 문제를 비교해 볼 때, 부적합한 변수를 포함하는 것보다 적합한 변수를 누락시키는 것이 일반적으로 더 큰 문제를 초래한다고 할 수 있다.

3. 제4장의 연습문제 4번에서는 CONSUMPTION 파일의 식료품 소비(FOOD)와 소득(INCOME) 사이의 관계를 분석했다. 이 파일에 수록된 다른 자료를 추가로 이용하여 다음의 회귀식을 추정하고, 식료품 소비를 설명하는 가장 적합한 모형을 선정하라.

① $FOOD_i = \beta_1 + \beta_2 INCOME_i + \beta_3 AGE_i + \varepsilon_{1i}$

② $FOOD_i = \beta_1 + \beta_2 INCOME_i + \beta_3 AGE_i + \beta_4 NOF_i + \varepsilon_{2i}$

③ $FOOD_i = \beta_1 + \beta_2 INCOME_i + \beta_3 AGE_i + \beta_4 NOF_i + \beta_5 ASSET_i + \varepsilon_{3i}$

④ $FOOD_i = \beta_1 + \beta_2 INCOME_i + \beta_3 AGE_i + \beta_5 NOF_i + \beta_5 ASSET_i + \beta_6 EDU_i + \varepsilon_{4i}$

(1) 모형 ①을 추정하고, 나이(AGE)가 부적합한 변수인지를 유의성 검정법을 이용하여 분석하라.

(2) LM-검정법을 적용하여 모형 ①에서 나이의 제곱항($AGE^2$)을 포함할 것인지 결정하기 위한 모형의 비선형성 검정을 시행하라.

(3) 위 (2)의 결과를 토대로 ②~④ 모형에도 나이의 제곱항을 포함할지 여부를 결정하라. 이를 위해 모형 ②~④를 추정한 결과에서 조정된 결정계수, AIC, SC 등의 모형 선정기준을 이용하여 어느 모형이 실증모형으로 가장 적합한지를 비교하라.

4. 우리나라의 주식시장은 미국 주가의 상승(또는 하락)에 따라 동반 상승(또는 하락)하는 동조화 현상을 나타낸다고 한다. RETURN 파일에 포함된 우리나라 종합주가지수 수익률(KOSPI)과 미국의 Dow Jones 지수 수익률(DJIA) 및 나스닥 수익률(NASDAQ) 자료를 이용하여 다음의 회귀식을 추정하고, 아래의 요령에 따라 가장 적합한 모형을 선정하기 위한 검정을 시행하라.

① $KOSPI_t = \beta_1 + \beta_2 DJIA_t + \varepsilon_{1t}$

② $KOSPI_t = \beta_1 + \beta_2 DJIA_t + \beta_3 NASDAQ_t + \varepsilon_{2t}$

③ $KOSPI_t = \beta_1 + \beta_2 DJIA_t + \beta_3 NASDAQ_t + \beta_4 KOSPI_{t-1} + \varepsilon_{3t}$

여기서 미국의 주가지수 수익률은 한국 시간 기준으로 전날 밤에서 당일($t$) 새벽까지 미국 시장에서 발생한 주가 변동을 반영하는 수익률이며, $KOSPI_{t-1}$은 전기의 한국 시장에서의 수익률을 나타낸다.

(1) 설명변수의 수가 증가함에 따라 결정계수 $R^2$의 값과 수정된 결정계수 $\overline{R}^2$의 값은 각각 어떻게 변하는가를 분석하고, 이 결과를 토대로 어떤 모형이 한국 주식시장의 움직임을 분석하는 실증모형으로 더 적합한지를 판단하라.

(2) 모형 ①과 ②를 비교해 볼 때, 모형 ①이 누락변수 문제를 나타낸다고 할 수 있는가? (예 7.3)의 LM-검정법을 이용하여 분석하라.

(3) 위 (2)에서 모형 ①이 누락변수 문제를 나타낸다고 할 때, $\beta_2$의 추정치가 모형 ② 의 *DJIA* 변수의 계수추정치에 비해 과대(혹은 과소) 추정되는 경향이 나타나는가에 대해 간략히 설명하라.

(4) 모형 ①과 ②의 추정 결과를 토대로 위 (3)에서 예측한 오차(expected bias)의 부호와 실제로 나타난 추정치의 차이(actual observed difference)가 일치하는가를 비교하고, 일치하지 않는 경우 그 이유를 설명하라.

(5) AIC, SC 등의 모형 선정기준을 이용하여 위의 세 모형 중 어느 것이 실증모형으로 더 적합한지를 판단하라.

CHAPTER

8

# 다중공선성

제7장에서는 고전적 회귀모형의 조건 중 첫째 가정이 충족되지 않아 모형 설정에 오류가 있는 경우에 대해서 살펴봤다. 여기에서는 회귀분석에 필요한 설명변수의 선택과 이에 대한 회귀식의 설정에는 문제가 없으나, 회귀모형에 포함된 설명변수들 사이에 높은 상관관계가 나타나는 경우에 대해서 분석한다.

## 1. 다중공선성의 성격과 문제점

### 1.1 완전공선성

다중회귀모형에서 두 개 이상의 독립변수 사이에 정확한 선형관계가 나타나면 고전적 회귀모형의 [가정 3]이 성립하지 않는다. 이 경우 설명변수들이 서로 밀접하게 같이 움직이기 때문에 각 변수가 종속변수에 미치는 직접 효과를 분리해서 구할 수 없게 된다. 이를 살펴보기 위해 두 개의 독립변수 $X_2, X_3$로 구성된 회귀식 (5.3)의 최소자승추정량 $b_2$, $b_3$에 대한 수식 (5.6), (5.7)을 다시 검토해 보자.

$$b_2 = \frac{(S_{2y}S_{33} - S_{3y}S_{23})}{(S_{22}S_{33} - S_{23}^2)} \tag{8.1}$$

$$b_3 = \frac{(S_{3y}S_{22} - S_{2y}S_{23})}{(S_{22}S_{33} - S_{23}^2)} \tag{8.2}$$

여기서 두 변수 사이에 완전한 선형관계가 나타나 $X_{2i} = \lambda X_{3i}$ $(\lambda \neq 0)$의 관계를 가지면, 위 식 (8.1)과 (8.2)의 분모와 분자가 모두 0이 되어 각 회귀계수에 대해 최소자승추정치를 도출할 수 없다. 이를 $k$개의 독립변수로 구성된 일반적인 회귀모형에 적용하면, (동시에 0이 아닌 $\lambda_1$, $\lambda_2$, $\cdots$, $\lambda_k$에 대해) 다음의 식이 성립하는 경우에 해당한다.

$$\lambda_1 X_{1i} + \lambda_2 X_{2i} + \cdots + \lambda_k X_{ki} = 0 \quad (i = 1, 2, \cdots, n) \tag{8.3}$$

이 경우 독립변수들 사이에 완전공선성(perfect/exact collinearity)이 나타난다고 말하며, 식 (8.1), (8.2)에서 $X_{2i} = \lambda X_{3i}$인 경우와 똑같이 회귀모형에 대한 계수추정치를 구할 수 없는 문제가 발생한다. 실제로 컴퓨터 프로그램에서 완전공선성이 있는 설명변수들이 포함된 회귀모형을 추정하고자 하면 모형추정이 불가능하다는 반응이 나온다. EViews에서는 「Near

Singular Matrix」라는 오류 알림(error message)이 화면에 나타나는데, 이는 주어진 회귀모형의 "계수추정치를 도출할 수 없다"는 의미로 이 경우 변수 선정을 다시 확인해야 한다. [여기서 특이행렬(singular matrix)이란 제5장의 [부록 5.1]에 제시된 계수추정치 벡터 $\boldsymbol{b}$에 대한 수식 (5.A5)에서 행렬 $(\boldsymbol{X}'\boldsymbol{X})$가 숫자 0과 같은 특징을 가져 이의 역행렬 $(\boldsymbol{X}'\boldsymbol{X})^{-1}$을 구할 수 없는 경우를 의미한다.]

## 1.2 다중공선성

위의 예에서 살펴본 완전공선성 문제는 실증분석에서 제6장의 가변수함정 회귀식 (6.27)과 같이 회귀모형을 잘못 설정하는 경우에만 주로 발생하고, 실제 회귀모형에서 식 (8.3) 형태의 정확한 선형관계는 거의 나타나지 않는다. 일반적인 회귀분석에서는 모형에 포함된 설명변수들 사이에 매우 높은 상관관계가 나타날 수 있는데, 통상적으로 다중공선성(multicollinearity)은 이런 상황을 의미한다. 이 경우 완전공선성의 문제와는 달리 계수추정치의 값을 구할 수 있으며, 또한 최소자승추정량이 BLUE가 된다. 이는 선형불편추정량 중에서 OLS 추정량의 분산이 가장 작다는 것을 의미하는데, 문제는 가장 좋은 계수추정량의 경우에도 분산이 너무 커서 개별 추정치의 정확도가 떨어진다는 것이다.

이를 분석하기 위해 두 개의 독립변수가 포함된 모형에 대한 최소자승추정량 $b_2$, $b_3$의 분산을 구하면 다음의 식으로 나타낼 수 있다.

$$V(b_2) = \frac{\sigma^2}{S_{22}(1 - r_{23}^2)}; \quad V(b_3) = \frac{\sigma^2}{S_{33}(1 - r_{23}^2)} \tag{8.4}$$

여기서 $r_{23}$는 두 설명변수 $X_2$와 $X_3$ 사이의 상관계수로, 이 값이 클수록 $(1 - r_{23}^2)$가 작아지면서 계수추정량의 분산이 커지는 것을 알 수 있다. 이와 같이 다중공선성이 분산에 영향을 미치는 정도를 나타내는 $1/(1 - r_{23}^2)$를 분산확대요인(variance inflation factor)이라 한다.

이 경우 계수추정량의 분산이 커진다는 것은 계수추정치가 실제 회귀계수와 큰 괴리를 보일 가능성이 높아져, 추정치의 값이 표본의 선택에 따라 크게 변할 우려가 있다는 것을 의미한다. 여기서 설명변수 사이의 상관관계가 클수록 다중공선성에 따르는 문제는 심각해진다는 것을 알 수 있다. 특히, 이들 사이의 상관계수가 1에 가까운 경우에는 추정량의 분산이 매우 커지면서 계수추정량의 $t$-통계량이 작아져 원래는 설명력이 높은데도 불구하고 유의성이 낮게 추정되는 경우가 발생한다. 따라서 이를 가설검정에 이용하는 경우, 틀린 귀무가설

[표 8-1] 가상적인 소비, 소득, 자산 자료

| $Y$ | $X_2$ | $X_3$ |
|---|---|---|
| 80 | 110 | 1,050 |
| 90 | 120 | 1,150 |
| 100 | 125 | 1,250 |
| 110 | 140 | 1,400 |
| 120 | 150 | 1,450 |
| 130 | 170 | 1,650 |
| 140 | 180 | 1,750 |
| 150 | 200 | 1,950 |
| 160 | 210 | 2,050 |
| 170 | 230 | 2,250 |

($H_0 : \beta_j = 0$)을 기각하지 않는 제2종 오류가 커지고, 회귀계수에 대한 신뢰구간이 넓어지는 문제가 나타난다.

독립변수 사이에 나타나는 다중공선성으로 인해 발생하는 문제점을 살펴보기 위해, [표 8-1]에 제시된 소비($Y$), 소득($X_2$), 자산($X_3$)에 대한 10개의 가상적인 자료를 대상으로 다음의 회귀식을 차례로 추정해 보자. 먼저 소득만을 설명변수로 포함한 단순회귀모형을 추정하면 다음의 결과가 도출된다.

$$\begin{aligned} \hat{Y}_i &= 5.353 + 0.732X_{2i} \\ &\quad\ (1.064) \quad (24.459) \qquad R^2 = 0.987,\ \bar{R}^2 = 0.985 \end{aligned} \tag{8.5}$$

여기서 한계소비성향은 0.7 정도로 추정됐고 또한 유의성도 높게 나타났다. 이 결과는 소득의 변화가 소비지출에서 중요한 역할을 한다는 일반적인 소비이론과 일치한다.

개인이 소유하고 있는 자산의 규모 또한 소비에 영향을 미칠 수 있다는 것을 고려해서 소비를 자산에 대해 회귀분석하면, 다음과 같이 자산에 대한 계수추정치의 유의성이 높게 나와 소비에 대한 부(富)의 효과와 일치하는 결과가 도출된다.

$$\begin{aligned} \hat{Y}_i &= 5.832 + 0.075X_{3i} \\ &\quad\ (1.300) \quad (27.313) \qquad R^2 = 0.989,\ \bar{R}^2 = 0.988 \end{aligned} \tag{8.6}$$

이와 같이 소득과 자산 모두 설명력이 높은 변수라 할 수 있으므로, 두 변수를 동시에 포함하는 소비함수를 설정해 볼 수 있다.

$$\hat{Y}_i = 5.884 - 0.049X_{2i} + 0.080X_{3i} \tag{8.7}$$
$$(1.217) \quad (-0.083) \quad (1.309) \qquad R^2 = 0.989, \ \bar{R}^2 = 0.986$$

이 경우 식 (8.5)와 (8.6)의 추정 결과와는 달리 두 변수의 계수추정치가 모두 낮은 유의성을 보이고 있다. 이는 회귀식에 포함된 두 설명변수 사이의 상관관계가 $r_{23} = 0.999$로 매우 높아 식 (8.4)의 계수추정량의 분산이 커지고, 이에 따라 계수추정량의 $t$-통계량이 작아져 원래는 설명력이 높은데도 불구하고 유의성이 낮게 나타난 것으로 해석된다. 또한 소득에 대해서는 그 부호가 (−)로 추정돼 소비이론과는 상반되는 결과가 나왔는데, 이는 계수추정량의 분산이 커서 모형 선정이나 표본자료의 선택에 따라 추정치의 값이 크게 변할 가능성이 있다는 것을 의미한다.

이러한 현상을 살펴보기 위해 회귀계수 추정치 $b_2$ 및 $b_3$에 대한 95% 신뢰수준의 개별 신뢰구간과 결합 신뢰영역을 [그림 8-1]에 함께 제시했다. 이 그림에서 파란색 점은 계수추정치 $b_2$, $b_3$를 표시한 것으로, 이로부터 도출되는 $\beta_2$와 $\beta_3$에 대한 개별 회귀계수의 신뢰구간은

[그림 8-1] 식 (8.7)의 회귀계수 $b_2$와 $b_3$의 개별 신뢰구간과 결합 신뢰영역

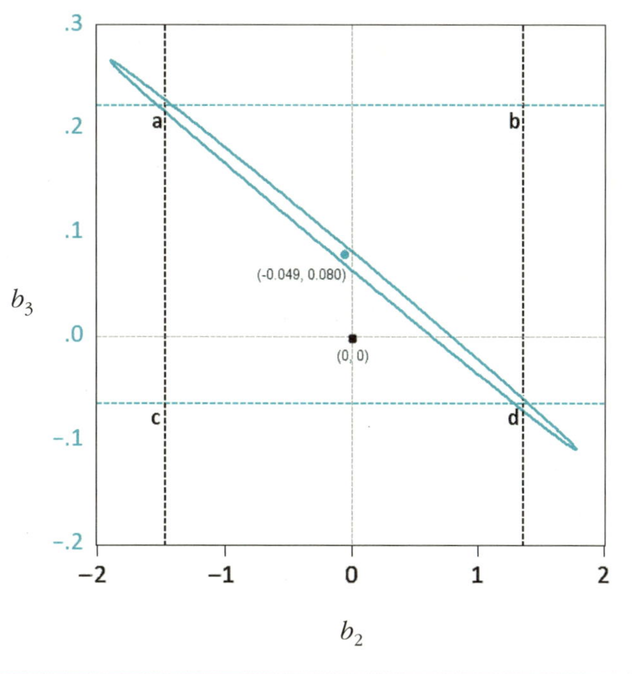

모두 0을 포함하여, 개별 회귀계수가 0이라는 귀무가설은 기각되지 않는다. 그러나 결합 신뢰영역을 나타내는 파란색 타원은 (검정색으로 표시한) 원점을 포함하지 않으므로 회귀계수가 모두 0이라는 결합 귀무가설($H_0 : \beta_2 = \beta_3 = 0$)을 기각하는 것으로 분석된다.

이와 같이 다중회귀모형에서 다중공선성이 나타날 경우, 종속변수에 미치는 각 독립변수의 개별 효과를 분리하기 어려운 문제가 발생한다. 따라서 통상적인 가설검정을 토대로 두 변수 모두 유의성이 없는 것으로 판단하게 되는 오류를 범할 가능성이 커진다. 한편, [그림 8-1]에서 결합 신뢰영역을 나타내는 타원의 모양이 [그림 5-2]와 비교하여 크게 가늘어진 것을 볼 수 있는데, 이는 설명변수들 사이의 높은 상관관계로 인한 다중공선성 현상을 암시한다.

## 2. 다중공선성의 점검

위에서는 다중공선성이 있을 때 이를 고려하지 않고 계수추정치를 도출하거나 가설검정을 시행하는 경우 발생하는 문제를 살펴봤다. 따라서 추정된 회귀식을 해석하고 이용하기 전에 다중공선성의 문제가 없는지 확인해야 한다. 실제로 다중공선성의 존재 여부를 판단하기는 쉽지 않은데, 다음의 몇 가지 방법을 이용하여 다중공선성의 정도를 파악해 볼 수 있다.

### 2.1 높은 $R^2$값과 낮은 $t$-통계치

위의 식 (8.7)에서의 추정 결과에서 볼 수 있듯이 결정계수 $R^2$값은 크고 개별 계수추정치에 대한 $t$-통계치가 작은 경우, 모형 전체의 설명력은 높은 데 반해 모형에 포함된 각 계수는 유의성이 낮다는 것을 의미한다. 이는 각 설명변수들이 전체적으로는 종속변수의 움직임을 잘 설명하지만, 개별 추정치의 표준오차가 매우 크다는 것을 암시한다. 따라서 이런 현상이 나타나면, 설명변수 사이의 다중공선성을 의심할 필요가 있다.

### 2.2 계수추정치의 불안정성

다중공선성이 높으면 계수추정치의 표준오차가 매우 크게 도출된다. 이 경우 식 (8.5)와 (8.7)의 계수추정치에 나타나는 변화에서 알 수 있듯이 새로운 변수를 포함하거나 관측치를 추가하면, 계수추정치의 값이 크게 달라진다. 또한 기존에 포함된 설명변수 중 하나 정도를 제외할 때, 다른 변수에 대한 $t$-통계치가 급격히 높아지는 경우에도 다중공선성이 나타난다고 할 수 있다.

### 2.3 설명변수들 사이의 높은 상관계수

설명변수들 사이의 상관계수를 직접 계산하여, 이 값이 모형 전체의 $R^2$값보다 더 크게 추정되면, 다중공선성의 정도가 높다는 것을 의미한다. 실제로 위의 예에서 두 변수 사이의 상관관계는 $r_{23} = 0.9989$로 1에 가까운 값을 나타내고 있어 다중공선성으로 인한 문제가 심각하다는 것을 암시하고 있다.

## 3. 다중공선성에 대한 대책

회귀분석의 목적이 다중회귀모형에 포함된 개별 계수에 대한 추정이 아니라, 종속변수의 전체적인 움직임을 예측하는 것이라면, 다중공선성을 보이는 모형을 사용해도 큰 문제가 되지 않는다. 이는 회귀모형의 설정이 잘못된 것이 아니라 독립변수에 대한 표본자료에 나타나는 현상이기 때문이다. 이 경우 모형 추정을 위해 사용하는 자료 사이의 상관관계로 인해 개별 변수의 효과를 분리해서 추정할 수 없다는 문제가 나타나지만, 회귀모형 자체에 문제가 있는 것은 아니다. 이러한 점을 고려하여 다중공선성 문제를 완화시키거나 해결하기 위해 다음의 방법을 많이 사용한다.

### 3.1 일부 설명변수의 제외

이는 다중공선성이 있을 때 가장 쉽게 시도해 볼 수 있는 방법으로, 상관관계가 높은 변수 중 하나 또는 일부를 모형에서 제거하고 다른 변수들의 설명력을 높이기 위해 사용한다. 위의 예에서 두 변수를 모두 포함하는 식 (8.7) 대신 식 (8.5) 또는 (8.6)을 이용하면, 각 변수에 대해 유의성 있는 계수추정치를 도출할 수 있다. 그러나 이 경우 설명력이 높은 변수를 임의로 제외하는 데 따르는 누락변수의 문제 등 모형설정의 오류(specification error)로 인한 문제를 고려해야 한다. 따라서 타당한 경제이론에 의해서 모형에 포함된 경우, 단지 다중공선성을 이유로 제외하는 것은 주의해야 한다.

## 3.2 모형의 재설정

다중공선성에 대한 대책으로 모형의 이론적 함의는 그대로 유지하면서 설명변수들 사이의 공선성을 낮추기 위해 기존의 변수를 변형시키거나 새로운 관측치로 대체하는 방법을 고려할 수 있다. 즉, 원래의 자료에 대해 차분 또는 로그 변환을 하여 사용하거나, 명목변수인 경우 실질변수로 대체하면 다중공선성의 정도가 완화된다.

## 3.3 사전정보의 이용

아래 식 (8.8)의 Cobb-Douglas 생산함수에서 자본과 노동투입량이 생산량에 대해 규모의 수확불변($\beta_2+\beta_3=1$)을 보인다고 하자. 여기서 자본과 노동 변수의 자료 사이에 다중공선성이 있는 경우, 원래의 회귀모형에 이 정보를 반영하여 다음과 같이 회귀식을 변형하면 다중공선성 문제를 해결할 수 있다.

$$\log(Y_i) = \beta_1 + \beta_2 \log(K_i) + \beta_3 \log(L_i) + \varepsilon_i \tag{8.8}$$

$$\Rightarrow \log(Y_i) = \beta_1 + \beta_2 \log(K_i) + (1-\beta_2)\log(L_i) + \varepsilon_i \quad \Leftarrow (\beta_2+\beta_3=1) \tag{8.9}$$

$$\Rightarrow \log(Y_i) - \log(L_i) = \beta_1 + \beta_2\{\log(K_i) - \log(L_i)\} + \varepsilon_i \tag{8.10}$$

$$\Rightarrow \log\left(\frac{Y_i}{L_i}\right) = \beta_1 + \beta_2 \log\left(\frac{K_i}{L_i}\right) + \varepsilon_i \quad \Leftarrow (\text{로그함수 특징}) \tag{8.11}$$

즉, 다중공선성이 나타나는 원래의 모형 (8.8) 대신, 1인당 생산량과 1인당 자본투입량을 대상으로 회귀모형을 설정하면 다중공선성의 문제가 해결된다. 여기서 식 (8.11)에 대한 회귀분석으로부터 $\beta_2$의 계수추정치 $b_2$가 도출되면, $b_3=(1-b_2)$의 관계식을 이용하여, $b_3$의 값을 산출한다.

## 3.4 표본자료의 추가

또한 새로운 관측치를 추가하여 표본수($n$)를 증가시키면 설명변수의 총변동이 커지고, 식 (8.4)의 계수추정치의 분산이 작아져 다중공선성의 문제가 어느 정도 완화될 수 있다. 그러나 시계열자료의 경우 시간이 흘러야 새로운 관측치를 구할 수 있으므로 이 방법에 의존하기는 어려우며, 횡단면자료의 경우에도 표본 추가에 드는 비용을 고려해야 한다.

## 3.5 계량기법을 이용한 분석

그 밖에 다중공선성의 문제를 해결하는 방법으로 능선회귀법(ridge regression), 라쏘회귀법(LASSO regression), 주요인분석(principal component analysis) 등 복잡한 계량기법을 적용하는 접근법이 개발됐다. 이러한 분석방법은 최근 이용 가능한 자료의 수가 증가함에 따라 활발히 사용되고 있다. [이 접근법에 대한 설명 및 R 프로그램을 이용한 추정 과정은 James *et al.* (2013) 참조.] 그러나 다중공선성의 문제는 회귀모형에 포함된 변수들에 대한 표본자료에 발생하는 것으로, 이에 대한 대책도 상황에 따라 달라진다. 따라서 어떤 방법이 적합한가를 결정하기 위해서는 회귀모형과 이를 추정하기 위해 사용된 자료의 특성에 대한 분석이 선행돼야 한다.

부록 8.1

# EViews 명령문 및 추정 결과

## 1. 완전공선성이 나타나는 경우

EViews 프로그램에서 『LS CP C GDP 2*GDP』 또는 『LS CP C @SEAS(1) @SEAS(2) @SEAS(3) @SEAS(4)』를 입력하는 경우와 같이 완전공선성이 있는 변수를 포함한 회귀식을 추정하려고 하면 「Near Singular Matrix」라는 오류 알림(error message)이 화면에 나타난다. 이는 주어진 회귀모형의 계수추정치를 구할 수 없다는 것을 의미하므로 변수 선정이 적합한지 다시 확인해야 한다.

## 2. 식 (8.5), (8.6), (8.7)에 대한 추정 결과

식 (8.5), (8.6), (8.7)의 추정 결과는 EqTabs 패키지를 이용하여 다음과 같이 정리할 수 있다. [이에 대한 명령문은 홈페이지에 첨부된 제8장.prg 파일 참조.]

[그림 8-A1] 식 (8.5), (8.6), (8.7)의 추정 결과

| View Proc Object Print Name Edit+/- CellFmt Grid+/- Title Comments+/- | A | B | C | D |
|---|---|---|---|---|
| 1 | *Eq Name:* | EQ8_5 | EQ8_6 | EQ8_7 |
| 2 | *Dep. Var:* | Y | Y | Y |
| 3 | | | | |
| 4 | C | 5.353 | 5.832 | 5.884 |
| 5 | | [1.064] | [1.300] | [1.217] |
| 6 | | | | |
| 7 | X2 | 0.732 | | -0.049 |
| 8 | | [24.459] | | [-0.083] |
| 9 | | | | |
| 10 | X3 | | 0.075 | 0.080 |
| 11 | | | [27.313] | [1.309] |
| 12 | | | | |
| 13 | *Observations:* | 10 | 10 | 10 |
| 14 | *R-squared:* | 0.987 | 0.989 | 0.989 |
| 15 | *F-statistic:* | 598.263 | 745.973 | 326.684 |
| 16 | *Prob(F-stat):* | 0.000 | 0.000 | 0.000 |
| 17 | | | | |
| 18 | Adjusted R-squared | 0.985 | 0.988 | 0.986 |
| 19 | Sum squared resid | 108.864 | 87.536 | 87.451 |
| 20 | AIC | 5.625 | 5.407 | 5.606 |
| 21 | SC | 5.686 | 5.468 | 5.697 |

부록 8.2

# R 명령문 및 추정 결과

## 1. 완전공선성이 나타나는 경우

완전공선성이 나타날 때 오류화면을 제시하는 EViews와 달리 R에서는 완전공선성이 발생하는 변수를 제외하고 회귀모형을 추정한다. 예를 들어, [표 8-1]의 가상적인 소비($Y$), 소득($X_2$), 자산($X_3$) 자료에서 완전한 선형관계가 갖는 변수 $X_4 = (2 \times X_2)$를 생성한 다음, 종속변수 $Y$를 상수항과 $X_2$, $X_4$ 변수에 대해 회귀분석을 시행해 보자.

[표 8-A1] 완전공선성이 발생하는 회귀식 추정의 예

| | | |
|---|---|---|
| Y < - c(80, 90, 100, 110, 120, 130, 140, 150, 160, 170) | # Y 변수 입력 | (1) |
| X2 < - c(110, 120, 125, 140, 150, 170, 180, 200, 210, 230) | # X2 변수 입력 | (2) |
| X3 < - c(1050, 1150, 1250, 1400, 1450, 1650, 1750, 1950, 2050, 2250) | # X3 변수 입력 | (3) |
| X4 < - 2*X2 | # X4=2*X2 생성 | (4) |
| summary(lm(Y~X2+X4)) | # 추정 결과 | (5) |

이에 대한 추정 결과가 제시된 [그림 8-A2]에서 변수 $X_4$에 대한 계수추정치와 이의 통계량이 NA로 나타나며, 「1 not defined because of singularities」라는 문장이 제시된다. 이 경우 lm( ) 함수는 가장 마지막으로 입력된 독립변수를 제외한 회귀식을 추정한다. 이 추정 결과는 [그림 8-A1]에 제시한 식 (8.5)의 추정 결과와 동일한 것을 확인할 수 있다.

[그림 8-A2] 완전공선성이 발생하는 경우의 모형 추정 결과

```
> summary(lm(Y~X2+X4))  # 추정 결과 (5)

Call:
lm(formula = Y ~ X2 + X4)

Residuals: (1 not defined because of singularities)
    Min        1Q      Median       3Q        Max
 -5.8494    -2.803     0.6076     2.7434     4.8791

Coefficients:
              Estimate    Std. Error    t value    Pr(>|t|)
(Intercept)    5.35274     5.02884       1.064      0.318
X2             0.73179     0.02992      24.459    8.33E-09    ***
X4                  NA          NA          NA         NA
---
Signif. codes: 0 '***' 0.001 '**' 0.01 '*' 0.05 '.' 0.1 ' ' 1

Residual standard error: 3.689 on 8 degrees of freedom
Multiple R-squared: 0.9868, Adjusted R-squared: 0.9852
F-statistic: 598.3 on 1 and 8 DF,  p-value: 8.334E-09
```

## 2. 식 (8.5), (8.6), (8.7)에 대한 추정 결과

식 (8.5)~(8.7)은 EViews의 추정 결과와 동일하여 생략한다. [이에 대한 명령문은 제8장.R 파일 참조.]

# 연습문제

1. 다음의 용어에 대하여 설명하라.

(1) 완전공선성 (2) 다중공선성

(3) 분산 확대 요인 (4) 가변수함정

2. 아래의 각 문장이 맞는지 틀리는지를 결정하고, 그 이유를 간략히 설명하라.

(1) 다중공선성이 나타날 때, 새로운 자료를 추가해 자료의 수를 늘리면, 다중공선성에 의해 야기되는 문제를 어느 정도 줄일 수 있다.

(2) 다중공선성이 나타나는 경우, 회귀계수 추정량의 분산에 대한 추정치가 커지므로 통상적인 $t$-검정법이나 $F$-검정법 등을 사용하는 것은 적합하지 않다.

(3) 교통사고에 영향을 미치는 요인을 분석하기 위해 사고 건수($Y$)를 운전자 나이($X_2$)와 운전경력($X_3$)에 대해 회귀분석한 결과 $X_2$의 계수추정치가 (+) 부호로 도출됐다고 하자. 이 추정 결과는 $Y$와 $X_2$의 상관관계가 항상 (+) 값을 갖는다는 것을 의미한다.

(4) 회귀모형의 설명변수 사이에 다중공선성이 나타나는 경우에도 회귀계수에 대한 OLS 추정치는 BLUE이므로 OLS 추정치보다 평균자승오차(MSE)가 작은 추정치를 구할 수는 없다.

3. 독립변수($X$)가 종속변수($Y$)에 미치는 한계효과가 변수의 크기에 따라 달라지는지를 점검하기 위해 독립변수의 제곱항을 포함한 회귀모형을 설정한다고 하자. 여기서 비선형 관계를 추가로 고려하기 위해 더블로그모형을 이용하여 다음의 회귀식을 추정하면 어떤 문제가 발생하는가?

$$\log(Y_i) = \beta_1 + \beta_2 \log(X_i) + \beta_3 \log(X_i^2) + \varepsilon_i$$

4. 제6장의 연습문제 3번에서는 학부에서의 전공($M$)과 학년($G$)이 계량경제학 성적($Y$)에 미치는 영향을 분석하기 위해 다음의 회귀모형을 추정했다.

$$Y_i = \alpha + \beta M_{1i} + \gamma_2 G_{2i} + \gamma_3 G_{3i} + \gamma_4 G_{4i} + \varepsilon_i$$

위의 모형 대신, 전공별 차이는 없고 학년별 차이가 매우 중요하다고 생각해서 학년($G_i$)을 제곱한 변수를 설명변수로 포함한 다음의 회귀모형을 추정할 때 어떤 문제가 발생하는가?

$$Y_i = \gamma_0 G_i^2 + \gamma_1 G_{1i} + \gamma_2 G_{2i} + \gamma_3 G_{3i} + \gamma_4 G_{4i} + \varepsilon_i$$

여기서 $Y_i$는 $i$ 번째 관측치(학생)의 계량경제학 점수, $G_i$는 학년$(1, 2, 3, 4)$을 구분하는 변수이며, $G_{ji}\ (j = 1, 2, 3, 4)$는 관측치가 $j$ 학년에 해당하면 1, 그 밖의 경우 0의 값을 갖는 가변수를 나타낸다.

5. CAR-COST 파일에는 일정한 유형의 차량을 대상으로 (휘발유 값을 제외한) 차량 유지·보수비(COST, 단위: 달러)와 주행거리(MILES, 단위: 천 마일) 및 운행기간(AGE, 단위: 주) 등을 수집한 자료가 들어 있다. 이를 이용하여 다음의 회귀식을 추정하고, 아래의 질문에 답하라.

   ① $COST_i = \beta_1 + \beta_2 AGE_i + \varepsilon_i$

   ② $COST_i = \beta_1 + \beta_2 MILES_i + \varepsilon_i$

   ③ $COST_i = \beta_1 + \beta_2 AGE_i + \beta_3 MILES_i + \varepsilon_i$

   (1) 각각의 모형에 포함된 상수항의 계수에 대한 추정 결과가 경제학적(혹은 직관적)으로 예상되는 부호와 일치하는지를 분석하라. 예상과 일치하지 않는 경우, 그 원인에 대해 설명하라.
   (2) 각각의 모형에 포함된 독립변수의 계수추정치가 예상되는 부호 및 유의성을 나타내는지를 분석하라. 예상과 일치하지 않는 경우, 그 원인에 대해 설명하라.
   (3) 위 (1), (2)의 분석 결과를 토대로 어떤 모형이 차량유지비를 설명하는 데 가장 적합한지 비교하라.

6. PRODUCT 파일에는 미국 제조업 부문에 대한 총생산($Y$), 자본($K$), 노동($L$), 에너지($E$) 및 기타 중간재($M$)에 관한 자료가 들어 있다. 이를 이용하여 다음의 생산함수에 대한 가설검정을 시행하라.

$$\log(Y_i) = \beta_1 + \beta_2 \log(K_i) + \beta_3 \log(L_i) + \beta_4 \log(E_i) + \beta_5 \log(M_i) + \varepsilon_i$$

(1) $H_0 : \beta_2 = 0$, $H_1 : \beta_2 \neq 0$

(2) $H_0 : \beta_2 = \beta_3 = 0$, $H_1 : \beta_2 \neq 0$ 또는 $\beta_3 \neq 0$

(3) $H_0 : \beta_2 = \beta_3 = \beta_4 = 0$, $H_1 : \beta_2 \neq 0$ 또는 $\beta_3 \neq 0$ 또는 $\beta_4 \neq 0$

(4) $H_0 : \beta_2 = \beta_3 = \beta_4 = \beta_5 = 0$, $H_1$ : 그 밖의 경우

(5) 이러한 가설검정 결과를 토대로 위 회귀모형의 문제점을 분석하라.

(6) 자본과 노동의 규모에 따른 수확불변($\beta_2 + \beta_3 = 1$)에 대한 사전정보를 이용한 회귀분석을 시행하라.

CHAPTER

9

# 이분산

제7장과 제8장에서는 고전적 회귀모형의 기본 조건 중 종속변수와 설명변수 사이의 관계식 또는 설명변수에 대한 자료에 문제가 있는 경우에 대해 살펴봤다. 제9장과 제10장에서는 회귀분석에 필요한 설명변수의 선택과 이에 대한 함수식의 선정 등 모형 설정에는 오류가 없으나, 회귀모형의 오차항이 고전적 회귀모형의 가정을 충족시키지 못하는 경우에 대해서 분석한다. 시계열자료를 사용할 때 자주 나타나는 오차항의 자기상관 문제는 다음 장에서 다루고, 여기에서는 먼저 오차항이 이분산을 갖는 경우에 대해 설명한다.

## 1. 이분산의 성격과 문제점

고전적 회귀모형에서 오차항 $\varepsilon_i$에 대한 기본적인 가정은 모든 관측치에 대해서 평균이 0이고, 분산이 일정한 값 $\sigma^2$을 갖는다는 구형(spherical) 분포의 조건을 의미한다. 여기서 분산이 동일하다는 가정을 동분산(homoscedasticity)의 조건이라 한다. 이와는 달리 오차항의 분산이 회귀모형에 포함된 변수의 관측치 크기에 따라 다른 경우 이분산(heteroscedasticity) 문제가 발생한다. 이분산은 다음 장에서 다룰 자기상관과 마찬가지로 오차항에 대한 조건이 성립하지 않는 것을 의미하는 것으로, 이 문제는 횡단면자료에서 주로 나타난다.

예를 들어, 소비함수의 경우 소득이 작으면 저축 여력이 별로 없어 대부분 소비에 사용될 것으로 예상할 수 있다. 이 경우 소득수준이 높아짐에 따라 소비도 평균적으로 증가하는 경향을 나타내는데, 이와 동시에 그 변화폭도 커져 이분산을 보일 수 있다. 이와 같이 회귀모형의 오차항에 이분산이 나타나는 경우, 최소자승추정량의 불편성과 일치성은 유지되지만, 추정량의 분산이 커져 효율성이 충족되지 않는다. 또한 계수추정치의 표준오차를 이용한 신뢰구간 및 $t$-검정법, $F$-검정법 등은 잘못된 통계적 추론을 초래할 우려가 있다.

이분산의 문제를 다루기 위해 다음과 같이 구체적인 수식으로 이분산의 구조를 표현한다.

$$V(\varepsilon_i) = \sigma_i^2 \neq \sigma_j^2 = V(\varepsilon_j) \quad (\text{어떤 } i \neq j \text{에 대해}) \tag{9.1}$$

여기에서는 오차항에 이분산만 나타나며 자기상관은 없다는 것을 가정한다. 즉, (모든 $i \neq j$에 대해) $Cov(\varepsilon_i, \varepsilon_j) = 0$의 조건은 성립하는 반면, 분산이 다른 경우가 나타나 고전적 회귀모형의 조건이 성립하지 않는 경우를 의미한다.

설명의 편의를 위해 독립변수가 하나인 제4장의 단순회귀모형을 고려해 보자.

$$Y_i = \beta_1 + \beta_2 X_i + \varepsilon_i \quad (i = 1, 2, \cdots, n)$$

여기서 오차항이 동분산을 갖는 경우, 최소자승추정량 $b_2$의 분산은 식 (4.14)와 같이 다음과 같은 식으로 표현된다.

$$V(b_2) = \sigma_{b_2}^2 = \frac{\sigma^2}{\sum_{i=1}^{n}(X_i - \overline{X})^2} \tag{9.2}$$

동분산의 조건이 성립하면, 가우스-마르코프(Gauss-Markov) 정리에 의해 최소자승추정량 $b_2$는 회귀계수 $\beta_2$의 선형불편추정량 중 가장 분산이 작은 최량선형불편추정량(BLUE)이 된다. 이 경우 $b_2$의 분산에 대한 추정량은 식 (9.2)에 오차항의 분산에 대한 추정량 $s^2 = \frac{\sum e_i^2}{n-2}$을 적용하여 다음과 같이 도출한다.

$$\widehat{V(b_2)} = s_{b_2}^2 = \frac{s^2}{\sum_{i=1}^{n}(X_i - \overline{X})^2} \tag{9.3}$$

그러나 오차항이 (9.1) 형태의 이분산을 갖는 경우, 최소자승추정량 $b_2$의 분산은 식 (9.2)로 표현할 수 없고, 다음과 같이 각 오차항의 분산 $\sigma_i^2$에 의해 결정된다.[1]

$$V(b_2) = \sigma_{b_2}^2 = \frac{\sum_{i=1}^{n}(X_i - \overline{X})^2 \sigma_i^2}{\left[\sum_{i=1}^{n}(X_i - \overline{X})^2\right]^2} \tag{9.4}$$

식 (9.4)의 분산을 갖는 최소자승추정량 $b_2$는 불편성을 충족하지만 효율성을 달성하지 못해 BLUE가 될 수 없다. 따라서 이분산 문제를 고려하여 최소분산을 갖는 추정방법을 사용해야 한다. 또한 오차항에 이분산이 발생해 $\sigma_i^2 = \sigma^2$의 조건이 성립하지 않는 경우에는 식 (9.3)의 방법으로 $b_2$의 분산에 대한 추정치를 구할 수도 없다. 이 경우 식 (9.3)에서 구해진 $s_{b_2}^2$ 값을 이용하여 $t$-통계량을 도출하면, 올바른 검정통계량이 되지 못한다. 따라서 이분산이 나타나는 경우, 컴퓨터에 의해 도출된 OLS 추정치 및 그에 대한 검정통계량과 유의확률($p$-value) 값

1 일반적인 다중회귀모형에서 오차항에 이분산이 나타나는 경우, 단순회귀모형의 최소자승추정량의 분산에 대한 식 (9.4)는 제10장의 [부록 10.1]에 제시된 식 (10.A15) 형태로 표현된다.

등을 그대로 사용할 수 없는 문제가 발생한다.

이 경우 오차항에 이분산이 있어도 이를 고려하여 다음과 같이 $b_2$의 분산에 대한 일치추정량을 도출하면 $t$-통계량을 이용한 가설검정이 가능해진다.

$$\widehat{V(b_2)} = s_{b_2}^2 = \frac{\sum_{i=1}^{n}(X_i - \overline{X})^2 e_i^2}{\left[\sum_{i=1}^{n}(X_i - \overline{X})^2\right]^2} \tag{9.5}$$

여기서 $e_i$는 회귀모형 (9.1)에 대한 OLS 잔차를 나타낸다. 식 (9.5)의 $s_{b_2}^2$을 계수추정량의 분산에 대한 White 이분산-일치 추정량(heteroscedasticity-consistent estimator)이라 한다. 독립변수가 두 개 이상인 다중회귀모형에 대해서도 비슷한 방법으로 각 계수추정치의 분산에 대한 White 추정량을 구할 수 있는데, 이를 이용하면 이분산이 있는 경우에도 통상적인 가설검정을 시행할 수 있다.

실제로 오차항에 이분산이 없으면, 각 관측치에 대한 잔차항도 비슷한 크기($e_i^2 \simeq e_j^2$)로 도출돼 식 (9.3)의 통상적인 OLS 추정 결과와 식 (9.5)의 White 추정량은 별로 다르지 않을 것이다. 이와는 반대로 이분산의 정도가 큰 경우, White 이분산-일치 추정량을 이용한 것과 단순히 OLS 추정치를 이용한 검정 결과는 큰 차이를 보일 것이다. 따라서 이분산의 가능성이 있으면, 이를 고려하여 식 (9.5)와 같이 이분산 하에서도 일치추정량을 도출할 수 있는 방법을 적용해야 한다. 이러한 White 이분산-일치 추정량은 EViews를 비롯한 최근의 통계 프로그램에서 쉽게 도출할 수 있다.

## 2. 이분산 여부의 검정

회귀모형의 오차항에 이분산이 있는 경우, 이를 고려하지 않고 최소자승추정법을 적용하면 회귀계수의 추정 및 이에 대한 검정에서 중요한 문제가 발생한다. 따라서 회귀모형을 사용하기 전에 이분산의 존재 여부를 확인할 필요가 있다.

## 2.1 잔차의 그래프 분석(residual plotting)

이분산은 회귀모형의 오차항에 나타나는 문제인데, 실증분석에서는 모집단 회귀식의 오차항을 관측할 수 없기 때문에 이에 대한 추정치로서 잔차항의 특성을 분석하여 오차항의 이분산을 점검한다. 이를 간단하게 확인하는 방법은 회귀식으로부터 도출된 잔차항을 [그림 9-1]과 같은 그래프를 통해 살펴보는 것이다. 이 경우 [그림 9-1]의 (a)와 같이 잔차항의 추이를 그래프로 도출해 볼 수 있으며, 또는 (b)와 같이 종속변수(혹은 설명변수)를 횡축으로 하고 잔

[그림 9-1] 잔차항 그래프를 이용한 이분산 점검

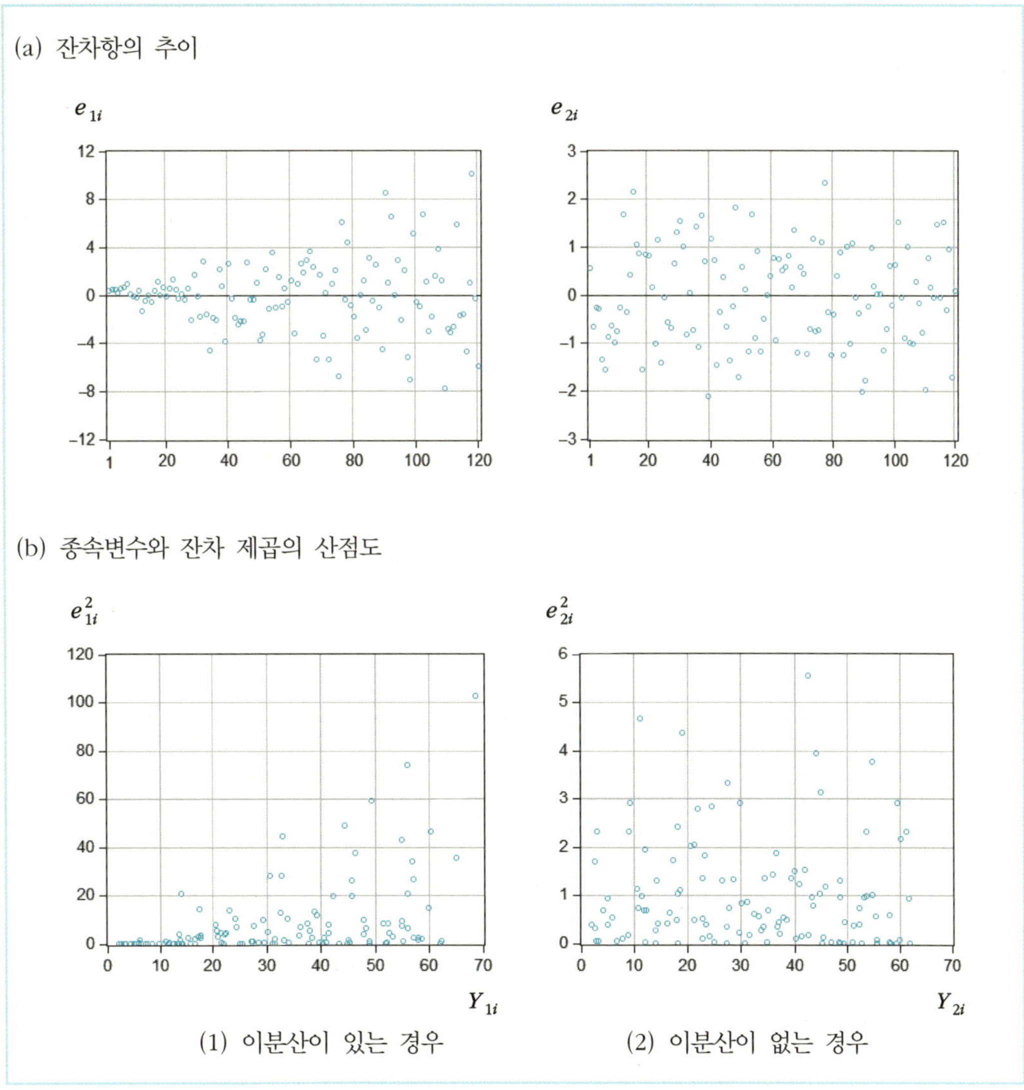

차항 $e_i$이나 잔차항의 제곱 $e_i^2$을 종축에 제시하여 그 변동폭이 변하는지 분석한다. 여기서 (1)과 같이 체계적으로 증가(또는 감소)하는 패턴을 보이면 이분산이 있는 것으로 판정하고, (2)와 같이 변화가 뚜렷하지 않으면 이분산이 없는 것으로 해석한다.

## 2.2 White 이분산 검정법

그래프에 의한 방법은 이분산의 존재 여부를 판단하는 데는 도움이 되지만, 이분산의 특징을 분석하고 이에 대한 해결 방안을 도출하는 데는 사용할 수 없다. 회귀모형의 오차항에 이분산이 나타날 때, 일반적으로 오차항 분산의 크기는 모형에 포함된 설명변수 또는 종속변수와 관련이 있는 경우가 많다. 이러한 측면을 고려하여 Park, Glejser, Goldfeldt · Quandt, Breusch · Pagan 등에 의해 여러 가지 형태의 이분산 검정법이 개발됐는데, 이 중 White 검정법이 모형에 포함된 설명변수뿐만 아니라 이 변수들의 2차항과 오차항의 분산 사이에 상관관계가 있는지를 점검하는 가장 포괄적인 방법이라 할 수 있다. 특히 White의 이분산 검정법은 이분산의 구조를 분석하고, 이러한 이분산의 특징을 토대로 효율적인 추정치를 구하는 데에도 유용하며, OLS 추정법을 적용하여 간단히 시행할 수 있어 널리 사용된다.

여기에서는 두 개의 설명변수를 포함한 식 (9.6)의 모형을 대상으로 오차항의 이분산 여부를 검정하는 방법에 대해 설명한다. 이러한 접근방법은 독립변수가 한 개인 단순회귀모형이나, 다수의 변수로 구성된 일반적인 다중회귀모형에 대해서도 동일하게 적용할 수 있다.

$$Y_i = \beta_1 + \beta_2 X_{2i} + \beta_3 X_{3i} + \varepsilon_i \tag{9.6}$$

① 실증분석에서는 오차항을 직접 관측할 수 없으므로, 먼저 식 (9.6)을 최소자승법으로 추정하여 잔차를 도출한다.

$$e_i = Y_i - b_1 - b_2 X_{2i} - b_3 X_{3i} \tag{9.7}$$

② 위 ①에서 도출된 잔차의 제곱 $e_i^2$을 상수항과 $X_{2i}$, $X_{3i}$, $X_{2i}^2$, $X_{3i}^2$ 및 $X_{2i}X_{3i}$에 대해 회귀분석을 시행한다.

$$e_i^2 = \alpha_1 + \alpha_2 X_{2i} + \alpha_3 X_{3i} + \alpha_4 X_{2i}^2 + \alpha_5 X_{3i}^2 + \alpha_6 X_{2i} X_{3i} + v_i \tag{9.8}$$

보조회귀식 (9.8)에서 귀무가설 $H_0 : \alpha_2 = \alpha_3 = \alpha_4 = \alpha_5 = \alpha_6 = 0$에 대한 가설검정을 시행하여, 모형에 포함된 설명변수들과 잔차항 사이에 체계적인 관계가 있는지를 판단한다.

③ 이를 점검하기 위한 검정통계치는 $LM = nR^2$로, 여기서 $n$은 회귀분석에 사용된 관측치의 수를 나타내고, $R^2$는 보조회귀식 (9.8)에도 도출된 결정계수의 값이다. 이 검정통계치는 자유도가 5인 $\chi^2$-분포를 갖는다.

여기서 식 (9.8)에 대한 귀무가설이 채택되면 오차항에 이분산이 없는 것으로 판정하고, 이 경우 OLS를 사용할 수 있다는 것으로 해석한다. 반대로 귀무가설이 기각되면 OLS는 BLUE가 될 수 없으므로 이분산을 해결할 수 있는 추정법을 고려해야 한다.

**예 9.1**

① 제5장의 횡단면 소비함수 회귀식 (5.16)을 대상으로 White 이분산 검정법을 적용한 결과, LM-검정통계량 = 16.291과 이에 대한 유의확률 Probability = 0.00061이 도출됐다. 따라서 소비함수모형에 이분산이 없다는 귀무가설은 기각되며, 최소자승추정치를 이용한 통상적인 가설검정은 적합하지 않다.

② 이전효과를 분석하기 위한 제5장의 [그림 5–A6]의 추정 결과를 대상으로 White 이분산 검정법을 적용한 결과, LM–통계량 = 11.811과 이의 유의확률 Probability = 0.037이 도출되어, 이전효과모형에 이분산이 없다는 귀무가설은 기각된다. 이 결과는 주식수익률 자료에 대한 자기회귀적 조건부 이분산(autoregressive conditional heteroscedasticity: ARCH) 모형에 관한 연구에서 제시하고 있는 것같이 주식시장의 변동성(volatility)에 나타나는 밀집(clustering) 현상을 반영한 것으로 해석된다.

## 2.3 기타 함수 형태를 이용하는 이분산 검정법

White 검정법은 오차항의 분산이 설명변수의 2차항을 포함하는 함수의 형태로 표현된다는 가정에 기초한 접근법으로, 식 (9.8)의 보조회귀식은 식 (9.6)에서 오차항의 분산이 다음의 구조를 갖는다는 설정을 검정하기 위한 추정모형에 해당한다.

$$\sigma_i^2 = \alpha_1 + \alpha_2 X_{2i} + \alpha_3 X_{3i} + \alpha_4 X_{2i}^2 + \alpha_5 X_{3i}^2 + \alpha_6 X_{2i} X_{3i} \tag{9.9}$$

그 밖에 Park, Glejser, Breusch · Pagan 등 다른 검정법도 오차항의 분산을 독립변수에 대한 함수 형태로 설정하여 오차항의 분산이 관측치에 따라 변동하는 패턴을 분석하는 방법이다.

Park 검정법은 오차항의 분산에 대해 다음의 더블로그모형을 적용하는 접근법을 사용한다.

$$\log(\sigma_i^2) = \alpha_1 + \alpha_2 \log(X_{2i}) + \alpha_3 \log(X_{3i}) + v_i \qquad (9.10)$$

Glejser 검정법은 잔차항 제곱 대신 표준편차 또는 절댓값에 대해 다양한 형태를 다루는 방법을 고려한다.

$$|e_i| = \alpha_1 + \alpha_2 X_{2i} + \alpha_3 X_{3i} + v_i \qquad (9.11)$$

$$|e_i| = \alpha_1 + \alpha_2 \sqrt{X_{2i}} + \alpha_3 \sqrt{X_{3i}} + v_i$$

또한 Breusch · Pagan 검정법에서는 보조회귀식 (9.8)에서 $X_{2i}X_{3i}$ 항을 제외하고 일부의 설명변수만을 포함한 모형을 적용한다. 이러한 방법은 모두 오차항의 분산이 설명변수 또는 종속변수의 크기와 관련이 있다는 가정에 기초한 것으로, 이 중 White 검정법이 이분산의 구조에 대한 분석을 토대로 효율적인 추정치를 도출하는 과정에도 유용하게 적용될 수 있어, 실증분석에서 널리 사용된다.

## 3. 이분산 해결 방안

이분산 문제를 해결하는 방법은 이분산의 구조에 따라 달라지므로 이분산의 특징에 대한 분석이 선행돼야 하며, 이를 토대로 추정하고자 하는 회귀식이 고전적 회귀모형의 조건을 만족시키도록 원래의 자료를 변형하여 사용한다. 여기에서는 두 개의 설명변수를 포함하는 모형 (9.6)에서 오차항이 식 (9.9) 형태의 이분산을 갖는 경우를 대상으로 효율적인 추정치를 도출하는 방법에 대해 설명한다. 독립변수가 한 개인 단순회귀모형이나, 일반적인 다중회귀모형에 대해서도 기본적으로 동일한 방법으로 원래의 자료를 변형하면 된다.

### 3.1 오차항의 분산($\sigma_i^2$)을 아는 경우

먼저 오차항의 분산 $\sigma_i^2$의 값을 모두 알고 있다고 가정하면, 다음과 같이 원래의 모형을 변환하여 이분산이 없는 회귀식을 도출할 수 있다. 이 경우 식 (9.6)에 포함된 모든 변수를

$\sigma_i$로 나누어 주고, 이를 변환된 회귀모형(transformed regression model)으로 표현하면 식 (9.13) 형태가 도출된다. [이분산($\sigma_i^2 = \sigma^2\omega_i$)의 상대적 크기 $\omega_i$만을 아는 경우, $\sqrt{\omega_i}$를 적용해 동일한 형태의 회귀식을 도출할 수 있다.]

$$\left(\frac{Y_i}{\sigma_i}\right) = \beta_1\left(\frac{1}{\sigma_i}\right) + \beta_2\left(\frac{X_{2i}}{\sigma_i}\right) + \beta_3\left(\frac{X_{3i}}{\sigma_i}\right) + \left(\frac{\varepsilon_i}{\sigma_i}\right) \quad (9.12)$$

$$\Rightarrow \quad Y_i^* = \beta_1\left(\frac{1}{\sigma_i}\right) + \beta_2 X_{2i}^* + \beta_3 X_{3i}^* + u_i \quad (9.13)$$

여기서 오차항 $u_i$는 분산이 일정한 확률변수가 되므로, OLS 추정을 위한 고전적 회귀모형의 기본 조건을 만족시키는 회귀식이 된다. 이렇게 변환된 회귀모형 (9.13)에서 $Y_i^*$를 $\left(\frac{1}{\sigma_i}\right)$과 $X_{2i}^*$, $X_{3i}^*$에 대해 회귀분석하면 BLUE를 도출할 수 있다.

이 방법은 고전적 회귀모형의 오차항보다 일반적인 분산구조를 갖는 회귀식에 적용할 수 있는 최소자승법이라는 의미로 일반최소자승법(generalized least squares: GLS)이라 한다. 또한 식 (9.12)와 같이 각 관측치에 대한 오차항의 표준편차를 원래 자료에 대한 가중치로 이용해서 최소자승법을 적용한다는 의미에서 가중최소자승법(weighted least squares: WLS)이라고도 한다. 이러한 방법을 통해 원래의 회귀계수에 대한 BLUE를 구할 수 있으며, 이에 대한 표준오차 및 $t$-통계량 등도 올바로 구할 수 있다. 식 (9.12) 형태의 변환된 회귀모형에서 각 관측치에 대한 오차항의 분산이 커지면 가중치는 작아지는 것을 볼 수 있다. 따라서 모든 관측치에 동일한 가중치를 적용하는 지금까지의 통상최소자승법(ordinary least squares: OLS)과 달리, 가중최소자승법은 독립변수와 종속변수의 관계가 상대적으로 약해 회귀식의 설명력이 낮은 관측치에 더 작은 비중을 부여함으로써 계수추정량의 효율성을 높이는 방법이라 할 수 있다.

## 3.2 오차항의 분산을 추정해야 하는 경우

지금까지는 $\sigma_i^2$의 값을 모두 알고 있다는 가정 하에 이 값을 각 관측치에 대한 가중치로 사용하는 방법을 살펴봤는데, 현실적으로는 $\sigma_i^2$의 값을 알 수 없기 때문에 주어진 자료로부터 이를 추정해야 한다. $\sigma_i^2$의 값을 모르는 경우에도 $\sigma_i^2$의 구조를 파악할 수 있으면 위와 비슷한 방법으로 가중최소자승법을 적용할 수 있다. 예를 들어, $\sigma_i^2 = \sigma^2 X_i$ 또는 $\sigma_i^2 = \sigma^2 X_i^2$인 경우, 식 (9.13)에서 각각 $\sqrt{X_i}$ 또는 $X_i$를 $\sigma_i$ 대신 가중치로 이용하면 된다.

그러나 일반적인 실증분석에서는 $\sigma_i^2$의 구조를 모르는 경우가 대부분이다. 이 경우 실제 자료를 이용하여 $\sigma_i^2$에 대한 추정치를 구하고, 이를 가중치로 사용한다. 두 개의 설명변수를 포함하는 회귀식 (9.6)에 대해서는 White 이분산 검정법과 같이 식 (9.8) 형태의 모형에서 $\sigma_i^2$의 추정치를 도출한다.

① 최소자승추정법으로 식 (9.6)을 추정하여 잔차를 구한다.

$$e_i = Y_i - b_1 - b_2 X_{2i} - b_3 X_{3i} \tag{9.14}$$

② 잔차의 제곱 $e_i^2$을 상수항과 $X_{2i}$, $X_{3i}$, $X_{2i}^2$, $X_{3i}^2$ 및 $X_{2i}X_{3i}$에 대해 회귀분석을 시행한다.

$$e_i^2 = \alpha_1 + \alpha_2 X_{2i} + \alpha_3 X_{3i} + \alpha_4 X_{2i}^2 + \alpha_5 X_{3i}^2 + \alpha_6 X_{2i} X_{3i} + v_i \tag{9.15}$$

③ 보조회귀식 (9.15)에서 도출된 OLS 추정치 $\hat{\alpha}_1, \hat{\alpha}_2, \cdots, \hat{\alpha}_6$를 이용하여 잔차 제곱에 대한 추정치(fitted value)를 도출한다.

$$\hat{\sigma}_i^2 = \hat{\alpha}_1 + \hat{\alpha}_2 X_{2i} + \hat{\alpha}_3 X_{3i} + \hat{\alpha}_4 X_{2i}^2 + \hat{\alpha}_5 X_{3i}^2 + \hat{\alpha}_6 X_{2i} X_{3i} \tag{9.16}$$

④ 식 (9.16)에서의 추정치 $\hat{\sigma}_i^2$에 대해 다음과 같이 오차항의 표준오차 $\hat{\sigma}_i$를 구하고, 이를 식 (9.13)에서의 $\sigma_i$ 대신 가중치로 적용해 회귀식 (9.13)을 추정한다.

$$\hat{\sigma}_i = \sqrt{\hat{\sigma}_i^2} \tag{9.17}$$

이와 같이 오차항의 분산을 추정하여 $\hat{\sigma}_i$를 가중치로 사용하는 방법을 실행 가능한 일반최소자승법(feasible GLS: FGLS) 또는 추정된 일반최소자승법(estimated GLS: EGLS)이라 한다. 이러한 추정법은 오차항의 분산을 추정하여 가중치로 사용하기 때문에 일반적으로 불편성을 충족하지 못한다. 그러나 일치성을 가지며 또한 점근적으로 OLS 추정치보다 효율적인 추정량이 된다. 또한 이 경우 계수추정치에 대한 분산의 추정치 역시 일치성을 갖게 되어 $t$-통계량 등을 이용한 통상적인 가설검정법을 적용할 수 있다.

### 예 9.2

(예 9.1)의 분석에 의하면 횡단면 소비함수 및 이전효과모형에서 이분산이 없다는 귀무가설이 기각되는 것으로 나타났다. 이 결과를 토대로 식 (9.16)과 같이 $\sigma_i^2$에 대한 추정치 $\hat{\sigma}_i^2$를 구하고, $\hat{\sigma}_i$를 가중치로 사용하면 다음의 FGLS 추정치가 도출된다.

① 횡단면 소비함수모형에 대한 FGLS 추정 결과

$$\widehat{CONSUMPTION}_i = \underset{(5.208)}{1,424.560} + \underset{(11.735)}{0.331} INCOME_i - \underset{(-2.188)}{8.160} AGE_i \quad R^2 = 0.458,\ \overline{R}^2 = 0.449 \tag{9.18}$$

② 이전효과모형에 대한 FGLS 추정 결과

$$\widehat{KOSPI}_t = \underset{(-1.711)}{-0.124} + \underset{(2.975)}{0.423} DJIA_t - \underset{(4.611)}{0.289} NASDAQ_t \quad R^2 = 0.217,\ \overline{R}^2 = 0.210 \tag{9.19}$$

두 모형 모두 각 계수추정치의 표준오차가 제5장에서의 OLS 추정치보다 작게 도출됐는데, 이는 FGLS 방법을 적용하면 더 좋은 추정량을 구할 수 있다는 예상과 일치하는 결과로 해석된다. [(예 5.1)에 대한 추정 결과 [그림 5-A1]과 이전효과모형에 대한 추정 결과 [그림 5-A6] 참조.]

---

FGLS 추정법을 적용하기 위해 식 (9.16)의 종속변수에 대한 추정치로 $\hat{\sigma}_i^2$를 도출할 때, 오차항의 분산에 대한 추정치가 음수로 나오는 경우가 발생할 가능성이 있다. 이 경우 식 (9.17)에서 도출되는 오차항의 표준오차를 구할 수 없는 문제가 생긴다. 이러한 문제를 해결하는 방법으로, 식 (9.15) 대신 잔차 제곱 $e_i^2$를 로그 변환한 모형을 사용하기도 한다.

$$\log(e_i^2) = \alpha_1 + \alpha_2 X_{2i} + \alpha_3 X_{3i} + \alpha_4 X_{2i}^2 + \alpha_5 X_{3i}^2 + \alpha_6 X_{2i} X_{3i} + v_i \tag{9.20}$$

이에 대한 추정 결과를 이용하여 식 (9.16)과 유사한 방법으로 종속변수의 추정치를 구한다.

$$\widehat{\log(\sigma_i^2)} = \hat{\alpha}_1 + \hat{\alpha}_2 X_{2i} + \hat{\alpha}_3 X_{3i} + \hat{\alpha}_4 X_{2i}^2 + \hat{\alpha}_5 X_{3i}^2 + \hat{\alpha}_6 X_{2i} X_{3i} \tag{9.21}$$

여기서 도출된 종속변수의 추정치를 다시 지수 변환하면 항상 양의 값을 갖는 오차항의 분산에 대한 추정량을 구할 수 있다.

$$\hat{\sigma}_i^2 = e^{\widehat{\log(\sigma_i^2)}} \tag{9.22}$$

부록 9.1

# EViews 명령문 및 추정 결과

## 1. 계수추정치의 분산에 대한 이분산-일치 추정량

단순회귀모형에 대한 이분산-일치 추정량의 식 (9.5)의 접근법을 일반화하면, 다중회귀모형에서 계수추정치의 분산에 대한 White 이분산-일치 추정량을 도출할 수 있다. EViews에서 식 (5.16)의 소비함수 회귀식에 대해 이분산-일치 추정량을 적용하기 위해서는 방정식 EQ5_16의 도구창에서 [Estimate] 를 누르고, 오른쪽의 Options 탭을 선택한다. 이때 활성화된 [Equation Options] 창에서 [Covariance method:] 항목의 [Huber-White]를 선택한 다음 [확인] 을 누르면, 이분산-일치 추정량이 적용된 결과가 출력된다. 이 경우 회귀계수에 대한 추정치는 모두 [그림 5-A1]의 결과와 동일하고, 이에 대한 표준오차와 $t$-통계량 등 관련 통계치는 이분산-일치 추정량이 적용된 결과를 나타낸다.

## 2. 이분산 검정법

(예 9.1)의 소비함수모형에 대해 White 이분산 검정법을 적용하기 위해서는, 먼저 이 모형의 추정에 사용한 회귀식 EQ5_16을 활성화 하고, 그 추정 결과를 나타내는 도구창에서 [View] / [Residual Diagnostics] ▶ [Heteroskedasticity Tests] 를 차례로 선택한다. 여기서 식 (9.8)과 같이 오차항의 분산에 대한 보조회귀식의 모양을 지정해 줄 필요가 있는데, 식 (9.8)에서 $X_{2i}X_{3i}$ 항이 빠진 형태의 회귀식을 이용하기 위해서는 (no cross terms)를, 식 (9.8)의 보조회귀식을 이용하기 위해서는 (cross terms)를 선택한다. 소비함수 회귀식에 대해 (cross terms)를 이용하여 White 이분산 검정법을 적용한 결과는 다음과 같다.

**[그림 9-A1]** (예 9.1)의 소비함수 회귀식에 대한 이분산 검정 결과

| Heteroskedasticity Test: White | | | |
|---|---|---|---|
| F-statistic | 3.581630 | Prob. F(5,225) | 0.0048 |
| Obs*R-squared | 16.29147 | Prob. Chi-Square(5) | 0.0061 |
| Scaled explained SS | 26.80761 | Prob. Chi-Square(5) | 0.0001 |

Test Equation:
Dependent Variable: RESID^2
Method: Least Squares
Sample: 1 120
Included observations: 120

| Variable | Coefficient | Std. Error | t-Statistic | Prob. |
|---|---|---|---|---|
| C | −4,802,853. | 3,797,716. | −1.264669 | 0.2086 |
| INCOME^2 | 0.001263 | 0.011546 | 0.109370 | 0.9131 |
| INCOME*AGE | −2.849008 | 5.172303 | −0.550820 | 0.5828 |
| INCOME | 333.7443 | 334.3269 | 0.998257 | 0.3203 |
| AGE^2 | −1,398.240 | 1,045.565 | −1.337305 | 0.1838 |
| AGE | 172,491.2 | 127,043.0 | 1.357739 | 0.1772 |

| | | | |
|---|---|---|---|
| R-squared | 0.135762 | Mean dependent var | 1,254,028. |
| Adjusted R-squared | 0.097857 | S.D. dependent var | 2,343,060. |
| S.E. of regression | 2,225,467. | Akaike info criterion | 32.11754 |
| Sum squared resid | 5.65E+14 | Schwarz criterion | 32.25691 |
| Log likelihood | −1,921.052 | Hannan-Quinn criter. | 32.17414 |
| F-statistic | 3.581630 | Durbin-Watson stat | 2.013330 |
| Prob(F-statistic) | 0.004796 | | |

이전효과모형의 경우에도 위와 유사한 방식으로 검정할 수 있으며, 그 검정 결과를 [그림 9-A2]에 간략히 정리했다.

**[그림 9-A2]** (예 9.1)의 이전효과모형에 대한 이분산 검정 결과

| Heteroskedasticity Test: White | | | |
|---|---|---|---|
| F-statistic | 2.424804 | Prob. F(5,225) | 0.0364 |
| Obs*R-squared | 11.81090 | Prob. Chi-Square(5) | 0.0375 |
| Scaled explained SS | 11.32260 | Prob. Chi-Square(5) | 0.0453 |

## 3. 실행 가능한 일반최소자승법(FGLS)

횡단면 소비함수에 가중최소자승법을 적용시키는 FGLS 절차는 다음과 같다. ① 방정식 EQ5_16의 도구창에서 [Proc] / [Make Residual Series]를 선택한 후, 『ET_1』를 입력하여 잔차를 생성한다. ② 명령창에 『GENR SIG_SQ1 = ET_1^2』를 입력하여 잔차 제곱($e_i^2$)을 도출한다. ③ 식 (9.15) 형태의 보조회귀식을 추정하기 위해 명령창에 『LS SIG_SQ1 C INCOME INCOME^2 AGE AGE^2 INCOME*AGE』를 입력한다. ④ 보조회귀식 추정 결과를 나타내는 도구창에서 [Forecast]를 누르고, 그 회귀식의 종속변수(SIG_SQ $= e_i^2$)에 대한 추정치를 『SIG_SQF1』로 생성(저장)한다. ⑤ 다시 EQ5_16의 도구창에서 [Estimate]를 누르면 [Equation Specification] 입력창이 나타나는데, 여기서 오른쪽의 Options 탭을 선택하면 가중최소자승법을 적용할 수 있는 [Equation Options] 창이 열린다. 여기서 Weights의 [type]은 [Variance], [Weight series]는 『SIG_SQF1』을 입력한다. 마지막으로 [Scaling]은 [None]을 선택하고, [확인]을 누르면 FGLS 추정 결과가 출력된다.

**참고** FGLS 추정 결과를 나타내는 [그림 9-A3]에서 관측치 3개가 제외된 것을 볼 수 있는데, 이는 식 (9.16)을 이용하여 오차항의 분산에 대한 추정치를 구하는 경우 그 값이 (−)가 되는 경우가 발생하기 때문이다. EViews에서는 이와 같이 음수에 대한 제곱근의 값 또는 0의 역수 등 적합한 관측치의 도출이 불가능한 경우, 이에 대응하는 관측치들을 제외한 자료만을 이용하여 모형을 추정한 결과를 제시한다. 이전효과모형에 대한 FGLS 추정 결과를 제시한 [그림 9-A4]에서도 한 개의 관측치가 제외된 것을 확인할 수 있다. 이를 고려하기 위해 식 (9.20)~(9.22)를 이용하여 $\hat{\sigma}_i^2$을 도출하는 방법을 사용할 수 있다.

[그림 9-A3] (예 9.2)의 소비함수 회귀식에 대한 FGLS 추정 결과

Dependent Variable: CONSUMPTION
Method: Least Squares
Sample: 1 120
Included observations: 117
Weighting series: SIG_SQF1
Weight type: Variance (no scaling)

| Variable | Coefficient | Std. Error | t-Statistic | Prob. |
|---|---|---|---|---|
| C | 1,424.560 | 273.5127 | 5.208386 | 0.0000 |
| INCOME | 0.331321 | 0.028234 | 11.73499 | 0.0000 |
| AGE | −8.159695 | 3.729079 | −2.188126 | 0.0307 |

Weighted Statistics

| | | | |
|---|---|---|---|
| R-squared | 0.597514 | Mean dependent var | 2.719685 |
| Adjusted R-squared | 0.590452 | S.D. dependent var | 1.549238 |
| S.E. of regression | 1.106722 | Akaike info criterion | 3.065988 |
| Sum squared resid | 139.6309 | Schwarz criterion | 3.136813 |
| Log likelihood | −176.3603 | Hannan-Quinn criter. | 3.094742 |
| F-statistic | 84.61969 | Durbin-Watson stat | 1.729348 |
| Prob(F-statistic) | 0.000000 | Weighted mean dep. | 1,740.884 |

Unweighted Statistics

| | | | |
|---|---|---|---|
| R-squared | 0.458433 | Mean dependent var | 2,822.402 |
| Adjusted R-squared | 0.448931 | S.D. dependent var | 1,578.440 |
| S.E. of regression | 1,171.739 | Sum squared resid | 1.57E+08 |
| Durbin-Watson stat | 1.925767 | | |

이전효과모형의 경우에도 위의 절차대로 FGLS를 추정할 수 있으며, 추정 결과는 다음과 같다.

[그림 9-A4] (예 9.2)의 이전효과모형에 대한 FGLS 추정 결과

Dependent Variable: KOSPI
Method: Least Squares
Sample: 1 231
Included observations: 230
Weighting series: SIG_SQF2
Weight type: Variance (no scaling)

| Variable | Coefficient | Std. Error | t-Statistic | Prob. |
|---|---|---|---|---|
| C | −0.124227 | 0.072616 | −1.710749 | 0.0885 |
| DJIA | 0.422536 | 0.142047 | 2.974622 | 0.0033 |
| NASDAQ | 0.289052 | 0.062689 | 4.610873 | 0.0000 |

Weighted Statistics

| | | | |
|---|---|---|---|
| R-squared | 0.166335 | Mean dependent var | −0.118700 |
| Adjusted R-squared | 0.158990 | S.D. dependent var | 1.101709 |
| S.E. of regression | 1.011423 | Akaike info criterion | 2.873552 |
| Sum squared resid | 232.2158 | Schwarz criterion | 2.918397 |
| Log likelihood | −327.4585 | Hannan-Quinn criter. | 2.891641 |
| F-statistic | 22.64582 | Durbin-Watson stat | 2.072781 |
| Prob(F-statistic) | 0.000000 | Weighted mean dep. | −0.115851 |

Unweighted Statistics

| | | | |
|---|---|---|---|
| R-squared | 0.216674 | Mean dependent var | −0.148343 |
| Adjusted R-squared | 0.209773 | S.D. dependent var | 1.258852 |
| S.E. of regression | 1.119053 | Sum squared resid | 284.2674 |
| Durbin-Watson stat | 2.071652 | | |

부록 9.2

# R 명령문 및 추정 결과

## 1. 이분산 검정법

R에서는 회귀식을 수동으로 계산하여 간단하게 이분산 검정을 시행할 수 있으며, 여기서는 횡단면 소비함수 회귀식을 중심으로 이분산 검정법을 설명한다. [표 9-A1]의 (5)번 줄은 식 (5.16)의 잔차 제곱 sig_sq_1을 이용하여, 식 (9.15) 형태의 보조회귀식을 추정하는 명령문이다. (6)번 줄은 이분산 검정통계량을 계산하는 명령문이며, (7)번 줄은 검정통계량과 유의확률을 출력하는 명령문이다.

[표 9-A1] (예 9.1)의 소비함수 회귀식에 대한 이분산 검정 명령문

| 명령문 | 설명 | |
|---|---|---|
| setwd("C:/econometrics") | # 작업경로 변경 | (1) |
| Con_data <- read.csv("consumption.csv", header=TRUE) | # 자료 읽기 | (2) |
| Eq5_16 <- lm(consumption~income+age, data=Con_data) | # 식 (5.16) 추정 | (3) |
| sig_sq_1 <- Eq5_16$resid^2 | # 잔차 제곱 | (4) |
| Aus_reg1 <- lm(sig_sq_1~income+I(income^2) + age+I(age^2)+I(income*age), data=Con_data) | # 보조회귀식 추정 | (5) |
| LM_stat1 <- nobs(Eq5_16)*summary(Aus_reg1)$r.sq | # LM 통계량 계산 | (6) |
| cbind(LM_stat1, 1-pchisq(LM_stat1,5)) | # 검정 결과 | (7) |

이분산 검정 결과를 제시한 [그림 9-A5]의 결과는 EViews로 제시한 [그림 9-A1]의 통계량 및 유의확률과 동일한 것을 확인할 수 있다.

[그림 9-A5] (예 9.1)의 소비함수 회귀식에 대한 이분산 검정 결과

```
> cbind(LM_stat3, 1-pchisq(LM_stat3,5))                # 검정 결과        (7)
        LM_stat3
[1,] 16.29147 0.006059346
```

## 2. 실행 가능한 일반최소자승법(FGLS)

(예 9.2)의 소비함수에 대한 FGLS의 명령문은 다음과 같다. [표 9-A2]의 (9)번 줄은 which( ) 함수를 이용하여 보조회귀식 Aux_reg1에서 추정한 $(e_i^2)$의 추정치 중 음수가 발생한 관측치의 위치를 index1에 할당하는 명령문이다. 이러한 작업은 음수로 추정된 관측치를 자동으로 제외하고 FGLS를 추정하는 EViews와 달리, R에서는 직접 음수로 추정된 관측치를 제외해야 하기 때문에 필요하다. (10)번 줄은 FGLS를 추정하기 위해 lm( ) 함수에 가중치를 적용하는 weight 인수를 추가하는 명령문이다. 이때 data 인수와 weight 인수에는 $\hat{\sigma}_i^2$이 음수로 추정된 관측치를 제외하기 위해 [-index1]을 추가로 입력한다.

[표 9-A2] (예 9.2)의 소비함수 회귀식의 FGLS 추정 명령문

```
sig_sqf1      <- Aux_reg1$fitted                          # 잔차 제곱의 추정치  (8)
index1        <- which(Aux_reg1$fitted<0)                 # 음수인 위치 찾기    (9)
Eq9_18_fgls   <- lm(consumption~income+age,               # FGLS 추정          (10)
                    data=Con_data[-index1,],
                    weight = 1/sig_sqf1[-index1])
summary(Eq9_18_fgls)                                      # FGLS 추정 결과     (11)
```

소비함수 회귀식의 FGLS 추정 결과는 다음과 같다. [이전효과모형에 대한 이분산 검정 및 FGLS 추정은 제9장.R 파일 참조.]

**[그림 9-A6]** 횡단면 소비함수의 FGLS 추정 결과

```
> summary(Eq9_18_fgls)                                    # FGLS 추정 결과      (11)

Call:
lm(formula = consumption ~ income + age, data = Con_data[-index1,
    ], weights = 1/sig_sqf1[-index1])

Weighted Residuals:
    Min       1Q     Median      3Q      Max
 -3.0386  -0.7661  -0.1535   0.6037   4.2815

Coefficients:
                  Estimate      Std. Error    t value     Pr(>|t|)
(Intercept)     1,424.55954     273.51269      5.208     8.55e-07 ***
income              0.33132       0.02823     11.735     < 2e-16 ***
age                -8.15969       3.72908     -2.188      0.0307 *
---
Signif. codes:  0 '***'  0.001 '**'  0.01 '*'  0.05 '.'  0.1 ' '  1

Residual standard error: 1.107 on 114 degrees of freedom
Multiple R-squared:  0.5975,    Adjusted R-squared: 0.5905
F-statistic: 84.62 on 2 and 114 DF,  p-value: < 2.2e-16
```

**참고** White 이분산-일치 추정량 적용방법: 식 (5.16)의 소비함수모형에 대해 이분산-일치 추정량을 적용하기 위해서는 회귀계수의 공분산 행렬을 추정하는 「car」 패키지의 hccm( ) 함수와 추정된 공분산 행렬을 토대로 유의성 검정 결과를 제시하는 「lmtest」 패키지의 coeftest( ) 함수를 이용한다.

**[표 9-A3]** White의 이분산-일치 추정량 적용 명령문

| | | |
|---|---|---|
| library(car); library(lmtest) | # 패키지 불러오기 | (12) |
| cov1 <- hccm(Eq5_16, type="hc1") | # 공분산 행렬 추정 | (13) |
| coeftest(Eq5_16, vcov=cov1) | # 유의성 검정 | (14) |

(13)번 줄의 hccm( ) 함수에는 회귀식 정보가 저장된 Eq5_16을 입력하고, White 이분산-

일치 추정량을 적용하기 위해 type 인수에 hc1을 입력한다. (14)번 줄의 coeftest( ) 함수에는 회귀식과 (13)번 줄에서 추정된 공분산 행렬을 vcov 인수에 입력하면 이분산-일치 추정량이 적용된 결과가 출력된다.

# 연습문제

1. 다음의 용어에 대하여 설명하라.

(1) 동분산과 이분산　　(2) White의 이분산 검정법

(3) 일반최소자승법　　(4) 가중최소자승법

2. 아래의 각 문장이 맞는지 틀리는지를 결정하고, 그 이유를 간략히 설명하라.

(1) 회귀식의 오차항에 이분산이 나타나는 경우, 최소자승법으로 계수추정치에 대한 분산을 구하면 항상 과대추정(overestimate)되는 문제가 발생한다.

(2) 회귀식의 오차항에 이분산이 나타나는 경우에도 회귀계수에 대한 최소자승추정치의 분산에 대한 불편추정량을 도출할 수 있다.

(3) 추정하고자 하는 회귀방정식이 고전적 회귀모형의 모든 조건을 만족시킨다 하자. 반면 이분산이 있는 것으로 가정하고 FGLS를 적용시켜 추정하면, 일반적으로 OLS 추정치보다 좋지 못한 추정치가 도출될 수 있다.

3. 전국을 대상으로 수집된 $m$ 개의 자료가 고전적 회귀모형의 기본 조건을 충족하는 다음의 모형을 따른다고 하자.

$$Y_{ij} = \beta_1 + \beta_2 X_{2,ij} + \beta_3 X_{3,ij} + \varepsilon_{ij}$$

여기서 오차항 $\varepsilon_{ij}$는 (모든 $i,j$에 대해) $E(\varepsilon_{ij}) = 0$, $Var(\varepsilon_{ij}) = \sigma^2$, (모든 $i \neq i'$, $j \neq j'$에 대해) $E(\varepsilon_{ij}\varepsilon_{i'j'}) = 0$ 등의 조건을 충족시킨다. 이 경우 주어진 자료를 직접 이용하여 모형을 추정하지 않고, 자료 $Y$, $X_2$, $X_3$를 $n$ 개의 그룹(지역)으로 나눈 후 각 그룹의 평균을 이용하여 다음의 회귀식을 추정하고자 할 때, BLUE를 도출하는 과정을 설명하라.

$$Y_i = \beta_1 + \beta_2 X_{2i} + \beta_3 X_{3i} + \varepsilon_i \quad (i = 1, 2, \cdots, n)$$

이 회귀식에 포함된 변수는 $Y_i = \frac{1}{n_i}\sum_{j=1}^{n_i} Y_{ij}$, $X_{ki} = \frac{1}{n_i}\sum_{j=1}^{n_i} X_{k,ij}$ $(k = 2, 3)$ 등과 같이 그룹별로 도출된 $n$ 개의 자료를 나타내며, 그룹별로 구분된 관측치를 모두 합하면 전체

관측치와 일치($m = \sum_{i=1}^{n} n_i$)한다.

4. 확률변수 $Y_i$가 서로 독립이고 평균이 $\mu$, 분산이 $\sigma_i^2 = \sigma^2 i^2$이라 하자. 이에 대한 $n$ 개의 관측치를 이용하여 평균 $\mu$를 추정하고자 한다.

   (1) 표본평균 $\overline{Y} = \frac{1}{n}\sum_{i=1}^{n} Y_i$의 분산을 구하라.

   (2) 위 (1)에서 구한 표본평균보다 더 효율적인 평균의 추정치를 도출할 수 있는가? 이 분산모형에 대한 회귀분석을 적용하여 평균 $\mu$에 대한 BLUE를 구하라.

   (3) 위 (2)에서 구한 추정치 $\hat{\mu}$의 분산과 (1)의 표본평균($\overline{Y}$)의 분산을 비교하고, $\hat{\mu}$가 $\overline{Y}$ 보다 더 효율적인 추정치임을 확인하라.

5. RETURN 파일에 포함된 우리나라의 종합주가지수 수익률(KOSPI)과 미국의 Dow Jones 수익률(DJIA) 및 나스닥 수익률(NASDAQ) 자료를 이용하여 제7장의 연습문제 4번의 모형 중 다음의 회귀식에 대해 아래의 질문에 따라 오차항의 이분산 여부를 점검하고, 이를 고려한 추정치를 구하라.

$$KOSPI_t = \beta_1 + \beta_2 DJIA_t + \beta_3 NASDAQ_t + \varepsilon_t$$

   (1) 위 모형에 대한 OLS 추정치를 구하고, 유의성 검정을 이용하여 우리나라 주식시장이 미국 주식시장의 움직임에 반응하는 주가동조화 현상이 나타나는지를 분석하라.

   (2) White의 이분산 검정법(cross terms)을 이용하여 오차항의 이분산 여부를 점검하라.

   (3) 위 (2)에서 검정 결과 이분산이 나타났다고 할 때, 이를 고려한 FGLS 추정치를 도출하고 위 (1)에서와 같이 유의성 검정을 시행하라.

6. CONSUMPTION 파일에 포함된 소비(CONSUMPTION)와 소득(INCOME) 및 가족 구성원 수(NOF)의 자료를 이용하여 아래의 소비함수 회귀식을 추정하고, 아래의 질문에 답하라.

   ① $CONSUMPTION_i = \beta_1 + \beta_2 INCOME_i + \beta_3 NOF_i + \varepsilon_i$

   ② $\log(CONSUMPTION_i) = \beta_1 + \beta_2 \log(INCOME_i) + \beta_3 NOF_i + \varepsilon_i$

(1) 모형 ①과 모형 ②에 대한 OLS 추정치를 구하고, 추정된 회귀계수가 소비함수에서 예상되는 부호와 일치하는지를 점검하라.

(2) 위 (1)에서 도출된 잔차의 그래프를 이용하여 이분산이 나타나는지를 점검하라. 로그 변환은 자료의 변동폭을 조절하기 위해 자주 사용되는데, 모형 ①과 모형 ②를 비교할 때 로그 변환의 이분환 완화 효과가 있는지 확인하라.

(3) White 이분산 검정법(cross terms)을 이용하여 오차항의 이분산 여부를 점검하라.

(4) 위 (3)에서 모형 ① 또는 모형 ②에서 이분산이 나타났다고 할 때, 이를 고려한 FGLS 추정치를 도출하고 위 (1)의 추정 결과와 비교하라.

7. QUARTER 파일에 있는 한국의 민간최종소비(CP), 국내총생산(GDP), 이자율(R) 자료에 대해 1987~2019년 기간의 자료를 이용하여 다음의 회귀식을 추정하고, 아래의 질문에 답하라.

① $CP_t = \beta_1 + \beta_2 GDP_t + \beta_3 R_t + \varepsilon_t$

② $\log(CP_t) = \beta_1 + \beta_2 \log(GDP_t) + \beta_3 R_t + \varepsilon_t$

(1) 모형 ①과 모형 ②에 대한 OLS 추정치를 구하라.

(2) 위 (1)에서 도출된 잔차의 그래프를 이용하여 이분산이 나타나는지를 점검하라.

(3) White 이분산 검정법을 이용하여 오차항의 이분산 여부를 점검하라.

(4) 위 (3)에서 이분산이 나타나는 경우 이를 고려한 FGLS 추정치를 구하고, 위 (1)에서의 추정 결과와 비교하라.

CHAPTER

# 10

# 자기상관

제9장에서는 고전적 회귀모형의 기본 조건 중 오차항의 동분산이 성립하지 않는 경우에 대해 분석했다. 이러한 이분산 현상은 횡단면자료를 사용할 때 종종 발생하는데, 여기에서는 시계열자료를 다룰 때 자주 나타나는 오차항의 자기상관 문제를 살펴본다.

## 1. 자기상관의 성격과 문제점

회귀모형의 오차항은 독립변수에 의해 설명되지 않는 종속변수의 비체계적인 변동을 나타낸다. 따라서 회귀모형이 적합하게 설정된 경우, 오차항이 체계적인 패턴을 보이지 않아야 한다. 이는 서로 다른 오차항이 영향을 주고받지 않는다는 것으로, 이를 수식으로 표현하면 다음과 같이 오차항 사이에 상관관계가 없다는 것을 의미한다.

$$Cov(\varepsilon_i, \varepsilon_j) = 0 \quad (\text{모든 } i \neq j \text{에 대해}) \tag{10.1}$$

이러한 조건이 성립하지 않고 서로 다른 오차항이 영향을 미치는 경우 자기상관(autocorrelation)이 발생한다. 이분산의 문제가 횡단면자료에서 주로 나타나는 것과는 달리 자기상관은 시계열자료의 분석에서 많이 발생한다. 주요 거시경제 지표인 GDP, 소비, 통화량 등에 대한 시계열자료는 대부분 한 시점에서의 값이 다음 시점의 관측치와 밀접한 상관관계를 갖는 특징을 보이기 때문에, 시계열자료를 이용하여 실증분석을 할 때 회귀모형의 오차항에도 이런 현상이 자주 관측된다. 특히 모형 설정을 잘못하여 누락변수 문제가 있는 경우, 오차항에 자기상관이 나타날 가능성이 있다. 예를 들어, 소비함수의 추정에서 소득($Y$) 이외에 자산($W$)이 설명변수로 포함돼야 하는데 이를 제외한 모형이 이용되면, 자산변수의 시계열자료에 나타나는 자기상관이 오차항의 자기상관으로 전이된다.

이를 분석하기 위해 다음의 회귀식이 변수 사이의 관계를 올바로 설정한 모형이라 하자.

$$C_i = \beta_1 + \beta_2 Y_i + \beta_3 W_i + \varepsilon_i \tag{10.2}$$

위 모형에서 자산변수가 제외된 아래의 회귀식이 이용되는 경우, 오차항 $\varepsilon_i^*$에 자기상관이 발생한다.

$$C_i = \beta_1^* + \beta_2^* Y_i + \varepsilon_i^* \tag{10.3}$$

특히 식 (10.2)의 오차항이 서로 독립인 경우에도 식 (10.3)의 오차항 $\varepsilon_i^* = \beta_3 W_i + \varepsilon_i$는 자산변수에 나타나는 자기상관으로 인해 높은 자기상관을 갖게 된다.

자기상관의 개념은 시계열분석에서 주로 사용되는데, 서로 다른 시점에 관측되는 오차항 사이의 상관관계를 표현하기 위해 각 변수에 $i$ 대신 $t$ 첨자를 이용하여 관측치를 나타낸다. 자기상관을 갖는 오차항을 표현하는 방법으로 다음과 같은 모형을 가장 많이 사용한다.

$$\varepsilon_t = \rho \varepsilon_{t-1} + u_t \quad (-1 < \rho < 1) \tag{10.4}$$

여기서 $u_t$는 평균이 0이고 자기상관이 없는 확률변수를 의미한다. 식 (10.4)는 $\varepsilon_t$가 자신의 과거값 $\varepsilon_{t-1}$에 의해 영향을 받는 구조를 나타내는데, 이를 서로 다른 변수 사이의 회귀모형과 구별하여 자기회귀(autoregressive: AR) 모형이라 한다. 이 경우 $\varepsilon_t$가 1기 이전의 값 $\varepsilon_{t-1}$에 직접 연결된다는 의미에서 1차(first-order) 자기회귀모형이라 부르고, AR(1)로 표기한다.

식 (10.4)로부터 $\varepsilon_t$의 상관관계를 나타내는 다음의 식을 도출할 수 있다.

$$Cov(\varepsilon_t, \varepsilon_{t-1}) = E(\varepsilon_t \varepsilon_{t-1}) = E[(\rho \varepsilon_{t-1} + u_t)\varepsilon_{t-1}] = \rho \sigma^2 \tag{10.5}$$

이 관계식을 서로 다른 두 변수 사이의 관계를 나타내는 공분산 개념과 구별하여 자기공분산(autocovariance)이라 한다. 여기서 $\rho$는 자기상관의 정도를 나타내는 계수로, $\rho \neq 0$이면 항상 자기상관이 존재함을 알 수 있다. 식 (10.4)는 오차항의 현재값이 바로 전기값에만 의존하는 구조를 나타내는데, 전기의 값 역시 그 과거의 값과 연결되므로, 오차항들은 모든 관측치에 대해 서로 자기상관을 갖는다. 이 경우 $k$가 떨어진 오차항 사이의 자기공분산은 다음과 같이 표현된다.

$$Cov(\varepsilon_t, \varepsilon_{t-k}) = \rho^k \sigma^2 \quad (-1 < \rho < 1) \tag{10.6}$$

회귀모형의 오차항에 자기상관이 나타나는 경우에도 이분산의 문제와 동일하게 OLS 추정량의 불편성과 일치성은 유지되지만, 효율적인 추정량이 될 수 없다. 또한 최소자승법을 이용하면 계수추정치의 표준오차를 제대로 구할 수 없어 통상적인 $t$-검정법, $F$-검정법 등을 그대로 적용할 수 없다.

## 2. 자기상관 여부의 검정

오차항에 이분산이 있는 경우와 같이 오차항의 자기상관을 고려하지 않으면 회귀모형의 추정 및 검정에서 중요한 문제가 발생한다. 따라서 회귀모형을 분석하기 전에 자기상관의 존재 여부를 점검할 필요가 있다.

### 2.1 잔차의 그래프 분석(residual plotting)

이분산의 경우와 마찬가지로 자기상관을 가장 간단하게 확인하는 방법은 그래프를 통해 회귀식으로부터 도출된 잔차항의 패턴을 살펴보는 것이다. 실증분석에서는 모집단 회귀식의 오차항을 관측할 수 없으므로, 이에 대한 추정치로서 잔차항의 특성을 분석하여 오차항의 자기상관 여부를 점검한다. 시간변수 또는 종속변수에 대해 잔차항의 움직임을 그렸을 때, [그림 10-1]의 (a)와 같이 횡축을 기준으로 서로 이웃하는 잔차항이 같은 부호를 가지면서 함께 움직이는 경향을 보이면 자기상관이 있는 것으로 판단하고, (b)와 같이 횡축 위와 아래에 고르게 분포하는 경우 자기상관이 없는 것으로 판단한다.

[그림 10-1] 잔차항 그래프를 이용한 자기상관 점검

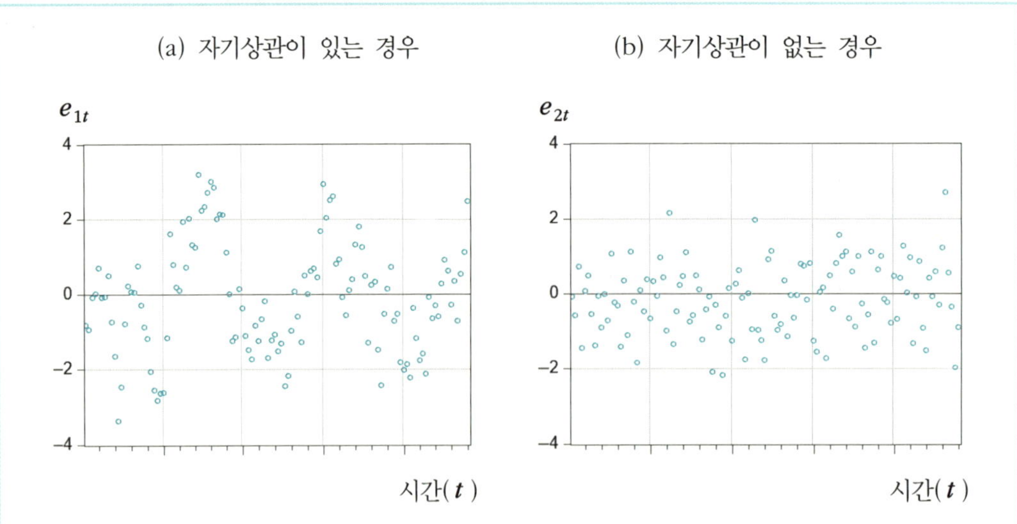

## 2.2 통계분석에 기초한 검정법의 특징

잔차의 그래프 분석에서 [그림 10-1]의 (a)와 같이 뚜렷한 패턴을 보이면 이를 토대로 자기상관의 존재 여부를 어느 정도 파악할 수 있지만, 일반적인 실증분석에서는 확실한 판단이 어려운 경우가 많이 나타난다. 따라서 통계분석에 기초한 검정방법을 적용할 필요가 있다.

예를 들어, 오차항에 식 (10.4) 형태의 자기상관이 의심될 때, 수집된 자료로부터 오차항의 관측치를 이용할 수 있으면 식 (10.4)에 대한 회귀분석에서 자기상관계수 $\rho$의 추정치를 구하고, $H_0 : \rho = 0$에 대한 $t$-검정법을 적용하여 자기상관 여부를 판정할 수 있다. 그러나 실증분석에서는 오차항 자료를 관측할 수 없으므로 이에 대한 추정치로서 잔차항의 특성을 분석해야 한다. 이 경우 다음의 회귀식을 추정하여 상관관계의 정도를 나타내는 $\rho$값에 대한 추정치를 구하는 방법을 생각해 볼 수 있다.

$$e_t = \rho e_{t-1} + u_t \quad (t = 2, 3, \cdots, n) \tag{10.7}$$

여기서 $H_0 : \rho = 0$에 대한 가설검정을 시행하여, 귀무가설이 기각될 정도로 $\rho$의 추정치 $\hat{\rho}$이 0과 차이를 보이면 자기상관이 존재하는 것으로 판정하는 방법이다.

그러나 이러한 접근법은 통상적인 $t$-검정법을 적용할 수 없다는 한계를 갖고 있다. 식 (10.7)에서 사용하는 잔차항이 회귀모형의 추정을 통해 생성된 자료(generated series)라 실제 관측치에 대한 고전적 회귀모형의 조건에 맞지 않기 때문이다. 이러한 문제를 고려하여 여러 분석기법이 개발됐는데, 여기에서는 오차항의 자기상관 분석에 가장 오랫동안 사용되고 있는 Durbin-Watson 검정법과 다양한 구조를 갖는 자기상관에 대해 일반적으로 적용할 수 있는 LM-검정법을 중심으로 그 특징과 사용방법을 설명한다.

## 2.3 Durbin-Watson 검정법

Durbin-Watson 검정법은 오차항의 자기상관 검정에서 가장 많이 사용되는 방법으로 다음의 통계량을 이용한다.

$$d = \frac{\sum_{t=2}^{n} (e_t - e_{t-1})^2}{\sum_{t=1}^{n} e_t^2} \tag{10.8}$$

여기에서도 오차항에 대한 추정치로서 잔차항 $e_t$의 특징을 분석한다. Durbin-Watson 검정법은 자기상관이 식 (10.4) 형태의 자기회귀모형을 따르는 경우를 대상으로 $H_0 : \rho = 0$ 에 대한 통계적 추론을 시행하는 방법이다. Durbin-Watson 검정법의 $d$-통계량을 이해하기 위해 먼저 식 (10.8)의 분자를 전개하여 정리해 보자.

$$d = \frac{\sum_{t=2}^{n}(e_t^2 + e_{t-1}^2) - 2\sum_{t=2}^{n} e_t e_{t-1}}{\sum_{t=1}^{n} e_t^2} \approx 2\left(1 - \frac{\sum_{t=2}^{n} e_t e_{t-1}}{\sum_{t=1}^{n} e_t^2}\right) \qquad (10.9)$$

여기서 약등호(≈)는 $n$개의 자료 중 첫째 또는 마지막 관측치가 제외됨에 따라 발생하는 미세한 차이를 반영한다.

한편, 잔차항에 대한 식 (10.7)을 최소자승법으로 추정하면, 자기상관의 정도를 나타내는 $\rho$값의 추정치가 다음과 같이 도출된다.

$$\hat{\rho} = \frac{\sum_{t=2}^{n} e_t e_{t-1}}{\sum_{t=2}^{n} e_{t-1}^2} \qquad (10.10)$$

식 (10.10)에서 $\hat{\rho}$은 식 (10.9)의 마지막 항과 (거의) 동일한 값으로 도출되며, 따라서 $d \approx 2(1-\hat{\rho})$의 관계가 성립함을 알 수 있다. 식 (10.4)에서 $\rho = 0$으로 오차항에 자기상관이 없는 경우, 잔차항을 이용한 식 (10.10)의 추정치 $\hat{\rho}$은 0에 가깝게 도출되고, 이 경우 $d$-통계치는 2에 가까운 값을 갖는다. 반면 오차항에 강한 (+) 자기상관이 나타나면, $\hat{\rho}$은 1에 가깝게 되고 이에 따라 $d$-통계치가 0 근처의 값으로 도출된다. 따라서 $d$-통계치가 2에서 멀리 벗어나 0에 가깝게 작은 경우, (+)의 자기상관이 나타날 가능성이 높다. 실제로 $d$-통계치가 정해진 임계치 $d^*$보다 작은 경우, 귀무가설 $H_0 : \rho = 0$을 기각하고 자기상관이 있는 것으로 판단한다. 그러나 $d$-통계량의 통계적 특징은 모형에 포함된 독립변수에 따라 달라지게 되어 그 분포를 정확히 알 수 없다는 문제가 있다.

이러한 문제를 해결하기 위해 Durbin-Watson 검정법에서는 다음과 같이 범위검정(bounds test) 방법을 적용하여 자기상관 여부에 대한 가설검정을 시행한다. 먼저 $d$-통계치의 값이 2보다 작아 (+)의 상관관계를 검정하는 경우, ① [그림 10-2]에서 $d < d_L^*$이면 (+) 상관관계($\rho > 0$)가 있다고 판정하고, ② $d > d_U^*$이면 자기상관이 없다고 판정하며, ③ $d_L^* < d < d_U^*$인 경우에는 판정을 유보한다. 여기서 두 개의 임계치($d_L^*, d_U^*$)는 부록 [표 B-5]에 제시된

[그림 10-2] DW-통계량을 이용한 자기상관 점검

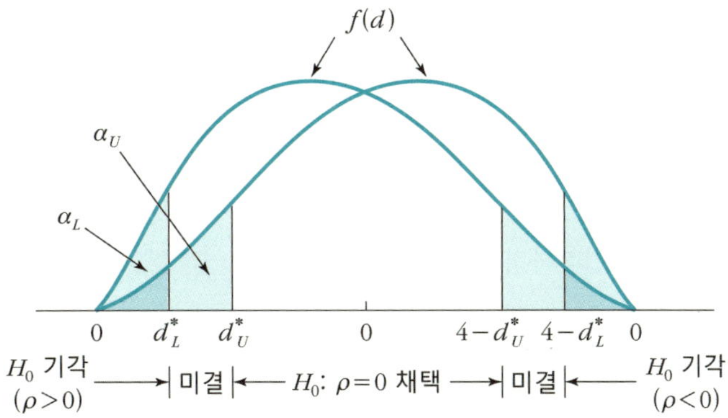


것 같이 표본의 크기와 설명변수의 수에 따라 결정된다. 이와는 반대로 $d$-통계치가 2보다 큰 경우 $(4-d)$값에 대해 위의 임계치를 적용하거나, [그림 10-2]의 우측에 표시된 $(4-d_L^*, 4-d_U^*)$의 임계치와 $d$-통계치를 비교하면 된다.

이런 방법으로 $d$-통계량을 이용하기 위해서는 회귀모형의 오차항 $\varepsilon_t$가 정규분포를 갖고, 설명변수에는 종속변수의 과거값 같은 확률변수가 포함되지 않아야 한다. 아래 식 (10.11)과 같이 종속변수의 과거값이 회귀식의 설명변수로 포함된 모형에 대해 DW-검정법을 적용하면, 식 (10.4)에서 실제 $\rho \neq 0$으로 오차항에 자기상관이 있는 경우에도 자기상관이 없는 것으로 잘못 판단하는 경향이 높아지기 때문이다.

$$Y_t = \beta_1 + \beta_2 X_{2t} + \beta_3 X_{3t} + \alpha Y_{t-1} + \varepsilon_t \tag{10.11}$$

제12장에서 다룰 시계열모형이 이런 구조를 갖는데, 이 경우에는 위의 $d$-통계량 대신 다음의 Durbin $h$-통계량이 사용된다.

$$h = \left(1 - \frac{d}{2}\right)\sqrt{\frac{n}{1-ns_a^2}} \tag{10.12}$$

여기서 $s_a^2$는 회귀모형 (10.11)에 포함된 종속변수의 과거항 $Y_{t-1}$의 계수추정치의 분산에 대한 추정치를 나타낸다. 이와 같이 도출된 $h$-통계량에 점근적 표준정규분포를 적용하여 자기상관 유무에 대한 검정을 시행한다.

**예 10.1**

① (예 9.1)에서 이분산이 있는 것으로 분석된 횡단면 소비함수를 대상으로 자기상관 유무를 검정해 보자. 식 (5.15)의 추정 결과를 제시한 [그림 5-A1]에서 DW-통계량은 $d = 1.981$로 2에 가까운 값을 나타냈다. 이를 상수항을 제외한 설명변수의 수 $k' = 2$ 및 자료의 수 $n = 120$에 대응하는 임계치 $d_U^* = 1.71$과 비교해 보면 $d > d_U^*$의 관계를 나타내므로 자기상관이 없다는 귀무가설 $H_0 : \rho = 0$을 기각하지 못한다.

② 시계열 소비함수의 추정 결과를 제시한 [그림 4-A15]를 보면 $d = 0.066$이며, $k' = 1$ 및 자료의 수 $n = 200$에 대응하는 임계치 $d_L^* = 1.76$보다 작으므로 $H_0 : \rho = 0$의 귀무가설은 기각된다. 따라서 시계열 소비함수모형의 경우 (+)의 자기상관이 나타나는 것으로 분석된다.

## 2.4 LM-검정법

DW-검정법은 오차항의 자기상관 검정에서 가장 오랫동안 사용되고 있는 방법으로 대부분의 통계분석 프로그램에서 회귀식의 추정 결과에 대한 기초 통계량으로 제시된다. 그러나 이 방법은 자기상관이 식 (10.4) 형태의 구조를 갖지 않는 경우에는 사용할 수 없다는 단점이 있다. 또한 검정통계치의 값에 따라 판정이 불가능한 상황이 발생할 가능성이 있고, 종속변수의 과거값이 설명변수로 포함되는 경우에도 적용할 수 없다. LM(Lagrange multiplier)-검정법은 이러한 문제가 나타나는 다양한 경우에도 사용할 수 있는 일반적인 방법으로, 다음과 같이 White 이분산 검정법과 유사한 방식을 적용한다. 여기에서는 이분산 검정 등 다른 경우와 같은 맥락에서 두 개의 설명변수로 구성된 회귀모형을 대상으로 자기상관을 검정하는 과정을 정리한다.

① 먼저 최소자승추정법으로 회귀식($Y_t = \beta_1 + \beta_2 X_{2t} + \beta_3 X_{3t} + \varepsilon_t$)의 잔차를 도출한다.

$$e_t = Y_t - b_1 - b_2 X_{2t} - b_3 X_{3t} \tag{10.13}$$

② 잔차 $e_t$를 상수항과 $X_{2t}$, $X_{3t}$, 그리고 $e_{t-1}$에 대해 회귀분석을 시행한다.

$$e_t = \alpha_1 + \alpha_2 X_{2t} + \alpha_3 X_{3t} + \rho e_{t-1} + v_t \tag{10.14}$$

이 보조회귀식에서 귀무가설 $H_0 : \rho = 0$에 대한 가설검정으로 $e_t$와 $e_{t-1}$ 사이의 상관관계 유무를 점검한다.

③ 자기상관 분석을 위한 검정통계치는 $LM = nR^2$ 으로, 여기서 $R^2$는 이분산 검정과 마찬가지로 보조회귀식 (10.14)로부터 도출된 결정계수의 값을 나타내며, $n$ 은 식 (10.13)에서의 잔차 추정에 사용된 관측치의 수를 나타낸다. 이 경우 검정통계치는 자유도가 1인 점근적 $\chi^2$-분포를 갖는다.

여기서 위의 귀무가설이 기각되지 않으면 자기상관이 없는 것으로 해석하는데, DW-검정법과는 달리 판정을 보류하는 경우는 발생하지 않는다. 이러한 LM-검정법은 자료의 수가 많아 점근적 분포가 적용되는 경우에만 사용할 수 있다는 단점이 있으나, 종속변수의 과거값이 회귀식에 포함되는 경우나 일반적인 자기상관 구조에 대한 검정에도 적용할 수 있다. 예를 들어, 오차항이 다음과 같이 $p$ 차 자기회귀모형을 나타낸다고 하자.

$$\varepsilon_t = \rho_1 \varepsilon_{t-1} + \rho_2 \varepsilon_{t-2} + \cdots + \rho_p \varepsilon_{t-p} + u_t \qquad (10.15)$$

이 경우 식 (10.14) 대신 $p$ 개의 과거 잔차항을 포함한 다음의 보조회귀식을 추정한다.

$$e_t = \alpha_1 + \alpha_2 X_{2t} + \alpha_3 X_{3t} + \rho_1 e_{t-1} + \rho_2 e_{t-2} + \cdots + \rho_p e_{t-p} + v_t \qquad (10.16)$$

여기서 검정통계치 $LM = nR^2$ 을 이용하여 귀무가설 $H_0 : \rho_1 = \rho_2 = \rho_3 = \cdots = \rho_p = 0$ 에 대해 검정한다. 이 경우 LM-통계량은 자유도 $p$ 인 점근적 $\chi^2$-분포를 갖는다.

## 예 10.2

DW-통계량을 토대로 자기상관을 점검한 (예 10.1)의 결과와 비교하기 위해 횡단면 소비함수 및 시계열 소비함수에 대해서 LM-검정법으로 오차항의 자기상관을 분석했다. 횡단면 소비함수에서는 $LM = 0.00037$($p$-value = 0.9846)로 도출돼 자기상관이 없으며, 시계열 소비함수에서는 $LM = 186.807$($p$-value = 0.0000)로 구해져 강한 자기상관이 있는 것으로 나타났다. 이는 모두 DW-검정법의 결과와 일치하는 것으로 해석된다.

## 3. 자기상관의 해결 방안

오차항에 자기상관이 있는 경우에는 OLS 추정량이 BLUE가 될 수 없으므로, 이를 고려하여 효율적인 추정치를 구하는 방법을 모색해야 한다. 자기상관을 해결하는 방법은 자기상관의 발생 원인에 따라 달라지는데, 특히 이러한 자기상관 문제가 위의 식 (10.2)와 (10.3)에서와 같이 누락된 변수로 인해 발생한 것이면, 제외된 변수를 찾아서 모형에 포함해야 한다. 또한 비선형관계에 있는 변수들을 선형회귀식으로 추정할 때에도 자기상관 현상이 나타날 수 있다. 이런 경우에는 아래에 소개할 일반최소자승법을 적용하기 전에 모형설정오류 문제를 먼저 해결해야 한다.

변수 선택이나 모형 설정에는 문제가 없는데도 불구하고 자기상관이 발생하는 경우, 주어진 모형이 고전적 회귀모형의 조건을 만족하도록 원래의 자료를 변형하여 사용한다. 이러한 방법은 기본적으로 오차항의 상관관계 구조를 알고 있는 것을 전제로 한다. 여기에서는 두 개의 설명변수를 포함하는 모형에서 오차항이 식 (10.4)와 같이 AR(1) 모형의 구조를 갖는 경우를 대상으로 효율적인 추정치를 도출하는 방법에 대해 설명한다. 이 방법은 일반적인 다중회귀모형에 대해서도 동일하게 적용할 수 있으며, 또한 오차항이 식 (10.4)와 다른 구조를 갖는 경우에도 기본적으로 같은 과정을 통해 원래의 자료를 변형하면 된다.

### 3.1 자기상관계수의 값을 아는 경우

두 개의 설명변수를 포함하는 모형에서 오차항이 식 (10.4) 형태의 자기상관을 나타낸다고 하자.

$$Y_t = \beta_1 + \beta_2 X_{2t} + \beta_3 X_{3t} + \varepsilon_t \qquad (10.17)$$

$$\varepsilon_t = \rho \varepsilon_{t-1} + u_t \quad (\rho \neq 0)$$

먼저 $\rho$의 값을 알고 있다고 가정하는 경우, 다음과 같이 원래의 회귀식을 변환하여 자기상관이 없는 모형을 도출한다. 식 (10.17)을 한 기간 이전의 식으로 표현하면 다음과 같다.

$$Y_{t-1} = \beta_1 + \beta_2 X_{2,t-1} + \beta_3 X_{3,t-1} + \varepsilon_{t-1} \qquad (10.18)$$

식 (10.18)의 양변에 자기회귀 계수 $\rho$를 곱해 식 (10.17)에서 빼면 다음의 식이 도출된다.

$$(Y_t - \rho Y_{t-1}) = \beta_1(1-\rho) + \beta_2(X_{2t} - \rho X_{2,t-1}) + \beta_3(X_{3t} - \rho X_{3,t-1}) + (\varepsilon_t - \rho\varepsilon_{t-1}) \quad (10.19)$$

여기서 $\beta_1^* = \beta_1(1-\rho)$ 라 표기하고, 이를 변환된 회귀모형으로 표현하면 다음의 회귀식이 된다.

$$Y_t^* = \beta_1^* + \beta_2 X_{2t}^* + \beta_3 X_{3t}^* + u_t \quad (t = 2, 3, \cdots, n) \quad (10.20)$$

여기서 $Y_t^*$, $X_{2t}^*$, $X_{3t}^*$ 는 식 (10.19)의 변환된 변수를 나타내는데, 이러한 구조로 변수를 변환시키는 것을 일반화된 차분(generalized difference)이라 한다. 식 (10.20)에서 오차항 $u_t$는 자기상관이 없는 확률변수로 OLS 추정을 위한 모든 조건을 만족하는 형태가 된다.

회귀식 (10.20) 형태의 변환된 자료에 대한 회귀모형을 추정하는 경우에는 $t=1$에 대응하는 관계식은 설정할 수 없어 모형 추정에 사용할 수 있는 자료는 $(n-1)$개가 된다. 이 경우 주어진 자료가 충분히 많으면 실제 추정에 사용되는 자료가 1개 정도 감소하더라도 큰 차이가 나타나지 않을 것이다. 그러나 표본자료의 수가 많지 않으면, 이러한 정보의 감소로 인해 계수추정량의 효율성이 크게 떨어지는 결과를 초래한다. 이를 고려하여 다음과 같이 첫 번째 관측치가 갖고 있는 정보를 사용할 수 있다.

$$\sqrt{1-\rho^2}\,Y_1 = \beta_1\sqrt{1-\rho^2} + \beta_2\sqrt{1-\rho^2}\,X_{21} + \beta_3\sqrt{1-\rho^2}\,X_{31} + \sqrt{1-\rho^2}\,\varepsilon_1 \quad (10.21)$$

식 (10.21)과 같이 변환시킨 자료를 첫 번째 관측치로 사용하면 오차항 $u_1 = \sqrt{1-\rho^2}\,\varepsilon_1$이 (10.20)의 오차항과 동일한 분산 $\sigma_u^2 = (1-\rho^2)\sigma^2$을 갖게 되어 이들을 연결시켜 사용할 수 있다. 이와 같이 식 (10.20) 및 (10.21)로 표현되는 $n$개의 관계식을 모두 이용하여 추정하는 방법을 Prais-Winsten 추정법이라 한다. 이 방법은 제9장에서 다룬 이분산의 경우와 같은 맥락에서 고전적 회귀모형보다 일반적인 오차항의 구조를 갖는 회귀식에 적용하는 일반최소자승법에 해당한다.[1] 따라서 변환된 회귀모형에 대해 최소자승법을 적용하면 원래 모형 (10.17)의 회귀계수에 대한 BLUE를 도출할 수 있으며, 이에 대한 표준오차 및 $t$-통계량 등도 올바로 구할 수 있다.

---

1 이와 같이 첫째 관측치를 포함해서 추정해야 가장 효율적인 추정량이 도출될 수 있다는 것은 GLS 추정법을 행렬 연산으로 표현한 [부록 10.1]의 식 (10.A11)에서 확인할 수 있다.

## 3.2 자기상관계수의 값을 추정해야 하는 경우

지금까지는 $\rho$의 값을 알고 있다는 가정에서 이 값을 이용하여 일반화된 차분을 도출했는데, 현실적으로는 $\rho$의 값을 모르기 때문에 주어진 자료로부터 이를 추정해서 사용해야 한다. $\rho$의 값을 추정하는 방법은 다양하게 개발됐는데, 그중 Cochrane-Orcutt 방법과 Durbin의 2단계 추정법 등이 많이 사용된다.

### 1) Cochrane-Orcutt 반복 추정법

① 식 (10.17)에 최소자승법을 적용하여 잔차항 $e_t$를 구하고, 이 잔차를 오차항 대신 사용하여 식 (10.7)의 자기회귀모형에서 $\hat{\rho}$을 추정한다.

② 위 ①에서 추정된 $\hat{\rho}$을 $\rho$ 대신 사용하여 식 (10.19) 형태의 일반화된 차분모형을 도출하고, 이와 같이 도출된 식 (10.20)의 변형된 회귀모형을 대상으로 회귀계수에 대한 추정치를 구한다.

③ 위 ②의 추정 결과 도출된 계수추정치를 이용하여 식 (10.17)에 대한 잔차를 구하고, 이 잔차를 사용하여 ①에서와 같이 식 (10.7)을 회귀분석하여 $\rho$에 대한 추정치를 다시 도출한다.

④ 이를 또다시 식 (10.19)에서 $\rho$ 대신 사용하여, ②와 ③의 과정을 반복한다. 새롭게 구해지는 $\rho$의 추정치에 변화가 거의 없을 때까지 반복한 후, 마지막으로 구해진 $\rho$의 추정치를 이용하여 식 (10.20)을 추정한다.

### 2) Durbin의 2단계 추정법

① 식 (10.19)를 다시 정리하면 다음과 같이 표현할 수 있다.

$$Y_t = \rho Y_{t-1} + \beta_1^* + \beta_2(X_{2t} - \rho X_{2,t-1}) + \beta_3(X_{3t} - \rho X_{3,t-1}) + u_t \qquad (10.22)$$

주어진 자료를 이용해서 식 (10.22)를 추정하여 변수 $Y_{t-1}$에 대한 계수추정치 $\hat{\rho}$을 도출한다.

② 위 ①에서 추정된 $\hat{\rho}$을 $\rho$ 대신 사용하여 식 (10.20) 형태의 변환된 회귀모형을 추정한다.

이와 같이 잔차항을 이용하여 자기상관을 추정하고, 이를 다시 최소자승법에 적용하는 방법을 실행 가능한 일반최소자승법(feasible GLS: FGLS)이라 한다. 이러한 FGLS 추정량은 자기상관계수의 추정치를 사용하기 때문에 일반적으로 불편성을 충족하지 못한다. 그러나 일치성을 가지며, 점근적으로 OLS 추정치보다 효율적인 추정량이 된다. 또한 $t$-통계량 등을 이용한 통상적인 가설검정법을 적용할 수 있다.

### 예 10.3

앞의 (예 10.1), (예 10.2)에서 자기상관 문제가 있는 것으로 분석된 시계열 소비함수에 대해 AR(1) 형태의 오차항이 나타나는 회귀모형을 추정했다.

$$\widehat{CP}_t = \underset{(0.00004)}{22{,}388.67} + \underset{(19.508)}{0.398}\,GDP_t \qquad \underset{(4.738)}{\hat{\rho} = 1.000} \quad R^2 = 0.9998,\ \bar{R}^2 = 0.9998 \tag{10.23}$$

이와 같이 자기상관을 고려하여 추정된 모형의 오차항에 자기상관이 남아 있는지를 점검하기 위해 [그림 10-3]에 식 (10.22) 형태의 회귀식에서 도출된 잔차항 $\hat{u}_t$와 자기상관을 고려하지 않은 식 (10.17) 형태의 모형에서 추정된 잔차항 $e_t$를 그래프로 함께 제시했다. 이 그래프를 보면 OLS 잔차 $e_t$에는 자기상관이 뚜렷하게 나타나는 데 반해, FGLS 잔차 $\hat{u}_t$는 이웃하는 잔차항과 같이

[그림 10-3] OLS 잔차항 $e_t$와 FGLS 잔차항 $\hat{u}_t$의 추이

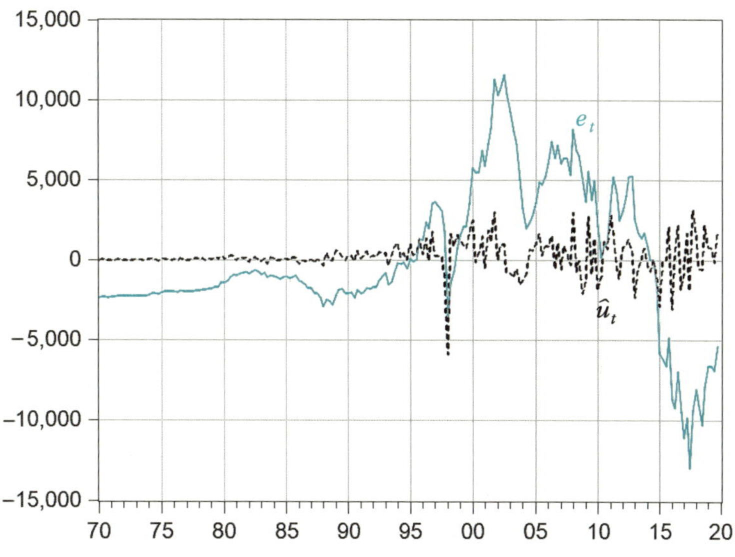

움직이는 패턴을 보이지 않아 자기상관이 없는 것으로 판단된다. 실제 식 (10.23)의 잔차항에 대해 LM-검정법을 적용하여 자기상관 여부를 검정한 결과 $LM = 1.482$($p$-value $= 0.224$) 값이 도출됐다. 따라서 더 이상 자기상관은 나타나지 않는 것으로 분석된다.

부록 10.1

# 일반최소자승법(FGLS)의 행렬 연산

여기에서는 제5장의 [부록 5.1]에서 소개한 다중회귀모형의 행렬 연산을 이용하여 제9장과 제10장의 GLS 추정법을 재조명한다. 오차항의 이분산과 자기상관의 문제가 모두 고전적 회귀모형보다 일반적인 오차항의 구조를 갖는 경우에 해당하며, 변환된 회귀모형에 대해 최소자승법을 적용하면 BLUE를 도출할 수 있다. 이 과정에서 원래 모형을 변환하는 구조에 차이가 나타나기는 하지만, 행렬 연산을 이용해서 비교해 보면 전체적인 접근방법은 유사한 것을 확인할 수 있다.

먼저 일반적인 다중회귀모형에 대한 행렬 연산 표현을 다시 정리하자.

$$Y_i = \beta_1 + \beta_2 X_{2i} + \beta_3 X_{3i} + \cdots + \beta_k X_{ki} + \varepsilon_i \quad (i = 1, 2, \cdots, n) \qquad (10.A1)$$

$$\Rightarrow \begin{pmatrix} Y_1 \\ Y_2 \\ \vdots \\ Y_n \end{pmatrix} = \begin{bmatrix} X_{11} & X_{21} & \cdots & X_{k1} \\ X_{12} & X_{22} & \cdots & X_{k2} \\ \vdots & \vdots & \ddots & \vdots \\ X_{1n} & X_{2n} & \cdots & X_{kn} \end{bmatrix} \begin{pmatrix} \beta_1 \\ \beta_2 \\ \vdots \\ \beta_k \end{pmatrix} + \begin{pmatrix} \varepsilon_1 \\ \varepsilon_2 \\ \vdots \\ \varepsilon_n \end{pmatrix} \qquad (10.A2)$$

$$\boldsymbol{y} = \boldsymbol{X} \ \boldsymbol{\beta} + \boldsymbol{\varepsilon} \qquad (10.A3)$$

고전적 회귀모형의 오차항에 대한 조건인 [가정 5], [가정 6]을 행렬로 표현하면 다음과 같다.

$$V(\boldsymbol{\varepsilon}) = E(\boldsymbol{\varepsilon}\boldsymbol{\varepsilon}') = \sigma^2 \boldsymbol{I_n} = \sigma^2 \begin{pmatrix} 1 & 0 & \cdots & 0 \\ 0 & 1 & \cdots & 0 \\ \vdots & \vdots & \ddots & \vdots \\ 0 & 0 & \cdots & 1 \end{pmatrix} \qquad (10.A4)$$

여기서 $\boldsymbol{\varepsilon}$는 $(n \times 1)$ 오차항 벡터를 나타내며, $V(\boldsymbol{\varepsilon})$는 오차항의 분산-공분산(variance-covariance) 행렬로 오차항 $\varepsilon_i$가 동분산($\sigma^2$)을 갖고, 모든 $i \neq j$에 대해 $E(\varepsilon_i \varepsilon_j) = 0$ 임을 의미한다.

이런 구형(spherical) 분포의 조건이 충족되지 않으면, 오차항의 분산-공분산 행렬은 식 (10.A4)와는 달리 다음의 일반적인 구조를 갖는다.

$$V(\boldsymbol{\varepsilon}) = E(\boldsymbol{\varepsilon}\boldsymbol{\varepsilon}') = \sigma^2 \boldsymbol{\Omega} \neq \sigma^2 \boldsymbol{I}_n \qquad (10.\text{A5})$$

여기서 오차항이 이분산 또는 AR(1) 형태의 자기상관을 나타내는 경우, 이에 해당하는 $\boldsymbol{\Omega}$의 구조는 각각 다음과 같다.[2]

$$\boldsymbol{\Omega}_h = \begin{pmatrix} \sigma_1^2 & 0 & \cdots & 0 \\ 0 & \sigma_2^2 & \cdots & 0 \\ \vdots & \vdots & \ddots & \vdots \\ 0 & 0 & \cdots & \sigma_n^2 \end{pmatrix}, \quad \boldsymbol{\Omega}_a = \begin{pmatrix} 1 & \rho & \rho^2 & \cdots & \rho^{n-1} \\ \rho & 1 & \rho & \cdots & \rho^{n-2} \\ \vdots & \vdots & \vdots & \ddots & \vdots \\ \rho^{n-1} & \rho^{n-2} & & \cdots & 1 \end{pmatrix} \qquad (10.\text{A6})$$

회귀식 (10.A3)의 오차항이 이와 같이 비구형(non-spherical) 분포를 갖는 경우, 고전적 회귀모형의 조건이 충족되도록 변환된 변수에 대한 회귀식으로 설정해야 한다. 이를 위해 식 (10.A6)의 분산-공분산 행렬 $\boldsymbol{\Omega}$의 역행렬 $\boldsymbol{\Omega}^{-1}$의 표준편차(standard deviation) 행렬을 구할 필요가 있다.

$$\boldsymbol{\Omega}_h^{-1} = \begin{pmatrix} 1/\sigma_1^2 & 0 & \cdots & 0 \\ 0 & 1/\sigma_2^2 & \cdots & 0 \\ \vdots & \vdots & \ddots & \vdots \\ 0 & 0 & \cdots & 1/\sigma_n^2 \end{pmatrix} = \boldsymbol{T}_h{}'\boldsymbol{T}_h$$

$$\text{여기서 } \boldsymbol{T}_h = \begin{pmatrix} 1/\sigma_1 & 0 & \cdots & 0 \\ 0 & 1/\sigma_2 & \cdots & 0 \\ \vdots & \vdots & \ddots & \vdots \\ 0 & 0 & \cdots & 1/\sigma_n \end{pmatrix} \qquad (10.\text{A7})$$

$$\boldsymbol{\Omega}_a^{-1} = \frac{1}{1-\rho^2} \begin{pmatrix} 1 & -\rho & 0 & \cdots & 0 \\ -\rho & 1+\rho^2 & -\rho & \cdots & 0 \\ \vdots & \vdots & \ddots & \ddots & \vdots \\ \vdots & \vdots & \vdots & 1+\rho^2 & -\rho \\ 0 & 0 & 0\cdots & -\rho & 1 \end{pmatrix} = \boldsymbol{T}_a{}'\boldsymbol{T}_a$$

$$\text{여기서 } \boldsymbol{T}_a = \begin{pmatrix} \sqrt{1-\rho^2} & 0 & 0 & \cdots & 0 \\ -\rho & 1 & 0 & \cdots & 0 \\ \vdots & \vdots & \ddots & \ddots & \vdots \\ 0 & 0 & \cdots -\rho & 1 & 0 \\ 0 & 0 & \cdots 0 & -\rho & 1 \end{pmatrix} \qquad (10.\text{A8})$$

여기서 $\boldsymbol{T}_h$, $\boldsymbol{T}_a$는 각각 회귀모형 (10.A3)의 오차항이 이분산 또는 자기상관을 갖는 경우, 이

---

2 식 (10.A6)에서 $\sigma_i^2$를 오차항 분산($\sigma^2\sigma_i^2$)의 상대적 크기 또는 비율을 나타내는 것으로 사용하여, 식 (10.A5)의 행렬 연산을 자기상관의 경우에도 동시에 표현할 수 있게 했다.

를 고전적 회귀모형의 조건을 충족하도록 변환시키는 행렬을 나타낸다. 두 경우 모두 다음과 같이 변환된 회귀식을 도출한다.

$$Ty = TX\boldsymbol{\beta} + T\boldsymbol{\varepsilon} \tag{10.A9}$$

$$\Rightarrow \boldsymbol{y}^* = X^*\boldsymbol{\beta} + \boldsymbol{\varepsilon}^* \tag{10.A10}$$

식 (10.A9)에서 이분산과 자기상관의 경우, 각각 다음 형태의 변수 변환이 적용된다.

$$\text{이분산} \Rightarrow \boldsymbol{y}^* = \begin{pmatrix} y_1/\sigma_1 \\ y_2/\sigma_2 \\ \vdots \\ y_n/\sigma_n \end{pmatrix}; \quad \text{자기상관} \Rightarrow \boldsymbol{y}^* = \begin{pmatrix} \sqrt{1-\rho^2}\, y_1 \\ y_2 - \rho y_1 \\ \vdots \\ y_n - \rho y_{n-1} \end{pmatrix} \tag{10.A11}$$

이와 같이 변환된 회귀식 (10.A10)에 대해 OLS 추정법을 적용하면, 원래의 회귀모형 (10.A3)에 대한 GLS 추정량이 도출된다.

$$\boldsymbol{b}_{OLS}^* = (X^{*\prime}X^*)^{-1}X^{*\prime}\boldsymbol{y}^* \quad (\text{여기서 } \boldsymbol{y}^* = T\boldsymbol{y},\ X^* = TX) \tag{10.A12}$$

$$\Rightarrow \boldsymbol{b}_{OLS}^* \equiv \boldsymbol{b}_{GLS} = (X'\boldsymbol{\Omega}^{-1}X)^{-1}X'\boldsymbol{\Omega}^{-1}\boldsymbol{y} \tag{10.A13}$$

여기서 GLS 추정량 $\boldsymbol{b}_{GLS}$의 분산은 다음과 같다.

$$V(\boldsymbol{b}_{GLS}) = \sigma^2(X'\boldsymbol{\Omega}^{-1}X)^{-1} \tag{10.A14}$$

이 경우 원래의 회귀식 (10.A3)에 대한 OLS 추정량 $\boldsymbol{b}_{OLS}$의 분산은 다음과 같다.

$$V(\boldsymbol{b}_{OLS}) = \sigma^2(X'X)^{-1}X'\boldsymbol{\Omega}X(X'X)^{-1} \tag{10.A15}$$

이는 고전적 회귀모형의 조건을 충족하는 경우의 OLS 추정량에 대한 분산 $V(\boldsymbol{b}) = \sigma^2(X'X)^{-1}$과 비교된다. 한편, 오차항이 이분산 또는 자기상관을 갖는 경우, GLS 추정량이 OLS 추정량보다 효율적이며, 따라서 GLS 추정량이 BLUE임을 보일 수 있다.

$$V(\boldsymbol{b}_{GLS}) \leq V(\boldsymbol{b}_{OLS}) \tag{10.A16}$$

또한 실증분석에서 이분산의 크기와 자기상관의 구조를 모르면, 각각의 경우에 적합한 방법을 적용하여 오차항의 분산에 대한 추정량 $\widehat{\boldsymbol{\Omega}}$을 구하고, 이를 $\boldsymbol{\Omega}$ 대신 사용하여 FGLS 추정량을 도출한다.

$$\boldsymbol{b}_{FGLS} = (X'\widehat{\boldsymbol{\Omega}}^{-1}X)^{-1}X'\widehat{\boldsymbol{\Omega}}^{-1}\boldsymbol{y} \tag{10.A17}$$

부록 10.2

# EViews 명령문 및 추정 결과

## 1. LM-검정법

EViews에서 (예 10.2)의 시계열 소비함수에 대해 LM-검정법을 적용하여 자기상관을 분석하는 방법은 다음과 같다. 제4장의 부록 [그림 4-A15]에 제시된 소비함수모형의 추정을 위해 생성한

[그림 10-A1] (예 10.2)의 시계열 소비함수의 LM-검정 결과

Breusch-Godfrey Serial Correlation LM Test:

| | | | |
|---|---|---|---|
| F-statistic | 2,789.503 | Prob. F(1,116) | 0.0000 |
| Obs*R-squared | 186.8073 | Prob. Chi-Square(1) | 0.0000 |

Test Equation:
Dependent Variable: RESID
Method: Least Squares
Sample: 1970Q1 2019Q4
Included observations: 200
Presample missing value lagged residuals set to zero.

| Variable | Coefficient | Std. Error | t-Statistic | Prob. |
|---|---|---|---|---|
| C | 49.00698 | 112.3434 | 0.436225 | 0.6632 |
| GDP | −0.000489 | 0.000517 | −0.944397 | 0.3461 |
| RESID(−1) | 0.970248 | 0.018370 | 52.81575 | 0.0000 |

| | | | |
|---|---|---|---|
| R-squared | 0.934037 | Mean dependent var | 2.31E−11 |
| Adjusted R-squared | 0.933367 | S.D. dependent var | 4,365.875 |
| S.E. of regression | 1,126.981 | Akaike info criterion | 16.90736 |
| Sum squared resid | 2.50E+08 | Schwarz criterion | 16.95683 |
| Log likelihood | −1,687.736 | Hannan-Quinn criter. | 16.92738 |
| F-statistic | 1,394.751 | Durbin-Watson stat | 2.012553 |
| Prob(F-statistic) | 0.000000 | | |

방정식 EQ4_A15의 도구창에서 [View] / [Residual Diagnostics] ▶ [Serial Correlation LM Test]를 차례로 선택한 후 [Lag Specification] 입력창에 『1』을 입력한다. [여기서는 오차항이 1차 자기회귀모형을 따른다고 가정함.]

제5장의 부록 [그림 5-A1]에 제시된 횡단면 소비함수에 대해서도 오차항이 1차 자기회귀모형을 따르는 경우 위와 유사한 방식으로 검정할 수 있다. [그림 10-A2]에는 검정 결과만을 간략히 정리했다.

[그림 10-A2] (예 10.2)의 횡단면 소비함수의 LM-검정 결과

| Breusch-Godfrey Serial Correlation LM Test: | | | |
|---|---|---|---|
| F-statistic | 0.000359 | Prob. F(1,116) | 0.9849 |
| Obs*R-squared | 0.000371 | Prob. Chi-Square(1) | 0.9846 |

## 2. 자기상관의 해결 방안

(예 10.1) 및 (예 10.2)에서 자기상관 문제가 있는 것으로 분석된 시계열 소비함수의 자기상관 문제를 고려하는 방법은 다음과 같다. ① [그림 10-A1]의 검정 결과를 나타내는 도구창에서 [Estimate]를 다시 누르고 [Equation Specification] 입력창에 AR(1) 항목을 추가시켜 회귀식에 포함된 변수가 『CP C GDP AR(1)』이 되도록 한다. ② Options 탭을 눌러 [ARMA] 추정방법을 [GLS]로 선택한 다음 [확인]을 누르면 아래의 추정 결과가 출력된다.

EViews에서는 식 (10.22)의 모형을 비선형최소자승법으로 추정하여 자기상관계수 $\rho$와 회귀계수의 값을 도출하는 방법을 사용한다. 그 밖에 2차 자기회귀모형의 구조를 가정하는 경우, 입력창에 AR(2)를 추가하여 『CP C GDP AR(1) AR(2)』에 대해 추정하면 된다. 이와는 다른 형태인 이동평균모형을 따르는 경우에는 MA(1)을 포함한 회귀식 『CP C GDP MA(1)』를 사용하면 된다. [이동평균모형 등 일반적인 형태의 시계열모형에 대해서는 제Ⅳ부 참조.]

자기상관을 고려하여 추정된 모형의 오차항에 자기상관이 남아 있는지 점검하기 위해서는, [그림 10-A3]의 추정 결과를 나타내는 도구창에서 LM-검정법을 다시 적용하면 된다. 이의 검정 결과는 다음에 간략히 제시했다.

[그림 10-A3] (예 10.3)의 추정 결과

Dependent Variable: CP
Method: ARMA Generalized Least Squares (Gauss-Newton)
Sample: 1970Q1 2019Q4
Included observations: 200 after adjustments
Convergence achieved after 59 iterations
Coefficient covariance computed using outer product of gradients
d.f. adjustment for standard errors & covariance

| Variable | Coefficient | Std. Error | t-Statistic | Prob. |
|---|---|---|---|---|
| C | 22,388.67 | 6.40E+08 | 3.50E−05 | 1.0000 |
| GDP | 0.395729 | 0.020286 | 19.50773 | 0.0000 |
| AR(1) | 1.000000 | 0.211056 | 4.738090 | 0.0000 |

| | | | |
|---|---|---|---|
| R-squared | 0.999809 | Mean dependent var | 78,039.11 |
| Adjusted R-squared | 0.999807 | S.D. dependent var | 76,362.23 |
| S.E. of regression | 1,062.061 | Akaike info criterion | 16.92178 |
| Sum squared resid | 2.22E+08 | Schwarz criterion | 16.97126 |
| Log likelihood | −1,689.178 | Hannan-Quinn criter. | 16.94180 |
| F-statistic | 514,278.2 | Durbin-Watson stat | 1.831563 |
| Prob(F-statistic) | 0.000000 | | |
| Inverted AR Roots | 1.00 | | |

[그림 10-A4] (예 10.3)의 자기상관을 고려한 오차항의 LM-검정 결과

Breusch-Godfrey Serial Correlation LM Test:

| | | | |
|---|---|---|---|
| F-statistic | 1.462867 | Prob. F(1,196) | 0.2279 |
| Obs*R-squared | 1.481663 | Prob. Chi-Square(1) | 0.2235 |

부록 10.3

# R 명령문 및 추정 결과

## 1. 자기상관 검정

R에서 (예 10.1) 및 (예 10.2)에 해당하는 시계열 소비함수의 자기상관을 검정하기 위해서는 『lmtest』 패키지의 dwtest( ) 함수와 bgtest( ) 함수를 이용한다. dwtest( ) 함수는 Durbin-Watson 검정법, bgtest( ) 함수는 LM-검정법을 적용하는 함수이며, 이들 함수를 이용하기 위해서는 회귀식 정보가 있어야 한다. 그리고 bgtest( ) 함수의 order 인수에는 검정하고자 하는 오차항의 자기상관 시차 $p$를 입력하는데, 예를 들어 오차항이 1차 자기상관을 따르는 경우 order 인수에 1을 입력한다. [표 10-A1]의 (5)~(6)줄은 시계열 소비함수의 DW-검정법과 LM-검정법을 적용하는 명령문이다.

[표 10-A1] (예 10.1) 및 (예 10.2)의 시계열 소비함수에 대한 자기상관 검정 명령문

| 명령문 | 설명 | 줄 |
|---|---|---|
| setwd("C:/econometrics") | # 작업경로 변경 | (1) |
| Quater < - read.csv("quarter.csv", header=TRUE) | # 자료 읽기 | (2) |
| library(lmtest) | # 패키지 불러오기 | (3) |
| Eq4_A15 < - lm(cp~gdp, data=Quater) | # 식 (4.A15) 추정 | (4) |
| dwtest(Eq4_A15) | # DW-검정 | (5) |
| bgtest(Eq4_A15, order=1) | # LM-검정 | (6) |

시계열 소비함수의 DW-검정 및 LM-검정 결과는 [그림 10-A5]에 제시했다. DW-검정의 경우 검정통계량의 유의확률도 함께 제시하는데, 검정통계량의 귀무가설과 대립가설은 각각 $H_0 : \rho = 0$, $H_1 : \rho > 0$를 나타낸다. [횡단면 소비함수의 자기상관 검정에 대해서는 제10장.R 파일 참조.]

[그림 10-A5] (예 10.1) 및 (예 10.2)의 시계열 소비함수에 대한 자기상관 검정 결과

```
> dwtest(Eq4_A15)                                          # DW-검정    (5)

                    Durbin-Watson test
data:  Eq4_A15
DW = 0.065758, p-value < 2.2e-16
alternative hypothesis: true autocorrelation is greater than 0

> bgtest(Eq4_A15, order=1)                                 # LM-검정    (6)

        Breusch-Godfrey test for serial correlation of order up to 1

data:  Eq4_A15
LM test = 186.81, df = 1, p-value < 2.2e-16
```

## 2. 자기상관 해결 방안

R에서 시계열 소비함수의 자기상관 문제를 고려하기 위해서는 『nlme』 패키지의 gls( ) 함수를 이용한다. gls( ) 함수의 기본적인 사용방법은 lm( ) 함수와 유사하며, correlation 인수에는 오차항이 1차 자기회귀모형을 따른다는 가정 하에 corARMA(p=1)를 입력한다. 또한 추정방법을 지정하는 method 인수에는 최우추정법을 의미하는 ML을 입력한다. (9)번 줄은 자기상관을 고려한 GLS의 추정 명령문이며, (10)번 줄은 실행 결과를 출력하는 명령문이다.

[표 10-A2] (예 10.3)의 자기상관을 고려한 GLS 명령문

| | | |
|---|---|---|
| install.packages("nlme") | # 패키지 설치 | (7) |
| library(nlme) | # 패키지 불러오기 | (8) |
| Eq10_23 <- gls(cp~gdp, data=Quater,<br>correlation=corARMA(p=1), method="ML") | # GLS 추정 | (9) |
| summary(Eq10_23) | # 추정 결과 | (10) |

자기상관을 고려한 추정 결과는 [그림 10-A6]에 제시했다. R에서 제시하는 추정 결과는 [그림 10-A3]의 EViews 추정 결과와 약간 다른 것을 볼 수 있는데, 이는 각 프로그램의 수렴 기준 및 추정방법의 차이로 발생한 것이다. [GLS를 적용한 후 오차항의 자기상관을 검정하는 LM-검정법은 생략함.]

[그림 10-A6] (예 10.3)의 추정 결과

```
> summary(Eq10_23)                                                        (10)

Generalized least squares fit by maximum likelihood
  Model: cp ~ gdp
  Data: Quater
        AIC         BIC       logLik
  3,366.591   3,379.785   -1,679.296

Correlation Structure: AR(1)
 Formula: ~1
 Parameter estimate(s):
      Phi
0.9985732

Coefficients:
                  Estimate      Std. Error      t value     Pr(>|t|)
(Intercept)     20,514.917      19,139.897     1.071841       0.2851
gdp                  0.401           0.019    20.753370       0.0000

Residual standard error: 19,788.19
Degrees of freedom: 200 total; 198 residual
```

# 연습문제

1. 다음의 용어에 대하여 설명하라.
   (1) 이분산과 자기상관　　　(2) 자기회귀모형
   (3) Durbin-Watson 검정법　　　(4) 자기상관 LM-검정법
   (5) Prais-Winsten 추정법

2. 아래의 각 문장이 맞는지 틀리는지를 결정하고, 그 이유를 간략히 설명하라.
   (1) 회귀식의 오차항에 자기상관이 나타나는 경우에도 회귀계수에 대한 최소자승추정치의 분산에 대한 불편추정량을 도출할 수 있다.
   (2) 회귀모형의 오차항에 이분산 또는 자기상관이 나타나는 경우에도, OLS 추정치의 불편성 및 일치성은 유지된다.
   (3) 추정하고자 하는 회귀식이 고전적 회귀모형의 모든 조건을 만족할 때, 실제 추정에서는 자기상관이 있는 것으로 가정하고 FGLS를 적용하는 경우, 일반적으로 OLS 추정치보다 좋지 못한 추정치가 도출될 수 있다.

3. 지방자치단체의 재정 규모가 그 지역의 1인당 소득에 미치는 영향을 분석하기 위하여, EViews 프로그램에서 1인당 소득을 종속변수로 각 지자체의 예산을 독립변수로 설정하여 추정한 결과 아래의 Output이 도출됐다.

| Dependent Variable: INCOME | | | | |
|---|---|---|---|---|
| Variable | Coefficient | Std. Error | t-statistic | Prob. |
| C | 16.031 | 1.1016 | 14.55 | 0.0001 |
| Budget | 0.391 | 0.1496 | 2.61 | 0.0120 |
| R-squared | 0.1200 | Durbin-Watson stat | | 2.5565 |

   (1) 지자체의 예산이 그 지역의 1인당 소득수준에 아무런 영향을 미치지 못한다는 가설을 1% 및 5%의 유의수준에서 각각 검정하라. 여기서는 사용된 자료의 수를 알 수 없는 것으로 가정하고 유의확률($p$-value)을 이용하여 가설검정을 시행하라.
   (2) LM-검정법으로 오차항의 자기상관을 분석하기 위해 위 (1)에서 도출한 회귀식의

잔차(RESID)를 대상으로 보조회귀식을 추정하여 아래의 결과를 구했다.

| Dependent Variable: RESID<br>Included observations: 50 | | | | |
|---|---|---|---|---|
| Variable | Coefficient | Std. Error | t-statistic | Prob. |
| C | −1.075 | 3.967 | −0.271 | 0.7875 |
| Budget | 1.597 | 3.008 | 0.531 | 0.5978 |
| RESID(−1) | −0.278 | 0.121 | −2.297 | 0.0108 |
| R-squared | 0.0900 | Durbin-Watson stat | | 1.8765 |
| Adjusted R-squared | 0.0810 | | | |

(a) 위 결과를 이용하여 1% 및 5% 유의수준에서 각각 자기상관 존재 여부에 대한 검정을 시행하라.

(b) 위 (1)에서의 Durbin-Watson 통계량을 이용한 결과와 (a)의 검정 결과가 일치하는지 비교하라.

(3) 위의 (2)의 결과가 앞의 (1)에서 도출된 결론에 어떤 영향을 미치는가를 설명하라.

4. RETURN 파일에 포함된 우리나라의 종합주가지수 수익률(KOSPI)과 미국의 Dow Jones 수익률(DJIA) 및 나스닥 수익률(NASDAQ) 자료를 이용하여 추정한 [그림 5-A6]의 회귀식에 대해서 Durbin-Watson 검정법 및 LM-검정법을 이용하여 모형의 오차항에 자기상관이 나타나는지를 분석하라.

5. 화폐수요량은 소득, 물가수준, 이자율 등에 의존한다고 한다. QUARTER 파일에 주어진 1987~2019년 기간에 대한 한국의 통화량(M2), 국내총생산(GDP), 소비자물가지수(CPI) 및 이자율(R) 자료를 대상으로, EViews 프로그램을 이용하여 다음의 화폐수요함수를 추정하고, 아래의 질문에 답하라.

① $M2_t = \beta_1 + \beta_2 GDP_t + \beta_3 CPI_t + \beta_4 R_t + \varepsilon_t$

② $\log(M2_t) = \beta_1 + \beta_2 \log(GDP_t) + \beta_3 \log(CPI_t) + \beta_4 R_t + \varepsilon_t$

(1) 각각의 모형에 포함된 변수의 계수추정치가 이론적 화폐수요함수에서 예상되는 부호와 일치하는가를 점검하고, 이를 토대로 두 모형 중에서 어떤 모형이 화폐수요함수 분석을 위한 실증모형으로 더 적합한지를 설명하라.

(2) 위의 회귀모형은 시계열자료를 사용하므로 오차항에 자기상관이 나타날 가능성이 있다. 모형 ②에 대하여 Durbin-Watson 검정법을 이용하여 자기상관 여부를 분석하라. 검정 결과 자기상관이 나타나는 경우 위 (1)에서 도출된 OLS 추정치는 어떤 문제를 갖는가?

(3) 위 (2)에서의 검정 결과 자기상관이 있는 것으로 나타났다고 하자. 이를 고려한 모형을 추정하고, 위 (2)에서의 추정 결과와 비교하라. 새롭게 추정된 모형에서는 더 이상 자기상관의 문제가 나타나지 않는다고 할 수 있는가?

# PART Ⅳ

# 시계열 계량경제학

제Ⅳ부에서는 지금까지 다룬 회귀모형에 시간 개념을 도입하여 시간의 흐름에 따른 변수의 움직임을 분석하는 방법에 대해 설명한다. 먼저 제11장에서는 기존의 회귀분석 기법을 활용한 실증모형으로 시차변수가 포함된 회귀식을 이용하여 경제변수 사이의 인과관계를 분석하는 방법에 대해 살펴보고, 시계열자료가 포함된 회귀모형을 추정할 때 고려해야 할 주요 이슈에 대해 논의한다. 제12장에서는 독립변수의 변화가 종속변수에 미치는 영향을 분석하는 계량모형과는 달리 변수 자체의 현재값과 과거값들 사이의 동태적 관계를 파악하는 시계열분석 기법을 소개한다.

CHAPTER

# 11

# 시간 개념의 도입

여기에서는 기존의 선형회귀모형에 시간 개념을 도입하여 설명변수와 종속변수 사이의 상관관계를 분석하는 시차분포모형을 소개하고, 이를 확장하여 시간의 흐름에 따라 관측되는 경제변수 사이의 인과관계를 분석하는 방법에 대해 설명한다. 또한 회귀모형에 포함된 변수가 시계열자료인 경우, 이를 추정할 때 고려해야 할 주요 이슈에 대해 논의한다.

## 1. 시차분포모형

지금까지 다룬 회귀모형은 설명변수의 변화가 종속변수에 미치는 영향이 동시적(contemporaneous) 또는 즉각적으로 나타나는 관계를 분석하는 구조라는 의미에서 정태적(static) 모형이라 할 수 있다. 그러나 실제로 독립변수의 변화에 따른 종속변수의 변동이 즉각적으로 나타나지 않고, 어느 정도 시차를 보이는 경우가 많이 있다. 예를 들어, 통화량의 증가가 물가상승을 초래한다고 할 때, $t$ 기의 통화 증가는 $t$ 기뿐만 아니라 그 이후의 물가에도 계속 영향을 미칠 수 있다. 다른 예로 Keynes의 소비함수에서 소비가 같은 시기의 소득의 함수로만 표시되는데, 실제로 소득 증가의 효과는 시차를 두고 점차 나타날 수도 있다.

이와 같이 독립변수가 변할 때, 종속변수가 즉각적으로 반응하지 않고 일정한 시차를 두고 변동하는 현상을 분석하기 위해 독립변수의 과거값을 설명변수로 포함하는 회귀모형이 사용된다. 특히 시계열자료에 대한 회귀분석에서는 독립변수 또는 종속변수의 시차변수를 설명변수로 포함하는 경우가 많이 나타난다. 종속변수의 시차변수를 포함하는 모형은 다음 장에서 자세히 다루기로 하고, 여기에서는 독립변수의 시차변수만을 포함하는 시차분포모형에 대해 설명한다.

시차분포모형의 간단한 예로 어떤 회사의 주식 배당을 예측하는 경우, $t$ 기에 주식 배당으로 지급되는 금액($D_t$)은 바로 전기의 수익($R_{t-1}$)에 의존한다는 점을 고려하여 다음과 같은 형태의 회귀모형을 이용할 수 있다.

$$D_t = \beta_1 + \beta_2 R_{t-1} + \varepsilon_t \qquad (11.1)$$

이 경우 바로 전기의 수익뿐 아니라 그 이전으로부터의 내부 유보 및 차입 자본 등을 포함하여 더 적합한 실증분석 모형을 설정할 수 있다.

식 (11.1)에서 전기의 독립변수 이외에 다음과 같이 $p$ 기 이전까지의 독립변수를 포함시키면 일반적인 시차분포모형이 된다.

$$Y_t = \alpha + \beta_0 X_t + \beta_1 X_{t-1} + \cdots + \beta_p X_{t-p} + \varepsilon_t \quad (t = p+1, p+2, \cdots, n) \tag{11.2}$$

여기서 $Y_t$는 $t$기에 관측된 종속변수 값을 나타내고, $X_{t-k}$는 $k$기 이전의 독립변수 값을 나타낸다. 이 경우 $p$는 과거의 독립변수가 $t$기의 종속변수에 영향을 주는 최대 시차를 의미하며, 계수 $(\beta_1, \beta_2, \cdots, \beta_p)$는 각 시점에서 독립변수의 영향을 측정하는 시차계수(lag coefficients)를 나타낸다. 이 중 동시적 효과를 나타내는 $\beta_0$는 단기 또는 충격승수(impact multiplier)라 하고, 독립변수의 계수를 모두 합한 값을 장기승수(long-run multiplier)라 한다.

$$\beta = \sum_{i=0}^{p} \beta_i = \beta_0 + \beta_1 + \beta_2 + \cdots + \beta_p \tag{11.3}$$

시차분포모형에 포함된 설명변수가 고전적 회귀모형의 가정에 맞게 오차항과 상관관계가 없는 비확률적 변수인 경우, 이의 시차변수들도 오차항과 상관관계가 없는 변수라 할 수 있다. 따라서 식 (11.2)에 대해 최소자승법을 적용하면 BLUE를 구할 수 있다. 그러나 이러한 구조의 회귀모형을 올바로 설정하기 위해서는 먼저 시차의 길이 $p$의 값을 결정해야 하며, 또한 시차변수로 포함되는 설명변수들 사이에 나타날 수 있는 다중공선성의 문제를 고려해야 한다. 특히 $p$의 값이 크면 다중공선성 이외에도 모형 추정에 사용할 수 있는 관측치의 수$(n-p)$가 줄어들어 추정된 계수의 정확도나 통계적 추론에 문제가 발생한다. 따라서 일반적인 시차분포모형을 추정하기 위해 OLS 방법 대신 자유도 감소의 문제와 다중공선성의 문제를 고려하여 시차계수의 변화에 일정한 패턴을 가정한 접근법을 많이 사용한다.

이 과정에서 시차계수의 패턴에 대한 설정이 맞으면 다중공선성의 문제를 해결하여 개별 시차계수에 대해 신뢰성 높은 추정치를 도출할 수 있다. 반면 시차계수에 대한 제약이 맞지 않으면 추정치에 편의가 발생한다. 그러나 제약이 정확하게 맞지 않는 경우에도 계수추정치의 분산이 감소하는 효과가 커서 다중공선성 및 자유도 감소로 인한 문제를 완화할 수 있으면 이러한 제약을 이용하여 (평균자승오차의 기준에서) 더 좋은 추정치를 구할 수 있다.[1]

1 평균자승오차(MSE)를 적용한 계수추정치의 효율성 비교에 대해서는 제7장의 식 (7.14)와 (7.15) 사이의 관계 참조.

## 1.1 선형시차모형

선형시차(linear lag)모형은 시차계수의 크기가 시차에 따라 일정하게 감소하는 구조를 갖는다는 가정에 기초한다. [그림 11-1]에서 시차계수 $\beta_i$는 다음의 선형함수로 표현된다.

$$\beta_i = \begin{cases} (p+1-i)\beta & (\text{for } 0 \le i \le p) \\ 0 & (\text{for } p < i) \end{cases} \tag{11.4}$$

이러한 구조를 식 (11.2)의 회귀모형에 적용하면 다음의 회귀식이 도출된다.

$$\begin{aligned} Y_t &= \alpha + \beta_0 X_t + \beta_1 X_{t-1} + \cdots + \beta_p X_{t-p} + \varepsilon_t \quad (t = p+1, p+2, \cdots, n) \\ &= \alpha + (p+1)\beta X_t + p\beta X_{t-1} + \cdots + \beta X_{t-p} + \varepsilon_t \\ &= \alpha + \beta[(p+1)X_t + pX_{t-1} + \cdots + X_{t-p}] + \varepsilon_t \\ &= \alpha + \beta Z_t + \varepsilon_t \end{aligned} \tag{11.5}$$

따라서 종속변수 $Y$를 $(p+1)$개의 설명변수 $X$ 대신 이의 선형결합인 $Z$에 회귀분석하여 $\beta$를 추정하고, 식 (11.4)의 관계를 이용하여 각 시차계수 $\beta_i$의 값을 도출한다. 여기서 식 (11.5)를 추정할 때의 자유도는 $(n-p-2)$로 식 (11.2)를 직접 추정하는 경우에 발생하는 자유도 감소$[(n-p)-(p+2)]$ 문제를 어느 정도 완화할 수 있다.

[그림 11-1] 선형시차모형에서의 시차계수 구조

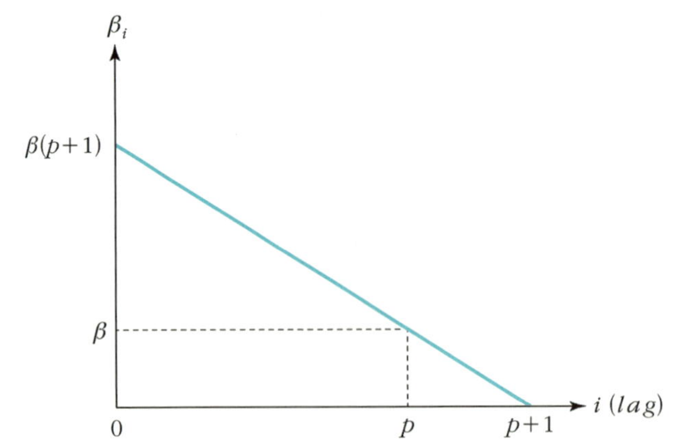

## 1.2 다항식시차(polynomial lag)모형

다항식시차(polynomial distributed lag: PDL)모형은 다양한 시차계수의 패턴을 시차에 대한 2차 함수 또는 3차 함수 등 일반적인 다항식으로 나타낼 수 있다는 가정에 기초한다. 시차계수 $\beta_i$를 일반적인 다항식의 형태로 표현하면 다음과 같다.

$$\beta_i = \alpha_0 + \alpha_1 i + \alpha_2 i^2 + \cdots + \alpha_k i^k \tag{11.6}$$

여기서 $k=1$이면 1차 식인 직선, $k=2$인 경우 2차 함수 등이 된다. 예를 들어, [그림 11-2]와 같이 시차계수의 크기가 일정 시차까지 증가하다가 감소하는 포물선 형태를 나타내는 경우 $k=2$를 적용한다. 이 경우 식 (11.2)의 회귀식으로 바꿔 쓸 수 있다.

$$\begin{aligned}
Y_t &= \alpha + \beta_0 X_t + \beta_1 X_{t-1} + \cdots + \beta_p X_{t-p} + \varepsilon_t \\
&= \alpha + \alpha_0 X_t + (\alpha_0 + \alpha_1 + \alpha_2) X_{t-1} + (\alpha_0 + 2\alpha_1 + 4\alpha_2) X_{t-2} \\
&\quad + (\alpha_0 + 3\alpha_1 + 9\alpha_2) X_{t-3} + \cdots + \varepsilon_t \\
&= \alpha + \alpha_0 (X_t + X_{t-1} + \cdots + X_{t-p}) + \alpha_1 (X_{t-1} + 2X_{t-2} + \cdots + pX_{t-p}) \\
&\quad + \alpha_2 (X_{t-1} + 2^2 X_{t-2} + \cdots + p^2 X_{t-p}) + \varepsilon_t \\
&= \alpha + \alpha_0 Z_{1t} + \alpha_1 Z_{2t} + \alpha_2 Z_{3t} + \varepsilon_t
\end{aligned} \tag{11.7}$$

여기서 종속변수 $Y$를 설명변수 $X$의 선형결합인 $Z_1$, $Z_2$, $Z_3$에 회귀분석하여 $\alpha_k (k=0,1,2)$

[그림 11-2] 다항식시차모형($k=2$)에서의 시차계수 구조

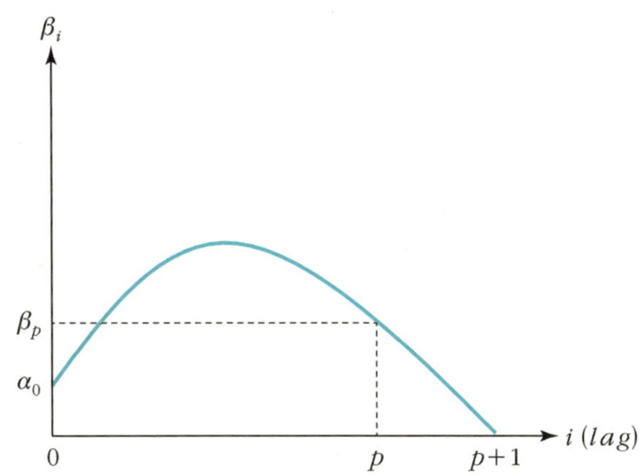

를 추정하고, 식 (11.6)의 관계에서 각 시차계수 $\beta_i$의 값을 도출한다.

### 예 11.1

EViews에서는 PDL 함수를 적용하여 일반적인 시차분포모형을 추정한다. 소비함수에 대해 $p=4$, $k=2$ 인 경우의 PDL 모형을 추정한 결과, 다음의 표본회귀식이 도출됐다.

$$\begin{aligned}\widehat{CP}_t = &\ 1{,}668.032 + 0.595\,GDP_t + 0.231\,GDP_{t-1} - 0.018GDP_{t-2} \\ &\ (3.485) \qquad (6.898) \qquad (5.296) \qquad (-0.239) \\ &- 0.152\,GDP_{t-3} - 0.171\,GDP_{t-4} \\ &\ (-3.507) \qquad (-1.951) \end{aligned} \tag{11.8}$$

위의 추정 결과에서 소득수준의 변화는 해당 시점과 1분기 후까지 소비의 움직임에 유의성 있는 효과를 보이다가 그 이후 시간의 흐름에 따라 감소하는 것으로 나타났다. 여기에서는 시차분포모형의 추정방법을 소개하기 위한 예로 소비함수를 이용했으나, 이 결과는 $p=4$ 또는 $k=2$ 의 설정이 적합하지 않음을 의미하는 것으로 해석된다.

## 2. 인과관계 분석

시차분포모형은 한 변수가 다른 변수의 현재 및 과거 값에 의존하는 패턴을 분석하는 것으로, 이를 자기회귀모형과 결합하여 변수 사이의 인과관계 분석에 사용할 수 있다. 예를 들어, 화폐와 소득 사이의 인과관계 분석에서 통화량 변화가 소득에 영향을 미치는지, 반대로 소득의 변화에 따라 정책당국이 통화량을 조절하는 내생적 화폐의 패턴을 나타내는지, 또는 소득과 통화량이 서로 영향을 주고받는 상호작용(feedback) 관계에 있는지를 점검할 때, 다음 형태의 모형을 분석한다.

$$M_t = \sum_{i=1}^{k} \alpha_{1i} M_{t-i} + \sum_{j=1}^{k} \beta_{1j} Y_{t-j} + \varepsilon_{1t} \tag{11.9}$$

$$Y_t = \sum_{i=1}^{k} \alpha_{2i} M_{t-i} + \sum_{j=1}^{k} \beta_{2j} Y_{t-j} + \varepsilon_{2t} \tag{11.10}$$

여기서 $k$는 두 변수 사이에 영향을 미칠 수 있는 기간을 의미하며, 오차항 $\varepsilon_{1t}$와 $\varepsilon_{2t}$는 상관관계가 없다고 가정한다. 식 (11.9)와 (11.10)의 회귀계수에 나타나는 다양한 구조를 파악하여 인과관계의 존재 여부 및 방향을 분석한다.

① 식 (11.9)에서 모든 $j$에 대해 $\beta_{1j}=0\ (j=1,2,\cdots,k)$이 성립하면 과거의 소득 변화가 통화량에 전혀 영향을 주지 못한다는 것을 의미한다. 반면 식 (11.10)에서 통화량이 소득에 영향을 미치는 경우, 통화량의 회귀계수에 대해 (일부 $i$에서) $\alpha_{2i}\neq 0$인 경우가 나타나 통화량에서 소득으로 일방적인 인과관계(M ⇒ Y)가 있는 것으로 해석한다.

② 식 (11.9)에서 (일부 $j$에 대해) $\beta_{1j}\neq 0$인 경우가 관측되면, 과거의 소득은 통화량에 중요한 영향을 미치는 것으로 판단하고, 한편 식 (11.10)에서 과거의 통화량은 소득에 영향을 미치지 못하는 경우 (모든 $i$에 대해 $\alpha_{2i}=0$), 소득에서 통화량으로 일방적인 인과관계(Y ⇒ M)가 있다고 해석한다.

③ 식 (11.9)에서 과거의 소득이 통화량에 영향을 주고 (일부 $j$에 대해 $\beta_{1j}\neq 0$), 동시에 식 (11.10)에서 과거의 통화량도 소득에 영향을 미치는 경우 (일부 $i$에서 $\alpha_{2i}\neq 0$), 통화량에서 소득으로 또한 소득에서 통화량으로 서로 영향을 주는 상호작용 관계(Y ⇔ M)를 갖는다.

④ 과거의 소득이 통화량에 영향을 주지 못하고(모든 $j$에 대해 $\beta_{1j}=0$), 과거의 통화량 역시 소득에 전혀 영향을 미치지 못하는 경우(모든 $i$에 대해 $\alpha_{2i}=0$), 통화량과 소득은 상호독립적인 관계(Y ⇎ M)를 나타내는 것을 의미한다.

실증분석에서 두 변수 $X$와 $Y$ 사이의 인과관계를 점검하기 위해서는 식 (11.9)와 (11.10)에서와 같이 $X_t$와 $Y_t$를 각각 상수항과 $X_{t-1}, X_{t-2}, \cdots, X_{t-k}$ 및 $Y_{t-1}, Y_{t-2}, \cdots, Y_{t-k}$에 대해 회귀분석 한 후, 위의 ①~④의 경우에 대한 귀무가설을 각각 설정하고, $F$-검정법을 적용한다.

인과관계 검정을 위한 실증분석에 이 방법을 적용할 때, 시차 $k$의 설정에 따라 다른 결과가 나올 수 있다. 일반적으로 시차의 크기가 작은 경우보다 큰 경우가 과거의 정보를 더 많이 반영할 수 있어 검정의 정확성을 위해 시차를 넉넉하게 선정하는 것이 더 좋다고 할 수 있다. 이 경우에도 적합한 모형의 선정을 위해 AIC, SC 등의 모형 설정 기준을 적용할 수 있으나, 분기별 자료의 경우 $k=4$, 8 정도를, 월별 자료의 경우 $k=12$ 정도를 주로 사용한다.

여기서 제시하는 인과관계 분석 결과를 이용할 때, 실증분석 결과 일방적인 인과관계가 존재하는 것으로 나타날 경우, 이를 '원인-결과' 관계로 단정할 수는 없고, '선행-후행' 관계로 해석해야 한다. 예를 들어, $(\mathrm{M} \Rightarrow \mathrm{Y})$의 인과관계를 보이는 경우, 이는 회귀분석 측면에서 통화량의 과거값들이 종속변수인 소득을 예측할 때 유용한 정보를 포함하고 있다는 변수들 사이의 선행-후행 관계를 반영하는 것이며, 반드시 통화량이 원인이고 소득이 통화량의 결과라는 인과관계를 의미하지는 않는다. 이와는 반대로 인과관계가 없다는 귀무가설(예를 들어, 식 (11.9)에서 $H_0 : \beta_{11} = \cdots = \beta_{1k} = 0$)이 기각되지 않는 경우, 소득이 통화량에 대해 선행하지 않다는 것을 나타내므로 '원인-결과' 관계가 없는 것으로 해석한다.

### 예 11.2

통화량과 국민소득 사이에 나타나는 인과관계를 분석하기 위하여 1970~2019년 기간의 M1과 GDP 자료에 대해서 $k = 4$의 시차를 포함하는 모형을 추정했다. 검정 결과 통화량이 소득에 영향을 미치지 못한다는 가설$(\mathrm{M} \nRightarrow \mathrm{GDP})$에 대한 $F$–통계치는 $F = 5.507$($p$-value = 0.0003)로 귀무가설이 기각되는 반면, 소득이 통화량에 대해 인과관계를 나타내지 못한다는 귀무가설$(\mathrm{GDP} \nRightarrow \mathrm{M})$은 $F = 1.634$($p$-value = 0.1674)로 기각되지 않는 것으로 분석됐다. 이 경우 분석 대상 변수가 불안정한 시계열의 특성을 나타내므로, 검정 결과를 해석할 때 아래 제3절에서 다루는 시계열자료에 대한 회귀분석에서 고려할 사항을 추가로 점검할 필요가 있다.

## 3. 시계열자료에 대한 회귀분석

고전적 회귀모형에서 독립변수는 비확률적인 변수로 가정한다. 그러나 식 (11.2) 또는 (11.9)에서와 같이 시계열자료가 설명변수로 포함되면, 일반적으로 이 조건은 지켜지지 않는다. 대부분의 시계열자료는 임의 표본(random sampling)으로 추출되지 않고, 시간 순서에 따라 수집되므로 관측치들 사이에 확률적인 관계를 나타내기 때문이다. 특히 불안정 시계열이 포함된 모형에 대해 회귀분석을 시행하는 경우, 실제로는 아무런 상관관계가 없는데도 불구하고, 외견상 회귀모형의 적합도가 높은 관계를 보여 모형 추정과 가설검정에 오류가 발생할 우려가 있다. 여기에서는 시계열자료에 대한 회귀분석에서 고려해야 할 주요 이슈에 대해 살펴본다.

## 3.1 확률적 설명변수

대부분의 시계열자료는 관측치들 사이에 확률적인 관계를 갖기 때문에, 회귀모형의 독립변수로 시계열자료가 포함되면, 독립변수에 대한 비확률성의 가정은 유지되지 않는다. 횡단면자료에서도 모형 추정을 위한 자료수집 과정에서 측정오차가 발생하는 경우, 이런 현상이 나타난다. 이러한 확률적 설명변수(stochastic regressor)가 회귀모형에 포함되는 경우, 일반적으로 $Cov(X_i, \varepsilon_i) = 0$의 조건이 성립하지 않고, 따라서 최소자승추정량의 불편성은 성립하지 않는다.

확률적 설명변수가 포함되는 경우에도 고전적 회귀모형의 다른 조건이 모두 충족되고, [가정 4]에서 (모든 $t = 1, 2, \cdots, n$에 대해) $E(\varepsilon_t \mid X_1, X_2, \cdots, X_n) = 0$이 성립하여 독립변수 $X$의 변화에 대한 오차항의 조건부 기댓값이 0이면, 최소자승추정량의 불편성 및 효율성 등이 지켜져 BLUE가 될 수 있다.[2] 그러나 일반적인 회귀모형에서 이런 조건이 성립하지 않아 설명변수와 오차항 사이에 상관관계가 나타나는 경우, OLS 추정량은 불편성과 일치성을 모두 충족하지 못해 더 이상 추정 결과를 신뢰할 수 없다.

예를 들어, 어떤 상품의 가격과 판매량을 분석할 때, 다음과 같이 판매량($Q_t$)을 종속변수로 놓고 이에 대한 설명변수로 가격($P_t$)을 설정한다고 하자.

$$Q_t = \beta_1 + \beta_2 P_t + \varepsilon_t \tag{11.11}$$

이 경우 설명변수로 포함된 가격변수는 판매량과 무관하게 사전적으로 주어지는 것이 아니라 시장 여건에 따라 판매량과 같이 결정되는 동시성(simultaneity)을 갖는다. 이는 독립변수가 회귀모형의 종속변수와 같이 결정되는 내생성(endogeneity)을 보여, $Cov(P_t, \varepsilon_t) = 0$의 조건이 성립하지 않음을 의미한다.

Keynes의 소비함수 (11.12)에서도 국민경제 전체의 소득수준($Y_t$)은 해당 기간의 내수에서 중요한 부분을 차지하는 소비($C_t$)에 영향을 받는 내생성을 나타낸다.

$$C_t = \beta_1 + \beta_2 Y_t + \varepsilon_t \tag{11.12}$$

이와 같이 내생적 설명변수가 회귀모형에 포함되는 경우, 최소자승추정치는 불편성과 일치성을 모두 충족하지 못해 통계적 추론에 오류가 발생할 우려가 있다. 이 경우 제Ⅲ부에서 다룬

---

2 이를 제5장의 [부록 5.1]에서 정리한 다중회귀모형의 행렬 연산으로 나타내면 전체 설명변수의 모든 관측치 행렬 $\boldsymbol{X}$에 대한 오차항 벡터 $\boldsymbol{\varepsilon}$의 조건부 기댓값에 대해 $E(\boldsymbol{\varepsilon} \mid \boldsymbol{X}) = 0$이 성립함을 의미한다. 회귀분석에 관한 다양한 행렬 연산 표현은 Goldberger (1991), Greene (2018) 등 대학원 수준의 계량경제학 교재 참조.

일반최소자승법(FGLS)도 적용할 수 없는 문제가 발생한다. 이에 대한 해결방법으로는 설명변수와 상관관계는 높고 동시에 오차항과 무관한 변수 $Z_t$를 독립변수로 설정하여 기존 설명변수 대신 사용하는 도구변수(instrumental variable) 추정법이 사용된다. [도구변수 추정법으로는 적률법(method of moments), 2단계 최소자승법(two-stage least squares: 2SLS) 등이 자주 사용되는데, 이 책의 범위를 벗어나므로 여기에서는 다루지 않는다.]

## 3.2 가성적 회귀

전통적인 계량분석에서는 회귀모형에 포함된 자료가 안정적이라는 가정에 기초하여 회귀계수에 대한 $t$-통계량 등을 이용한 통상적인 가설검정을 적용한다. 그러나 시계열자료가 설명변수로 포함된 모형에서, 특히 거시경제지표에 대한 시계열을 이용하는 경우, 실제로는 아무런 상관관계가 없는데도 불구하고 회귀모형의 적합도가 높게 추정되는 현상이 자주 발생한다.

### 1) 가성적 회귀 현상

예를 들어, 단순회귀모형에 포함된 독립변수 $X_t$, 종속변수 $Y_t$가 모두 시간 추세를 갖는 변수라 하자.

$$Y_t = \beta_1 + \beta_2 X_t + \varepsilon_t \quad (11.13)$$

$$\text{여기서 } Y_t = t,\ X_t = t^2 \quad (t = 1, 2, \cdots, 50) \quad (11.14)$$

위 모형을 최소자승법으로 추정하면, 다음의 표본회귀식이 도출된다.

$$Y_t = 9.679 + 0.018 X_t$$

$$(12.55) \quad (27.39) \quad R^2 = 0.9399,\ DW = 0.022 \quad (11.15)$$

이 경우 계수추정치의 유의성이 높게 도출됐으며, 결정계수 $R^2$값도 1에 가깝게 추정됐다. 이러한 추정치를 보면 외견상 매우 적합한 회귀모형에 대한 결과로 판단되지만, 실제로는 무의미한 회귀분석이라 할 수 있다. 여기서 DW-통계량은 매우 낮게 추정돼 OLS 추정량이 적합하지 않은 것을 볼 수 있는데, 이러한 현상을 가성적 회귀(spurious regression)라 한다. 이와 같이 회귀모형에 포함된 변수의 평균이 증가하여 시계열의 불안정성이 나타나는 경우, 이런 현상이 자주 관측된다. 식 (11.13)에서는 두 변수 $X_t$, $Y_t$가 시간 추세만을 갖는 구조인데, 이런 결과는 $X_t$, $Y_t$에 다음과 같이 확률적 변동이 포함되는 경우에도 동일하게 적용된다.

$$Y_t = t + v_t,\ X_t = t^2 + w_t \tag{11.16}$$

여기서 $v_t$, $w_t$는 서로 독립인 확률변수를 나타낸다.

또한 확률적 추세(stochastic trend)가 나타나는 시계열자료같이 분산이 증가하는 경우에도 유사한 현상이 발생한다. 이에 대한 예로 두 변수 $X_t$와 $Y_t$가 각각 다음과 같이 확률보행을 따른다고 하자.

$$X_t = X_{t-1} + v_t,\ Y_t = Y_{t-1} + w_t \tag{11.17}$$

여기서 $v_t$와 $w_t$가 서로 독립이면, 두 변수 $X_t$, $Y_t$는 아무 관계가 없는 변수이다. 이러한 시계열에 대해 통상적인 회귀분석을 시행하면, 회귀식의 결정계수와 기울기 계수 $b_2$에 대한 $t$-통계치의 유의성이 높게 도출된다. 예를 들어, $n = 100$ 개의 시계열자료 $X_t$와 $Y_t$를 대상으로 식 (11.13)의 회귀식을 1,000번 추정하면, $H_0 : \beta_2 = 0$ 의 귀무가설을 670번 정도 기각하는 것으로 나타난다. 이 경우 식 (11.14)의 시간 추세에 대한 추정과 비슷하게 DW-통계치가 작게 도출돼 OLS 추정량의 문제를 보이는데, 그 평균은 0.33 정도의 매우 작은 값으로 산출됐다. 따라서 시계열자료가 추세변동을 나타내는 경우, 그 회귀분석 결과가 통계적으로 유의하게 보이더라도 그 결과를 그대로 이용할 수는 없다.

이와 같이 추세를 갖는 변수를 대상으로 회귀분석을 할 때, 가성적 회귀 현상이 자주 나타나는데, 이는 확률보행을 따르는 시계열의 분산이 일정하지 않고 증가하는 등 고전적 회귀모형에 대한 Gauss-Markov 정리의 조건이 성립하지 않기 때문이다. 이 경우 차분을 통해 안정적 시계열로 변환한 자료를 이용하면, 전통적인 회귀분석 이론을 적용할 수가 있다. [불안정한 시계열자료의 특징과 이에 대한 회귀분석에 관해서는 제12장 5절에서 자세히 다룬다.]

### 예 11.3

SPURIOUS 파일에는 1965년부터 2020년까지의 연간 자료인 소비자물가지수(CPI)와 17세 남학생의 평균키(HEIGHT)에 대한 자료가 들어 있다. 여기서 소비자물가지수를 종속변수로 하고 17세 남학생의 키를 설명변수로 하는 회귀모형을 추정한 결과 다음의 추정식이 도출됐다.

$$\widehat{CPI}_t = -1{,}684.752 + 10.202\,HEIGHT_t$$
$$(-23.841) \qquad (24.560) \qquad R^2 = 0.918,\quad DW = 0.220 \tag{11.18}$$

이 경우 DW-통계량을 제외하면 적합한 회귀분석으로 보이지만, 이 결과를 토대로 키(HEIGHT)가 물가지수(CPI)를 설명한다는 의미를 부여할 수는 없다. 이와 같이 그럴듯한 결과가 도출된 이유는 [그림 11-3]에 나타난 것과 같이 이들 시계열에 공통적으로 반영된 시간 추세의 영향으로 두 변수가 모두 시간 흐름에 따라 증가하는 패턴을 갖기 때문이다. 즉, 두 변수 사이에 인과관계 또는 상관관계가 없는데도 불구하고 회귀식의 유의성이 높게 추정되는 가성적 회귀 현상을 암시하는 것으로 해석된다. 또한 [그림 11-3]의 (b)에서 시간에 따라 지속적으로 감소하는 추세를 보이는 출신율과 물가지수에 대한 회귀식을 추정하는 경우에도 이와 비슷한 문제가 관측될 것으로 예상할 수 있다.

**[그림 11-3]** 시계열자료에 대한 회귀모형과 가성적 회귀

(1) 17세 남성의 평균 키와 CPI 추이 및 산점도

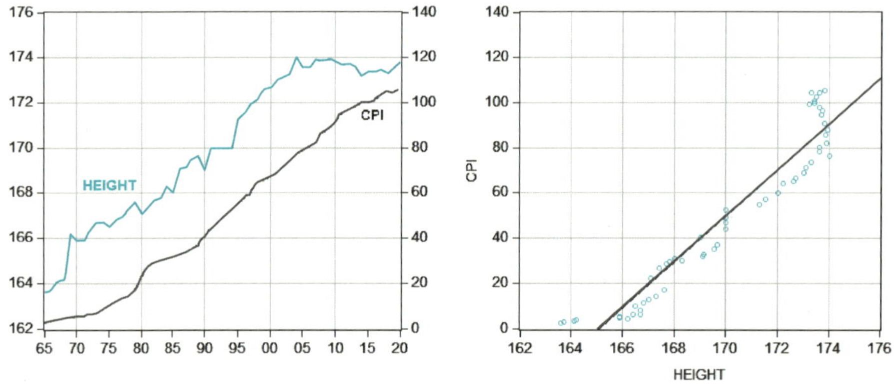


(2) CPI와 출산율 추이 및 산점도

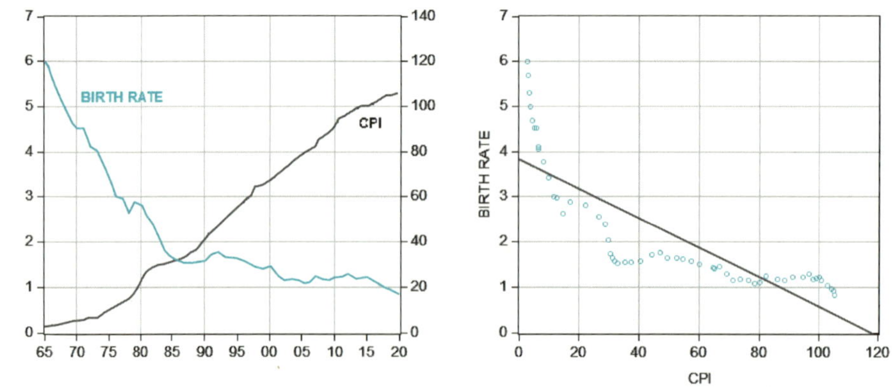

이와 같이 시계열에 추세요인이 포함된 경우, 차분을 통해 안정 시계열로 변환하여 회귀분석을 시행하면 가성적 회귀의 문제를 피할 수 있다. 위의 예에서 소비자물가지수와 남학생 평균 키를 차분해서 회귀모형을 추정하면 다음의 회귀식이 도출된다.

$$\Delta \widehat{CPI}_t = 1.945 - 0.422 \Delta HEIGHT_t$$
$$(11.230) \quad (-1.139) \qquad R^2 = 0.023, \quad DW = 0.830 \tag{11.19}$$

이 경우 결정계수의 값은 0에 가깝게 나타났으며, 두 변수 사이의 관계를 나타내는 기울기 계수에 대한 유의성($p$-value= 0.260)이 낮게 추정돼 가성적 회귀의 문제가 나타나지 않음을 알 수 있다.

### 2) 가성적 회귀의 이론적 배경

대부분의 실증분석에서는 계수추정치의 $t$-통계량 또는 $F$-통계량 등을 이용하여 모형에 포함된 변수의 유의성 검정을 시행하고, 결정계수의 값을 기초로 모형의 적합도를 평가한다. 예를 들어, 두 변수 $X_t$, $Y_t$ 사이의 관계를 분석하기 위해 식 (11.13)의 회귀식을 최소자승법으로 추정한다고 하자. 대표적인 회귀분석이론(standard regression theory)에 의하면, 두 변수가 서로 독립(또는 무상관)일 때 계수추정량 및 결정계수 등은 다음의 통계적 특징을 갖는다.

$$b_2 \xrightarrow{p} 0, \quad t_{b_2} \xrightarrow{d} N(0,1), \quad R^2 \xrightarrow{p} 0 \tag{11.20}$$

즉, 계수추정량은 0으로 확률수렴하며, 이에 대한 $t$-통계량은 표준정규분포에 분포수렴한다. 실제로 회귀모형에 포함된 자료가 안정적인 경우에는 이와 같이 계수추정치에 대해 대수의 법칙, 중심극한정리 등 통상적인 확률분포이론을 그대로 적용하여 가설검정을 시행할 수 있다. 따라서 일반적으로 서로 독립인 두 변수에 대해 회귀식을 추정하면, 기울기의 계수추정치 $b_2$와 결정계수 $R^2$은 0에 가까운 값으로 도출될 것이라는 예상을 할 수 있다.

이와는 달리 회귀모형에 포함된 시계열이 식 (11.17) 형태의 추세를 갖는 불안정 시계열이면, 식 (11.20)의 전통적인 회귀분석이론을 그대로 적용할 수 없다. 이 경우 두 변수가 서로 독립일 때에도 계수추정치 $b_2$와 결정계수 $R^2$은 유의성 높게 도출된다. 이는 일반적으로 사용되는 $t$-통계량이 표준정규분포에 수렴하지 않고, 자료 수에 따라 발산하는 '비표준극한분포'(non-standard limiting distribution)를 갖기 때문이다.[3] 따라서 불안정 시계열에 대해 통상

3 회귀모형에 포함된 변수가 안정적인 경우에 적용되는 전통적 회귀분석이론과는 달리, 불안정 시계열을 포함하는 회귀모형의 경우 계수추정량 및 결정계수 등은 다음과 같은 분포적 특징을 갖는다.

적인 가설검정 기법을 적용하면 옳은 귀무가설 $H_0 : \beta_2 = 0$을 잘못 기각하는 결과를 초래한다. 그 결과 변수들 사이에 아무런 상관관계가 없는데도 불구하고 외견상 의미 있는 회귀모형인 것처럼 보이는 가성적 회귀 현상이 나타난다. 이 경우 회귀모형의 결정계수 값은 크게 추정되는 반면 DW-통계량은 작게 도출된다.

---

$$b_2 = O_p(1), \quad t_{b_2} = O_p(n^{1/2}), \quad R^2 = O_p(1) \tag{11.21}$$

여기서 $O_p(\cdot)$는 자료 수의 변화에 따르는 확률변수의 크기(order of magnitude)를 나타내는 지표이다. 이 경우 계수추정치 $b_2$는 $\beta_2 = 0$에 대한 일치추정량이 되지 못하며, 이에 대한 $t$-통계량은 $\sqrt{n}$의 속도로 발산하는 특징을 보여 통상적인 가설검정을 적용할 수 없다.

부록 11.1

# EViews 명령문 및 추정 결과

## 1. 시계열자료 변환

시계열자료에 대한 회귀분석에서 종속변수 또는 독립변수의 과거값이나 변환된 자료를 사용해야 하는 경우가 자주 발생한다. 예를 들어, QUARTER 작업파일에 있는 국민소득($GDP_t$) 자료로부터 경제성장률을 구하거나, $k$-시차 후행하는 값 $GDP_{t-k}$을 도출할 필요가 있을 때, 다음의 EViews 변수 변환 명령문을 사용한다.

- 후행시차 GENR LGDP = GDP(−k) 'k=정수값을 입력
- 차 분 GENR DGDP = D(GDP) '= GDP-GDP(−1)
- 로그차분 GENR DLGDP = DLOG(GDP) '= LOG(GDP/GDP(−1))
- 증 가 율 GENR GDP_G = @PCH(GDP) '= (GDP-GDP(−1))/GDP(−1)

여기서 후행시차는 시계열모형에서 종속변수 또는 독립변수의 과거값을 설명변수로 포함할 때 사용한다. 차분은 시계열자료의 변화량($\Delta X_t = X_t - X_{t-1}$) 을 도출하거나, 주어진 자료의 불안정성을 제거하기 위해 많이 이용한다. 그리고 로그차분은 주어진 자료의 증가율(성장률)을 도출할 때 주로 사용하며, 다음과 같은 식으로 나타낼 수 있다.

$$\log X_t - \log X_{t-1} = \log\left(\frac{X_t}{X_{t-1}}\right) = \log\left(1 + \frac{\Delta X_t}{X_{t-1}}\right)$$

여기서 $\Delta X_t / X_{t-1}$ 이 작은 값을 갖는 경우, 로그차분과 증가율은 거의 같은 값으로 도출되므로 증가율을 직접 계산하는 대신 로그차분을 이용한다.

$$\log\left(1 + \frac{\Delta X_t}{X_{t-1}}\right) \approx \frac{\Delta X_t}{X_{t-1}}$$

참고 EViews 작업파일은 같은 주기의 관측치로만 구성되어 있다. 주기가 다른 두 개의 관측치를 분석하기 위해서는 한 작업파일의 자료를 다른 작업파일의 자료와 동일한 주기가 되도록 변환시킬 필요가 있다. 먼저 주기를 변환하려는 자료를 포함하고 있는 작업파일에서 대상 자료를 선택하고 EViews 상단의 주 메뉴에서 [Objects] / [Store to DB] 를 차례로 선택하여 Data Bank에 저장한다. 그리고 다른 작업파일에 들어가 [Fetch] 를 눌러 Data Bank에 있는 자료를 불러오면 자동적으로 새로운 작업파일의 주기에 맞도록 변형된다. 예를 들어, 월별 자료를 분기별 자료로 전환하는 경우, 월별 관측치의 합을 이용할 것인지, 첫째 혹은 마지막 관측치를 이용할 것인지 등에 대해 결정해 줄 필요가 있다. 이를 위해서는 EViews 상단의 주 선택항목 중에서 [Options] / [Dates & Frequency Conversion] 을 차례로 누르고 합(sum), 평균(average) 등의 항목이 제시된 활성창에서 적합한 자료 전환 방법을 지정해 주면 된다.

## 2. 시차분포모형의 추정

EViews에서는 간단한 명령문을 이용하여 다항식 시차분포(PDL)모형을 추정할 수 있다. (예 11.1)의 시차분포모형을 추정하기 위해서는 제4장의 [부록 4.3]에서 추정한 소비함수 회귀식 EQ4_A15의 도구창에서 [Estimate] 를 다시 누르고 [Equation Specification] 입력창에 『CP C PDL(GDP, 4, 2)』가 되도록 수정한다. 그리고 [확인] 을 누르면 통상적인 Keynes 소비함수에 대해 과거 4분기 동안의 소득이 현재 소비에 영향을 미치고, 이 시차계수가 2차식의 구조를 갖는 모형을 추정한 결과가 도출된다.

[그림 11-A1] (예 11.1)의 시차분포모형 추정 결과

Dependent Variable: CP
Method: Least Squares
Sample (adjusted): 1971Q1 2019Q4
Included observations: 196 after adjustments

| Variable | Coefficient | Std. Error | t-Statistic | Prob. |
|---|---|---|---|---|
| C | 1,668.032 | 478.6737 | 3.484695 | 0.0006 |
| PDL01 | −0.018117 | 0.075819 | −0.238954 | 0.8114 |
| PDL02 | −0.191592 | 0.021365 | −8.967463 | 0.0000 |
| PDL03 | 0.057481 | 0.037916 | 1.516008 | 0.1312 |

| | | | |
|---|---|---|---|
| R-squared | 0.996970 | Mean dependent var | 79,621.22 |
| Adjusted R-squared | 0.996923 | S.D. dependent var | 76,321.74 |
| S.E. of regression | 4,233.755 | Akaike info criterion | 19.55976 |
| Sum squared resid | 3.44E+09 | Schwarz criterion | 19.62666 |
| Log likelihood | −1,912.857 | Hannan-Quinn criter. | 19.58685 |
| F-statistic | 21,059.14 | Durbin-Watson stat | 0.123276 |
| Prob(F-statistic) | 0.000000 | | |

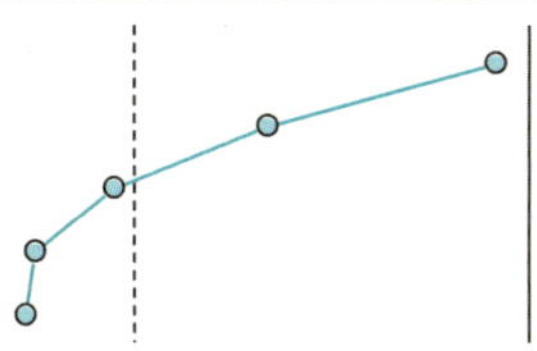

| Lag Distribution of GDP | i | Coefficient | Std. Error | t-Statistic |
|---|---|---|---|---|
| | 0 | 0.59499 | 0.08626 | 6.89788 |
| | 1 | 0.23096 | 0.04361 | 5.29587 |
| | 2 | −0.01812 | 0.07582 | −0.23895 |
| | 3 | −0.15223 | 0.04341 | −3.50654 |
| | 4 | −0.17138 | 0.08785 | −1.95075 |
| | Sum of Lags | 0.48423 | 0.00285 | 169.673 |

**참고** EViews에서는 $\alpha_k$의 값과 원래 모형에서의 시차계수 $\beta_i$값이 식 (11.6)의 관계를 갖지 않고, 다음의 관계를 갖도록 추정된다. 그러나 시차계수 $\beta_i$에 대한 추정치는 식 (11.7)을 적용한 것과 동일하게 도출된다.

$$\beta_i = \alpha_0 + \alpha_1\left\{i - \left(\frac{p+1}{2}\right)\right\} + \alpha_2\left\{i - \left(\frac{p+1}{2}\right)\right\}^2 + \cdots + \alpha_k\left\{i - \left(\frac{p+1}{2}\right)\right\}^k$$

여기서 $\left(\frac{p+1}{2}\right)$은 $\frac{p+1}{2}$ 보다 크지 않은 정수를 나타낸다.

## 3. 인과관계 검정

(예 11.2)의 인과관계 검정 절차는 다음과 같다. ① EViews 메뉴창의 [Quick] / [Group Statistics] ▶ [Granger Causality Test] 를 선택한다. ② 계열의 목록을 입력하는 활성창에서 『M1 GDP』를 입력하고 [OK] 를 누른다. ③ 화면에 새로이 나타나는 시차변수의 수(lags to include) 입력창에 시차를 지정(이 경우 $k=4$)한 다음 [OK] 를 누르면 [그림 11-A2]의 검정 결과가 제시된다. 여기서 첫 번째 $F$-값 5.507은 5% 유의수준에서 식 (11.10)에 대해 귀무가설 $\alpha_{2i}=0$ $(\forall i=1,2,\cdots,k)$을 기각하므로 M $\Rightarrow$ GDP 관계를 의미한다. 둘째 식에서 $F$-값=1.634는 유의성이 없으므로 귀무가설 $\beta_{1j}=0$ $(\forall j=1,2,\cdots,k)$은 기각되지 않아, GDP $\not\Rightarrow$ M 관계를 나타낸다. 이러한 분석 결과는 통화량에서 소득으로의 일방적인 인과관계가 성립한다는 것으로 해석된다.

[그림 11-A2] (예 11.2)의 인과관계 검정 결과

Pairwise Granger Causality Tests
Sample: 1970Q1 2019Q4
Lags: 4

| Null Hypothesis: | Obs | F-Statistic | Prob. |
|---|---|---|---|
| M1 does not Granger Cause GDP | 196 | 5.50696 | 0.0003 |
| GDP does not Granger Cause M1 | | 1.63425 | 0.1674 |

부록 11.2

# R 명령문 및 추정 결과

## 1. 시계열자료 변환 및 그래프 작성법

작업파일 생성 단계에서 자료의 연도 및 주기 등을 선택하여 시계열자료로 구성된 작업파일을 생성하는 EViews 프로그램과 달리, R에서는 각각의 자료를 ts( ) 함수를 이용하여 시계열자료로 생성한다. ts( ) 함수의 start 인수에는 자료의 시작 연도, frequency 인수에는 자료의 주기에 해당되는 값(분기=4, 월별=12, 주별=52, 일별=250)을 입력한다. [표 11-A1]의 (3)~(4)번 줄은 「quarter.csv」 파일의 국민소득(GDP)과 소비지출(CP) 자료를 시계열자료로 생성하는 명령문이다. 시계열분석에서 자주 사용하는 변수 변환 명령문은 (5)~(8)번 줄에 제시했다.

[표 11-A1] 시계열자료 생성 및 변수 변환 명령문

```
setwd("C:/econometrics")                                    # 작업경로 변경           (1)
Quarter <- read.csv(file="quarter.csv", header=TRUE)        # 자료 읽기               (2)
.............................................................................................
gdp <- ts(Quarter$gdp, start=1970, frequency=4)             # 시계열자료 생성: GDP    (3)
cp  <- ts(Quarter$cp,  start=1970, frequency=4)             # 시계열자료 생성: CP     (4)

lgdp     <- lag(gdp, -1)                                    # 시차연산: gdp(t-1)      (5)
dgdp     <- diff(gdp)                                       # 차분                    (6)
dlgdp    <- diff(log(gdp))                                  # 로그차분                (7)
gdp_g    <- (gdp - lag(gdp, -1))/lag(gdp, -1)               # 증가율                  (8)
```

경제변수들의 움직임을 그래프로 제시하기 위해서는 plot( ) 함수와 lines( ) 함수를 이용한다. lines( ) 함수는 기존에 생성된 그래프에 선을 추가하는 함수로, 예를 들어 국민소득과 민간소비의 추이를 함께 제시하기 위해서는 다음 [표 11-A2]에서 (9)~(10)번 명령문을 입력한다. 여기서 시계열자료를 구분하기 위해 plot( )의 type 인수에는 선을 의미하는 l을 입력하고, lines( )의 lty 인수에는 점선을 뜻하는 2를 각각 입력한다. [선의 종류에 따라 lty 인수에는 1~6까

지 숫자를 입력할 수 있으며, 선의 색상은 col 인수에서 지정한다.] 그래프의 범례는 legend( ) 함수로 추가하며, 범례가 표시될 좌표 (x, y)를 입력하면 해당 위치에 범례가 표시된다. 아래의 명령문을 실행하면 국민소득과 민간소비지출 추이를 제시한 [그림 11-A3]이 활성화된다.

[표 11-A2] 시계열 그래프 작성 명령문

| | | |
|---|---|---|
| plot(gdp, type="l", col="red") | # 선 그래프: 국민소득 | (9) |
| lines(cp, lty=2, col="blue") | # 선 추가: 소비지출 | (10) |
| grid( ) | # 격자 추가 | (11) |
| legend(1970, 5e+05, legend=c("GDP", "CP"),<br>col=c("red", "blue"), lty=c(1, 2)) | # 범례 추가 | (12) |

[그림 11-A3] 국민소득과 민간소비지출 추이

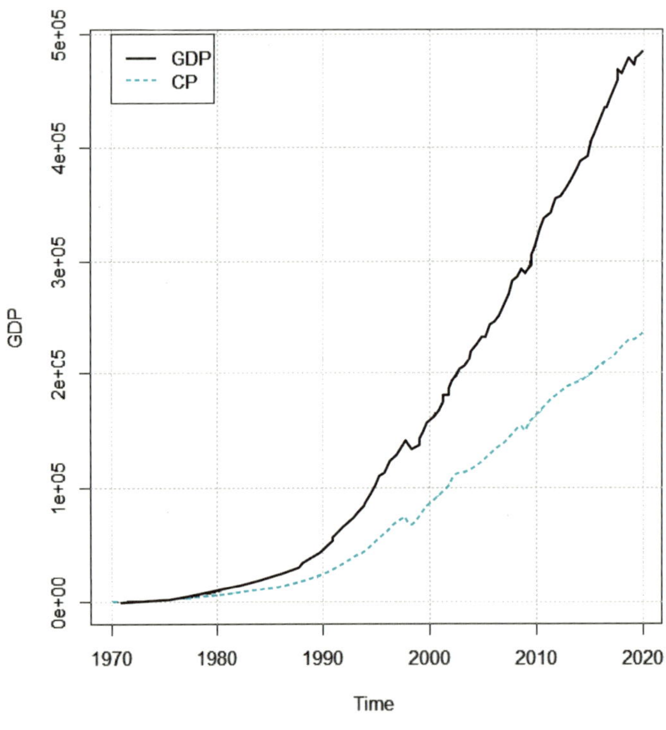


## 2. 시차분포모형의 추정

R에서 다항식 시차분포(PDL)모형을 추정하기 위해서는 『dLagM』 패키지의 polyDlm( ) 함

[표 11-A3] (예 11.1)의 시차분포모형 추정 명령문

```
install.packages("dLagM")                               # 패키지 설치        (13)
library(dLagM)                                          # 패키지 불러오기    (14)

Eq11_8  <- polyDlm(x=gdp, y=cp, q=4, k=2)              # 식 (11.8) 추정     (15)
summary(Eq11_8)                                         # 추정 결과          (16)
```

[그림 11-A4] (예 11.1)의 시차분포모형 추정 결과

```
> Eq11_8 <- polyDlm(x=gdp, y=cp, q=4 , k=2)               # 식 (11.8) 추정  (15)
Estimates and t-tests for beta coefficients:
         Estimate  Std. Error  t value   P(>|t|)
beta.0     0.5950     0.0863     6.900  7.44E-11
beta.1     0.2310     0.0436     5.300  3.22E-07
beta.2    -0.0181     0.0758    -0.239  8.11E-01
beta.3    -0.1520     0.0434    -3.510  5.65E-04
beta.4    -0.1710     0.0879    -1.950  5.25E-02

> summary(Eq11_8)                                          # 추정 결과  (16)
Call:
"Y ~ (Intercept) + X.t"

Residuals:
     Min         1Q     Median       3Q        Max
-14,600.9   -1,819.6    -917.8   2,475.1   10,511.7

Coefficients:
              Estimate    Std. Error    t value     Pr(>|t|)
(Intercept)   1,668.032   478.67372      3.485       0.00061  ***
z.t0            0.59499     0.08626      6.898      7.44E-11  ***
z.t1           -0.42152     0.15282     -2.758       0.00637  **
z.t2            0.05748     0.03792      1.516       0.13116
---
Signif. codes:  0 '***'  0.001 '**'  0.01 '*'  0.05 '.'  0.1 ' '  1

Residual standard error: 4234 on 192 degrees of freedom
Multiple R-squared: 0.997, Adjusted R-squared: 0.9969
F-statistic: 2.106e+04 on 3 and 192 DF,  p-value: < 2.2e-16
```

수를 사용하며, [표 11-A3]의 (15)번 줄은 (예 11.1)의 시차분포모형을 추정하는 명령문이다. polyDlm( ) 함수의 x와 y 인수에는 독립변수와 종속변수를 각각 입력하고, q와 k 인수에는 다항식 구조와 시차 $k$를 입력한다.

(예 11.1)의 추정 결과가 제시된 [그림 11-A4]에서 (15)번 명령문을 실행하면 먼저 식 (11.8)에 대해 $\beta_i$의 추정 결과가 출력되고, (16)번 명령문을 실행하면 $\alpha_k$에 대해 추정한 결과가 제시된다. R에서는 식 (11.7)의 형태로 $\alpha_k$를 추정하여 $\alpha_k$에 대한 추정 결과는 EViews와 다르지만, $\beta_i$의 추정 결과는 동일한 것을 확인할 수 있다.

## 3. 인과관계 검정

(예 11.2)의 인과관계 검정을 위해서는 『lmtest』 패키지의 grangertest( ) 함수를 이용한다. 이 함수에는 먼저 종속변수를 입력한 다음 '~' 기호 뒤에 독립변수를 입력하고, order 인수에는 시차 $k$를 입력한다. 아래의 (19)~(20)번 줄은 통화량과 소득 사이의 인과관계 검정을 시행하는 명령문이다.

**[표 11-A4]** (예 11.2)의 인과관계 검정 명령문

```
library(lmtest)                          # 패키지 불러오기     (17)
m1 <-Quarter$m1                          # M1                  (18)

grangertest(gdp~m1, order=4)             # 인과관계 검정 1     (19)
grangertest(m1~gdp, order=4)             # 인과관계 검정 2     (20)
```

인과관계의 검정 결과는 제7장 유의성 검정에서 설명한 wald( ) 함수의 검정 결과와 유사한 형태로 제시되는데, [그림 11-A5]에서 (19)번 줄의 명령문에 의해 출력된 (Model 1)과 (Model 2)는 각각 비제약식과 제약식을 나타낸다. 이 검정의 $F$-통계량은 5% 유의수준에서 귀무가설 $H_0 : \alpha_{2i} = 0\ (\forall i = 1, 2, \cdots, k)$을 기각하여, $M \Rightarrow GDP$ 관계를 나타낸다. 한편, (20)번 줄의 검정 결과는 $GDP \not\Rightarrow M$ 관계를 의미한다.

**[그림 11-A5]** (예 11.2)의 인과관계 검정 결과

```
> grangertest(gdp~m1, order=4)                    # 인과관계 검정 1  (19)
Granger causality test

Model 1: gdp ~ Lags(gdp, 1:4) + Lags(m1, 1:4)
Model 2: gdp ~ Lags(gdp, 1:4)
   Res.Df  Df    F      Pr(>F)
1    187
2    191   -4  5.507   0.0003263 ***
---
Signif. codes:  0 '***'  0.001 '**'  0.01 '*'  0.05 '.'  0.1 ' '  1

> grangertest(m1~gdp, order=4)                    # 인과관계 검정 2  (20)
Granger causality test

Model 1: m1 ~ Lags(m1, 1:4) + Lags(gdp, 1:4)
Model 2: m1 ~ Lags(m1, 1:4)
   Res.Df  Df    F       Pr(>F)
1    187
2    191   -4  1.6343   0.1674
```

# 연습문제

1. 다음의 용어에 대하여 설명하라.

(1) 시차분포모형 (2) 인과관계 검정
(3) 확률적 설명변수 (4) 가성적 회귀
(5) 전통적 회귀분석이론 (6) 비표준 극한분포

2. 아래의 각 문장이 맞는지 틀리는지를 결정하고, 그 이유를 간략히 설명하라.

(1) 시계열모형은 주어진 시계열자료의 시간의 흐름에 따른 특징만을 이용하는 모형으로, 경제이론에 기초하여 도출된 모형이 아니기 때문에 주어진 자료의 미래값 예측에는 유용하지만 경제이론을 검정하는 데는 이용할 수 없다.

(2) 시계열 $\varepsilon_t$가 서로 독립이고 동일한 분포를 가진 확률변수로 그 평균은 0이고 분산은 $\sigma^2$이라고 하자. 새로운 확률변수 $X_t$가 $X_t = \varepsilon_{t-1}\varepsilon_{t-2} + \varepsilon_t$의 관계로부터 생성된다고 할 때, 이 확률변수 $X_t$는 안정적 시계열이라 할 수 있다.

3. 제4장의 통상적인 소비함수와는 달리 현재의 소비($C_t$)가 현재의 실제 소득($Y_t$)에 의존하는 것이 아니고, 다음과 같이 현재 기대되는 예상소득($Y_t^*$)에 의해 결정된다고 하자.

$$C_t = \alpha + \beta Y_t^* + \varepsilon_t$$

또한 이 예상소득은 다음과 같은 적응적 기대(adaptive expectations)에 따라 구해진다고 하자.

$$Y_t^* = \lambda Y_{t-1} + (1-\lambda)Y_{t-1}^*$$

(1) 소비 및 소득에 대한 자료는 있지만 예상소득에 대한 자료는 구할 수 없다고 할 때, 이러한 관계를 고려한 소비함수를 추정하기 위한 계량모형을 도출하라.

(2) QUARTER 파일에 들어 있는 한국의 소비(CP)와 소득(GDP) 자료를 대상으로 최소자승법을 이용하여 (1)에서 도출한 모형을 추정하라.

(3) 위 (2)에서 추정된 모형의 오차항에 자기상관이 나타나는지를 분석하라.

(4) 이 경우 회귀계수의 OLS 추정량이 불편성 또는 일치성을 갖는지를 분석하라.

(5) 위 (2)에서의 추정 결과를 토대로 위 모형의 회귀계수에 대한 추정치를 도출하고, 여기서 도출된 계수추정치가 소비에 대한 소득 변화의 영향을 분석하는 데 어떻게 사용될 수 있는지를 설명하라.

4. 가성적 회귀 현상을 나타내는 식 (11.13), (11.14)에서 $n = 30$ 및 $n = 100$개의 자료에 대해 회귀식 (11.13)을 각각 추정하고, 계수추정치의 유의성과 결정계수 값을 식 (11.15)의 표본회귀식과 비교하라. 이 결과를 토대로 $n = 1{,}000$ 또는 $n \to \infty$ 인 경우 어떤 추정 결과가 도출될지에 대해 논의하라.

5. RETURN 파일에 들어 있는 미국의 Dow Jones 지수 수익률(DJIA)과 나스닥 지수 수익률(NASDAQ) 자료에 대해서 ① $k = 1$개의 시차를 둔 모형으로 인과관계 검정(Granger Causality Test)을 시행하라. ② 주어진 자료가 일별 자료인 것을 고려하여 주별 변동효과(weekly effect)를 반영하기 위해 $k = 5$개의 시차를 둔 모형을 이용하는 경우 ①에서의 결과와 어떻게 다른가를 비교하라.

6. 다음의 요령에 따라 EViews 또는 R 프로그램에서 표준정규분포를 갖는 시계열자료를 생성하여, White Noise, AR, MA, ARMA 모형을 나타내는 자료를 각각 도출하고, 이들의 표본 ACF 및 PACF를 추정하라. [EViews의 프로그램창 또는 R의 스크립트창에서 아래의 명령문을 입력한다. EViews Student Lite 버전을 이용하는 경우 프로그램창 사용이 불가능하므로 아래의 명령문을 명령창에 한 줄씩 입력한다.]

| EViews 명령문 | R 명령문 |
|---|---|
| workfile corr_samples u 1000 | set.seed(123456) |
| | n = 1000 |
| rndseed 123456 | |
| series E = nrnd '표준정규분포 난수 생성 | E = rnorm(n) #표준정규분포 난수 생성 |
| | |
| smpl 1 1 | F = rep(NA, n) |
| series F = E | G = rep(NA, n) |
| series G = E | H = rep(NA, n) |
| series H = E | |
| | F[1] = E[1] |
| smpl 2 1000 | G[1] = E[1] |
| series F = E + 0.5*E(−1) | H[1] = E[1] |
| series G = 0.5*G(−1) + E | |
| series H = H(−1) + E + 0.6*E(−1) | for (i in 2 : n) { |
| | F[i] = E[i] +0.5*E[i−1] |
| | G[i] = 0.5*G[i−1] + E[i] |
| | H[i] = H[i−1] + E[i] + 0.6*E[i−1] } |

E. 백색잡음: $X_t = \varepsilon_t$ [여기서 $\varepsilon_t \sim N(0,1)$]

F. 이동평균모형: $X_t = \varepsilon_t + 0.5\,\varepsilon_{t-1} \sim MA(1)$

G. 자기회귀모형: $X_t = 0.5X_{t-1} + \varepsilon_t \sim AR(1)$

H. ARMA 모형: $X_t = X_{t-1} + \varepsilon_t + 0.5\,\varepsilon_{t-1}$

(1) 위의 명령문 실행 결과 만들어진 E, F, G, H 자료의 표본을 200개로 조정한 다음 시계열 패턴을 비교하는 그래프를 도출하라.

▷ EViews: 명령창에 『smpl 1 200』을 입력하면 표본이 조정된다.

▷ R: [ ] 연산자를 이용하여 각 자료에 대한 표본을 조정할 수 있다. 예를 들어, 자료 E의 표본수를 조정하기 위해서는 『E[1:200]』를 입력한다.

(2) 위에서 도출된 각각의 200개 자료에 대한 표본 ACF 및 PACF를 20시차까지 도출하라.

▷ EViews: 자료 E를 더블클릭하여 선택한 후 [View] / [Correlogram] 에서 시차 '20'을 입력한다.

▷ R: 자료 E의 ACF와 PACF를 도출하기 위해 『acf(E[1:200], lag.max = 20)』

과 『acf(E[1:200], lag.max = 20, type="partial")』를 입력한다.

(3) 시계열 E, F, G, H 자료의 표본을 1,000개로 조정한 다음, 위 (1)과 (2)에서의 결과와 비교하라.

CHAPTER

# 12

# 시계열모형

전통적인 회귀분석에서는 경제이론에 기초하여 경제변수들 사이의 관계를 독립변수와 종속변수로 규정한 계량모형을 설정한다. 이러한 계량접근법(econometric approach)과는 달리 시계열접근법(time-series approach)에서는 주어진 변수 자체의 현재값과 과거값들 사이의 동태적 관계를 분석하는 모형을 이용한다. 여기에서는 먼저 안정적 시계열자료의 유형 및 특징 등에 관한 기본 개념을 소개하고, 시계열모형의 선정 및 추정, 불안정한 시계열자료의 특징 등 일반적인 시계열분석(time-series analysis) 기법에 대해 설명한다.

## 1. 시계열분석의 기본 개념

전통적인 계량분석에서는 경제이론을 토대로 경제변수들 사이의 관계를 규정하는 모형을 설정한다. 예를 들어, 소비함수에서는 소득의 변화에 대응하는 소비의 움직임을 분석하기 위해 다음과 같이 독립변수($X_t$)와 종속변수($Y_t$)로 구성된 회귀모형을 이용한다.

$$Y_t = \beta_1 + \beta_2 X_t + \varepsilon_t \tag{12.1}$$

이러한 접근방법과는 달리 시계열분석에서는 변수 자체의 시간 흐름에 따른 특성을 토대로 모형을 설정한다. 즉, 주어진 변수 자체의 현재값($Y_t$)과 과거값($Y_{t-1}$) 사이의 동태적 관계를 분석하는 시계열모형을 이용하여 예측치 추정 및 가설검정을 시행한다.

$$Y_t = \alpha_1 + \alpha_2 Y_{t-1} + \varepsilon_t \tag{12.2}$$

여기에서는 먼저 안정적 시계열자료의 특징에 관한 기본 개념을 정리하고, 주어진 시계열자료에 적합한 시계열모형을 선정하는 방법을 소개한다.

### 1.1 자기상관계수

시계열분석에서는 주어진 변수의 시간 흐름에 따른 특성을 모형화하여 시계열자료의 동태적인 관계를 분석한다. 따라서 시계열자료의 다른 두 시점에서의 상관관계에 대한 정보가 매우 중요한 역할을 하는데, 이를 변수 자신의 상관관계를 분석한다는 의미에서 자기상관계수라 한다. 시계열자료 $Y_t$에 대해 $k$기 이전에 관측된 값과의 상관계수를 $\rho_k$로 표기한다.

$$\rho_k = \frac{\lambda_k}{\lambda_0} = \frac{Cov(Y_t, Y_{t-k})}{\sqrt{V(Y_t)V(Y_{t-k})}} \tag{12.3}$$

여기서 $\lambda_k = Cov(Y_t, Y_{t-k})$는 자기공분산(autocovariance)을 나타낸다. 이 상관계수를 $k$의 함수 형태로 표시한 것을 자기상관함수(autocorrelation function: ACF)라 하고, 이를 그래프로 나타낸 것을 상관도표(correlogram)라 한다. 이러한 정보는 시계열이 갖고 있는 충격의 지속성(persistence) 및 강도를 분석하는 데 유용하며, 시계열모형의 안정성 점검에도 이용한다.

## 1.2 시계열의 안정성

시계열자료를 분석할 때, 첫째로 고려해야 할 이슈는 평균, 분산 등 주어진 시계열의 확률적 특징이 시간의 변화에 관계없이 일정해 그 특징을 정해진 모형으로 나타낼 수 있는가 하는 것이다. 여기서 시계열자료를 생성하는 확률 과정(stochastic process)이 일정하면, 이 시계열자료를 안정적(stationary) 시계열이라 한다. 이 경우에는 그 시계열자료를 일정한 계수를 갖는 모형으로 표현할 수 있으며, 회귀분석을 이용해 이 계수추정치를 도출할 수 있다. 이와는 반대로 시계열자료의 특징이 시간에 따라 변하면, 이 시계열의 과거와 미래 관계를 수식으로 표현하기 어렵다. 이러한 시계열자료를 불안정(nonstationary) 시계열이라 한다.

안정적 시계열은 각 시점에서 평균과 분산이 시간 $t$에 관계없이 항상 불변이고 두 시점 사이의 공분산이 기준 시점과 무관하게 결정되는 자료를 의미한다. 이 안정성의 조건은 다음과 같이 수식으로 표현된다.

① $E(Y_t) = \mu$ (for all $t$)

② $E(Y_t) = \sigma^2$ (for all $t$)

③ $Cov(Y_t, Y_{t-k}) = \lambda_k = Cov(Y_{t+k}, Y_t)$ (for all $t$ and $k$)

안정적 시계열자료는 자기상관계수 $\rho_k$의 값이 시차 $k$가 커짐에 따라 급격히 감소하는 특징을 보인다. 이와는 반대로 $k$값의 변화와 무관하게 $\rho_k$값이 뚜렷이 감소하지 않는 경우, 불안정 시계열자료의 특징을 나타낸다. 주어진 시계열자료의 안정성 여부를 점검하기 위해서는 다음과 같이 식 (12.3)에 대한 추정치인 표본자기상관함수(sample ACF)를 도출하여 사용한다.

$$\hat{\rho}_k = \frac{\sum_{t=k+1}^{n} (Y_t - \overline{Y})(Y_{t-k} - \overline{Y})}{\sum_{t=1}^{n} (Y_t - \overline{Y})^2} \qquad (12.4)$$

**예 12.1**

이전효과 분석에서 사용한 KOSPI 지수 수익률에 대한 일별 자료를 대상으로 표본 자기상관계수를 추정한 결과, 모든 시차에 대해 $\hat{\rho}_k$의 값이 작게 추정됐다. 이는 주가수익률의 움직임이 자기상관을 나타내지 않는다는 것을 의미한다. 이와는 달리 국내총생산(GDP)의 자기상관계수는 $k$가 작은 경우 1에 가까운 값으로 도출됐으며 $k$가 증가함에 따라 감소하는 속도가 매우 느리게 나타났다. 이러한 현상은 아래 제4절에서 다룰 불안정한 시계열자료의 특징을 나타내는 것으로 분석된다. (부록의 [그림 12-A1], [그림 12-A2] 참조)

## 2. 시계열모형의 선정

시계열분석 기법을 이용하여 시계열자료의 동태적인 움직임을 파악하기 위해서는 이를 분석하기에 적합한 시계열모형을 선정해야 한다. 주어진 자료가 제11장의 안정성 조건을 만족시키는 경우, 이러한 시계열자료에 대해 선형 또는 비선형 모형 등 여러 가지 함수 형태를 사용할 수 있다. 여기에서는 안정적 시계열자료의 모형화에 주로 사용되는 ARMA 형태의 선형모형을 소개하고, 이렇게 설정된 시계열모형을 추정하여 예측치를 도출하는 방법을 설명한다.

### 2.1 백색잡음

시계열자료 중 자기상관이 전혀 없는 경우, 즉 평균이 0, 분산이 $\sigma^2$이고, 다른 두 시점의 관측치 사이에 상관관계가 없는 시계열을 백색잡음(white noise)이라 한다. 백색잡음을 따르는 시계열자료의 자기상관계수는 (모든 $k > 0$에 대해) $\rho_k = 0$으로, 외부 충격이 가해질 때 이 충격은 다른 시기의 변동과 아무런 상관이 없으므로 그 효과는 해당 시점에 그치고 만다. 여기서 백색잡음의 ACF 값이 시차 $k$의 변화와 무관하게 0이 되는 것은 한 번 충격이 주어지면 그 충격은 그 시점에서만 유효하고 이후의 기간에는 아무런 영향이 없는 변수임을 의미한다. 이러한 백색잡음 계열은 실증분석에서 주로 사용하는 일반적인 시계열모형을 구성하는 기초 단위가 된다.

일반적으로 실증분석에서 다루는 시계열자료는 자기상관이 전혀 없는 백색잡음과는 달리 충격의 효과가 어느 정도 지속하는 특징을 갖고 있는데 이러한 패턴을 반영하기 위하여 자기회귀모형과 이동평균모형이 널리 사용되고 있다.

## 2.2 자기회귀모형

AR 모형은 $t$ 기의 $Y$ 값이 과거의 $Y$ 값에 직접적으로 의존하는 구조를 갖고 있는데, 일반적인 AR 모형은 다음과 같은 형태로 표기된다.

$$Y_t = \delta + \alpha_1 Y_{t-1} + \alpha_2 Y_{t-2} + \cdots + \alpha_p Y_{t-p} + \varepsilon_t \qquad (12.5)$$

이 모형에서는 $t$ 시점의 $Y$ 값이 과거 $p$ 기간 동안의 $Y$ 값의 가중평균과 $t$ 기에 발생하는 오차항(random shock 혹은 innovation term)의 합으로 구성된다. 이를 $p$ 차 자기회귀(autoregressive: AR) 모형이라 하고 AR($p$)로 표기한다.

AR(1) 모형은 시계열분석에서 가장 많이 사용되는 모형으로 $t$ 기의 시계열 $Y_t$의 값이 시차변수 $Y_{t-1}$과 백색잡음 $\varepsilon_t$에 의해 설명되는 형태를 갖는다.

$$Y_t = \delta + \alpha Y_{t-1} + \varepsilon_t \qquad (12.6)$$

따라서 $t$ 기의 값이 $(t-1)$기의 값에 직접적으로 영향을 받는 형태로, 시계열 $Y_{t-1}$에 포함된 정보는 1차 시차변수를 통해 미래의 $Y$ 값에 지속적으로 영향을 미친다. 여기서 $Y$가 안정적이기 위해서는 $|\alpha| < 1$의 조건을 충족해야 한다. 그렇지 않은 경우, 예를 들어 $\alpha = 1$이면 확률보행(random walk) 과정을 따르는 불안정 시계열이 된다.

식 (12.6)의 AR(1) 모형에서 $Y_t$의 평균은 $E(Y_t) = \delta/(1-\alpha)$이며, $Y_t$와 $Y_{t-k}$ 간의 상관관계는 $\rho_k = \alpha^k$의 형태를 띤다. 이 경우, $|\alpha| < 1$의 조건이 성립하면, $\rho_k$값은 $k$가 커져 두 시점 간의 거리가 멀어질수록 0에 수렴한다. 이는 어떤 시계열자료가 AR(1) 과정을 따를 때, 현재 시점 $t$로부터 $k$기 이전에 충격이 나타나는 경우 이 충격은 다음 기인 $(t-k+1)$기에 $\alpha$ 만큼 전파되고, $(t-k+2)$기에는 $\alpha^2$ 만큼 전파된다. 따라서 [그림 12-1]에서 볼 수 있는

[그림 12-1] AR(1) 모형의 ACF

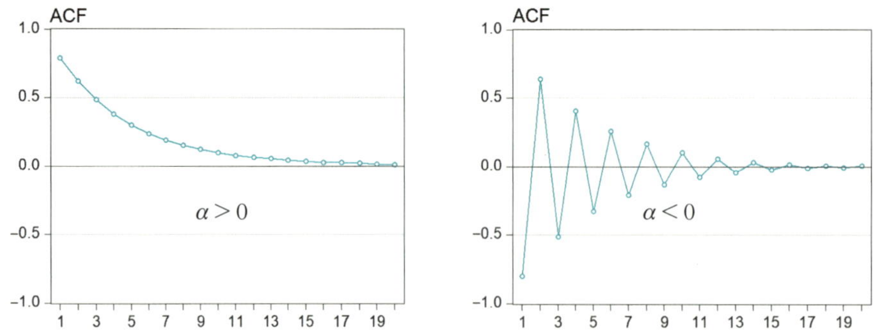


것같이 충격이 발생한 시점이 최근이면 ($k$가 작은 경우) 충격의 효과가 현재의 $Y$값에 부분적으로 전파되지만, 충격 발생 시점이 멀어질수록 그 효과는 점차 약해진다는 것을 의미한다.

주어진 시계열자료가 AR 과정을 따르는 경우, 그 시계열자료에 대한 AR 모형의 차수(order) $p$를 선정할 필요가 있는데, ACF의 형태를 이용하는 Box-Jenkins의 식별방법이 가장 많이 사용되고 있다. 예를 들어, 어떤 시계열자료가 안정적 AR(1) 과정을 따른다면 ACF가 점진적으로 감소하는 (또는 $-1<\alpha<0$이면 (+)와 (−)로 부호가 바뀌면서 진폭이 감소하는) 형태를 갖는다는 점을 이용하여, 이와 비슷한 형태의 표본 ACF를 보이는 자료에 대해 AR(1) 모형을 설정한다. 실제로 AR 모형의 식별을 위해서는 ACF 이외에 부분자기상관계수(partial ACF: PACF)에 관한 정보가 필요하다.

자기상관계수(ACF)의 개념이 $\rho_k = Corr(Y_t, Y_{t-k})$를 나타내는 것과는 달리, PACF는 $Y_t$와 $Y_{t-k}$ 사이의 관계를 분석할 때 중간에 있는 값들($Y_{t-1}$, $Y_{t-2}$, …, $Y_{t-k+1}$)의 영향을 제외한 부분상관관계를 나타내는 개념이다. 예를 들어, AR(1) 모형에서 $\rho_k = \alpha^k$이므로, $\alpha \neq 0$인 경우 $Y_t$와 과거값 $Y_{t-k}$ 사이에는 항상 상관관계가 유지되지만, 이 상관관계는 $Y_{t-1}$을 통해서만 나타난다. 따라서 $Y_{t-1}$의 영향을 제외하면 $Y_{t-k}$ ($k \geq 2$)는 $Y_t$에 영향을 줄 수 없다. 이와 같이 중간에 있는 값에 대한 상관관계를 제거한 뒤 $Y_t$와 $Y_{t-k}$의 상관관계를 나타내는 조건부 상관관계 $Corr(Y_t, Y_{t-k} \mid Y_{t-1}, \cdots, Y_{t-k+1})$를 생각할 수 있는데, 이를 **부분자기상관계수**라고 한다.

PACF는 다음의 회귀식에서 $k$번째 회귀계수로 나타난다.

$$Y_t = \alpha_{11} Y_{t-1} + \alpha_{22} Y_{t-2} + \cdots + \alpha_{kk} Y_{t-k} + \varepsilon_t \tag{12.7}$$

이를 이용해서 AR 모형의 계수 $p$를 결정할 수 있는데, 예를 들어 AR(2)의 경우 $Y_{t-2}$는 $Y_{t-1}$을 통하지 않고도 $Y_t$에 영향을 줄 수 있으므로, $\alpha_{11} \neq 0$, $\alpha_{22} \neq 0$인 반면, $k \geq 3$에 대해서는 $\alpha_{kk} = 0$이 된다. 따라서 일반적인 경우 $\alpha_{kk} \neq 0$이 성립하는 최대의 $k$를 AR 모형의 차수로 선정한다.

## 2.3 이동평균모형

이동평균(moving average: MA) 모형은 AR 모형과 함께 시계열분석에서 다루는 일반적인 모형의 근간이 되는 것으로 시계열자료 $Y_t$가 과거 백색잡음의 가중 합으로 생성되는 형태를 나타낸다. MA 모형 중 가장 단순한 형태인 MA(1) 모형은 다음과 같이 표현된다.

$$Y_t = \mu + \varepsilon_t + \beta \varepsilon_{t-1} \tag{12.8}$$

이 모형에서 $t$기에서의 $Y$값이 $t$기와 $(t-1)$기에 발생한 교란항(disturbance)을 나타내는 오차항에 의해서는 직접적으로 영향을 받지만, $(t-2)$기 이전에 발생한 충격에 의해서는 영향을 받지 않는다. 이 경우 $Y_t$의 평균은 $\mu$가 되고, ACF는 다음과 같이 도출된다.

$$\rho_1 = \frac{\beta}{1+\beta^2}, \quad \rho_k = 0 \ \ (k \geq 2\text{에 대해}) \tag{12.9}$$

따라서 어떤 시점에서 발생한 충격의 영향은 한 기간 다음까지만 유지되고 그 이후에는 사라진다는 것을 의미한다.

일반적인 MA($q$) 모형은 다음과 같이 $Y_t$가 과거 $q$기 동안의 오차항의 선형결합으로 생성된다.

$$Y_t = \mu + \varepsilon_t + \beta_1 \varepsilon_{t-1} + \cdots + \beta_q \varepsilon_{t-q} \tag{12.10}$$

## 2.4 모형의 선정

시계열자료가 안정적인 AR($p$)와 MA($q$)가 혼합된 과정을 따를 때, 그 시계열자료는 다음과 같은 ARMA($p,q$) 과정을 따른다고 한다.

$$Y_t = \delta + \alpha_1 Y_{t-1} + \cdots + \alpha_p Y_{t-p} + \varepsilon_t + \beta_1 \varepsilon_{t-1} + \cdots + \beta_q + \varepsilon_{t-q} \tag{12.11}$$

이러한 ARMA$(p, q)$ 모형은 AR 모형과 MA 모형이 혼합된 형태를 띠는데, 주어진 시계열자료에 대해 적절한 모형을 선정하는 작업은 바로 일반적인 ARMA$(p, q)$ 모형에서 $p$와 $q$의 크기를 식별하는 것이라 할 수 있다.

## 3. 시계열모형의 추정

시계열자료에 대해서 적절한 모형이 선정되면, 이 모형을 이용하여 주어진 자료의 동태적 움직임을 분석하고, 또한 예측치 추정 및 가설검정에 이용한다.

### 3.1 AR 모형의 추정

시계열분석에서 AR 모형이 주로 사용되는 이유는 지금까지 다룬 선형회귀모형의 틀에서 모형 추정이 편리하기 때문이다. AR$(p)$ 모형은 종속변수가 $Y_t$이고, 상수항과 $p$개의 시차변수가 설명변수로 포함된 회귀모형과 같다.

$$Y_t = \delta + \alpha_1 Y_{t-1} + \alpha_2 Y_{t-2} + \cdots + \alpha_p Y_{t-p} + \varepsilon_t$$

따라서 이러한 AR$(p)$ 모형에서 계수 $\delta$, $\alpha_1$, $\alpha_2$, $\cdots$, $\alpha_p$를 추정하기 위해서는 최소자승법이 주로 사용된다. 그 밖에 오차항 $\varepsilon_t$의 분포함수에 대한 정보를 이용하여 최우추정법(maximum likelihood estimation)을 적용하기도 하는데, 이러한 최우추정법은 이 책의 범위를 벗어나므로 여기에서는 다루지 않는다.

이 경우 OLS 추정량은 BLUE가 될 수 있을까? 식 (12.5)는 종속변수의 시차값이 독립변수로 설정된 구조를 가져 확률적 설명변수가 포함된 회귀분석의 특징을 나타낸다. 따라서 OLS 추정량의 불편성은 유지되지 않는다. 그러나 이러한 구조를 제외하고 고전적 회귀모형의 다른 조건은 모두 충족되는 경우, 일치성 및 점근적 효율성을 유지해 좋은 추정량으로서의 특징을 만족한다.

**참고** 여기에서는 수식을 간략하게 표현하기 위해, 식 (12.6)에서 상수항이 제외된 AR(1) 모형에 대한 OLS 추정량의 통계적 특징을 살펴본다. 상수항이 포함돼 평균이 0이 아닌 경우,

또는 일반적인 AR($p$) 모형에 대해서도 동일한 방식으로 일치성과 효율성을 분석할 수 있다.

$$Y_t = \alpha Y_{t-1} + \varepsilon_t \tag{12.12}$$

이 모형은 제4장의 단순회귀분석에서 [가정 2]가 성립하지 않는 경우에 해당한다. 이 경우 기울기 회귀계수에 대한 최소자승추정량 $a$는 다음의 식으로 표현된다.

$$a = \frac{\sum_{t=2}^{n} Y_{t-1} Y_t}{\sum_{t=2}^{n} Y_{t-1}^2} = \frac{\sum_{t=2}^{n} Y_{t-1}(\alpha Y_{t-1} + \varepsilon_t)}{\sum_{t=2}^{n} Y_{t-1}^2} = \alpha + \frac{\sum_{t=2}^{n} Y_{t-1} \varepsilon_t}{\sum_{t=2}^{n} Y_{t-1}^2} \tag{12.13}$$

고전적 회귀모형과 같이 독립변수($X_t$)가 비확률적 변수이면, 식 (12.13)에 대해 기댓값 연산자를 적용하여 다음과 같이 둘째 항이 0이 되고, 따라서 최소자승추정량의 불편성을 보일 수 있다.

$$E\left[\frac{\sum X_t \varepsilon_t}{\sum X_t^2}\right] = \frac{\sum X_t E(\varepsilon_t)}{\sum X_t^2} = 0 \tag{12.14}$$

그러나 종속변수의 시차값이 확률적 설명변수로 포함되면, 식 (12.14)의 관계는 성립하지 않는다.

$$E(a) = \alpha + E\left[\frac{\sum Y_{t-1} \varepsilon_t}{\sum Y_{t-1}^2}\right] \neq \alpha + \frac{\sum Y_{t-1} E(\varepsilon_t)}{\sum Y_{t-1}^2} = \alpha \tag{12.15}$$

이 경우 기댓값 연산자 대신 확률극한(probability limit)을 적용하여 일치추정량임을 보일 수 있다.

$$plim(a) = \alpha + plim\left[\frac{\sum Y_{t-1} \varepsilon_t}{\sum Y_{t-1}^2}\right] = \alpha + \frac{plim(\sum Y_{t-1}\varepsilon_t / n)}{plim(\sum Y_{t-1}^2 / n)} = \alpha \tag{12.16}$$

즉, 식 (12.12)의 오차항에 자기상관이 나타나지 않아 $Cov(Y_{t-1}, \varepsilon_t) = 0$의 조건이 충족되면, 식 (12.16)에서 $plim(\sum Y_{t-1}\varepsilon_t / n) = E(Y_{t-1}\varepsilon_t) = 0$이 성립하여 일치추정량 ($a \xrightarrow{p} \alpha$)임을 의미한다. 그 밖에 고전적 회귀모형의 다른 조건이 모두 충족되면, 점근적 효율성을 달성하는 좋은 추정량으로서의 특징을 갖는다.

### 3.2 MA 모형의 추정

MA 모형에서 나타나는 과거의 충격(오차항 $\varepsilon_{t-1}$)은 실제로 관측되지 않는다. 그러나 식 (12.8)의 MA(1) 모형에서 $|\beta|<1$로 가역적(invertible)인 경우, 주어진 자료로부터 그 값을 도출해 낼 수 있다. MA(1) 모형에서는 다음의 관계를 이용하여 오차항의 값을 구할 수 있으며, 일반적인 MA($q$) 모형도 유사한 방식을 적용할 수 있다.

$$\begin{aligned}
\varepsilon_1 &= Y_1 - \mu - \beta\varepsilon_0 \\
\varepsilon_2 &= Y_2 - \mu - \beta\varepsilon_1 = (Y_2 - \mu) - \beta(Y_1 - \mu - \beta\varepsilon_0) \\
&\ \vdots \\
\varepsilon_t &= Y_t - \mu - \beta(Y_{t-1} - \mu) + \cdots + (-\beta)^{t-1}(Y_1 - \mu) + (-\beta)^t\varepsilon_0
\end{aligned} \tag{12.17}$$

이는 비선형모형으로 통상적인 선형회귀분석 접근법으로는 다룰 수 없고, 비선형 최소자승법 등을 적용해야 한다. [MA 모형은 EViews (또는 R) 프로그램을 이용해서 간단히 추정할 수 있으나, 이러한 비선형 모형에 대한 추정법은 이 책의 범위를 벗어나므로 자세한 설명은 생략한다. 이에 대한 구체적인 내용은 Hamilton (1994) 참조.]

## 4. ARCH 모형: 변동성 분석

전통적 계량모형은 설명변수의 변화에 대응하는 종속변수의 평균적인 변화에 분석의 초점을 맞춘다. 이 경우 회귀모형 또는 시계열모형에 포함되는 오차항에 관한 정보는 계수추정치에 대한 통계적 추론을 위해 보조적인 역할만 담당한다. 그러나 1990년대 이후 금융시장의 중요성이 커짐에 따라 자산가격 결정, 이자율의 기간구조, 옵션가격 결정 등의 분석에 필요한 변동성 추정 및 예측모형 개발을 위한 연구가 활발하게 진행되고 있다. 여기에서는 금융 시계열의 분산 및 공분산에 대한 추정과 예측에 널리 사용되는 자기회귀적 조건부 이분산(autoregressive conditional heteroscedasticity: ARCH) 모형을 중심으로 시계열의 변동성을 모형화하는 방법을 정리한다.

## 4.1 ARCH 모형의 특징

자기회귀적 조건부 이분산 모형은 Engle(1982)에 의해 개발된 분석기법으로 모형이 단순하고 금융시계열의 특징을 잘 반영한다는 점에서 널리 사용되고 있다. 특히 조건부 이분산의 움직임을 분석하여 시계열자료의 변동성이 시간의 흐름에 따라 달라지는 측면을 잘 포착한다. 또한 자산수익률의 변동성에 나타나는 밀집 현상(volatility clustering)을 잘 반영하는 기법으로 금융분야의 이론검정뿐만 아니라 실무에서도 유용하게 사용된다.

예를 들어, 우리나라 주식시장에 대한 1980~2019년의 월별 자료에서 도출된 KOSPI 지수 수익률과 이의 제곱을 그래프로 제시한 [그림 12-2]를 보면, 백색잡음의 특징을 나타내는 수익률과는 달리 이를 제곱한 수익률 변동성에서는 밀집 현상과 지속성(persistence)을 볼 수 있다. 또한 시계열의 변동성이 시간에 따라 변화하는 모습을 나타낸다.

[그림 12-2] KOSPI의 수익률과 변동성

(1) KOSPI 지수 수익률

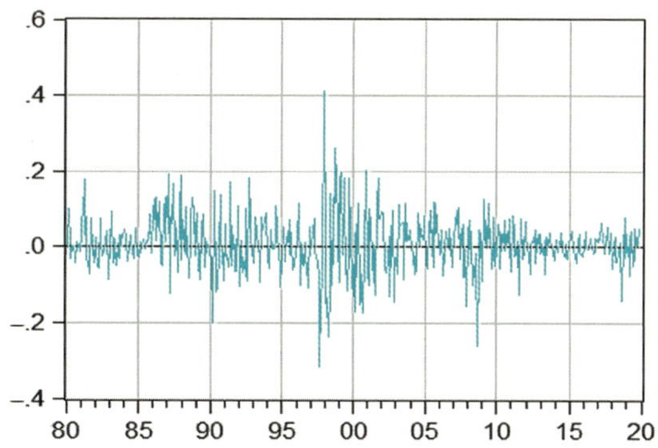


(2) KOSPI 지수 수익률의 변동성

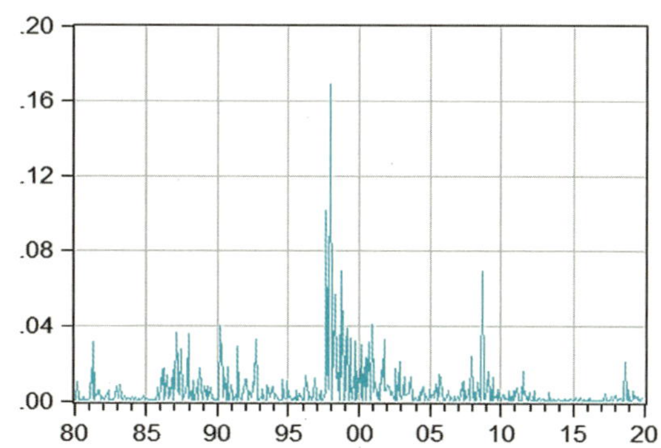

ARCH 모형은 자산수익률의 변동성에 나타나는 이런 현상을 적절하게 분석할 수 있는 모형으로 다음과 같이 변동성에 대해 자기회귀모형의 구조를 적용한다.

$$u_t^2 = \alpha_0 + \alpha_1 u_{t-1}^2 + \alpha_2 u_{t-2}^2 + \cdots + \alpha_m u_{t-m}^2 + w_t \tag{12.18}$$

여기서 $w_t$는 평균이 0이고, 분산이 일정한 백색잡음이다. 이를 $m$차 자기회귀적 조건부 이분산모형이라 하며, 백색잡음의 특징을 갖는 시계열 $u_t$가 식 (12.18)의 과정을 따르는 경우 $u_t \sim ARCH(m)$으로 표기한다. 이에 대한 이론적 분석을 위해서 식 (12.18)을 다음과 같이 나타낸다.

$$u_t = \sigma_t \cdot \varepsilon_t \quad \Leftarrow \varepsilon_t \sim i.i.d. \quad N(0,1) \tag{12.19}$$

$$\sigma_t^2 = \alpha_0 + \alpha_1 u_{t-1}^2 + \alpha_2 u_{t-2}^2 + \cdots + \alpha_m u_{t-m}^2 \tag{12.20}$$

ARCH 모형은 식 (12.18)에서 $u_t^2$이 안정성의 조건을 충족시키면 항상 일정한 비조건부(unconditional) 분산을 갖지만, 시계열 $u_t$의 조건부 분산이 식 (12.20)과 같이 시간의 흐름에 따라 변하는 패턴을 설정한 것이다. 시계열 $u_t$가 ARCH 모형을 따를 때, 정규분포보다 꼬리가 두껍고 첨도가 높은 분포를 갖는 특징을 나타낸다.

ARCH 모형은 조건부 분산이 과거 $u_t^2$의 변화에 의존하는 형태를 띠는데, 조건부 분산이 오랫동안 천천히 변화하는 구조를 고려하기 위해서는 긴 시차가 포함된 모형이 필요하다. 이 경우 추정해야 할 모수가 많아지는 문제가 나타나는데, 이를 해결하기 위한 방법으로 ARCH 모형을 일반화한 GARCH(generalized ARCH) 모형이 실증분석에서 많이 사용된다. 이 모형은 변동성에 나타나는 충격의 효과(memory)가 오래 지속되는 현상을 포착하기 위해 다음과 같이 $\sigma_t^2$ 변수의 시차항을 모형에 포함한 구조를 사용한다.

$$\begin{aligned}\sigma_t^2 = \alpha_0 &+ (\alpha_1 u_{t-1}^2 + \alpha_2 u_{t-2}^2 + \cdots + \alpha_m u_{t-m}^2) \\ &+ (\beta_1 \sigma_{t-1}^2 + \beta_2 \sigma_{t-2}^2 + \cdots + \beta_k \sigma_{t-k}^2)\end{aligned} \tag{12.21}$$

식 (12.21)의 구조와 같이 $\sigma_t^2$의 시차항을 $k$개 포함하는 경우, 이를 $GARCH(k,m)$ 모형이라 한다. 실증분석에서는 가장 단순한 구조를 갖는 $GARCH(1,1)$ 모형이 가장 널리 사용된다.

## 4.2 ARCH 모형의 활용

재무이론에 의하면 위험도(risk)가 높은 자산의 경우 평균적으로 더 높은 수익률을 보인다. 이러한 구조를 고려하기 위해 조건부 분산으로 나타나는 변동성 지표를 반영하는 회귀모형이 사용된다. 이를 ARCH-M(ARCH-in-mean) 모형이라 하는데, 다음과 같이 평균 방정식에 변화하는 분산을 반영하는 ARCH 항이 포함되는 구조를 갖는다.

$$r_t = \alpha + \delta \sigma_t^2 + u_t \tag{12.22}$$

$$u_t = \sigma_t \cdot \varepsilon_t \quad \Leftarrow \varepsilon_t \sim i.i.d. \qquad N(0,1)$$

$$\sigma_t^2 = \alpha_0 + \alpha_1 u_{t-1}^2 + \alpha_2 u_{t-2}^2 + \cdots + \alpha_m u_{t-m}^2$$

여기서 종속변수 $r_t$는 자산수익률 시계열을 나타내며, 상수항 $\alpha$는 장기 평균적인 수익률을 반영한다. 식 (12.22)에서 자산수익률은 위험도를 측정하는 지표인 변동성 $\sigma_t^2$의 변화에 따라 달라지는 특징을 갖는다. 여기서 $\delta \neq 0$인 경우, 자산수익률 $r_t$는 시간에 따라 변화하는 위험 프리미엄(time-varying risk premium)을 반영하게 된다.

식 (12.22)에서 상수항 이외에 경제 여건이나 이자율 등 자산수익률에 영향을 미치는 요인을 반영하는 설명변수 $X_t$를 포함하는 모형을 이용할 수 있다.

$$r_t = \alpha + \beta X_t + \delta \sigma_t^2 + u_t \tag{12.23}$$

또한 자산수익률에 영향을 미치는 위험요인으로 수익률의 분산 이외에 표준편차 $\sigma_t$ 또는 로그분산 $\log(\sigma_t^2)$ 등을 포함한 모형을 사용할 수 있다.

통상적인 ARCH 또는 GARCH 모형은 $u_t$의 상승이나 하락이 변동성에 대칭적으로 영향을 미친다는 가정에 기초한다. 그러나 많은 자산수익률 자료를 보면, (−) 충격이 (+) 충격보다 변동성에 더 큰 영향을 미치는 것으로 나타났다. 이 경우 GARCH 모형은 (−) 충격의 효과는 과소추정(underestimate)하는 반면, (+) 충격의 효과는 과대추정(overestimate)할 우려가 있다. 이러한 비대칭적 영향을 지렛대 효과(leverage effect)라 하는데, 이를 분석하기 위해 EGARCH(exponential GARCH) 모형 등이 사용된다. 식 (12.22) 또는 (12.23) 형태의 ARCH-M 모형은 변동성에 대한 모형의 구조에 따라 GARCH-M 또는 EGARCH-M 모형 등으로 설정하여 사용할 수 있다.

**예 12.2**

제9장의 (예 9.1)에서 다룬 KOSPI 지수 수익률 자료에 대한 회귀모형에 수익률의 표준편차를 포함한 GARCH-M 모형을 추정한 결과 다음의 추정식이 도출됐다.

$$\widehat{KOSPI}_t = -1.792 + 0.787\,DJIA_t + 1.429\,\sigma_t$$
$$(-1.445) \quad (7.162) \qquad (1.344) \qquad R^2 = 0.1565, \quad \overline{R}^2 = 0.1491 \qquad (12.24)$$

이 경우 [그림 4-A13]의 추정식에 비해 결정계수의 값이 증가하여 모형의 적합도는 개선됐으나, GARCH 변수($\sigma_t$)에 대한 유의성이 낮아 시간에 따라 변하는 위험 프리미엄의 설명력이 작은 것으로 분석됐다.

## 5. 불안정 시계열모형

제1절의 안정성 조건을 충족하는 시계열자료와는 달리 불안정 시계열자료는 평균 또는 분산이 시간의 흐름에 따라 달라지는 형태를 나타낸다. 전통적 계량분석에서는 모형에 포함된 자료가 안정적(stationary)이라고 가정한다. 그러나 현실적으로 우리가 이용하는 대부분의 시계열자료는 불안정적(nonstationary)이라는 실증분석 결과가 오랫동안 많이 논의됐다. 이러한 불안정 시계열에 대해 전통적인 회귀분석이론을 적용하면, 변수 사이에 아무 관계가 없는데도 불구하고 통계적 상관성이 높게 추정되는 가성적 회귀 현상이 발생한다.

이러한 가성적 회귀 현상을 그대로 받아들여 분석에 이용하는 경우, 잘못된 통계적 추론을 초래할 우려가 있다. 따라서 이 경우에 전통적 회귀분석 방법을 적용할 수 있는지를 점검하는 작업이 필요하다. 여기에서는 먼저 단위근(unit root)을 갖는 불안정 시계열의 특징을 살펴보고, 이러한 자료의 장기적 관계를 분석하는 공적분(cointegration) 개념을 소개한다.

### 5.1 불안정 시계열의 특징

어떤 시계열자료의 변화가 백색잡음 과정을 따르는 경우, 이를 다음과 같이 나타낼 수 있다.

$$\Delta Y_t = Y_t - Y_{t-1} = \varepsilon_t \;\; \text{혹은} \;\; Y_t = Y_{t-1} + \varepsilon_t \qquad (12.25)$$

이를 확률보행(random walk) 과정이라 한다. 이 자료의 특징을 파악하기 위해, MA 모형의 형태로 변환하면 다음과 같이 표현된다.

$$Y_t = \varepsilon_t + \varepsilon_{t-1} + \varepsilon_{t-2} + \cdots = \sum_{j=0}^{\infty} \varepsilon_{t-j} \tag{12.26}$$

여기서 $Y_t$의 분산은 시간의 흐름에 따라 변화(증가)하게 되므로 불안정 시계열이 된다. 이 경우 어떤 한 시점에서 발생한 충격의 영향은 무한히 지속된다. 예를 들어, GDP가 확률보행 과정을 따른다면, 석유 파동(oil shock), 글로벌 금융위기, 또는 코로나 사태(Covid pandemic) 등의 외부 충격이 있을 때 그 효과가 무한히 지속된다. 이러한 간단한 모형에 추세를 반영한 상수항이 포함된 모형을 고려해 보자.

$$Y_t = Y_{t-1} + \delta + \varepsilon_t \tag{12.27}$$

이 경우 매 기간 평균적으로 $\delta$ 만큼 증가하는 값을 갖는 모형이 된다. 이와 같은 불안정 시계열은 시차 $k$의 변화에 따른 ACF 값의 변화가 아주 느리게 나타내는 패턴을 보인다. 이는 확률보행 과정 같은 불안정 시계열의 경우 충격의 효과가 무한히 지속되는 특징을 갖기 때문이다.

확률보행 과정과 같이 확률적 추세(stochastic trend)가 나타나는 불안정 시계열은 차분을 적용해 안정적 시계열자료로 전환할 수 있다. 확률보행 과정 $Y_t$에 대해 차분을 취하면 다음과 같이 안정적 시계열인 백색잡음으로 변환된다.

$$\Delta Y_t = Y_t - Y_{t-1} = \varepsilon_t \tag{12.28}$$

이와 같이 1차 차분을 해야 안정적인 형태가 되는 시계열을 적분계열(integrated series)이라 한다. 이런 유형의 시계열을 $Y_t \sim I(1)$으로 표기하고, 차분하지 않아도 안정적인 자료는 $\varepsilon_t \sim I(0)$으로 나타낸다.

## 5.2 단위근 검정

회귀모형에 포함된 변수들이 불안정 시계열인 경우, 변수들 사이에 아무 관계가 없는데도 유의성이 높은 회귀식이 추정되는 가성적 회귀 현상이 자주 발생한다. 따라서 회귀분석에 사용하는 시계열자료의 안정성을 확인하는 것이 중요하다. 이를 분석하기 위해 시계열자료의 확률적 변화에 나타나는 충격지속성의 지표인 자기상관계수의 특징을 이용한다. 즉, ACF의 감소 패턴을 이용하는 방법으로, 시차 $k$의 증가에 따른 $\rho_k$ 값의 감소 속도가 빠른 경우 안정적 시계열로 분류하고, 아주 느리게 감소하는 경우 불안정 시계열로 해석한다. 그러나 이 경우 구체적인 판단기준이 없어 대략의 특징 분석에만 사용되며, 실증분석에서 자주 적용되지는 않는다.

통계적 추론에 기초한 시계열자료의 안정성 검정방법으로 다음의 Dickey-Fuller 단위근 검정법이 가장 많이 사용된다. 예를 들어, AR(1) 모형을 따르는 시계열 $Y_t = \alpha Y_{t-1} + \varepsilon_t$에서 $\alpha = 1$인 경우, 이 자료는 불안정 시계열이므로 통상적인 회귀분석이론을 적용할 수 없다. 이와는 반대로 $|\alpha| < 1$이면, 안정적 자료에 대한 통상적인 회귀분석이론을 적용할 수 있다. 실제 검정을 위해서는 위의 모형을 다음과 같은 형태로 표기한 회귀식을 사용한다.

$$Y_t = \alpha Y_{t-1} + \varepsilon_t \quad \Rightarrow Y_t - Y_{t-1} = (\alpha - 1) Y_{t-1} + \varepsilon_t$$

$$\Delta Y_t = \phi Y_{t-1} + \varepsilon_t \qquad (\text{여기서 } \phi = \alpha - 1) \tag{12.29}$$

식 (12.29)의 회귀모형에서 오차항에 자기상관이 나타나는 경우, 다음과 같이 $\Delta Y_{t-1}$, $\Delta Y_{t-2}$ 등의 시차변수를 독립변수로 추가(augmentation)하여 자기상관의 문제를 해결한다.

$$\Delta Y_t = \phi Y_{t-1} + \alpha_1 \Delta Y_{t-1} + \alpha_2 \Delta Y_{t-2} + \cdots + \alpha_p \Delta Y_{t-p} + \varepsilon_t \tag{12.30}$$

이와 같이 DF-검정법에 시차변수를 추가한 모형을 이용하는 방법을 ADF(augmented DF)-검정법이라 한다.

시계열자료의 안정성 여부를 점검하기 위해, 식 (12.29) 또는 (12.30)을 추정한 결과를 토대로 회귀계수 $\phi$에 대한 추정치 $\hat{\phi}$의 $t$-통계량을 이용한다. 이 경우 다음과 같이 단측검정을 시행한다.

$$H_0 : \alpha = 1 \Leftrightarrow \phi = 0 \ (\text{nonstationary}) \quad vs \quad H_1 : \alpha < 1 \Leftrightarrow \phi < 0 \ (\text{stationary}) \tag{12.31}$$

여기서 $\hat{\phi}$의 $t$-통계량은 $t$-분포를 갖지 않기 때문에 Dickey-Fuller(1979)의 분포함수에서 도출된 임계치를 사용해야 한다. 또한 식 (12.29)에서 상수항 또는 추세항의 포함 여부에 따라 다른 임계치가 적용된다. 대부분의 시계열은 $\alpha \leq 1$(즉, $\phi \leq 0$)의 값을 갖는데, 확률보행의 경우 $\alpha = 1(\phi = 0)$이 되어 $t$-통계치가 0에 가깝게 도출되고, 따라서 귀무가설을 채택한다. 반대로 안정적 시계열의 경우 $\alpha < 1\,(\phi < 0)$이므로 $t$-통계치의 값은 유의성 있는 (−) 값으로 구

해지고, 이에 따라 귀무가설을 기각한다.

**예 12.3**

(예 12.1)에서 불안정한 시계열의 특징을 나타내는 것으로 분석된 국내총생산(GDP) 자료에 대해 단위근 검정을 시행했다. 식 (12.30) 형태의 회귀식에 상수항과 추세 이외에 4개의 시차변수를 포함한 모형을 추정한 결과 $\phi$의 추정치에 대한 $t$-통계치가 $t=-1.63$으로 도출됐다. 이는 5% 유의수준에서의 임계치($-3.43$)보다 크므로 단위근이 있다는 귀무가설은 기각되지 않고, 따라서 GDP는 단위근을 갖는 불안정한 자료로 판정할 수 있다.

## 5.3 공적분 분석: 불안정 시계열자료에 대한 회귀분석

개별 시계열자료가 불안정한 자료인 경우, 전통적 계량분석에서 사용되는 이론을 그대로 적용하면 가성적 회귀 현상 등 여러 가지 문제점이 나타난다. 대체로 두 변수에 대한 회귀분석에서 높은 결정계수 값과 함께 매우 낮은 Durbin-Watson 값이 나타나는 경우 이런 문제를 고려해야 한다. 반면 불안정 시계열에 대해서도 회귀분석을 비롯한 전통적 분석이론을 적용할 수 있는 특별한 경우가 나타날 수 있는데, 불안정 시계열 사이에 안정적인 시계열을 생성하는 선형결합이 존재하는 경우가 이에 해당한다.

이 경우 이들 시계열은 공적분(cointegration)관계에 있다고 하는데, 이러한 공적분의 존재는 다수의 경제변수들이 단기적으로는 상호 괴리를 보이지만 장기적으로는 일정한 관계를 갖는다는 경제이론에 부합한다. 두 시계열 $X_t$, $Y_t$가 모두 불안정한 $I(1)$ 계열이고, 두 변수 사이에 안정적인 선형결합($z_t=Y_t-\beta_1-\beta_2X_t$)이 존재하여 $z_t$가 $I(0)$이면, 이들 시계열이 공적분관계를 갖는다. 이 경우 이로부터 도출되는 안정적인 선형결합 $z_t$를 균형오차(equilibrium error)라 한다.

예를 들어, 거시경제 자료에서 총소비와 총소득은 모두 $I(1)$ 과정으로 불안정 시계열이지만, 두 변수는 장기적으로 같이 움직이면서 균형관계를 이룬다고 할 수 있다. 다른 예로서 주식가격이 합리적으로 계산된다면 어떤 회사의 지분으로서의 주식가격은 미래에 예상되는 기대 배당의 현재가치가 될 것이다. 이 경우 주식가격과 배당률이 $I(1)$ 과정을 따르는 불안정 시계열이면, 두 변수 사이에는 공적분관계가 존재한다고 예상할 수 있다.

이를 회귀분석의 개념에서 접근하면, 두 적분 계열 사이에 공적분 관계가 존재하는 경우,

다음의 회귀식에서 오차항 $z_t$가 안정적 계열을 이룬다.

$$Y_t = \beta_1 + \beta_2 X_t + z_t \tag{12.32}$$

여기서 $z_t$가 $I(0)$이면 $X_t$와 $Y_t$가 공적분관계를 나타내며, $z_t$가 $I(1)$이면 두 시계열 사이에는 공적분관계가 없다는 것을 의미한다.[1]

Engle-Granger 공적분 검정법은 이러한 특성을 이용하여 공적분 여부를 점검하는 방법으로 다음의 2단계 과정으로 진행된다.

① 회귀식 (12.32)를 최소자승법으로 추정하여 잔차항 $\hat{z}_t$를 도출한다.

② 회귀식 (12.29) 또는 (12.30)을 이용하여 $\hat{z}_t$에 대한 단위근 검정을 시행한다.

여기서 식 (12.31)의 귀무가설이 기각되면, $z_t$가 $I(0)$인 것으로 판정하여 $X$와 $Y$ 사이에 공적분관계가 있는 것으로 해석한다. 이와는 반대로 $\hat{z}_t$에 단위근이 있는 것으로 나타나면, 두 변수 사이에는 공적분관계가 없는 것으로 판단한다. [이 경우 $t$-통계치에 적용되는 임계치는 앞의 단위근 검정과는 다른 값을 갖는다. 이에 대한 구체적인 분포함수에 대해서는 Hamilton (1994, p. 766, Table B.9) 참조.]

이와 같이 두 변수가 공적분 관계를 가질 때, 각각의 불안정 시계열을 차분을 통해 안정적 시계열로 바꾼 후 다음과 같이 $\Delta Y_t$를 상수항과 $\Delta X_t$에 대해 회귀분석하면 불안정 시계열을 사용할 때 발생하는 문제를 회피할 수 있다.

$$\Delta Y_t = \alpha_1 + \alpha_2 \Delta X_t + \varepsilon_t \tag{12.33}$$

그러나 두 변수 사이에 공적분관계가 있는 경우 차분변수를 이용하면 두 변수 사이의 장기적인 관계에 대한 정보는 잃어버리게 된다. 이 경우 오차수정모형(error-correction model)을 이용해 장기적 균형관계에 대한 정보와 단기적 움직임을 동시에 파악할 수 있다.

오차수정모형은 두 개 이상의 변수 사이에 균형관계가 존재한다면 어느 한 시점에서 장기균형으로부터의 괴리가 발생했을 때, 이 괴리는 시간이 흐름에 따라 조정될 것이라는 개념에 기초하고 있다. 따라서 이 모형은 공적분된 변수들의 단기적 변동뿐만 아니라 장기 균형관계

1 공적분모형에 대한 추정 및 가설검정을 위해 최근에는 VAR(vector AR) 모형을 이용한 Johansen (1991) 접근법이 주로 사용되고 있으나, 이에 관한 통계이론은 이 책의 범위를 벗어나므로 여기에서는 최소자승법을 이용하는 회귀분석에 기초한 Engle-Granger 검정법을 중심으로 설명한다.

에 대한 특성을 나타낼 수 있다는 장점이 있다. 전형적인 오차수정모형은 한 변수의 변화분이 전기의 균형오차와 두 변수의 변화분의 시차값에 의존하는 형태로 설정된다. 공적분관계에 있는 두 변수 $X_t$, $Y_t$에 대한 오차수정모형은 다음과 같은 2단계 추정법을 이용하여 도출할 수 있다.

① $Y_t = \beta_1 + \beta_2 X_t + z_t$에서 $\beta_1$, $\beta_2$의 계수추정치를 구하고, 균형오차(잔차항) $z_t$를 도출한다.

② 균형오차 및 두 변수의 과거값들을 포함한 모형을 추정한다.

$$\Delta Y_t = \alpha_1 + \alpha_2 z_{t-1} + \sum_{k=1}^{p} \delta_k \Delta X_{t-k} + \sum_{j=1}^{p} \gamma_j \Delta Y_{t-j} + \varepsilon_t \qquad (12.34)$$

이와 같이 오차수정모형은 균형오차를 나타내는 $z_{t-1}$을 통해 수준변수 $(Y_{t-1} - b_1 - b_2 X_{t-1})$와 차분변수 $(\Delta X_{t-k}, \Delta Y_{t-j})$를 동시에 하나의 모형 안에 포함하고 있어, 수준변수가 갖고 있는 장기적인 균형관계에 대한 정보를 잃지 않으면서 동시에 적분 계열의 불안정성에 의해 야기되는 분석상의 문제점을 해결할 수 있다는 장점이 있다. 여기서 $\beta_2$는 두 변수 사이의 장기관계를 나타내는 계수이며 $\alpha_2$는 장기 균형점에서 이탈했을 때 장기 균형점으로의 복귀 속도(조정계수)를 나타낸다.

부록 12.1

# EViews 명령문 및 추정 결과

## 1. 자기상관계수의 추정

시계열자료의 자기상관계수를 추정하기 위해서는 마우스로 분석 대상 변수를 더블클릭하여 선정한 후, 계열의 도구창에서 View / Correlogram 를 차례로 선택하고, 시차변수의 수를 지정하면 된다. (예 12.1)에서 RETURN 작업파일의 KOSPI를 대상으로 Correlogram 을 선택하고, 시차변수의 수를 지정하면 [그림 12-A1]과 같이 상관도표 및 자기상관계수와 부분 자기상관계수에 대한 추정치가 도출된다. 그 밖에 분석 대상 자료의 자기상관 여부 검정에 자주 사용되는 Ljung-Box의 $Q$-통계량 및 이의 유의확률이 제시된다. [여기서 $Q$-Stat은 $k$차까지의 자기상관계수가 모두 0이라는 귀무가설을 검정하기 위한 Ljung-Box의 $Q$-통계량으로 이에 대한 유의확률(Prob.)과 함께 제공된다.] 이와 마찬가지로 QUARTER 파일에서 GDP를 대상으로 같은 방법을 적용하여 [그림 12-A2]의 자기상관계수를 구할 수 있다. 이 결과에 의하면 주가지수 수익률은 모든 시차에 대해 자기상관이 없는 것으로 분석되며, 이와는 달리 GDP 자료는 1차 시차부터 지속적으로 강한 자기상관을 나타내고 있다.

[그림 12-A1] 주가지수 수익률에 대한 자기상관계수 추정 결과

Correlogram of KOSPI

Sample: 1 231
Included observations: 231

| Autocorrelation | Partial Correlation | | AC | PAC | Q-Stat | Prob |
|---|---|---|---|---|---|---|
| | | 1 | -0.013 | -0.013 | 0.0422 | 0.837 |
| | | 2 | -0.094 | -0.094 | 2.1110 | 0.348 |
| | | 3 | -0.014 | -0.017 | 2.1584 | 0.540 |
| | | 4 | 0.059 | 0.050 | 2.9755 | 0.562 |
| | | 5 | -0.147 | -0.150 | 8.0956 | 0.151 |
| | | 6 | 0.026 | 0.034 | 8.2589 | 0.220 |
| | | 7 | 0.062 | 0.039 | 9.1870 | 0.240 |
| | | 8 | -0.093 | -0.100 | 11.263 | 0.187 |
| | | 9 | -0.082 | -0.058 | 12.875 | 0.168 |
| | | 10 | -0.033 | -0.075 | 13.136 | 0.216 |
| | | 11 | -0.092 | -0.114 | 15.189 | 0.174 |
| | | 12 | -0.017 | -0.010 | 15.256 | 0.228 |

[그림 12-A2] 국내총생산에 대한 자기상관계수 추정 결과

Correlogram of GDP

Sample: 1970Q1 2019Q4
Included observations: 200

| | AC | PAC | Q-Stat | Prob |
|---|---|---|---|---|
| 1 | 0.986 | 0.986 | 197.24 | 0.000 |
| 2 | 0.971 | -0.012 | 389.71 | 0.000 |
| 3 | 0.957 | -0.015 | 577.34 | 0.000 |
| 4 | 0.942 | -0.003 | 760.23 | 0.000 |
| 5 | 0.927 | -0.032 | 938.16 | 0.000 |
| 6 | 0.911 | -0.025 | 1111.0 | 0.000 |
| 7 | 0.895 | -0.002 | 1278.8 | 0.000 |
| 8 | 0.880 | -0.009 | 1441.7 | 0.000 |
| 9 | 0.864 | -0.009 | 1599.6 | 0.000 |
| 10 | 0.848 | -0.032 | 1752.5 | 0.000 |
| 11 | 0.832 | 0.011 | 1900.5 | 0.000 |
| 12 | 0.816 | -0.009 | 2043.8 | 0.000 |

## 2. AR 모형과 MA 모형의 추정

EViews 프로그램에서 명령문 『LS Y C AR(1) AR(2) ⋯ AR($p$)』을 이용하면 시계열자료 $Y$에 대해서 $p$개의 시차변수를 포함하는 AR($p$) 모형의 추정치를 구할 수 있다. 또한 추정된 모형을 이용하여 예측치를 추정하기 위해서는 AR 모형의 추정 결과를 제시한 활성창 상단의 선택항목 중 [Forecast]를 누르고, 제4장의 부록 [그림 4-A6]의 입력창에서 예측치 추정 기간 및 예측치의 값을 나타내는 변수명을 지정하면 된다. 시계열자료 $Y$에 대한 MA($q$) 모형을 추정하기 위해서는 『LS Y C MA(1) MA(2) ⋯ MA($q$)』를 입력한다. 또한 추정된 모형을 이용하여 예측치를 도출하기 위해서는 앞에서와 같이 추정모형에 대한 도구창에서 [Forecast]를 누르고, 예측치 추정 기간 및 예측치의 값을 나타내는 변수명을 지정한다.

## 3. ARCH 모형의 추정

EViews 프로그램에서는 다양한 유형의 ARCH 모형을 선택하여 추정할 수 있다. (예 12.2)의 ARCH-M 모형 추정방법은 다음과 같다. ① 제4장에서 생성한 이전효과 방정식 EQ4_A13의 도구창에서 [Estimate]를 다시 누르고 추정방법을 설정하는 Estimation settings의 [Method]

항목을 마우스로 클릭하여 [ARCH-Autoregressive Conditional Heteroskedasty]를 선택한다. ② [그림 12-A3]의 활성창에서 [Mean equation] 창에 『KOSPI C DJIA』를 입력한다. 여기서 GARCH, EGARCH, PARCH 등 다양한 형태의 ARCH 모형에서 선택할 수 있으며, 각각의 경우 ARCH 부분과 GARCH 부분의 차수를 지정해 준다. ③ ARCH-M 모형을 이용하기 위해서는 [ARCH-M] 항목에서 원하는 형태의 변동성 지표(여기에서는 표준편차-Std.Dev)를 선정하고 [확인]을 누른다. 이는 식 (12.23)에서 설명변수로 미국의 주식수익률(DJIA)을 포함한 모형(또는 제4장의 [그림 4-A13] 형태의 모형에 수익률의 표준편차를 설명변수로 추가한 모형)을 나타낸다.

[그림 12-A3] ARCH 모형의 선정을 위한 활성창

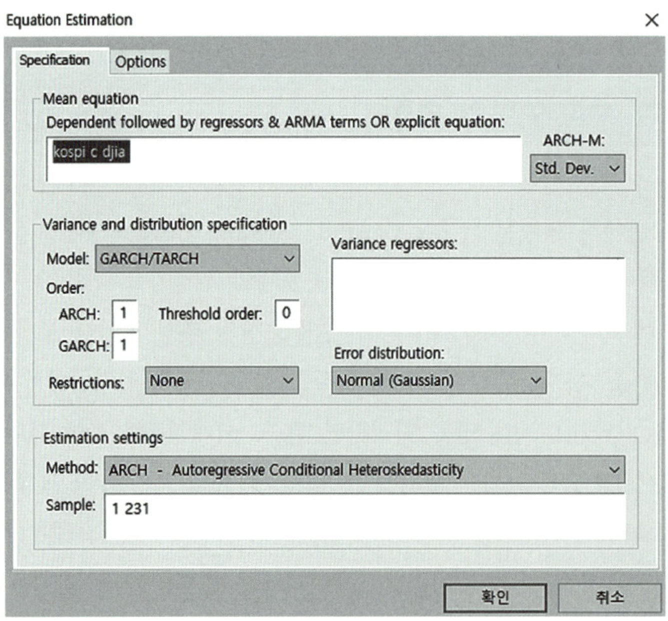


[그림 12-A4]는 KOPSI 수익률 자료에 대해 GARCH(1,1)-M 모형을 추정한 결과를 나타낸다. 이를 보면 평균 방정식에 표준편차 형태로 포함된 변동성 변수(@SQRT(GARCH))에 대한 유의성이 낮게 추정돼 위험 프리미엄이 나타나지 않는 것으로 분석된다.

[그림 12-A4] (예 12.2)의 GARCH-M 모형 추정 결과

Dependent Variable: KOSPI
Method: ML ARCH – Normal distribution (BFGS / Marquardt steps)
Sample: 1 231
Included observations: 231
Convergence achieved after 79 iterations
Coefficient covariance computed using outer product of gradients
Presample variance: backcast (parameter = 0.7)
GARCH = C(4) + C(5)*RESID(−1)^2 + C(6)*GARCH(−1)

| Variable | Coefficient | Std. Error | z-Statistic | Prob. |
|---|---|---|---|---|
| @SQRT(GARCH) | 1.428741 | 1.062717 | 1.344423 | 0.1788 |
| C | −1.791840 | 1.240189 | −1.444813 | 0.1485 |
| DJIA | 0.787221 | 0.109913 | 7.162197 | 0.0000 |
| | | Variance Equation | | |
| C | 0.292434 | 0.261903 | 1.116573 | 0.2642 |
| RESID(−1)^2 | 0.087693 | 0.068008 | 1.289457 | 0.1972 |
| GARCH(−1) | 0.701107 | 0.223658 | 3.134725 | 0.0017 |

| | | | |
|---|---|---|---|
| R-squared | 0.156508 | Mean dependent var | −0.151353 |
| Adjusted R-squared | 0.149109 | S.D. dependent var | 1.256945 |
| S.E. of regression | 1.159453 | Akaike info criterion | 3.166871 |
| Sum squared resid | 306.5073 | Schwarz criterion | 3.256284 |
| Log likelihood | −359.7735 | Hannan-Quinn criterion | 3.202934 |
| Durbin-Watson stat | 2.028222 | | |

## 4. Dickey-Fuller 단위근 검정법

EViews 프로그램에서 DF-검정법을 이용하여 단위근 검정을 시행하기 위해서는 분석 대상 변수를 더블클릭하여 선정한 후, 계열의 도구창에서 [View] / [Unit Root Test]를 차례로 누르고, Unit Root Test의 선택사항을 제시해 주는 활성창에서 상수항, 추세 또는 시차변수의 수를 선택한 후 [확인]을 누른다. [✎: 또는 EViews 명령창에 명령문『UROOT($d, k$) GDP』을 입력하면, 식 (12.30) 형태의 회귀모형에서 $\phi$에 대한 $t$-통계치와 그에 해당하는 임계치가 제시된다. 여기서 상수항, 추세의 포함 여부에 따라 $d$값을, 시차변수의 수에 따라 $k$를 지정한다. 여기서 $d=N$이면

[그림 12-A5] (예 12.3)의 단위근 검정 결과

Null Hypothesis: GDP has a unit root
Exogenous: Constant, Linear Trend
Lag Length: 4 (Fixed)

| | | t-Statistic | Prob.* |
|---|---|---|---|
| Augmented Dickey-Fuller test statistic | | −1.630100 | 0.7777 |
| Test critical values: | 1% level | −4.005809 | |
| | 5% level | −3.433036 | |
| | 10% level | −3.140335 | |

*MacKinnon (1996) one-sided p-values.

Augmented Dickey-Fuller Test Equation
Dependent Variable: D(GDP)
Method: Least Squares
Sample (adjusted): 1971Q2 2019Q4
Included observations: 195 after adjustments

| Variable | Coefficient | Std. Error | t-Statistic | Prob. |
|---|---|---|---|---|
| GDP(−1) | −0.006328 | 0.003882 | −1.630100 | 0.1048 |
| D(GDP(−1)) | 0.054952 | 0.072596 | 0.756966 | 0.4500 |
| D(GDP(−2)) | −0.075390 | 0.073308 | −1.028408 | 0.3051 |
| D(GDP(−3)) | 0.025613 | 0.073309 | 0.349385 | 0.7272 |
| D(GDP(−4)) | 0.019341 | 0.076596 | 0.252507 | 0.8009 |
| C | −999.8263 | 568.3814 | −1.759076 | 0.0802 |
| @TREND("1970Q1") | 43.12623 | 11.59783 | 3.718473 | 0.0003 |

| | | | |
|---|---|---|---|
| R-squared | 0.299771 | Mean dependent var | 2,480.751 |
| Adjusted R-squared | 0.277423 | S.D. dependent var | 2,910.321 |
| S.E. of regression | 2,473.905 | Akaike info criterion | 18.50022 |
| Sum squared resid | 1.15E+09 | Schwarz criterion | 18.61771 |
| Log likelihood | −1,796.771 | Hannan-Quinn criter. | 18.54779 |
| F-statistic | 13.41392 | Durbin-Watson stat | 1.999963 |
| Prob(F-statistic) | 0.000000 | | |

상수항이나 추세가 포함되지 않은 모형, $d=C$이면 상수항만 포함된 모형, $d=T$이면 상수항과 함께 추세가 포함된 모형을 의미한다.] 이에 대한 임계치는 상수항이나 추세의 포함 여부에 따라 다른 값을 적용해야 한다. 또한 오차항의 자기상관을 고려하기 위해 시차변수를 독립변수로 포함할 수 있다. 예를 들어, $k=0$이면 시차변수가 포함되지 않는 식 (12.29) 형태의 모형을 이

용하고, $k=2$이면 $\Delta Y_{t-1}$과 $\Delta Y_{t-2}$를 포함한 모형을 추정한다.

국내총생산(GDP) 자료에 대해서 단위근의 존재 유무를 검정하기 위해 (예 12.3)과 같이 상수항과 추세 이외에 4개의 시차변수를 포함한 ADF 모형을 추정한 결과 [그림 12-A5]에 제시된 통계치들이 도출됐다. 여기서 GDP(−1)의 계수에 대한 $t$-통계치가 $t=-1.63$으로 도출되어, 유의성이 낮은 것으로 판단된다.

부록 12.2

# R 명령문 및 추정 결과

## 1. 자기상관계수의 추정

시계열자료의 자기상관계수와 부분자기상관계수를 추정하기 위해서는 acf( ) 함수를 이용한다. 이 함수의 lag.max 인수에는 시차 $k$를 지정하며, 부분자기상관계수를 구하기 위해서는 type 인수에 “partial”을 추가로 입력한다. Ljung-Box의 $Q$-통계량을 산출하기 위해서는 「stats」 패키지의 Box.test( ) 함수를 사용한다. 이 함수의 lag 인수에는 시차 $k$를 지정하고, type 인수에는 $Q$-통계량을 의미하는 “Ljung”을 입력한다. 주가지수 수익률의 자기상관계수를 추정하고, $Q$-통계량을 도출하는 명령문은 [표 12-A1]에 제시했다.

(5)~(6)번 줄의 명령문을 실행하면 주가지수 수익률의 자기상관계수 및 편자기상관계수의 그림이 출력되는데, EViews와 달리 R에서는 자기상관계수의 시차 $k$가 0부터 표시된다.

**[표 12-A1]** 주가지수 수익률의 자기상관계수 추정 및 $Q$-통계량 산출 명령문

```
setwd("C:/econometrics")                                           # 작업경로 변경      (1)
Return       <- read.csv("return.csv", header=TRUE)                # 자료 읽기          (2)
..............................................................................................
Return_1     <- Return[1:231,]                                     # 표본 조정          (3)
kospi        <- Return_1$kospi                                     # KOSPI 수익률       (4)

acf_kospi    <- acf(kospi, lag.max = 12)                           # ACF 추정           (5)
pacf_kospi   <- acf(kospi, lag.max = 12, type="partial")           # PACF 추정          (6)

install.packages("stats")                                          # 패키지 설치        (7)
library(stats)                                                     # 패키지 불러오기    (8)
Qstat        <- Box.test(kospi, lag=12, type = "Ljung")            # Q-통계량           (9)

acf_kospi                                                          # ACF 추정 결과      (10)
pacf_kospi                                                         # PACF 추정 결과     (11)
Qstat                                                              # Q-통계량 결과      (12)
```

[그림 12-A6] 주가지수 수익률의 자기상관계수 및 부분자기상관계수 추정 결과

(a) 자기상관계수 (b) 부분자기상관계수

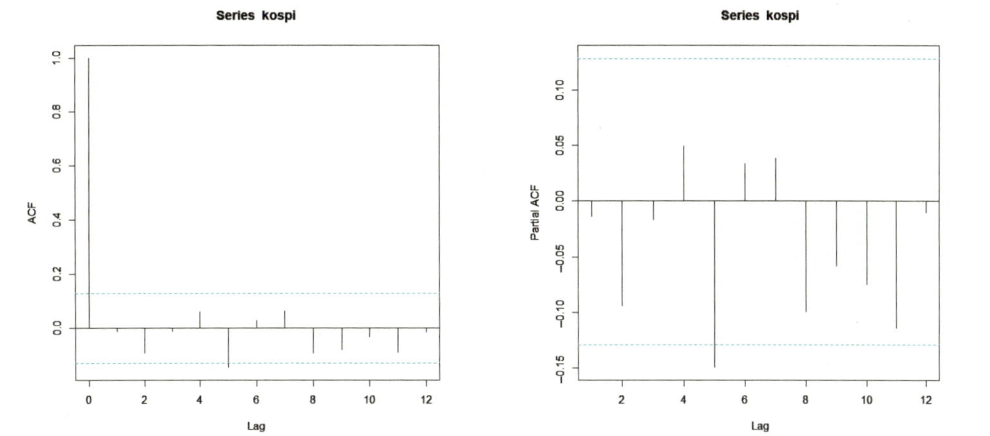


명령문 (10)~(12)번 줄을 실행하면 다음과 같이 추정 결과를 수치로 제시한다. 여기서 (12)번 줄의 $Q$-통계량은 시차 12차까지의 자기상관계수가 모두 0이라는 귀무가설을 검정하기 위한 통계량과 유의확률을 나타낸다.

[그림 12-A7] 자기상관계수 추정 명령문의 실행 결과

```
> acf_kospi                                                  # ACF 추정 결과    (10)
Autocorrelations of series 'kospi', by lag
     0      1      2      3     4      5     6     7      8      9     10     11     12
 1.000 -0.013 -0.094 -0.014 0.059 -0.147 0.026 0.062 -0.093 -0.082 -0.033 -0.092 -0.017

> pacf_kospi                                                 # PACF 추정 결과   (11)
Partial autocorrelations of series 'kospi', by lag
      1      2      3     4      5     6     7      8      9     10     11     12
 -0.013 -0.094 -0.017 0.050 -0.150 0.034 0.039 -0.100 -0.058 -0.075 -0.114 -0.010

> Qstat                                                      # Q-통계량 결과    (12)
        Box-Ljung test

data:  kospi
X-squared = 15.256, df = 12, p-value = 0.2277
```

**참고** [그림 12-A1]의 EViews의 결과와 유사한 형태로 자기상관계수 및 관련 통계량들을 정리하여 제시하기 위해서는 다음의 명령문을 참고하면 된다. 여기서는 12 시차까지의 통계량들을 저장하기 위해 Ljstat로 명명한 행렬을 생성한 다음, 시차 1부터 $k$까지의 $Q$-통계량과 유의확률을 순차적으로 출력하고, 이 값들을 저장하기 위해 반복문인 for 구문을 이용했다.

[표 12-A2] 자기상관계수 및 관련 통계량의 정리 명령문 및 실행 결과

```
AC  <-  acf_kospi$acf[2:13]                        # ACF 결과                      (13)
PAC <- pacf_kospi$acf[1:12]                        # PACF 결과                     (14)

Ljstat <- matrix(NA, nrow=12, ncol=2)              # 12×2 행렬 생성                (15)
colnames(Ljstat) <- c("Q_stat", "Prob")            # 열의 이름 생성                (16)

for (i in 1:12) {                                  # 1~12시차의 Q-통계량과 유의확률 (17)
  Qstat<-Box.test(kospi, lag=i, type = "Ljung")    # 을 계산하고, Ljstat 행렬의 1열과 (18)
  Ljstat[i,1]  <- Qstat$statistic                  # 2열에 각각 저장               (19)
  Ljstat[i,2]  <- Qstat$p.value }                                                  (20)
> round(cbind(AC, PAC ,Ljstat),3)                  # round는 반올림 함수임         (21)
          AC     PAC  Q_stat  Prob
[1,]  -0.013  -0.013   0.042 0.837
[2,]  -0.094  -0.094   2.111 0.348
[3,]  -0.014  -0.017   2.158 0.540
[4,]   0.059   0.050   2.976 0.562
[5,]  -0.147  -0.150   8.096 0.151
[6,]   0.026   0.034   8.259 0.220
[7,]   0.062   0.039   9.187 0.240
[8,]  -0.093  -0.100  11.263 0.187
[9,]  -0.082  -0.058  12.875 0.168
[10,] -0.033  -0.075  13.136 0.216
[11,] -0.092  -0.114  15.189 0.174
[12,] -0.017  -0.010  15.256 0.228
```

## 2. AR 모형과 MA 모형의 추정

R 프로그램에서 시계열자료 $Y$에 대해 AR 또는 MA 모형을 추정하기 위해서는 『arima(Y, order=c(p, d, q))』 함수를 이용한다. 여기서 order 인수의 p는 AR(p), d는 차분횟수, q는

MA(q)를 나타낸다. 예를 들어, AR(1) 모형을 추정하기 위해서는 『arima(Y, order=c(1, 0, 0))』을 입력하고, MA(1) 모형을 추정하기 위해서는 『arima(Y, order=c(0, 0, 1))』을 입력한다. [AR 모형 및 MA 모형의 예측은 「forecast」 패키지를 이용하여 시행할 수 있으며, 자세한 설명은 생략한다. 패키지의 사용법은 콘솔창에서 『help(package = 'forecast')』를 입력하면 확인할 수 있다.]

## 3. ARCH 모형의 추정

R에서는 「rugarch」 패키지를 이용하여 다양한 유형의 ARCH 모형을 추정할 수 있으나, 여기서는 (예 12.2)의 추정방법이 복잡하고 EViews의 추정 결과와 상이하여 생략한다.

## 4. Dickey-Fuller 단위근 검정법

(예 12.3)의 Dickey-Fuller 단위근 검정법을 시행하기 위해서는 단위근 및 공적분 검정 함수를 제공하는 「urca」 패키지의 ur.df( ) 함수를 이용한다. 이 함수에 단위근 검정을 위한 시계열자료를 입력한 다음 type 인수에 검정모형을 설정한다. 예를 들어, 상수항이나 추세가 포함되지 않은 경우 "none", 상수항만 포함하는 경우 "drift", 상수항과 함께 추세가 포함된 경우 "trend"를 입력한다. 그리고 lags 인수에는 시차변수의 수 $k$를 입력한다. 아래의 (25)번 명령문은 (예 12.3)의 단위근 검정 명령문이며, (26)번 명령문을 실행하면 단위근 검정 결과를 제시한다.

**[표 12-A3]** (예 12.3)의 단위근 검정 명령문

| | | |
|---|---|---|
| Quarter <-read.csv("quarter.csv", header=TRUE) | # 자료 읽기 | (22) |
| install.packages("urca") | # 패키지 설치 | (23) |
| library(urca) | # 패키지 불러오기 | (24) |
| | | |
| Ex12_3 <-ur.df(Quarter$gdp, type="trend", lags=4) | # 단위근 검정 | (25) |
| summary(Ex12_3) | # 단위근 검정 결과 | (26) |

**[그림 12-A8]** (예 12.3)의 단위근 검정 결과

```
> summary(Ex12_3)                                    # 단위근 검정 결과  (26)
###############################################
# Augmented Dickey-Fuller Test Unit Root Test #
###############################################

Test regression trend

Call:
lm(formula = z.diff ~ z.lag.1 + 1 + tt + z.diff.lag)

Residuals:
     Min        1Q    Median      3Q       Max
-10,282.9    -828.6    11.8     793.8    9,385.9

Coefficients:
                Estimate    Std. Error   t value    Pr(>|t|)
(Intercept)   -9.998e+02   5.684e+02    -1.759    0.080191 .
z.lag.1       -6.328e-03   3.882e-03    -1.630    0.104755
tt             4.313e+01   1.160e+01     3.718    0.000264 ***
z.diff.lag1    5.495e-02   7.260e-02     0.757    0.450018
z.diff.lag2   -7.539e-02   7.331e-02    -1.028    0.305079
z.diff.lag3    2.561e-02   7.331e-02     0.349    0.727192
z.diff.lag4    1.934e-02   7.660e-02     0.253    0.800925
---
Signif. codes:  0 '***'  0.001 '**'  0.01 '*'  0.05 '.'  0.1 ' '  1

Residual standard error: 2474 on 188 degrees of freedom
Multiple R-squared: 0.2998, Adjusted R-squared: 0.2774
F-statistic: 13.41 on 6 and 188 DF,  p-value: 1.22e-12

Value of test-statistic is: -1.6301 13.1184 14.0263

Critical values for test statistics:
        1pct   5pct   10pct
tau3   -3.99  -3.43   -3.13
phi2    6.22   4.75    4.07
phi3    8.43   6.49    5.47
```

단위근 검정 결과를 제시한 [그림 12-A8]의 하단 부분에 출력된 “Value of test-statistic is” 열의 첫 번째 통계량은 z.lag.1($GDP_{t-1}$)의 계수에 대한 $t$-통계량을 나타낸다. 이 통계량의 임계값은 tau3이며, 임계치는 $t$-통계량의 하단 부분에서 제공한다. 여기서는 $t$-통계량이 5% 유의수준에서 임계치보다 크므로 단위근이 존재한다는 귀무가설을 기각하지 못한다.

**참고** 참고로 “Value of test-statistic is” 열의 두 번째와 세 번째 통계량은 단위근 검정을 위한 모형 $\Delta Y_t = \alpha + \phi Y_{t-1} + \delta t + \sum_{i=1}^{4} \beta_i \Delta Y_{t-i} + \varepsilon_t$에서 결합귀무가설 $H_0 : \alpha = \phi = \delta = 0$ 및 $H_0 : \phi = \delta = 0$에 대한 $F$-통계량을 의미하며, 하단의 phi2 및 phi3에 각각의 임계치를 제공한다.

# 연습문제

1. 다음의 용어에 대하여 설명하라.

(1) 자기상관계수
(2) 시계열자료의 안정성
(3) ARMA 모형
(4) 확률보행 과정
(5) ARCH 모형
(6) ADF 검정법
(7) 공적분 분석
(8) 오차수정모형

2. 아래의 각 문장이 맞는지 틀리는지를 결정하고, 그 이유를 간략히 설명하라.

(1) $Y_t$의 $k$차 표본 자기상관계수 및 부분자기상관계수를 각각 $\hat{\rho}_k$, $\hat{\alpha}_{kk}$라 할 때, 항상 $\hat{\rho}_1 = \hat{\alpha}_{11}$이 성립한다.

(2) 시계열자료 $X_t$에 대한 100개의 관측치로부터 얻은 표본 자기상관계수의 값이 $\hat{\rho}_1 = 0.8$, $\hat{\rho}_2 = 0.08$이며, $k > 2$에 대해서는 매우 작은 $\hat{\rho}_k$값이 도출된 경우 이 시계열 $X_t$에 대한 적절한 모형으로 MA(1)을 선정할 수 있다.

3. 주어진 시계열자료가 차분(difference)을 취해야 안정적인 자료가 되는지를 점검하는 방법에 대해서 간략히 설명하라.

4. RETURN 파일에는 2000년 한 해 동안 우리나라 주식시장의 종합주가지수로부터 도출한 일별 수익률자료가 들어 있다. 이를 이용하여 다음의 지시에 따라 주어진 자료의 특징을 분석하라.

$$Y_t = 10 + Y_{t-1} + \varepsilon_t$$

(1) EViews 또는 R 프로그램을 이용하여 주가지수 수익률(KOSPI)의 표본 자기상관계수 및 부분자기상관계수를 분석하고, 이를 토대로 수익률에 대한 시계열모형을 선정하라.

(2) 여기서 수익률(KOSPI)은 2000년 우리나라 종합주가지수(KOSPI2000)의 일별 자료를 이용하여 다음과 같이 연속적 복리수익률로 구하였다.

$$KOSPI_t = 100 \times \ln\left(\frac{KOSPI_t}{KOSPI_{t-1}}\right)$$

위 (1)의 결과를 토대로 종합주가지수(KOSPI) 자체의 움직임에 대한 특징을 설명하라.

5. QUARTER 파일에 주어진 1987~2019년 기간의 우리나라 이자율(R) 자료에 대해 EViews 프로그램을 이용하여 다음과 같은 요령으로 자료의 특징을 분석하라.
   (1) 이자율(R)의 표본 자기상관계수(ACF) 및 부분자기상관계수(PACF)를 이용하여 $R$에 대한 확률적 시계열모형을 선정하라. (가장 적절하다고 판단되는 ARMA($p$,$q$) 모형을 선정하고 그 결정 근거를 제시할 것.)
   (2) 이자율(R)이 AR($p$) 모형을 따른다고 할 때, $p$의 크기를 결정하고 선정된 모형의 계수를 추정하라. 또한 이 모형을 이용하여 2020년 1분기~4분기 기간에 대한 예측치를 도출하고, 이를 2020년 4분기에 실제 관측된 이자율과 비교하여 예측치의 유용성을 평가하라.
   (3) 이자율(R) 자료가 단위근을 갖는지 검정하라.
   (4) 이자율(R)의 변화 및 그 제곱에 대한 그래프를 도출하여 이자율 변화분의 변동성에 밀집 현상이 나타나는지를 점검하라. [이자율의 변화분 자료로는 변수 d(R)을 생성하여 이용하고, 그 제곱으로는 d(R)^2 변수를 이용.]
   (5) 위 (4)에서 도출한 이자율의 변화에 대해 GARCH(1,1) 모형을 추정하고 변동성 밀집 현상(ARCH 현상)이 나타나는지를 분석하라.
   (6) 이자율의 변화에 대해 GARCH(1,1)-M 모형을 추정하고, 시간에 따라 변하는 위험프리미엄이 나타나는지 분석하라.

6. 다음의 요령에 따라 EViews 또는 R 프로그램에서 표준정규분포를 갖는 시계열자료 1,000개를 생성한 후, 이를 이용하여 확률보행(random walk with drift)모형을 따르는 자료를 도출하고, 이의 특징을 분석하라.

$$X_t = 0.1 + X_{t-1} + \varepsilon_t \text{ where } \varepsilon_t \sim N(0,1)$$

(다음의 예시 프로그램과 같이 random number generator의 seed는 2020으로 고정시킬 것.)

| EViews 명령문 | R 명령문 |
|---|---|
| workfile rw_model u 1000 | set.seed(2020) |
| rndseed 2020 | n = 1000 |
| | |
| series e = nrnd | E = rnorm(n) |
| | X = rep(NA, n) |
| smpl 1 1 | |
| series X = e | X[1] = E[1] |
| | |
| smpl 2 1000 | for (i in 2 : n) { |
| series X = 0.1 + x(−1) + e | X[i] = 0.1 + X[i−1] + E[i] } |

(1) 변수 $X_t$ 또는 $\Delta X_t$의 표본 자기상관계수 및 부분자기상관계수를 이용하여 $X_t$에 대한 시계열모형을 선정하라.

(2) Dickey-Fuller 검정법을 이용하여 단위근 존재 유무를 점검하고, 위 (1)의 결과와 일치하는지를 비교하라.

(3) 위의 (1), (2)에서의 결과를 기초로 시계열 $X_t$에 대한 예측모형을 선정하고 $t=1$부터 900까지의 자료를 이용하여 이를 추정하라.

(4) 시계열 $X$에 대해서 선형추세모형($X_t = \alpha + \beta t + \varepsilon_t$)을 사용하는 경우, $\alpha$와 $\beta$의 최소자승(OLS) 추정치를 도출하고 추세항의 계수에 대한 가설 $H_0 : \beta = 0.1$을 검정하라.

▷ EViews: 표본을 조정하고 명령창에 『LS X C @TREND』를 입력하면 추세모형이 추정된다.

▷ R: 『lm(X[1:900]~I(0:899))』를 입력하면 추세모형이 추정된다.

(5) 위의 (3)과 (4)의 모형을 이용해서 각각 $t=900$의 시점에서 $t=901\sim1000$ 기간에 대한 예측치를 도출하고, 어떤 모형이 더 유용한가를 RMSE 등의 척도를 이용하여 비교·분석하라.

# 부록

[부록 A] 실증분석을 위한 통계자료

[부록 B] 주요 통계표

[부록 C] 연습문제 해답

# [부록 A] 실증분석을 위한 통계자료

여기에서는 이 책에서 소개한 실증분석의 예에서 사용한 각 자료에 대해 간략히 설명한다. 각 자료파일을 이용한 컴퓨터 실습과 연습문제를 위해 출판사 홈페이지(http://www.hpub.co.kr)에 각각 'DATA.wf1'의 파일명을 갖는 EViews 작업파일과 함께 R 프로그램 사용을 위한 'DATA.csv' 이름의 CSV 파일을 수록했다. 또한 STATA 사용자를 위해 'DATA.dta' 파일과 이의 실습 파일도 첨부했다. (여기서 DATA는 아래 제시된 각 자료파일의 이름을 의미함.)

**[자료 A-1]** CAR-COST

| 변수명 | 변수 설명 | 비고 |
|---|---|---|
| AGE | 차량보유기간 | 단위: 주 |
| COST | 누적차량보수비 | 단위: 미달러 |
| MILES | 주행거리 | 단위: 천 마일 |

주: 미국에서 판매되는 차량 중 동일한 차종에 대해 57개의 차량을 대상으로 조사한 자료.

**[자료 A-2]** CONSUMPTION

| 변수명 | 변수 설명 | 비고 |
|---|---|---|
| AGE | 가구주의 만나이 | 단위: 년 |
| ASSET | 총자산 | 단위: 만 원 |
| CLASS | 소득계층 가변수 | 저소득층=1, 중산층=2, 고소득층=3 |
| CONSUMPTION | 소비지출 | 단위: 만 원 |
| EDU | 가구주 교육수준 | 초졸 이하=0, 중졸=1, 고졸=2, 대학(3년제 이하) 졸업=3, 대학교(4년제 이상) 졸업=4, 대학원 졸업=5 |
| FIN_ASSET | 금융자산 | 단위: 만 원 |
| FIN_LIABILITY | 금융부채 | 단위: 만 원 |
| FOOD | 식료품(외식비 포함) 지출 | 단위: 만 원 |
| INCOME | 처분가능소득 | 단위: 만 원 |
| NET_ASSET | 순자산액 | 단위: 만 원 |
| NOF | 가족구성원 수 | 단위: 명 |
| REAL_ASSET | 실물자산 | 단위: 만 원 |

주: 1) 가계금융복지조사에서 수집된 18,406가구 중 로그변환 및 그래프 분석을 위해 처분가능소득이 0원 이하이거나 2억 원 이상인 표본을 제외한 18,175가구에 대해 120가구의 표본을 임의추출하여 구한 자료.

2) 소득계층 가변수는 OECD 기준에 따라 저소득층(중위소득의 50% 미만), 중산층(중위소득의 50% 이상~150% 미만), 고소득층(중위소득의 150% 이상)으로 구분함.

**참고** [자료 A-2]와 [자료 A-3]은 통계청 마이크로데이터 통합서비스(MDIS)에서 제공하는 「2019년 가계금융복지조사」 자료를 이용했다. 가계금융복지조사는 전국 2만여 표본가구를 대상으로 가계의 자산, 부채, 소득 등을 조사하며, 모집단은 2015년 인구주택총조사에서 집계된 모든 가구 및 인구이다. 이와 같은 표본조사를 단순 무작위 표본추출법으로 표본을 추출하면, 특정 지역이나 주택유형(일반/아파트/대형아파트)에 따라 표본이 과소 또는 과대 추출되어 모집단의 특성을 정확히 대표하지 못할 가능성이 있다. 이를 고려하여 가계금융복지조사는 모집단을 시·도, 동/읍면, 주택유형에 따라 68개의 층으로 구분하고, 층화 2단 집락추출법으로 표본을 추출한다. 각각의 양적 변수(예: 나이, 자산, 가족구성원 수 등)에는 모수를 추정하기 위한 가중치가 부여된다. 따라서 가계금융복지조사와 같은 통계자료를 사용할 경우에는 모수를 추정하기 위해 가중치를 고려한 분석(가중평균, 가중최소자승법 등)이 적합하다. 그러나 이 책에서는 회귀분석에 대한 예를 설명하기 위해 수집된 표본의 일부 자료만을 사용하여 가중치를 고려하지 않았다. [가계금융복지조사의 표본설계 및 가중치에 대한 설명은 통계청 (2020) 참조.]

**[자료 A-3]** HOUSING

| 변수명 | 변수 설명 | 비고 |
|---|---|---|
| AGE | 가구주의 만나이 | 단위: 년 |
| ASSET | 총자산 | 단위: 만 원 |
| CAR | 자동차 소유 여부 가변수 | 소유=1, 미소유=0 |
| JOB1 | 가구주 종사상 지위 가변수1 | 상용근로자=1, 기타=0 |
| JOB2 | 가구주 종사상 지위 가변수2 | 임시 일용근로자=1, 기타=0 |
| JOB3 | 가구주 종사상 지위 가변수3 | 자영업자=1, 기타=0 |
| JOB4 | 가구주 종사상 지위 가변수4 | 무직(무직, 가사, 학생) 등=1, 기타=0 |
| METRO | 수도권 여부 가변수 | 수도권=1, 비수도권=0 |
| NOF | 가족구성원 수 | 단위: 명 |
| RETRIED | 가구주 은퇴 여부 가변수 | 은퇴=1, 미은퇴=0 |
| ROH | 주택 소유 여부 가변수 | 소유=1, 전·월세=0 |
| SEX | 성별 가변수 | 남자=1, 여자=0 |

주: 가계금융복지조사에서 수집된 18,406가구 중 주택 소유가 기타(무상 주택, 무상 사택 등)인 표본을 제외한 17,084가구에 대해 200가구의 표본을 임의추출하여 구한 자료.

### [자료 A-4] PRODUCT

| 변수명 | 변수 설명 | 비고 |
|---|---|---|
| E | 에너지 | 지수: 1=1.0 |
| K | 자본 | 지수: 1=1.0 |
| L | 노동 | 지수: 1=1.0 |
| M | 기타 중간재 | 지수: 1=1.0 |
| Y | 총생산 | 지수: 1=1.0 |

주: 미국 제조업 부문의 총생산량과 투입요소에 대한 자료. 첫 번째 관측치를 1로 표준화하고, 기타 연도별 관측치를 이에 대해 지수화한 25개의 자료.

### [자료 A-5] QUARTER

| 변수명 | 변수 설명 | 비고 |
|---|---|---|
| CH | 가계소비지출 (계절조정) | 단위: 10억 원 (2015년 기준년) |
| CP | 민간소비지출 (계절조정) | 단위: 10억 원 (2015년 기준년) |
| CPI | 소비자물가지수 (전국) | 2015년=100 |
| GDP | 국내총생산 (계절조정) | 단위: 10억 원 (2015년 기준년) |
| HOUSE | 주택매매가격지수 (KB) | 2019년=100 |
| TBOND3 | 국고채 (3년) | 단위: % |
| TBOND5 | 국고채 (5년) | 단위: % |
| M1 | 통화 (평잔) | 단위: 10억 원 |
| M2 | 총통화 (평잔) | 단위: 10억 원 |
| R | 이자율 (3년만기 회사채 유통수익률) | 단위: 연리% ($AA^-$ 등급) |

주: 우리나라의 주요 경제통계지표에 대한 1970년부터(HOUSE 및 M2는 1986년, R은 1987년, TBOND3과 TBOND5는 1995년부터) 2019년까지의 분기별 자료.
자료: 경제통계시스템.

### [자료 A-6] RETURN

| 변수명 | 변수 설명 | 비고 |
|---|---|---|
| DJIA | 미국 Dow Jones 주가지수의 수익률 | 단위: % |
| KOSPI | 한국 종합주가지수의 수익률 | 단위: % |
| NASDAQ | 미국 NASDAQ 지수의 수익률 | 단위: % |

주: 한국과 미국의 주가지수에 대한 2000년 동안의 일별 자료를 토대로 이전효과 분석을 위해 한국 또는 미국에서 주식시장이 열리지 않는 경우의 관측치는 제외하여 231개의 일별 주가지수 수익률을 도출했으며, 또한 예측치 비교를 위해 2001년의 자료를 5개 추가함.

**[자료 A-7]** SPURIOUS

| 변수명 | 변수 설명 | 비고 |
|---|---|---|
| BIRTHRATE | 합계출산율 (여성 가임기간 동안의 평균 예상 출생아 수) | 단위: 명 |
| HEIGHT | 17세 남성의 평균 키 | 단위: cm |
| CPI | 소비자물가지수 (전국) | 2015년=100 |

주: 1965년부터 2020년까지의 연간 자료.
자료: 국가통계포털(합계출산율, 소비자물가지수). 교육통계서비스(17세 남성의 평균 키).

**[자료 A-8]** WAGE

| 변수명 | 변수 설명 | 비고 |
|---|---|---|
| EDU | 교육수준 가변수 | 고졸 이하=1, 대학 중퇴=2, 대학 (3년제 이하) 졸업=3, 대학교 (4년제 이상) 졸업=4, 대학원 졸업=5 |
| FIRM_SIZE | 직원 수에 대한 가변수 | 1~9명=1, 10~29명=2, 30~99명=3, 100~299명=4, 300~999명=5, 1,000명 이상=6 |
| AVG_GRADE | 평균 수능등급 | 언어, 수리, 외국어 수능등급의 평균 |
| EXPERIENCE | 근속년수 | 단위: 년 |
| SEX | 성별 가변수 | 여자=0, 남자=1 |
| WAGE | 실질 시간당 임금 | 단위: 원 (2010년 기준 소비자 물가지수로 시간당 임금을 실질화한 전일제 임금근로자 대상 자료) |

주: 2004~2014년 기간에 조사된 2,942명의 자료에서(2004년도에 조사된 고교 3학년 집단(cohort)이 2009년부터 4년제 대학교를 졸업하여) 표본기간을 2009~2014년으로 한정함. 이 기간에 해당하는 2,807명의 자료에서 105명의 관측치를 임의추출한 다음, 패널 ID가 동일한 관측치 3명을 제외한 청년층 102명의 임금자료.
자료: 한국직업능력개발원 한국교육고용패널조사. [자료의 세부 내용 및 통계적 특성에 대해서는 임슬기·남성일 (2019) 참조.]

# [부록 B] 주요 통계표

[표 B-1] 정규분포표

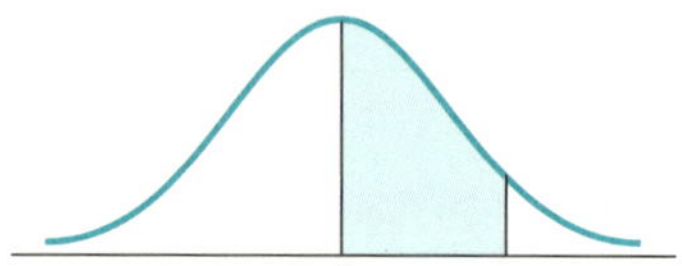


| z | 0.00 | 0.01 | 0.02 | 0.03 | 0.04 | 0.05 | 0.06 | 0.07 | 0.08 | 0.09 |
|---|---|---|---|---|---|---|---|---|---|---|
| 0.0 | 0.0000 | 0.0040 | 0.0080 | 0.0120 | 0.0160 | 0.0199 | 0.0239 | 0.0279 | 0.0319 | 0.0359 |
| 0.1 | 0.0398 | 0.0438 | 0.0478 | 0.0517 | 0.0557 | 0.0596 | 0.0636 | 0.0675 | 0.0714 | 0.0753 |
| 0.2 | 0.0793 | 0.0832 | 0.0871 | 0.0910 | 0.0948 | 0.0987 | 0.1026 | 0.1064 | 0.1103 | 0.1141 |
| 0.3 | 0.1179 | 0.1217 | 0.1255 | 0.1293 | 0.1331 | 0.1368 | 0.1406 | 0.1443 | 0.1480 | 0.1517 |
| 0.4 | 0.1554 | 0.1591 | 0.1628 | 0.1664 | 0.1700 | 0.1736 | 0.1772 | 0.1808 | 0.1844 | 0.1879 |
| 0.5 | 0.1915 | 0.1950 | 0.1985 | 0.2019 | 0.2054 | 0.2088 | 0.2123 | 0.2157 | 0.2190 | 0.2224 |
| 0.6 | 0.2257 | 0.2291 | 0.2324 | 0.2357 | 0.2389 | 0.2422 | 0.2454 | 0.2486 | 0.2518 | 0.2549 |
| 0.7 | 0.2580 | 0.2612 | 0.2642 | 0.2673 | 0.2704 | 0.2734 | 0.2764 | 0.2794 | 0.2823 | 0.2852 |
| 0.8 | 0.2881 | 0.2910 | 0.2939 | 0.2967 | 0.2995 | 0.3023 | 0.3051 | 0.3078 | 0.3106 | 0.3133 |
| 0.9 | 0.3159 | 0.3186 | 0.3212 | 0.3238 | 0.3264 | 0.3289 | 0.3315 | 0.3340 | 0.3365 | 0.3389 |
| 1.0 | 0.3413 | 0.3438 | 0.3461 | 0.3435 | 0.3508 | 0.3531 | 0.3554 | 0.3577 | 0.3599 | 0.3621 |
| 1.1 | 0.3643 | 0.3665 | 0.3686 | 0.3708 | 0.3729 | 0.3749 | 0.3770 | 0.3790 | 0.3810 | 0.3830 |
| 1.2 | 0.3849 | 0.3869 | 0.3888 | 0.3907 | 0.3925 | 0.3944 | 0.3962 | 0.3980 | 0.3997 | 0.4015 |
| 1.3 | 0.4032 | 0.4049 | 0.4066 | 0.4082 | 0.4099 | 0.4115 | 0.4131 | 0.4147 | 0.4162 | 0.4177 |
| 1.4 | 0.4192 | 0.4207 | 0.4222 | 0.4236 | 0.4251 | 0.4265 | 0.4279 | 0.4292 | 0.4306 | 0.4319 |
| 1.5 | 0.4332 | 0.4345 | 0.4357 | 0.4370 | 0.4382 | 0.4394 | 0.4406 | 0.4418 | 0.4429 | 0.4441 |
| 1.6 | 0.4452 | 0.4463 | 0.4474 | 0.4484 | 0.4495 | 0.4505 | 0.4515 | 0.4525 | 0.4535 | 0.4545 |
| 1.7 | 0.4554 | 0.4564 | 0.4573 | 0.4582 | 0.4591 | 0.4599 | 0.4608 | 0.4616 | 0.4625 | 0.4633 |
| 1.8 | 0.4641 | 0.4649 | 0.4656 | 0.4664 | 0.4671 | 0.4678 | 0.4686 | 0.4693 | 0.4699 | 0.4706 |
| 1.9 | 0.4713 | 0.4719 | 0.4726 | 0.4732 | 0.4738 | 0.4744 | 0.4750 | 0.4756 | 0.4761 | 0.4767 |
| 2.0 | 0.4772 | 0.4778 | 0.4783 | 0.4788 | 0.4793 | 0.4798 | 0.4803 | 0.4808 | 0.4812 | 0.4817 |
| 2.1 | 0.4821 | 0.4826 | 0.4830 | 0.4834 | 0.4838 | 0.4842 | 0.4846 | 0.4850 | 0.4854 | 0.4857 |
| 2.2 | 0.4861 | 0.4864 | 0.4868 | 0.4871 | 0.4875 | 0.4878 | 0.4881 | 0.4884 | 0.4887 | 0.4890 |
| 2.3 | 0.4893 | 0.4896 | 0.4898 | 0.4901 | 0.4904 | 0.4906 | 0.4909 | 0.4911 | 0.4913 | 0.4916 |
| 2.4 | 0.4918 | 0.4920 | 0.4922 | 0.4925 | 0.4927 | 0.4929 | 0.4931 | 0.4932 | 0.4934 | 0.4936 |
| 2.5 | 0.4938 | 0.4940 | 0.4941 | 0.4943 | 0.4945 | 0.4946 | 0.4948 | 0.4949 | 0.4951 | 0.4952 |
| 2.6 | 0.4953 | 0.4955 | 0.4956 | 0.4957 | 0.4959 | 0.4960 | 0.4961 | 0.4962 | 0.4963 | 0.4964 |
| 2.7 | 0.4965 | 0.4966 | 0.4967 | 0.4968 | 0.4969 | 0.4970 | 0.4971 | 0.4972 | 0.4973 | 0.4974 |
| 2.8 | 0.4974 | 0.4975 | 0.4976 | 0.4977 | 0.4977 | 0.4978 | 0.4979 | 0.4979 | 0.4980 | 0.4981 |
| 2.9 | 0.4981 | 0.4982 | 0.4982 | 0.4983 | 0.4984 | 0.4985 | 0.4985 | 0.4985 | 0.4986 | 0.4986 |
| 3.0 | 0.4986 | 0.4987 | 0.4987 | 0.4988 | 0.4988 | 0.4984 | 0.4989 | 0.4989 | 0.4990 | 0.4990 |

**[표 B-2]** *t* - 분포표

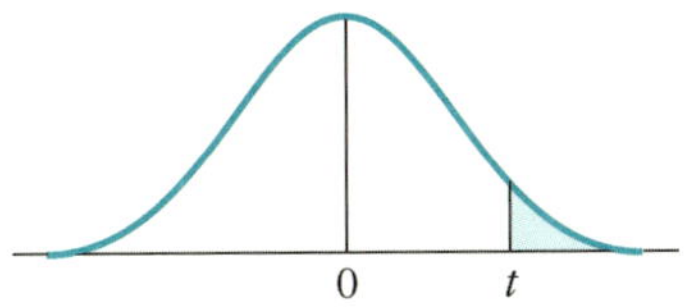


| 자유도 \ P | 0.1 | 0.05 | 0.025 | 0.01 | 0.005 |
|---|---|---|---|---|---|
| 1 | 3.078 | 6.314 | 12.706 | 31.821 | 63.657 |
| 2 | 1.886 | 2.920 | 4.303 | 6.965 | 9.925 |
| 3 | 1.638 | 2.353 | 3.182 | 4.541 | 5.841 |
| 4 | 1.533 | 2.132 | 2.776 | 3.747 | 4.604 |
| 5 | 1.476 | 2.015 | 2.571 | 3.365 | 4.032 |
| 6 | 1.440 | 1.943 | 2.447 | 3.143 | 3.707 |
| 7 | 1.415 | 1.895 | 2.365 | 2.998 | 3.499 |
| 8 | 1.397 | 1.860 | 2.306 | 2.896 | 3.355 |
| 9 | 1.383 | 1.833 | 2.262 | 2.821 | 3.250 |
| 10 | 1.372 | 1.812 | 2.228 | 2.764 | 3.169 |
| 11 | 1.363 | 1.796 | 2.201 | 2.718 | 3.106 |
| 12 | 1.356 | 1.782 | 2.179 | 2.681 | 3.055 |
| 13 | 1.350 | 1.771 | 2.160 | 2.650 | 3.012 |
| 14 | 1.345 | 1.761 | 2.145 | 2.624 | 2.978 |
| 15 | 1.341 | 1.753 | 2.131 | 2.602 | 2.947 |
| 16 | 1.337 | 1.746 | 2.120 | 2.583 | 2.921 |
| 17 | 1.333 | 1.740 | 2.110 | 2.567 | 2.898 |
| 18 | 1.330 | 1.734 | 2.101 | 2.552 | 2.878 |
| 19 | 1.328 | 1.729 | 2.093 | 2.539 | 2.816 |
| 20 | 1.325 | 1.725 | 2.086 | 2.528 | 2.845 |
| 21 | 1.323 | 1.721 | 2.080 | 2.518 | 2.831 |
| 22 | 1.321 | 1.717 | 2.074 | 2.508 | 2.819 |
| 23 | 1.319 | 1.714 | 2.069 | 2.500 | 2.807 |
| 24 | 1.318 | 1.711 | 2.064 | 2.492 | 2.797 |
| 25 | 1.316 | 1.708 | 2.060 | 2.485 | 2.787 |
| 26 | 1.315 | 1.706 | 2.056 | 2.479 | 2.779 |
| 27 | 1.314 | 1.703 | 2.052 | 2.473 | 2.771 |
| 28 | 1.313 | 1.701 | 2.048 | 2.467 | 2.763 |
| 29 | 1.311 | 1.699 | 2.045 | 2.462 | 2.756 |
| 30 | 1.31 | 1.697 | 2.042 | 2.457 | 2.750 |
| 40 | 1.303 | 1.684 | 2.021 | 2.423 | 2.704 |
| 60 | 1.296 | 1.671 | 2.000 | 2.390 | 2.660 |
| 120 | 1.289 | 1.658 | 1.980 | 2.358 | 2.617 |
| ∞ | 1.282 | 1.645 | 1.960 | 2.326 | 2.576 |

[표 B-3] $\chi^2$– 분포표

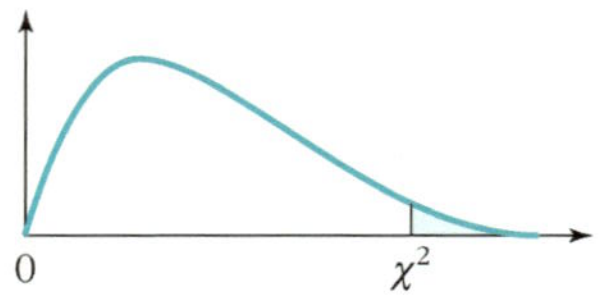


| 자유도 | $P=0.99$ | 0.98 | 0.95 | 0.90 | 0.80 | 0.20 | 0.10 | 0.05 | 0.02 | 0.01 |
|---|---|---|---|---|---|---|---|---|---|---|
| 1 | 0.000157 | 0.000628 | 0.00393 | 0.0158 | 0.0642 | 1.642 | 2.706 | 3.841 | 5.412 | 6.635 |
| 2 | 0.0201 | 0.0404 | 0.103 | 0.211 | 0.446 | 3.219 | 4.605 | 5.991 | 7.824 | 9.210 |
| 3 | 0.115 | 0.185 | 0.352 | 0.584 | 1.005 | 4.642 | 6.251 | 7.815 | 9.837 | 11.341 |
| 4 | 0.297 | 0.429 | 0.711 | 1.064 | 1.649 | 5.989 | 7.779 | 9.488 | 11.668 | 13.277 |
| 5 | 0.554 | 0.752 | 1.145 | 1.610 | 2.343 | 7.289 | 9.236 | 11.070 | 13.388 | 15.086 |
| 6 | 0.872 | 1.134 | 1.635 | 2.204 | 3.070 | 8.558 | 10.645 | 12.592 | 15.033 | 16.812 |
| 7 | 1.239 | 1.564 | 2.167 | 2.833 | 3.822 | 9.803 | 12.017 | 14.067 | 16.622 | 18.475 |
| 8 | 1.646 | 2.032 | 2.733 | 3.490 | 4.594 | 11.030 | 13.362 | 15.507 | 18.168 | 20.090 |
| 9 | 2.088 | 2.532 | 3.325 | 4.168 | 5.380 | 12.242 | 14.684 | 16.919 | 19.679 | 21.666 |
| 10 | 2.558 | 3.059 | 3.940 | 4.865 | 6.179 | 13.442 | 15.987 | 18.307 | 21.161 | 23.209 |
| 11 | 3.053 | 3.609 | 4.575 | 5.578 | 5.989 | 14.631 | 17.275 | 19.675 | 22.618 | 24.725 |
| 12 | 3.571 | 4.178 | 5.226 | 6.034 | 7.807 | 15.812 | 18.549 | 21.026 | 24.054 | 26.217 |
| 13 | 4.017 | 4.765 | 5.892 | 7.042 | 8.634 | 16.985 | 19.812 | 22.362 | 25.472 | 27.688 |
| 14 | 4.660 | 5.368 | 6.571 | 7.790 | 9.467 | 18.151 | 21.064 | 23.685 | 26.873 | 29.141 |
| 15 | 5.229 | 5.985 | 7.261 | 8.547 | 10.307 | 19.311 | 22.307 | 24.996 | 28.259 | 30.578 |
| 16 | 5.812 | 6.614 | 7.962 | 9.312 | 11.152 | 20.465 | 23.542 | 26.296 | 29.633 | 32.000 |
| 17 | 6.408 | 7.255 | 8.672 | 10.085 | 12.002 | 21.615 | 24.769 | 27.587 | 30.995 | 33.409 |
| 18 | 7.015 | 7.906 | 9.390 | 10.865 | 12.857 | 22.760 | 25.989 | 28.869 | 32.346 | 34.805 |
| 19 | 7.633 | 8.567 | 10.117 | 11.651 | 13.716 | 23.900 | 27.204 | 30.144 | 33.687 | 36.191 |
| 20 | 8.260 | 9.237 | 10.851 | 12.443 | 14.578 | 25.038 | 28.412 | 31.410 | 35.020 | 37.566 |
| 21 | 8.897 | 9.915 | 11.591 | 13.240 | 15.445 | 26.171 | 29.615 | 32.671 | 36.343 | 38.932 |
| 22 | 9.542 | 10.600 | 12.338 | 14.041 | 16.314 | 27.301 | 30.813 | 33.924 | 37.659 | 40.289 |
| 23 | 10.196 | 11.293 | 13.091 | 14.848 | 17.187 | 26.429 | 32.007 | 35.172 | 38.968 | 41.638 |
| 24 | 10.856 | 11.992 | 13.848 | 15.659 | 18.062 | 29.553 | 33.196 | 36.415 | 40.270 | 42.980 |
| 25 | 11.524 | 12.697 | 14.611 | 16.473 | 18.940 | 30.675 | 34.382 | 37.652 | 41.566 | 44.314 |
| 26 | 12.198 | 13.409 | 15.379 | 17.292 | 19.820 | 31.795 | 35.563 | 38.885 | 42.856 | 45.642 |
| 27 | 12.879 | 14.125 | 16.151 | 18.114 | 20.703 | 32.912 | 36.741 | 40.113 | 44.140 | 46.963 |
| 28 | 13.565 | 14.847 | 16.928 | 18.939 | 21.588 | 34.027 | 37.916 | 41.337 | 45.419 | 48.278 |
| 29 | 14.256 | 15.574 | 17.708 | 19.768 | 22.475 | 35.139 | 39.087 | 42.557 | 46.693 | 49.588 |
| 30 | 14.953 | 16.306 | 18.493 | 30.599 | 23.364 | 36.250 | 40.256 | 43.773 | 47.962 | 50.892 |

[표 B-4] $F$- 분포표 (5% 유의수준)

| $v_2$ \ $v_1$ | 1 | 2 | 3 | 4 | 5 | 6 | 7 | 8 | 9 | 10 | 12 | 15 | 20 | 24 | 30 | 40 | ∞ |
|---|---|---|---|---|---|---|---|---|---|---|---|---|---|---|---|---|---|
| 1 | 161.45 | 199.50 | 215.71 | 224.58 | 230.16 | 233.99 | 236.77 | 238.88 | 240.54 | 241.88 | 243.91 | 245.95 | 248.01 | 249.05 | 250.09 | 251.14 | 254.31 |
| 2 | 18.51 | 19.00 | 19.16 | 19.25 | 19.30 | 19.33 | 19.35 | 19.37 | 19.38 | 19.40 | 19.41 | 19.43 | 19.45 | 19.45 | 19.46 | 19.47 | 19.50 |
| 3 | 10.13 | 9.55 | 9.28 | 9.12 | 9.01 | 8.94 | 8.89 | 8.85 | 8.81 | 8.76 | 8.74 | 8.70 | 8.66 | 8.64 | 8.62 | 8.59 | 8.53 |
| 4 | 7.71 | 6.94 | 6.59 | 6.39 | 6.26 | 6.16 | 6.09 | 6.04 | 6.00 | 5.96 | 5.91 | 5.86 | 5.80 | 5.77 | 5.75 | 5.72 | 5.63 |
| 5 | 6.61 | 5.79 | 5.41 | 5.19 | 5.05 | 4.95 | 4.88 | 4.82 | 4.77 | 4.74 | 4.68 | 4.62 | 4.56 | 4.53 | 4.50 | 4.46 | 4.37 |
| 6 | 5.99 | 5.14 | 4.76 | 4.53 | 4.39 | 4.28 | 4.21 | 4.15 | 4.10 | 4.06 | 4.00 | 3.94 | 3.87 | 3.84 | 3.81 | 3.77 | 3.67 |
| 7 | 5.59 | 4.74 | 4.35 | 4.12 | 3.97 | 3.87 | 3.79 | 3.73 | 3.68 | 3.64 | 3.57 | 3.51 | 3.44 | 3.41 | 3.38 | 3.34 | 3.23 |
| 8 | 5.32 | 4.46 | 4.07 | 3.84 | 3.69 | 3.58 | 3.50 | 3.44 | 3.39 | 3.35 | 3.28 | 3.22 | 3.15 | 3.12 | 3.08 | 3.04 | 2.93 |
| 9 | 5.12 | 4.26 | 3.86 | 3.63 | 3.48 | 3.37 | 3.29 | 3.23 | 3.18 | 3.14 | 3.07 | 3.01 | 2.94 | 2.90 | 2.86 | 2.83 | 2.71 |
| 10 | 4.96 | 4.10 | 3.71 | 3.48 | 3.33 | 3.22 | 3.14 | 3.07 | 3.02 | 2.98 | 2.91 | 2.85 | 2.77 | 2.74 | 2.70 | 2.66 | 2.54 |
| 11 | 4.84 | 3.98 | 3.59 | 3.36 | 3.20 | 3.09 | 3.01 | 2.95 | 2.90 | 2.85 | 2.79 | 2.72 | 2.65 | 2.61 | 2.57 | 2.53 | 2.40 |
| 12 | 4.75 | 3.89 | 3.49 | 3.26 | 3.11 | 3.00 | 2.91 | 2.85 | 2.80 | 2.75 | 2.69 | 2.62 | 2.54 | 2.51 | 2.47 | 2.43 | 2.30 |
| 13 | 4.67 | 3.81 | 3.41 | 3.18 | 3.03 | 2.92 | 2.83 | 2.77 | 2.71 | 2.67 | 2.60 | 2.53 | 2.46 | 2.42 | 2.38 | 2.34 | 2.21 |
| 14 | 4.60 | 3.74 | 3.34 | 3.11 | 2.96 | 2.85 | 2.76 | 2.70 | 2.65 | 2.60 | 2.53 | 2.46 | 2.39 | 2.35 | 2.31 | 2.27 | 2.13 |
| 15 | 4.54 | 3.68 | 3.29 | 3.06 | 2.90 | 2.79 | 2.71 | 2.64 | 2.59 | 2.54 | 2.48 | 2.40 | 2.33 | 2.29 | 2.25 | 2.20 | 2.07 |
| 16 | 4.49 | 3.63 | 3.24 | 3.01 | 2.85 | 2.74 | 2.66 | 2.59 | 2.54 | 2.49 | 2.42 | 2.35 | 2.28 | 2.24 | 2.19 | 2.15 | 2.01 |
| 17 | 4.45 | 3.59 | 3.20 | 2.96 | 2.81 | 2.70 | 2.61 | 2.55 | 2.49 | 2.45 | 2.38 | 2.31 | 2.23 | 2.19 | 2.15 | 2.10 | 1.96 |
| 18 | 4.41 | 3.55 | 3.16 | 2.93 | 2.77 | 2.66 | 2.58 | 2.51 | 2.46 | 2.41 | 2.34 | 2.27 | 2.19 | 2.15 | 2.11 | 2.06 | 1.92 |
| 19 | 4.38 | 3.52 | 3.13 | 2.90 | 2.74 | 2.63 | 2.54 | 2.48 | 2.42 | 2.38 | 2.31 | 2.23 | 2.16 | 2.11 | 2.07 | 2.03 | 1.88 |
| 20 | 4.35 | 3.49 | 3.10 | 2.87 | 2.71 | 2.60 | 2.51 | 2.45 | 2.39 | 2.35 | 2.28 | 2.20 | 2.12 | 2.08 | 2.04 | 1.99 | 1.84 |
| 21 | 4.32 | 3.47 | 3.07 | 2.84 | 2.68 | 2.57 | 2.49 | 2.42 | 2.37 | 2.32 | 2.25 | 2.18 | 2.10 | 2.05 | 2.01 | 1.96 | 1.81 |
| 22 | 4.30 | 3.44 | 3.05 | 2.82 | 2.66 | 2.55 | 2.46 | 2.40 | 2.34 | 2.30 | 2.23 | 2.15 | 2.07 | 2.03 | 1.98 | 1.94 | 1.78 |
| 23 | 4.28 | 3.42 | 3.03 | 2.80 | 2.64 | 2.53 | 2.44 | 2.37 | 2.32 | 2.27 | 2.20 | 2.13 | 2.05 | 2.01 | 1.96 | 1.91 | 1.76 |
| 24 | 4.26 | 3.40 | 3.01 | 2.78 | 2.62 | 2.51 | 2.42 | 2.36 | 2.30 | 2.25 | 2.18 | 2.11 | 2.03 | 1.98 | 1.94 | 1.89 | 1.73 |
| 25 | 4.24 | 3.39 | 2.99 | 2.76 | 2.60 | 2.49 | 2.40 | 2.34 | 2.28 | 2.24 | 2.16 | 2.09 | 2.01 | 1.96 | 1.92 | 1.87 | 1.71 |
| 26 | 4.23 | 3.37 | 2.98 | 2.74 | 2.59 | 2.47 | 2.39 | 2.32 | 2.27 | 2.22 | 2.15 | 2.07 | 1.99 | 1.95 | 1.90 | 1.85 | 1.69 |
| 27 | 4.21 | 3.35 | 2.96 | 2.73 | 2.57 | 2.46 | 2.37 | 2.31 | 2.25 | 2.20 | 2.13 | 2.06 | 1.97 | 1.93 | 1.88 | 1.84 | 1.67 |
| 28 | 4.20 | 3.34 | 2.95 | 2.71 | 2.56 | 2.45 | 2.36 | 2.29 | 2.24 | 2.19 | 2.12 | 2.04 | 1.96 | 1.91 | 1.87 | 1.82 | 1.65 |
| 29 | 4.18 | 3.33 | 2.93 | 2.70 | 2.55 | 2.43 | 2.35 | 2.28 | 2.22 | 2.18 | 2.10 | 2.03 | 1.94 | 1.90 | 1.85 | 1.81 | 1.64 |
| 30 | 4.17 | 3.32 | 2.92 | 2.69 | 2.53 | 2.42 | 2.33 | 2.27 | 2.21 | 2.16 | 2.09 | 2.01 | 1.93 | 1.89 | 1.84 | 1.79 | 1.62 |
| 40 | 4.08 | 3.23 | 2.84 | 2.61 | 2.45 | 2.34 | 2.25 | 2.18 | 2.12 | 2.08 | 2.00 | 1.92 | 1.84 | 1.79 | 1.74 | 1.69 | 1.51 |
| 60 | 4.00 | 3.15 | 2.76 | 2.53 | 2.37 | 2.25 | 2.17 | 2.10 | 2.04 | 1.99 | 1.92 | 1.84 | 1.75 | 1.70 | 1.65 | 1.59 | 1.39 |
| 120 | 3.92 | 3.07 | 2.68 | 2.45 | 2.29 | 2.18 | 2.09 | 2.02 | 1.95 | 1.91 | 1.83 | 1.75 | 1.66 | 1.61 | 1.55 | 1.50 | 1.25 |
| ∞ | 3.84 | 3.00 | 2.60 | 2.37 | 2.21 | 2.10 | 2.01 | 1.94 | 1.88 | 1.83 | 1.75 | 1.67 | 1.57 | 1.52 | 1.46 | 1.39 | 1.00 |

주: $v_1$은 분자의 자유도; $v_2$는 분모의 자유도.

[표 B-4] (계속) $F-$ 분포표 (1% 유의수준)

| $v_2$ \ $v_1$ | 1 | 2 | 3 | 4 | 5 | 6 | 7 | 8 | 9 | 10 | 12 | 15 | 20 | 24 | 30 | 40 | ∞ |
|---|---|---|---|---|---|---|---|---|---|---|---|---|---|---|---|---|---|
| 1 | 4,052.18 | 4,999.50 | 5,403.35 | 5,624.58 | 5,763.65 | 5,858.99 | 5,928.36 | 5,981.07 | 6,022.47 | 6,055.87 | 6,106.31 | 6,157.28 | 6,208.73 | 6,234.63 | 6,260.65 | 6,286.78 | 6,365.86 |
| 2 | 98.50 | 99.00 | 99.17 | 99.25 | 99.30 | 99.33 | 99.36 | 99.37 | 99.39 | 99.40 | 99.42 | 99.43 | 99.45 | 99.46 | 99.47 | 99.47 | 99.50 |
| 3 | 34.12 | 30.82 | 29.46 | 82.71 | 28.24 | 27.91 | 27.67 | 27.49 | 27.35 | 27.23 | 27.05 | 26.87 | 26.69 | 26.60 | 26.50 | 26.41 | 26.13 |
| 4 | 21.20 | 18.00 | 16.69 | 15.98 | 15.52 | 15.21 | 14.98 | 14.80 | 14.66 | 14.55 | 14.37 | 14.20 | 14.02 | 13.93 | 13.84 | 13.75 | 13.46 |
| 5 | 16.26 | 13.27 | 12.06 | 11.39 | 10.97 | 10.67 | 10.46 | 10.29 | 10.16 | 10.05 | 9.89 | 9.72 | 9.55 | 9.47 | 9.38 | 9.29 | 9.02 |
| 6 | 13.75 | 10.92 | 9.78 | 9.15 | 8.75 | 8.47 | 8.26 | 8.10 | 7.98 | 7.87 | 7.72 | 7.56 | 7.40 | 7.31 | 7.23 | 7.14 | 6.88 |
| 7 | 12.25 | 9.55 | 8.45 | 7.85 | 7.46 | 7.19 | 6.99 | 6.84 | 6.72 | 6.62 | 6.47 | 6.31 | 6.16 | 6.07 | 5.99 | 5.91 | 5.65 |
| 8 | 11.26 | 8.65 | 7.59 | 7.01 | 6.63 | 6.37 | 6.18 | 6.03 | 5.91 | 5.81 | 5.67 | 5.52 | 5.36 | 5.28 | 5.20 | 5.12 | 4.86 |
| 9 | 10.56 | 8.02 | 6.99 | 6.42 | 6.06 | 5.80 | 5.61 | 5.47 | 5.35 | 5.26 | 5.11 | 4.96 | 4.81 | 4.73 | 4.65 | 4.57 | 4.31 |
| 10 | 10.04 | 7.56 | 6.55 | 5.99 | 5.64 | 5.39 | 5.20 | 5.06 | 4.94 | 4.85 | 4.71 | 4.56 | 4.41 | 4.33 | 4.25 | 4.17 | 3.91 |
| 11 | 9.65 | 7.21 | 6.22 | 5.67 | 5.32 | 5.07 | 4.89 | 4.74 | 4.63 | 4.54 | 4.40 | 4.25 | 4.10 | 4.02 | 3.94 | 3.86 | 3.60 |
| 12 | 9.33 | 6.93 | 5.95 | 5.41 | 5.06 | 4.82 | 4.64 | 4.50 | 4.39 | 4.30 | 4.16 | 4.01 | 3.86 | 3.78 | 3.70 | 3.62 | 3.36 |
| 13 | 9.07 | 6.70 | 5.74 | 5.21 | 4.86 | 4.62 | 4.44 | 4.30 | 4.19 | 4.10 | 3.96 | 3.82 | 3.66 | 3.59 | 3.51 | 3.43 | 3.17 |
| 14 | 8.86 | 6.51 | 5.56 | 5.04 | 4.70 | 4.46 | 4.28 | 4.14 | 4.03 | 3.94 | 3.80 | 3.66 | 3.51 | 3.43 | 3.35 | 3.27 | 3.00 |
| 15 | 8.68 | 6.36 | 5.42 | 4.89 | 4.56 | 4.32 | 4.14 | 4.00 | 3.89 | 3.80 | 3.67 | 3.52 | 3.37 | 3.29 | 3.21 | 3.13 | 2.87 |
| 16 | 8.53 | 6.23 | 5.29 | 4.77 | 4.44 | 4.20 | 4.03 | 3.89 | 3.78 | 3.69 | 3.55 | 3.41 | 3.26 | 3.18 | 3.10 | 3.02 | 2.75 |
| 17 | 8.40 | 6.11 | 5.19 | 4.67 | 4.34 | 4.10 | 3.93 | 3.79 | 3.68 | 3.59 | 3.46 | 3.31 | 3.16 | 3.08 | 3.00 | 2.92 | 2.65 |
| 18 | 8.29 | 6.01 | 5.09 | 4.58 | 4.25 | 4.01 | 3.84 | 3.71 | 3.60 | 3.51 | 3.37 | 3.23 | 3.08 | 3.00 | 2.92 | 2.84 | 2.57 |
| 19 | 8.18 | 5.93 | 5.01 | 4.50 | 4.17 | 3.94 | 3.77 | 3.63 | 3.52 | 3.43 | 3.30 | 3.15 | 3.00 | 2.92 | 2.84 | 2.76 | 2.49 |
| 20 | 8.10 | 5.85 | 4.94 | 4.43 | 4.10 | 3.87 | 3.70 | 3.56 | 3.46 | 3.37 | 3.23 | 3.09 | 2.94 | 2.86 | 2.78 | 2.69 | 2.42 |
| 21 | 8.02 | 5.78 | 4.87 | 4.37 | 4.04 | 3.81 | 3.64 | 3.51 | 3.40 | 3.31 | 3.17 | 3.03 | 2.88 | 2.80 | 2.72 | 2.64 | 2.36 |
| 22 | 7.95 | 5.72 | 4.82 | 4.31 | 3.99 | 3.76 | 3.59 | 3.45 | 3.35 | 3.26 | 3.12 | 2.98 | 2.83 | 2.75 | 2.67 | 2.58 | 2.31 |
| 23 | 7.88 | 5.66 | 4.76 | 4.26 | 3.94 | 3.71 | 3.54 | 3.41 | 3.30 | 3.21 | 3.07 | 2.93 | 2.78 | 2.70 | 2.62 | 2.54 | 2.26 |
| 24 | 7.82 | 5.61 | 4.72 | 4.22 | 3.90 | 3.67 | 3.50 | 3.36 | 3.26 | 3.17 | 3.03 | 2.89 | 2.74 | 2.66 | 2.58 | 2.49 | 2.21 |
| 25 | 7.77 | 5.57 | 4.68 | 4.18 | 3.86 | 3.63 | 3.46 | 3.32 | 3.22 | 3.13 | 2.99 | 2.85 | 2.70 | 2.62 | 2.54 | 2.45 | 2.17 |
| 26 | 7.72 | 5.53 | 4.64 | 4.14 | 3.82 | 3.59 | 3.42 | 3.29 | 3.18 | 3.09 | 2.96 | 2.81 | 2.66 | 2.58 | 2.50 | 2.42 | 2.13 |
| 27 | 7.68 | 5.49 | 4.60 | 4.11 | 3.78 | 3.56 | 3.39 | 3.26 | 3.15 | 3.06 | 2.93 | 2.78 | 2.63 | 2.55 | 2.47 | 2.38 | 2.10 |
| 28 | 7.64 | 5.45 | 4.57 | 4.07 | 3.75 | 3.53 | 3.36 | 3.23 | 3.12 | 3.03 | 2.90 | 2.75 | 2.60 | 2.52 | 2.44 | 2.35 | 2.06 |
| 29 | 7.60 | 5.42 | 4.54 | 4.04 | 3.73 | 3.50 | 3.33 | 3.20 | 3.09 | 3.00 | 2.87 | 2.73 | 2.57 | 2.49 | 2.41 | 2.33 | 2.03 |
| 30 | 7.56 | 5.39 | 4.51 | 4.02 | 3.70 | 3.47 | 3.30 | 3.17 | 3.07 | 2.98 | 2.84 | 2.70 | 2.55 | 2.47 | 2.39 | 2.30 | 2.01 |
| 40 | 7.31 | 5.18 | 4.31 | 3.83 | 3.51 | 3.20 | 3.12 | 2.99 | 2.89 | 2.80 | 2.66 | 2.52 | 2.37 | 2.29 | 2.20 | 2.11 | 1.80 |
| 60 | 7.08 | 4.98 | 4.13 | 3.65 | 3.34 | 3.12 | 2.95 | 2.82 | 2.72 | 2.63 | 2.50 | 2.35 | 2.20 | 2.12 | 2.03 | 1.94 | 1.60 |
| 120 | 6.85 | 4.79 | 3.95 | 3.48 | 3.17 | 2.96 | 2.79 | 2.66 | 2.56 | 2.47 | 2.34 | 2.19 | 2.03 | 1.95 | 1.86 | 1.76 | 1.38 |
| ∞ | 6.63 | 4.61 | 3.78 | 3.32 | 3.02 | 2.80 | 2.64 | 2.51 | 2.41 | 2.32 | 2.18 | 2.04 | 1.88 | 1.79 | 1.70 | 1.59 | 1.00 |

주: $v_1$은 분자의 자유도; $v_2$는 분모의 자유도.

[표 B-5] Durbin-Watson (5% 유의수준)

| $n$ | $k'=1$ | | $k'=2$ | | $k'=3$ | | $k'=4$ | | $k'=5$ | |
|---|---|---|---|---|---|---|---|---|---|---|
| | $d_L$ | $d_U$ | $d_L$ | $d_U$ | $d_L$ | $d_U$ | $d_L$ | $d_U$ | $d_L$ | $d_U$ |
| 15 | 1.077 | 1.361 | 0.946 | 1.543 | 0.814 | 1.750 | 0.685 | 1.977 | 0.562 | 2.220 |
| 16 | 1.106 | 1.371 | 0.982 | 1.539 | 0.857 | 1.728 | 0.734 | 1.935 | 0.615 | 2.157 |
| 17 | 1.133 | 1.381 | 1.015 | 1.536 | 0.897 | 1.710 | 0.779 | 1.900 | 0.664 | 2.104 |
| 18 | 1.158 | 1.391 | 1.046 | 1.535 | 0.933 | 1.696 | 0.820 | 1.872 | 0.710 | 2.060 |
| 19 | 1.180 | 1.401 | 1.074 | 1.536 | 0.967 | 1.685 | 0.859 | 1.848 | 0.752 | 2.023 |
| 20 | 1.201 | 1.411 | 1.100 | 1.537 | 0.998 | 1.676 | 0.894 | 1.828 | 0.792 | 1.991 |
| 21 | 1.221 | 1.420 | 1.125 | 1.538 | 1.026 | 1.669 | 0.927 | 1.812 | 0.829 | 1.964 |
| 22 | 1.239 | 1.429 | 1.147 | 1.541 | 1.053 | 1.664 | 0.958 | 1.797 | 0.863 | 1.940 |
| 23 | 1.257 | 1.437 | 1.168 | 1.543 | 1.078 | 1.660 | 0.986 | 1.785 | 0.895 | 1.920 |
| 24 | 1.273 | 1.446 | 1.188 | 1.546 | 1.101 | 1.656 | 1.013 | 1.775 | 0.925 | 1.902 |
| 25 | 1.288 | 1.454 | 1.206 | 1.550 | 1.123 | 1.654 | 1.038 | 1.767 | 0.953 | 1.886 |
| 26 | 1.302 | 1.461 | 1.224 | 1.553 | 1.143 | 1.652 | 1.062 | 1.759 | 0.979 | 1.873 |
| 27 | 1.316 | 1.469 | 1.240 | 1.556 | 1.162 | 1.651 | 1.084 | 1.753 | 1.004 | 1.861 |
| 28 | 1.328 | 1.476 | 1.255 | 1.560 | 1.181 | 1.650 | 1.104 | 1.747 | 1.028 | 1.850 |
| 29 | 1.341 | 1.483 | 1.270 | 1.563 | 1.198 | 1.650 | 1.124 | 1.743 | 1.050 | 1.841 |
| 30 | 1.352 | 1.489 | 1.284 | 1.567 | 1.214 | 1.650 | 1.143 | 1.739 | 1.071 | 1.833 |
| 31 | 1.363 | 1.496 | 1.297 | 1.570 | 1.229 | 1.650 | 1.160 | 1.735 | 1.090 | 1.825 |
| 32 | 1.373 | 1.502 | 1.309 | 1.574 | 1.244 | 1.650 | 1.177 | 1.732 | 1.109 | 1.819 |
| 33 | 1.383 | 1.508 | 1.321 | 1.577 | 1.258 | 1.651 | 1.193 | 1.730 | 1.127 | 1.813 |
| 34 | 1.393 | 1.514 | 1.333 | 1.580 | 1.271 | 1.652 | 1.208 | 1.728 | 1.144 | 1.808 |
| 35 | 1.402 | 1.519 | 1.343 | 1.584 | 1.283 | 1.653 | 1.222 | 1.726 | 1.160 | 1.803 |
| 36 | 1.411 | 1.525 | 1.354 | 1.587 | 1.295 | 1.654 | 1.236 | 1.724 | 1.175 | 1.799 |
| 37 | 1.419 | 1.530 | 1.364 | 1.590 | 1.307 | 1.655 | 1.249 | 1.723 | 1.190 | 1.795 |
| 38 | 1.427 | 1.535 | 1.373 | 1.594 | 1.318 | 1.656 | 1.261 | 1.722 | 1.204 | 1.792 |
| 39 | 1.435 | 1.540 | 1.382 | 1.597 | 1.328 | 1.658 | 1.273 | 1.722 | 1.218 | 1.789 |
| 40 | 1.442 | 1.544 | 1.391 | 1.600 | 1.338 | 1.659 | 1.285 | 1.721 | 1.230 | 1.786 |
| 45 | 1.475 | 1.566 | 1.430 | 1.615 | 1.383 | 1.666 | 1.336 | 1.720 | 1.287 | 1.776 |
| 50 | 1.503 | 1.585 | 1.462 | 1.628 | 1.421 | 1.674 | 1.378 | 1.721 | 1.335 | 1.771 |
| 55 | 1.528 | 1.601 | 1.490 | 1.641 | 1.452 | 1.681 | 1.414 | 1.724 | 1.374 | 1.768 |
| 60 | 1.549 | 1.616 | 1.514 | 1.652 | 1.480 | 1.689 | 1.444 | 1.727 | 1.408 | 1.767 |
| 65 | 1.567 | 1.629 | 1.536 | 1.662 | 1.503 | 1.696 | 1.471 | 1.731 | 1.438 | 1.767 |
| 70 | 1.583 | 1.641 | 1.554 | 1.672 | 1.525 | 1.703 | 1.494 | 1.735 | 1.464 | 1.768 |
| 75 | 1.598 | 1.652 | 1.571 | 1.680 | 1.543 | 1.709 | 1.515 | 1.739 | 1.487 | 1.770 |
| 80 | 1.611 | 1.662 | 1.586 | 1.688 | 1.560 | 1.715 | 1.534 | 1.743 | 1.507 | 1.772 |
| 85 | 1.624 | 1.671 | 1.600 | 1.696 | 1.575 | 1.721 | 1.550 | 1.747 | 1.525 | 1.774 |
| 90 | 1.636 | 1.679 | 1.612 | 1.703 | 1.589 | 1.726 | 1.566 | 1.751 | 1.542 | 1.776 |
| 95 | 1.645 | 1.687 | 1.623 | 1.709 | 1.602 | 1.732 | 1.579 | 1.755 | 1.557 | 1.778 |
| 100 | 1.654 | 1.694 | 1.634 | 1.715 | 1.613 | 1.736 | 1.592 | 1.758 | 1.571 | 1.780 |
| 150 | 1.720 | 1.746 | 1.706 | 1.760 | 1.693 | 1.774 | 1.679 | 1.788 | 1.665 | 1.802 |
| 200 | 1.758 | 1.778 | 1.748 | 1.789 | 1.738 | 1.799 | 1.728 | 1.810 | 1.718 | 1.820 |

주: $k'$=상수항을 제외한 설명변수의 수.

**[표 B-5] (계속)** Durbin-Watson (1% 유의수준)

| $n$ | $k'=1$ | | $k'=2$ | | $k'=3$ | | $k'=4$ | | $k'=5$ | |
|---|---|---|---|---|---|---|---|---|---|---|
| | $d_L$ | $d_U$ | $d_L$ | $d_U$ | $d_L$ | $d_U$ | $d_L$ | $d_U$ | $d_L$ | $d_U$ |
| 15 | 0.811 | 1.070 | 0.700 | 1.252 | 0.591 | 1.464 | 0.488 | 1.704 | 0.391 | 1.967 |
| 16 | 0.844 | 1.086 | 0.737 | 1.253 | 0.633 | 1.446 | 0.532 | 1.663 | 0.437 | 1.900 |
| 17 | 0.874 | 1.102 | 0.772 | 1.255 | 0.672 | 1.432 | 0.574 | 1.630 | 0.480 | 1.847 |
| 18 | 0.902 | 1.118 | 0.805 | 1.259 | 0.708 | 1.422 | 0.613 | 1.604 | 0.522 | 1.803 |
| 19 | 0.928 | 1.132 | 0.835 | 1.265 | 0.742 | 1.415 | 0.650 | 1.584 | 0.561 | 1.767 |
| 20 | 0.952 | 1.147 | 0.863 | 1.271 | 0.773 | 1.411 | 0.685 | 1.567 | 0.598 | 1.737 |
| 21 | 0.975 | 1.161 | 0.890 | 1.277 | 0.803 | 1.408 | 0.718 | 1.554 | 0.633 | 1.712 |
| 22 | 0.997 | 1.174 | 0.914 | 1.284 | 0.831 | 1.407 | 0.748 | 1.543 | 0.667 | 1.691 |
| 23 | 1.018 | 1.187 | 0.938 | 1.291 | 0.858 | 1.407 | 0.777 | 1.534 | 0.698 | 1.673 |
| 24 | 1.037 | 1.199 | 0.960 | 1.298 | 0.882 | 1.407 | 0.805 | 1.528 | 0.728 | 1.658 |
| 25 | 1.055 | 1.211 | 0.981 | 1.305 | 0.906 | 1.409 | 0.831 | 1.523 | 0.756 | 1.645 |
| 26 | 1.072 | 1.222 | 1.001 | 1.312 | 0.928 | 1.411 | 0.855 | 1.518 | 0.783 | 1.635 |
| 27 | 1.089 | 1.233 | 1.019 | 1.319 | 0.949 | 1.413 | 0.878 | 1.515 | 0.808 | 1.626 |
| 28 | 1.104 | 1.244 | 1.037 | 1.325 | 0.969 | 1.415 | 0.900 | 1.513 | 0.832 | 1.618 |
| 29 | 1.119 | 1.254 | 1.054 | 1.332 | 0.988 | 1.418 | 0.921 | 1.512 | 0.855 | 1.611 |
| 30 | 1.133 | 1.263 | 1.070 | 1.339 | 1.006 | 1.421 | 0.941 | 1.511 | 0.877 | 1.606 |
| 31 | 1.147 | 1.273 | 1.085 | 1.345 | 1.023 | 1.425 | 0.960 | 1.510 | 0.897 | 1.601 |
| 32 | 1.160 | 1.282 | 1.100 | 1.352 | 1.040 | 1.428 | 0.979 | 1.510 | 0.917 | 1.597 |
| 33 | 1.172 | 1.291 | 1.114 | 1.358 | 1.055 | 1.432 | 0.996 | 1.510 | 0.936 | 1.594 |
| 34 | 1.184 | 1.299 | 1.128 | 1.364 | 1.070 | 1.435 | 1.012 | 1.511 | 0.954 | 1.591 |
| 35 | 1.195 | 1.307 | 1.140 | 1.370 | 1.085 | 1.439 | 1.028 | 1.512 | 0.971 | 1.589 |
| 36 | 1.206 | 1.315 | 1.153 | 1.376 | 1.098 | 1.442 | 1.043 | 1.513 | 0.988 | 1.588 |
| 37 | 1.217 | 1.323 | 1.165 | 1.382 | 1.112 | 1.446 | 1.058 | 1.514 | 1.004 | 1.586 |
| 38 | 1.227 | 1.330 | 1.176 | 1.388 | 1.124 | 1.449 | 1.072 | 1.515 | 1.019 | 1.585 |
| 39 | 1.237 | 1.337 | 1.187 | 1.393 | 1.137 | 1.453 | 1.085 | 1.517 | 1.034 | 1.584 |
| 40 | 1.246 | 1.344 | 1.198 | 1.398 | 1.148 | 1.457 | 1.098 | 1.518 | 1.048 | 1.584 |
| 45 | 1.288 | 1.276 | 1.245 | 1.423 | 1.201 | 1.474 | 1.156 | 1.528 | 1.111 | 1.584 |
| 50 | 1.324 | 1.403 | 1.285 | 1.446 | 1.245 | 1.491 | 1.205 | 1.538 | 1.164 | 1.587 |
| 55 | 1.356 | 1.427 | 1.320 | 1.466 | 1.284 | 1.506 | 1.247 | 1.548 | 1.209 | 1.592 |
| 60 | 1.383 | 1.449 | 1.350 | 1.484 | 1.317 | 1.520 | 1.283 | 1.558 | 1.249 | 1.598 |
| 65 | 1.407 | 1.468 | 1.377 | 1.500 | 1.346 | 1.534 | 1.315 | 1.568 | 1.283 | 1.604 |
| 70 | 1.429 | 1.485 | 1.400 | 1.515 | 1.372 | 1.546 | 1.343 | 1.578 | 1.313 | 1.611 |
| 75 | 1.448 | 1.501 | 1.422 | 1.529 | 1.395 | 1.557 | 1.368 | 1.587 | 1.340 | 1.617 |
| 80 | 1.466 | 1.515 | 1.441 | 1.541 | 1.416 | 1.568 | 1.390 | 1.595 | 1.364 | 1.624 |
| 85 | 1.482 | 1.528 | 1.458 | 1.553 | 1.435 | 1.578 | 1.411 | 1.603 | 1.386 | 1.630 |
| 90 | 1.496 | 1.540 | 1.474 | 1.563 | 1.452 | 1.587 | 1.429 | 1.611 | 1.406 | 1.636 |
| 95 | 1.510 | 1.552 | 1.489 | 1.573 | 1.468 | 1.596 | 1.446 | 1.618 | 1.425 | 1.642 |
| 100 | 1.522 | 1.562 | 1.503 | 1.583 | 1.482 | 1.604 | 1.462 | 1.625 | 1.441 | 1.647 |
| 150 | 1.611 | 1.637 | 1.598 | 1.651 | 1.584 | 1.665 | 1.571 | 1.679 | 1.557 | 1.693 |
| 200 | 1.664 | 1.684 | 1.653 | 1.693 | 1.643 | 1.704 | 1.633 | 1.715 | 1.623 | 1.725 |

주: $k'$=상수항을 제외한 설명변수의 수.

**[표 B-6]** Dickey-Fuller $t$-검정치 분포표

| $n$ | Probability of a Smaller Value | | | | | | | |
|---|---|---|---|---|---|---|---|---|
| | 0.01 | 0.025 | 0.05 | 0.10 | 0.90 | 0.95 | 0.975 | 0.99 |
| | | | | $\hat{\tau}$ | | | | |
| 25 | −2.66 | −2.26 | −1.95 | −1.60 | 0.92 | 1.33 | 1.70 | 2.16 |
| 50 | −2.62 | −2.25 | −1.95 | −1.61 | 0.91 | 1.31 | 1.66 | 2.08 |
| 100 | −2.60 | −2.24 | −1.95 | −1.61 | 0.90 | 1.29 | 1.64 | 2.03 |
| 250 | −2.58 | −2.23 | −1.95 | −1.62 | 0.89 | 1.28 | 1.63 | 2.01 |
| 500 | −2.58 | −2.23 | −1.95 | −1.62 | 0.89 | 1.28 | 1.62 | 2.00 |
| ∞ | −2.58 | −2.23 | −1.95 | −1.62 | 0.89 | 1.28 | 1.62 | 2.00 |
| | | | | $\hat{\tau}_{\mu}$ | | | | |
| 25 | −3.75 | −3.33 | −3.00 | −2.63 | −0.37 | 0.00 | 0.34 | 0.72 |
| 50 | −3.58 | −3.22 | −2.93 | −2.60 | −0.40 | −0.03 | 0.29 | 0.66 |
| 100 | −3.51 | −3.17 | −2.89 | −2.58 | −0.42 | −0.05 | 0.26 | 0.63 |
| 250 | −3.46 | −3.14 | −2.88 | −2.57 | −0.42 | −0.06 | 0.24 | 0.62 |
| 500 | −3.44 | −3.13 | −2.87 | −2.57 | −0.43 | −0.07 | 0.24 | 0.61 |
| ∞ | −3.43 | −3.12 | −2.86 | −2.57 | −0.44 | −0.07 | 0.23 | 0.60 |
| | | | | $\hat{\tau}_{\tau}$ | | | | |
| 25 | −4.38 | −3.95 | −3.60 | −3.24 | −1.14 | −0.80 | −0.50 | −0.15 |
| 50 | −4.15 | −3.80 | −3.50 | −3.18 | −1.19 | −0.87 | −0.58 | −0.24 |
| 100 | −4.04 | −3.73 | −3.45 | −3.15 | −1.22 | −0.90 | −0.62 | −0.28 |
| 250 | −3.99 | −3.69 | −3.43 | −3.13 | −1.23 | −0.92 | −0.64 | −0.31 |
| 500 | −3.98 | −3.68 | −3.42 | −3.13 | −1.24 | −0.93 | −0.65 | −0.32 |
| ∞ | −3.96 | −3.66 | −3.41 | −3.12 | −1.25 | −0.94 | −0.66 | −0.33 |

# [부록 C] 연습문제 해답

## CHAPTER 2 확률·통계의 기초 이론

2. (1) True. 표준정규분포를 가지며 서로 독립인 두 확률변수를 $Z_i$ $(i=1, 2)$라 표기하면 $X \equiv \sqrt{2}Z_1$, $Y \equiv \sqrt{2}Z_2$로 각각 나타낼 수 있다. 따라서 다음과 같이 자유도가 1인 $t$-분포를 갖는 확률변수임을 알 수 있다.

$$\frac{X}{\sqrt{Y^2}} = \frac{\sqrt{2}Z_1}{\sqrt{2Z_2^2}} = \frac{Z_1}{\sqrt{Z_2^2/1}} = \frac{N(0,1)}{\sqrt{\chi^2(1)/1}} \sim t(1)$$

(2) True. 두 개의 확률변수 $X$와 $Y$가 서로 독립이고, 각각 $N(0, 1)$인 정규분포를 가지면, 이로부터 도출된 확률변수 $V$와 $W$도 서로 독립이고 각각 $N(0, 2)$의 분포를 따르는 확률변수가 된다. 따라서 위 (1)에서와 같이 $\frac{V}{\sqrt{W^2}}$도 자유도가 1인 $t$-분포를 따른다.

(3) True. $X$와 $Y$의 표본분산에 대하여 각각 $\frac{(n-1)s_x^2}{\sigma_x^2} \sim \chi^2(n-1)$ 및 $\frac{(n-1)s_y^2}{\sigma_y^2} \sim \chi^2(n-1)$의 관계가 성립함을 보일 수 있다. 따라서 자유도를 고려하여 다음과 같이 이들의 비율을 구하면 $F$-분포를 따르는 확률변수임을 알 수 있다.

$$\frac{(n-1)s_x^2/\sigma_x^2(n-1)}{(n-1)s_y^2/\sigma_y^2(n-1)} = \frac{\sum_{i=1}^{n}(X_i-\overline{X})^2}{\sum_{i=1}^{n}(Y_i-\overline{Y})^2} \sim F(n-1, n-1)$$

(4) True. 표본 수가 증가할수록 검정통계량의 분산이 작아진다. 이에 따라 기각역이 커지고, 검정력은 증가한다.

(5) False. 유의수준을 크게 하면 제1종 오류를 범할 확률이 커지고, 따라서 제2종 오류를 범할 확률이 작아진다.

5. (1) $d_i$는 표본평균으로부터의 편차를 나타내므로, 항상 $\sum d_i = 0$이 성립하여 분포도의 척도로 사용할 수 없다.

(2) $E(s_x^2) = \sigma_x^2$, $E(MSD_x) \neq \sigma_x^2$으로 불편성 기준에서는 표본분산이 더 좋은 특징을 갖는다. 그러나 평균 제곱편차의 MSE 값이 더 작아 이 기준에서는 평균 제곱편차가 더 좋다고 할 수 있다. 그 밖에 일치성, 점근적 효율성 등 여러 기준을 비교해야 하지만, 입문 단계의 통계분석에서는 쉽게 적용할 수 있는 불편성을 기준으로 표본분산($s_x^2$)이 많이 사용된다.

6. (1) $\overline{X} = \frac{1}{n}\sum_{i=1}^{n} X_i = \frac{180}{10} = 18$; $s_x^2 = \frac{1}{n-1}\sum_{i=1}^{n}(X_i - \overline{X})^2 = \frac{32}{9} = 3.5556$

$$t = \frac{\sqrt{n}(\overline{X} - \mu_x)}{s_x} = \frac{\sqrt{10}(18-19)}{1.8856} = -1.6771$$

단측검정에 대한 좌측 임계치와 비교하여 $t(9;\ 5\%) = -1.833 < \hat{t}$이므로 $H_0$를 기각하지 않는다.

(2) $w = \frac{(n-1)s_x^2}{\sigma_x^2} = \frac{32}{4} = 8$

단측검정에 대한 임계치와 비교하여 $\chi^2(9;\ 95\%) = 3.325 < w$ 이므로 $H_0$를 기각하지 않는다.

(3) $\sigma_x^2 = s_x^2$임을 알면 통계량 $z = \frac{\sqrt{n}(\overline{X} - \mu_x)}{\sigma_x}$가 표준정규분포를 갖는다는 점을 이용할 수 있다. 이 경우 검정통계량의 값은 같지만 임계치가 달라지므로 검정력이 높은 가설검정을 시행할 수 있다. 유의수준 5%에서 $z < -1.645$이므로 $H_0$는 기각되어 (1)에서의 결과와 달라진다.

7. (1) $\overline{X} \pm t(15;\ 2.5\%) \times \frac{s_x}{\sqrt{n}} = 173 \pm 2.1315 \times 1.5$로부터 95% 신뢰구간 (169.8, 176.1)을 도출할 수 있다. 이 신뢰구간이 $H_0 : \mu_x = 170$을 포함하므로 $H_0$는 기각되지 않는다.

(4) $\frac{s_x^2}{s_y^2} = \frac{36}{28} = 1.2857 < F(15,\ 15;\ 5\%) = 2.40$의 관계로부터 5% 유의수준에서 $H_0$가 기각되지 않음을 알 수 있다. 따라서 (2)에서 $\sigma_x^2 = \sigma_y^2$을 가정하여 분석한 결과를 신뢰할 수 있다.

## CHAPTER 3 계량모형과 회귀분석

2. (1) True. 식 (3.17)에서 $b_1 = \overline{Y} - b_2\overline{X}$ 이므로 표본회귀선은 $\hat{Y}_i = b_1 + b_2 X_i = (\overline{Y} - b_2\overline{X}) + b_2 X_i$로 나타낼 수 있다. 여기서 $X_i$가 $\overline{X}$인 경우 $\hat{Y}_i = \overline{Y}$이 되므로 표본회귀선은 항상 두 변수의 표본평균 $(\overline{X}, \overline{Y})$ 점을 지난다.

(2) False. 식 (3.15)로부터 최소자승법에서 잔차의 합 $\sum e_i = 0$이 성립한다. 이는 식 (3.13)의 잔차 제곱합을 상수항에 대해 편미분함으로써 도출된다. 그런데 상수항이 없는 경우, 잔차 제곱합의 상수항에 대한 편미분 과정에서 $\sum e_i = 0$의 조건이 도출되지 않는다.

(3) True. 최소자승법에 의한 표본회귀선의 기울기는 식 (3.18)에서 $b_2 = \frac{S_{xy}}{S_{xx}}$로 표현되는데 $S_{xy} = 0$인 경우, 항상 $b_2 = 0$이다.

(4) True. $\sum_{i=1}^{n}(\hat{Y}_i - \overline{Y})e_i$를 차례대로 전개하면 된다.

$$\sum(\hat{Y}_i - \overline{Y})e_i = \sum \hat{Y}_i e_i - \sum \overline{Y} e_i = \sum(b_1 + b_2 X_i)e_i - \overline{Y}\sum e_i$$
$$= b_1 \sum e_i + b_2 \sum X_i e_i - \overline{Y}\sum e_i = 0 \Leftarrow \text{정규방정식 (3.15) 및 (3.16)에 의해}$$

(5) True. 위 (4)의 결과에서 $\sum e_i \hat{Y}_i = 0$이 성립하며, $\overline{\hat{Y}} = \overline{Y}$이다. 따라서 다음의 식이 성립한다.

$$\sum(\hat{Y}_i - \overline{\hat{Y}})(Y_i - \overline{Y}) = \sum(\hat{Y}_i - \overline{\hat{Y}})(\hat{Y}_i + e_i - \overline{Y}) = \sum(\hat{Y}_i - \overline{\hat{Y}})^2$$

또한 다음의 관계를 도출할 수 있다.

$$\sum(\hat{Y}_i - \overline{\hat{Y}})Y_i = \sum(\hat{Y}_i - \overline{\hat{Y}})(\hat{Y}_i + e_i) = \sum(\hat{Y}_i - \overline{\hat{Y}})\hat{Y}_i$$
$$= \sum \hat{Y}_i^2 - n\overline{\hat{Y}}^2 = \sum(\hat{Y}_i - \overline{\hat{Y}})^2$$

3. 최소자승법 식 (3.17)에 의해 $b_1^* = \overline{Y}^* - b_2^* \overline{X}^*$인데 $\overline{Y}^* = \overline{X}^* = 0$이므로 $b_1^* = 0$이다. 따라서 종속변수와 독립변수를 표준화하면 표본회귀선은 원점을 지난다.

5. (1) 상수항이 포함된 회귀모형에 최소자승법을 적용하면 잔차 제곱합의 최소화를 위한 1차 조건을 나타내는 식 (3.13)에서 잔차의 합이 항상 0이 된다.

(2) $b_2 = \dfrac{S_{xy}}{S_{xx}}$, $d_2 = \dfrac{S_{xy}}{S_{yy}}$이다. 여기서 $S_{xx} > 0$, $S_{yy} > 0$이므로 $b_2$와 $d_2$의 부호는 $S_{xy}$에 의해 결정된다. 따라서 두 기울기의 추정치는 같은 부호를 갖는다.

(3) $b_2 \cdot d_2 = \dfrac{S_{xy}^2}{S_{xx}S_{yy}} = r_{xy}^2$인데, 여기서 상관계수 $r_{xy}$에 대해 $|r_{xy}| \le 1$이므로, $|b_2 \cdot d_2| \le 1$의 관계가 항상 성립한다.

6. (1) $b_2 = \dfrac{S_{xy}}{S_{xx}} = \dfrac{\sum(X_i - \overline{X})Y_i}{\sum(X_i - \overline{X})^2}$, $d_2 = \dfrac{S_{xw}}{S_{xx}} = \dfrac{\sum(X_i - \overline{X})W_i}{\sum(X_i - \overline{X})^2}$로 도출된다.

$$b_2 + d_2 = \frac{1}{S_{xx}}\sum(X_i - \overline{X})(Y_i + W_i) = \frac{1}{S_{xx}}\sum(X_i - \overline{X})X_i = 1$$

($\Leftarrow$ $Y_i + W_i = X_i$, $\overline{Y} + \overline{W} = \overline{X}$ 이용)

또한 $b_1 = \overline{Y} - b_2\overline{X}$이고, $d_1 = \overline{W} - d_2\overline{X}$이므로 $b_1 + d_1$은 다음과 같다.

$$b_1 + d_1 = \overline{Y} - b_2\overline{X} + \overline{W} - d_2\overline{X} = \overline{Y} + (\overline{X} - \overline{Y}) - \overline{X}(b_2 + d_2) = 0$$

따라서 $b_2 + d_2 = 1$, $b_1 + d_1 = 0$이 성립한다.

(2) $RSS_A = \sum_{i=1}^{n}(Y_i - b_1 - b_2 X_i)^2$, $RSS_B = \sum_{i=1}^{n}(W_i - d_1 - d_2 X_i)^2$에서 $b_1 = -d_1$, $d_2 = 1 - b_2$, $W_i = X_i - Y_i$의 관계를 이용하여 $\hat{v}_i = W_i - d_1 - d_2 X_i = (X_i - Y_i) + b_1 - (1 - b_2)X_i = -e_i$

따라서 $RSS_A = \sum e_i^2 = \sum \hat{v}_i^2 = RSS_B$ 가 성립한다.

(3) $b = \dfrac{\sum X_i Y_i}{\sum X_i^2}$, $d = \dfrac{\sum X_i W_i}{\sum X_i^2}$ 로 도출된다.

$b + d = \dfrac{\sum X_i (Y_i + W_i)}{\sum X_i^2} = \dfrac{\sum X_i^2}{\sum X_i^2} = 1$로 성립한다.

(4) 위 (2)와 동일한 방법을 적용하면 $\sum(e_i^* + \xi_i^*) = 0$ 을 보일 수 있다.

## CHAPTER 4 단순회귀분석

2. (1) True. 아래의 관계에 의해 $R^2$값은 표본상관계수 $r_{xy}$의 제곱과 같다.

$$R^2 = \frac{ESS}{TSS} = \frac{\sum(\hat{Y}_i - \overline{Y})^2}{\sum(Y_i - \overline{Y})^2} = \frac{\sum(b_1 + b_2 X_i - b_1 - b_2 \overline{X})^2}{\sum(Y_i - \overline{Y})^2}$$

$$= \frac{b_2^2 \times \sum(X_i - \overline{X})^2}{\sum(Y_i - \overline{Y})^2} = b_2^2 \times \frac{S_{xx}}{S_{yy}} = \frac{S_{xy}^2}{S_{xx}^2} \times \frac{S_{xx}}{S_{yy}} = \frac{S_{xy}^2}{S_{xx}S_{yy}} = r_{xy}^2$$

(2) False. 독립변수의 분산이 크다는 것은 $\sum(X_i - \overline{X})^2$이 크다는 것으로, 식 (4.14)에서 $V(b_2)$ 값은 작아진다. 따라서 회귀계수 $\beta_2$에 대한 신뢰구간은 다른 조건이 일정할 때 좁아진다.

(3) False. 오차항의 정규분포 여부는 최소자승추정량의 분포와 가설검정에 영향을 미치며, 최소자승추정량이 BLUE인 것과는 아무런 상관이 없다. 최소자승추정량이 BLUE이기 위한 조건은 [가정 1]~[가정 6]으로 구성된다.

(4) True. 오차항의 분산이 클수록 식 (4.14)에서 최소자승추정량의 분산이 커진다.

(5) False. 유의확률의 값이 클수록 추정치의 값이 0이라는 가설을 기각하지 못하게 한다.

3. (1) $E(b) = \dfrac{\sum X_i E(Y_i)}{\sum X_i^2} = \dfrac{\sum X_i(\beta_1 + \beta_2 X_i)}{\sum X_i^2} = \beta_1 \dfrac{n\overline{X}}{\sum X_i^2} + \beta_2 \neq \beta_2$

따라서 상수항이 제외된 모형의 계수추정치 $b$는 불편성을 충족하지 못한다.

(2) $V(b) = \dfrac{\sigma^2 \sum X_i^2}{(\sum X_i^2)^2} = \dfrac{\sigma^2}{\sum X_i^2}$

## CHAPTER 5 다중회귀분석

2. (1) True. 단순회귀모형에서 $H_0 : \beta_2 = 0$에 대한 검정은 $H_0 : \rho_{xy} = 0$에 대한 검정과 동일한 의미를 갖는다. 연습문제 제4장 2번의 (1)에서 $R^2 = r_{xy}^2$이 성립하므로, 이 관계를 이용하여 $H_0 : \beta_2 = 0$에 대한 가설검정을 $t$-검정 또는 $F$-검정으로 시행할 수 있다.

   (2) False. 직교방정식 (5.5)에 의해 $\sum e_i^* = 0$이 항상 성립한다.

   (3) False. 이 경우 결정계수를 이용하면 모형 적합성에 대한 $H_0 : \beta_2^* = \beta_3^* = 0$의 가설검정을 시행할 수는 있지만, 개별 계수에 대한 검정에는 적용할 수 없다.

   (4) False. 이 경우 항상 $E(b_2) \geq E(b_2^*)$의 관계는 성립하지만, 표본자료에 대한 추정에서는 $b_2 \geq b_2^*$ 관계가 성립하지 않을 수 있다.

3. (1) Model (A)에서 C(상수항), GDP, POP, UNEMP, INT_RATE의 계수를 차례대로 각각 $\beta_1$, $\beta_2$, $\beta_3$, $\beta_4$, $\beta_5$라 하면, 귀무가설은 $H_0 : \beta_2 = \beta_3 = \beta_4 = \beta_5 = 0$이 된다. 이에 대한 검정통계량은 다음과 같다.

$$F = \frac{(RSS_R - RSS_U)/J}{RSS_U/(n-k)} = \frac{R_A^2/J}{(1-R_A^2)/(n-k)} = \frac{0.6/4}{0.4(25-5)} = 7.5$$

   $\therefore$ $F(4,20;\ 5\%) = 2.866 > F$이므로 $H_0$를 기각한다.

   (2) $$F = \frac{(RSS_B - RSS_A)/J}{RSS_A/(n-k)} = \frac{(0.550-0.500)/2}{0.500/(25-5)} = 0.2$$

   $\therefore$ $F(1,20;\ 5\%) = 4.351 > F$이므로 $H_0 : \beta_2 = 0$을 기각하지 않는다.

   $t$-통계량을 이용하면 $t = -0.45 > t(20,\ 2.5\%) = 2.08$이므로 $F$-검정법과 마찬가지로 $H_0$를 채택한다. 또한 $F$-statistic $= (t-ratio)^2 = (-0.45)^2$의 관계가 성립하므로 같은 결과가 도출된다.

   (3) $$F = \frac{(RSS_C - RSS_A)/J}{RSS_A/(n-k)} = \frac{(0.550-0.500)/2}{0.500/(25-5)} = 1$$

   $\therefore$ $F(2,20;\ 5\%) = 3.493 > F$이므로 $H_0 : \beta_3 = \beta_4 = 0$을 기각하지 않는다.

## CHAPTER 6 선형모형의 응용

2. (1) $b_1 = \dfrac{\sum(X_{1i}-\overline{X}_1)(Y_{1i}-\overline{Y}_1)}{\sum(X_{1i}-\overline{X}_1)^2} = \dfrac{40}{10} = 4;\quad a_1 = \overline{Y}_1 - b_1\overline{X}_1 = 16 - 4\times 3 = 4$

$$b_2 = \frac{\sum(X_{2i}-\overline{X}_2)(Y_{2i}-\overline{Y}_2)}{\sum(X_{2i}-\overline{X}_2)^2} = \frac{20}{10} = 2; \quad a_2 = \overline{Y}_2 - b_2\overline{X}_2 = 16 - 2\times3 = 10$$

(2) $$b = \frac{\sum(X_{1i}-\overline{X}_1)(Y_{1i}-\overline{Y}_1) + \sum(X_{2i}-\overline{X}_2)(Y_{2i}-\overline{Y}_2)}{\sum(X_{1i}-\overline{X}_1)^2 + \sum(X_{2i}-\overline{X}_2)^2} = \frac{40+20}{10+10} = 3$$

$a = \overline{Y} - b\overline{X} = 16 - 3\times3 = 7$

(3) $\alpha_0$: 경제학 전공이 아닌 학생의 (통계학 성적이 0점인 경우) 상수항 (계량경제학 성적)

$\gamma$: 경제학 전공 학생과 비전공 학생의 (통계학 성적이 0점인 경우) 계량경제학 성적 차이

$\beta_0$: 경제학 전공이 아닌 학생의 경제통계학 성적에 따른 계량경제학 성적

$\delta$: 경제학 전공 학생과 비전공 학생의 경제통계학 성적에 따른 계량경제학 성적 차이

▷ 비전공 관측치: $Y_i = a_0 + b_0X_i \quad (i = 1, \cdots, 22)$

▷ 전공 관측치: $Y_i = (a_0+c) + (b_0+d)X_i \quad (i = 1, \cdots, 22)$

(B) ⇨ $a_0 = a_2 = 10, \quad b_0 = b_2 = 2$

(A) ⇨ $c = a_1 - a_2 = 4 - 10 = -6, \; d = b_1 - b_2 = 4 - 2 = 2$

(4) $RSS_A = TSS_A - ESS_A = 200 - b_1^2\times S_{11} = 200 - 4^2\times10 = 40$

$RSS_B = TSS_B - ESS_B = 100 - b_2^2\times S_{22} = 100 - 2^2\times10 = 60$

⇨ $RSS_D = RSS_A + RSS_B = 60 + 40 = 100, \; TSS_D = TSS_A + TSS_B = 200 + 100 = 300$

⇨ $R_D^2 = 1 - RSS_D/TSS_D = 1 - 100/300 = 2/3 = 0.667$

(5) $RSS_C = TSS_C - ESS_C = 300 - b^2S_{xx} = 300 - 3^2\times(10+10) = 120$

$R_C^2 = 1 - RSS_C/TSS_C = 1 - 120/300 = 3/5 = 0.6$

$$F = \frac{(RSS_R - RSS_U)/J}{RSS_U/(n-k)} = \frac{(RSS_C - RSS_D)/2}{RSS_D/(n-4)} = \frac{(120-100)/2}{100/(44-4)} = \frac{10}{2.5} = 4$$

⇨ $F = 4 > F(2{,}40;\ 5\%) = 3.23$ ⇨ $H_0$ 기각 [∴ 두 모형 (A)와 (B)의 계수는 같지 않음]

3. (1) $\alpha$: 경제학 전공이 아닌 1학년 학생의 평균 성적

$\beta$: 경제학 전공 학생과 비전공 학생의 (평균) 성적 차이

$\gamma_j$: 1학년 학생과 $j$학년 학생 사이의 (평균) 성적 차이

(2) $$F = \frac{(RSS_{(2)} - RSS_{(1)})/J}{RSS_{(1)}/(n-k)} = \frac{(24-20)/1}{20/(25-5)} = 4$$

또는 $$F = \frac{(R_{(1)}^2 - R_{(2)}^2)/J}{(1-R_{(1)}^2)/(n-k)} = \frac{(0.900-0.880)/1}{(1-0.900)/(25-5)} = 4$$

∴ $F(1{,}20;\ 5\%) = 4.351 > F$이므로 $H_0: \beta = 0$이 기각되지 않는다.

즉, 전공별 성적 차이가 없다.

(3) $F = \dfrac{(RSS_{(3)} - RSS_{(1)})/J}{RSS_{(1)}/(n-k)} = \dfrac{(32-20)/3}{20/(25-5)} = 4$

또는 $F = \dfrac{(R^2_{(1)} - R^2_{(3)})/J}{(1-R^2_{(1)})/(n-k)} = \dfrac{(0.900-0.840)/3}{(1-0.900)/(25-5)} = 4$

$\therefore$ $F(3,20;\ 5\%) = 3.098 < F$ 이므로 $H_0: \gamma_2 = \gamma_3 = \gamma_4 = 0$을 기각한다.

즉, 학년에 따른 성적 차이가 있다.

(4) 각 모형에 대해 ($\beta$의 영향을 제외한) 학년별 평균 성적을 구하면 다음과 같다.

모형 ①: 1학년 $\alpha$, 2학년 $\alpha+\gamma_2$, 3학년 $\alpha+\gamma_3$, 4학년 $\alpha+\gamma_4$

모형 ④: 1학년 $\alpha+\gamma$, 2학년 $\alpha+2\gamma$, 3학년 $\alpha+3\gamma$, 4학년 $\alpha+4\gamma$

여기서 $H_0: \gamma_2 = \gamma_3 - \gamma_2 = \gamma_4 - \gamma_3$를 달리 표현하면, $H_0: \gamma_3 = 2\gamma_2$, $\gamma_4 = 3\gamma_2$이고 $F$-통계량은 다음과 같다.

$$F = \frac{(RSS_{(4)} - RSS_{(1)})/J}{RSS_{(1)}/(n-k)} = \frac{(28-20)/2}{20/(25-5)} = 4$$

$\therefore$ $F(2,20;\ 5\%) = 3.493 < F$ 이므로 $H_0$를 기각한다.

즉, 위 (3)에서 학년에 따른 성적 차이는 있는 것으로 분석됐으나, 이러한 성적 차이가 학년 차이에 따라 일정하게 ($\gamma$만큼) 나타나지는 않는다.

**참고** 이를 다른 측면에서 분석하기 위해 모형 ③과 ④를 비교하면 다음과 같다.

$$F = \frac{(RSS_{(3)} - RSS_{(4)})/J}{RSS_{(4)}/(n-k)} = \frac{(32-28)/1}{28/(25-3)} = 3.143$$

여기서 $F(1,22;\ 5\%) = 4.301 > F$이므로 $H_0: \gamma = 0$이 기각되지 않는다. 즉, 학년의 차이에 따라 일정한 성적 차이가 나타나지는 않는다는 위의 결과와 일치한다.

## CHAPTER 7 모형의 설정 및 검정

2. (1) (a) True. $S_{23} = 0$이면, 식 (7.4)로부터 $E(b) = \beta_2$가 성립함을 보일 수 있다.

(b) False. 그러나 이 경우에도 오차항의 분산에 대한 추정량과 $b$의 분산에 대한 추정량에 편의가 나타나 $b$에 대한 $t$-통계량을 이용하여 가설검정을 시행할 수는 없다.

(2) (a) $S_{23} = 0$이면, 식 (5.9)로부터 $b = b_2$임을 알 수 있다.

(b) False. 이 경우 $R^2$값은 변수가 추가됨에 따라 일반적으로 증가한다.

(3) False. 계수추정량에 편의가 발생하고, $t$-통계량 등 통상적인 검정법을 사용할 수 없다는 측면 등에서는 누락변수의 문제가 더 크다고 할 수 있다. 그러나 부적합한 변수가 포함되는 경우 계수추정량의 불편성은 유지되지만 분산이 증가하여 비효율성이 나타나게 되므로, MSE

기준에서 누락변수보다 더 부정확한 추정치가 도출될 가능성이 있다. 따라서 전체적으로는 각각의 문제로 인한 상충관계를 고려해야 한다.

## CHAPTER 8 다중공선성

2. (1) True. 독립변수가 $X_2$, $X_3$ 두 개인 경우, 최소자승추정량 $b_2$, $b_3$의 분산을 나타내는 식 (8.4)에서 두 설명변수 $X_2$와 $X_3$ 사이의 상관계수를 나타내는 $r_{23}$의 값이 클수록 회귀계수추정량의 분산이 커진다는 것을 알 수 있다. 여기서 자료의 수를 늘리면 $S_{22}$ 및 $S_{33}$의 값이 커지게 되어 $b_2$, $b_3$의 분산이 작아진다.

   (3) False. 회귀모형의 설명변수 사이에 다중공선성의 문제가 발생하면 $X_2$의 계수추정치가 (+)로 나타나는 경우에도 $X_2$가 $Y$에 (−)의 영향을 미치는 변수일 가능성이 있다.

3. $\ln(X^2) = 2\ln(X)$의 관계를 가지므로 두 개의 설명변수 $\ln(X)$와 $\ln(X^2)$ 사이에 완전공선성의 문제가 발생하여 추정이 불가능한 모형이 된다.

4. 모든 자료에 대해 $G_i^2 = G_{1i} + 2^2 G_{2i} + 3^2 G_{3i} + 4^2 G_{4i}$의 관계가 항상 성립하므로 완전공선성의 문제가 나타난다.

## CHAPTER 9 이분산

2. (1) False. 오차항에 이분산의 문제가 있을 때 최소자승법으로 구해진 계수추정치의 분산에 대한 추정치를 나타내는 식 (9.3)과 이 경우 실제 분산을 나타내는 식 (9.4)를 비교하면 일정한 관계를 찾을 수 없다. 즉, 경우에 따라 실제의 분산이 크게 또는 작게 추정된다.

   (2) False. 이 경우 식 (9.5)를 이용하여 일치추정량은 도출할 수 있으나, 불편추정량은 구할 수 없다.

   (3) True. 이분산의 문제가 있는 경우 FGLS 방법을 적용하면 OLS 추정량보다 점근적 효율성이 높은 추정량을 도출할 수 있다. 그러나 이분산이 나타나지 않는 경우에는 OLS는 BLUE가 되는 반면, FGLS는 일치성 및 점근적 효율성을 갖는 추정량이기는 하지만 소표본에서 불편성의 조건을 충족시키지 못한다.

3. 이 경우 실제 추정하고자 하는 회귀식의 오차항은 $\varepsilon_i = \dfrac{1}{n_i}\sum_{j=1}^{n_i}\varepsilon_{ij}$로 도출되므로, $V(\varepsilon_i) = \left(\dfrac{1}{n_i}\right)^2$

$\sum_{j=1}^{n_i} V(\varepsilon_{ij}) = \frac{\sigma^2}{n_i}$에서와 같이 그룹의 규모($n_{ij}$)에 따라 분산이 달라지는 집단별 이분산(group-wise heteroscedasticity)을 나타낸다. 따라서 식 (9.12)에서의 $\sigma_i$ 대신 $\frac{1}{\sqrt{n_i}}$를 이용하여 다음과 같이 GLS 방법을 적용하면 된다.

$$(\sqrt{n_i}Y_i) = \beta_1(\sqrt{n_i}) + \beta_2(\sqrt{n_i}X_{2i}) + \beta_3(\sqrt{n_i}X_{3i}) + (\sqrt{n_i}\varepsilon_i)$$

**4.** (1) 확률변수 $Y_i$의 특징을 이용하여 표본평균 $\overline{Y}$의 분산을 구하면 다음과 같다.

$$V(\overline{Y}) = \frac{1}{n^2}\sum_{i=1}^{n} V(Y_i) = \frac{\sigma^2}{n^2}\sum_{i=1}^{n} i^2$$

또한 표본평균 $\overline{Y}$가 회귀모형 $Y_i = \mu + \varepsilon_i$에서 상수항 $\mu$에 대한 OLS 추정량으로 도출된다는 점을 고려하여 식 (9.4)에서와 같은 방법으로 구할 수 있다.

(2) 위의 회귀모형에 대한 OLS 추정량으로 도출되는 표본평균과는 달리 오차항에 나타나는 이분산을 고려하여 GLS 추정법을 적용하면 OLS보다 좋은 추정량을 구할 수 있다. 즉, 회귀모형 $Y_i = \mu + \varepsilon_i$를 다음과 같이 이분산이 없는 모형으로 변환하여 OLS 방법을 적용하면 된다.

$$\frac{Y_i}{i} = \mu\left(\frac{1}{i}\right) + \frac{\varepsilon_i}{i} \Rightarrow \hat{\mu}_{GLS} = \frac{\sum_{i=1}^{n}\left(\frac{Y_i}{i^2}\right)}{\sum_{i=1}^{n}\left(\frac{1}{i^2}\right)}$$

(3) $\hat{\mu}_{GLS}$가 표본평균보다 효율적이라는 것을 보이기 위해서는 다음을 증명하면 된다.

$$V(\hat{\mu}_{GLS}) = \frac{\sigma^2}{\sum_{i=1}^{n}\left(\frac{1}{i^2}\right)} \le V(\hat{\mu}_{OLS}) = \frac{\sigma^2}{n^2}\sum_{i=1}^{n} i^2$$

$$\Leftrightarrow \frac{1}{n^2}\sum_{i=1}^{n} i^2 \ge \frac{1}{\sum_{i=1}^{n}\left(\frac{1}{i^2}\right)} \Leftrightarrow \sum_{i=1}^{n}\sum_{j=1}^{n}\left(\frac{i^2}{j^2}\right) \ge n^2 \Leftrightarrow \sum_{i\neq j}\left(\frac{i^2}{j^2}\right) \ge (n^2 - n)$$

여기서 좌변의 합에는 $\left[\left(\frac{i^2}{j^2}\right)+\left(\frac{j^2}{i^2}\right)\right]$형태의 항이 $\frac{n(n-1)}{2}$개가 포함되어 있는데, 모든 $i \neq j$에 대하여 $\left(\frac{i^2}{j^2}\right)+\left(\frac{j^2}{i^2}\right) \ge 2$의 관계가 항상 성립하므로 위의 부등식이 성립함을 알 수 있다.

## CHAPTER 10 자기상관

2. (1) False. 이분산의 경우와 마찬가지로 계수추정치의 분산에 대한 일치추정량은 도출할 수 있으나, 불편추정량은 구할 수 없다.
   (2) True. 오차항의 평균이 0이기만 하면 이분산 또는 자기상관이 나타나는 경우에도 OLS 추정량은 항상 불편추정량이 된다.
   (3) True. 이분산의 경우와 마찬가지로 자기상관이 있는 경우 FGLS 방법을 적용하면 OLS 추정량보다 점근적 효율성이 높은 추정량을 도출할 수 있다. 그러나 오차항이 고전적 회귀모형의 조건을 만족시키는 경우 OLS는 BLUE가 되는 반면, FGLS는 불편성의 조건을 충족시키지 못하므로 OLS보다 좋지 못한 추정치가 될 가능성이 있다.

3. (1) 변수 Budget의 계수추정치에 대한 유의확률($p$-value)이 1.2%이므로 5% 유의수준에서는 귀무가설이 기각되며, 1% 유의수준에서는 기각되지 않음을 알 수 있다.
   (2) 검정통계량: $LM = nR^2 = 50 \times 0.09 = 4.5$
   $\chi^2(1;\ 1\%) = 6.635$, $\chi^2(1;\ 5\%) = 3.841$이므로 자기상관이 없다는 귀무가설은 5% 유의수준에서는 기각되며, 1% 유의수준에서는 기각되지 않는다. 또한 Durbin-Waston stat = 2.5565를 4 − d = 1.4435를 임계치와 비교해 보면 LM-검정 결과와 마찬가지로 5% 유의수준에서 기각, 1% 유의수준에서 채택됨을 알 수 있다.

## CHAPTER 11 시간 개념의 도입

2. (1) False. 시계열자료의 시간의 흐름에 따른 특징을 분석하기 위한 시계열모형을 토대로 구매력등가설(purchasing power parity: PPP), 주식시장의 효율성가설 등 경제이론의 실증분석을 시행할 수 있다.
   (2) True. 이 경우 $X_t$ 역시 다음과 같이 평균, 분산, 공분산이 모두 시간에 의존하지 않는 안정적 시계열이 된다.

$$E(X_t) = E(\varepsilon_{t-1}\varepsilon_{t-2} + \varepsilon_t) = 0$$
$$V(X_t) = E[(\varepsilon_{t-1}\varepsilon_{t-2} + \varepsilon_t)^2] = (\sigma^2)^2 + \sigma^2$$
$$Cov(X_t, X_{t-k}) = 0 \quad (\text{for } k \neq 0)$$

3. (1) 소비함수를 기대소득에 대한 식으로 도출한 $Y_t^* = \dfrac{(C_t - \alpha - \varepsilon_t)}{\beta}$를 적응적 기대 과정에 대입하여 정리하면 다음과 같은 계량모형이 된다.

$$
\begin{aligned}
C_t &= \alpha\lambda + (1-\lambda)C_{t-1} + \lambda\beta Y_{t-1} + \varepsilon_t + (1-\lambda)\varepsilon_{t-1} \\
&= \beta_1 + \beta_2 C_{t-1} + \beta_3 Y_{t-1} + v_t
\end{aligned}
$$

(3) 위 식에서 $\lambda \neq 1$인 경우 오차항에 자기상관이 나타나게 된다.

(4) 종속변수의 시차항 $C_{t-1}$이 설명변수로 회귀식에 포함되고, 동시에 오차항에 자기상관이 나타나므로 OLS 추정량은 불편성, 일치성을 충족하지 못한다.

4. $n=30$ 및 $n=100$인 경우 회귀식 (11.13)의 추정 결과는 다음과 같다. 식 (11.15)와 비교하면 표본자료가 증가할수록 계수추정치 $b_2$의 크기는 감소하는 반면, 이의 유의성이 높게 도출되는 것으로 나타난다. 한편, 결정계수는 큰 변화 없이 1에 가깝게 추정된다.

$$
\begin{aligned}
n = 30 \qquad & Y_t = \underset{(9.88)}{5.928} + \underset{(21.22)}{0.030}X_t \qquad R^2 = 0.9415 \\
n = 100 \qquad & Y_t = \underset{(17.54)}{19.054} + \underset{(38.73)}{0.009}X_t \qquad R^2 = 0.9387
\end{aligned}
$$

$n \to \infty$인 경우를 논의하기 위해 자연수의 (거듭제곱) 합 공식 $\sum_{t=1}^{n} t = \frac{n(n+1)}{2}$, $\sum_{t=1}^{n} t^2 = \frac{n(n+1)(2n+1)}{6}$, $\sum_{t=1}^{n} t^3 = \left(\frac{n(n+1)}{2}\right)^2$, $\sum_{t=1}^{n} t^4 = \frac{n(n+1)(2n+1)(3n^2+3n-1)}{30}$을 이용하여 $b_2 = O\left(\frac{n^4}{n^5}\right) = O(n^{-1})$임을 보일 수 있다. 이 경우 $b_2 = O(n^{-1})$인 통계적 특성을 가진 것으로 나타나 $n \to \infty$인 경우 0으로 수렴하는 값을 갖는다.

또한 동일한 방법을 $R^2$에 적용하면 $R^2 = O(1)$인 통계적 특성을 가짐을 보일 수 있다. 여기서 $O(\cdot)$는 제11장 각주 3에서 설명한 자료 수의 변화에 따르는 확률변수의 크기 정도(order of magnitude)를 나타내는 $O_p(\cdot)$와 유사한 지표인데, 이 경우 확률적 변동이 나타나지 않고 확정적 추세를 갖는 변수의 크기를 의미한다.

## CHAPTER 12 시계열모형

2. (1) True. 실제 추정식에서 1차 표본 자기상관계수는 다음과 같이 도출된다.

$$
\hat{\rho}_1 = \frac{\sum_{t=2}^{n}(Y_t - \overline{Y})(Y_{t-1} - \overline{Y})}{\sum_{t=2}^{n}(Y_t - \overline{Y})^2}
$$

또한 부분자기상관계수는 $Y_i = \alpha_0 + \alpha_{11} Y_{t-1} + \varepsilon_t$에서 $\alpha_{11}$에 대한 OLS 추정량으로 구해지므로 $\hat{\rho}_1 = \hat{\alpha}_{11}$이 성립한다.

3. 주어진 자료에 대한 표본 자기상관계수의 패턴을 분석하거나, 단위근 검정법을 적용한다.

# 참고문헌


이긍희 · 이한식 · 장영재 (2015), 예측방법론, 한국방송통신대학교 출판문화원.

이한식 · 장병문 (2002), "한국과 미국의 주가동조화 현상 및 국내 주식시장의 효율성 분석," 『금융연구』, 16권 1호, pp. 125~149.

임슬기 · 남성일 (2019), "수학능력시험 성적을 고려한 대학교육의 임금 프리미엄 분석," 『직업능력개발연구』, 22권 2호, pp. 57~89.

통계청 (2020), 『2019년 가계금융복지조사 보고서』, 통계청.

Anscombe, F. J. (1973), "Graphs in Statistical Analysis," *American Statistical* 27, pp. 17~21.

Dickey, D. and W. A. Fuller (1979), "Distribution of the Estimators for Autoregressive Time Series with a Unit Root," *Journal of the American Statistical Association* 74, pp. 427~431.

Durbin, J. and G. S. Watson (1950), "Testing for Serial Correlation in Least Squares Regression: I," *Biometrika* 37, pp. 409~428.

Engle, R. F. (1982), "Autoregressive Conditional Heteroscedasticity with Estimates of the Variance of United Kingdom Inflation," *Econometrica* 50, pp. 987~1007.

Engle, R. F. and C. W. J. Granger (1987), "Co-Integration and Error Correction: Representation, Estimation, and Testing," *Econometrica* 55, pp. 251~276.

Goldberger, A. S. (1991), *A Course in Econometrics*, Harvard University Press.

Greene, W. H. (2018), *Econometric Analysis* (8th edition), Pearson.

Gujarati, D. N. and D. C. Porter (2010), *Essentials of Econometrics* (4th edition), McGraw-Hill.

Hamilton, J. D. (1994), *Time Series Analysis*, Princeton University Press.

James G. M., D. Witten, T. Hastie, and R. Tibshirani (2013), *An Introduction to Statistical*

*Learning: With Applications in R*, Springer.

Johansen, S. (1991), "Estimation and Hypothesis Testing of Cointegration Vectors in Gaussian Vector Autoregressive Models," *Econometrica* 59, pp. 1551~1580.

Venables, W. N., D. M. Smith, and R Core Team (2020), *An Introduction to R: Notes on R, A Programming Environment of Data Analysis and Graphics*. (available at: https://cran.r-project.org)

White, H. (1980), "A Heteroskedasticity-Consistent Covariance Matrix Estimator and a Direct Test for Heteroskedasticity," *Econometrica* 48, pp. 817~838.

[웹사이트]

교육통계서비스 (https://kess.kedi.re.kr).

국가통계포털 (https://kosis.kr).

마이크로데이터 통합서비스 (https://mdis.kostat.go.kr).

위키피디아 (https://ko.wikipedia.org).

전력통계정보시스템 (http://epsis.kpx.or.kr).

한국은행 경제통계시스템 (https://ecos.bok.or.kr).

# 찾아보기